食品供应商管理指南

熊传武　王　海　主编

合肥工業大學出版社

图书在版编目(CIP)数据

食品供应商管理指南/熊传武,王海主编.—合肥:合肥工业大学出版社,2023.7
ISBN 978-7-5650-6375-6

Ⅰ.①食… Ⅱ.①熊… ②王… Ⅲ.①连锁企业—供销管理—质量管理—指南 ②食品企业—质量管理—指南 Ⅳ.①F717.6-62②F407.82-62

中国国家版本馆 CIP 数据核字(2023)第 129599 号

食品供应商管理指南

SHIPIN GONGYINGSHANG GUANLI ZHINAN

熊传武 王 海 主编　　　　责任编辑 张择瑞

出 版	合肥工业大学出版社	版 次	2023 年 7 月第 1 版
地 址	合肥市屯溪路 193 号	印 次	2023 年 7 月第 1 次印刷
邮 编	230009	开 本	787 毫米×1092 毫米 1/16
电 话	理工图书出版中心:0551-62903204	印 张	21
	营销与储运管理中心:0551-62903198	字 数	472 千字
网 址	press.hfut.edu.cn	印 刷	安徽昶颉包装印务有限责任公司
E-mail	hfutpress@163.com	发 行	全国新华书店

ISBN 978-7-5650-6375-6　　　　定价:99.00 元

编　委　会

支持单位

四川天味食品集团股份有限公司

上海闽泰环境卫生服务有限公司

上海柯灵展新化工有限公司

梅特勒托利多科技（中国）有限公司

明康汇农产品生鲜供应链有限公司

牧原食品股份有限公司

纽勤生物科技（上海）有限公司

序

食品行业是个特殊的行业，它关系到人民的日常生活质量和全社会的安康。所以食品行业对食品的合规、安全和品质等都有极高的要求，需要关注全供应链的风险并进行科学管理。食品安全事件的发生，问题往往出在供应商，譬如2022年“3·15”曝光的“土坑酸菜”问题使多个知名品牌受到牵连，从而推动了人们对上游供应商的产品质量和安全管理工作的重视。

对供应商进行质量管理是企业控制外部风险、提高产品安全水平的重要手段。现代质量管理理论认为，通过与具有竞争优势的供应商建立相对稳定的合作关系，形成风险共担、利益共享、共同发展的利益链，企业将从根本上提升资源获取能力并获得竞争优势。20世纪90年代以来，随着供应链管理思想的不断发展，越来越多的企业致力于完善和创新供应商的管理模式和方法，供应商管理已经成为企业提升核心竞争能力的重要手段。然而，食品企业的上游供应商种类和数量众多，有些是中小型的，风险差异较大，故如何进行食品供应商的有效管理是食品从业人员共同面临的挑战。与发达国家相比，我国食品企业面临的挑战更大。

《食品供应商管理指南》基于熊传武博士团队多年积累的经验，涉及了供应商管理的风险分级、选用育留（流）的管理框架，并邀请了多位来自知名食品链企业的供应商管理负责人，详细描述了食品供应商管理的流程、最佳实践和案例分享等内容，非常切合食品企业的实际需要，是食品企业进行供应商管理的重要参考书。通过学习本书内容，企业可以掌握食品供应商管理的基本理论，识别各类供应商的风险，合理分配现有的资源，科学地选择与评价、使用、监督供应商并促进其改善，将食品安全风险控制在可接受的水平。

中国工程院院士

2023年3月

北　京

前　言

食品安全管理一直是所有食品领域相关的企业面临的最重要的任务之一，供应商的食品安全管理往往是供应链上的薄弱环节，加强“供应商管理”是提升供应链食品安全水平不可或缺的重要一环。随着消费需求日新月异，很多企业推出的新产品越来越多。由于产品、市场、销量等的不确定性，很多新产品项目需要与供应商一起合作完成，导致品牌方对供应商的倚重在逐步加大。很多人认为食品安全管理体系已经是食品企业的标配，但数字统计发现，中国的食品安全管理体系认证（ISO 22000 和 HACCP）企业占比不到 30%，GFSI 认证（IFS、BRCGS、FSSC 22000 和 SQF）企业占比仅仅为 3.5%左右，食品供应商管理任重道远。

为了提升供应商食品安全管理水平，越来越多的企业加强了供应商管理（SQA）职能，包括成立独立的 SQA 团队等，但在供应商管理的过程中出现了各式各样的困难，无法找到有效的、可操作的指引。市面上关于供应商管理的书籍或是以理论为主，或是以通用的管理手段为主，如招标管理、关系管理、合同管理等，或是以电子、汽车等行业的研究居多，无法体现食品行业的特点，指导性不足。

食品供应商管理有明显的行业特点，如供应商索证索票、现场审核关注点、合规管理、产品检验、选用育留（流）的流程等；头部企业的供应商管理要求和优秀实践通常只能传导到一级供应商，大部分企业无法获知。虽说食品安全管理是非竞争性的领域，但是由于食品生产存在一定的防护风险，食品安全管理人员去其他优秀企业学习和参观的机会比较有限。市场上关于食品安全管理相关理论或者特定领域研究的著作较多，但最佳实践类的著作较少，因此作者希望结合食品行业发展现状，邀请各个行业相关专家编写《食品供应商管理指南》。

为了给食品安全管理领域提供更有效的借鉴，帮助食品企业将各类理论和方法快速落地并有效运行，上海悦孜企业信息咨询有限公司熊传武博士团队邀请了玛氏、亿滋、蒙牛、沃尔玛、美团、永辉、明康汇、云海肴、乐凯撒等30余位国内食品安全研究领域的专家一起参与编写了《食品供应商管理指南》。经过近一年的努力，终于将本书完成。

本书在内容上有三个特点：

（1）内容的实操性。本书各个章节的作者都是来自食品行业头部企业质量管理领域的专家，写出来的内容都是在自己的企业应用过，且很多是运用多年，经过多次迭代的内容，是行之有效的最佳实践。本书能帮助食品安全管理人员迅速搭建食品供应商管理各个模块的框架；针对常见问题和痛点，书中提供了各种各样的案例分享，让读者能够知其然、更知其所以然；书中提供了各类工具，比如各类文件、手册等。这些都能够为食品安全管理从业人员提供“拿来即用，用之有效”的指导工具，同时可以作为团队内部培训的工具书。

（2）知识的系统性。本书的作者是来自全产业链的不同代表，包括养殖、生产加工、餐饮零售、技术服务领域等，他们从不同角度进行了食品供应商管理的系统阐述，从流程、常见问题和方案、最佳实践案例出发，既有理论框架，也有实践分享。

（3）实践的可复制性。作者当中很多来自集团公司总部，最佳实践通常是在某个工厂实施，成功后复制到集团多个工厂的，总部拥有很多成功的实践复制经验，所以实践的可复制性强；读者可以根据内容进行操作，复制性好，效果可预期。

本书一共有六章，第一章由熊传武编写；第二章由姚旺和付艳娜（第一节、第三节），石红（第二节、第三节），吴劲松和安建平（第四节），王海（第五节）编写；第三章由于兰（第一节），汪伟伟（第二节、第三节），黄炎（第四节），常小宏（第四节、第五节），江新（第六节）和于莉（第七节）编写；第四章由廖岩（第一节），潘风山和黄建军（第二节），刘翔宇（第三节），梁宝生（第四节），汪伟伟（第五节），石峰和李劭戎（第六节），陈军华和顾祥（第七节），杨春凯、李海伟和谢琳森（第八节），张翰玲（第九节），周兰兰和陈学准（第十节）编写；第五章由姚旺和付艳娜（第一节），陈建国（第二节），吴劲松和安建平（第三节），潘风山和黄建军（第四节），常小宏（第五节），王燕（第六节），胡涛和单义琴（第七节），周兰兰和陈学准（第八节）编写；第六章由严志农、王海、吴劲松和安建平编写。全书由熊传武、王海和徐鼻婧进行统稿。

本书很多内容都是编者的工作积累和体会，仅供读者参考。在本书编撰过程中，作者参考和阅读了大量的文献专著，也引用了一些网络文章和图片，但个别没能找到原文出处的未能在本书的参考文献中一一列出，在此向原作者表达歉意并表示感谢。

由于作者水平有限，成书仓促，本书不足之处在所难免，恳请同行和广大读者批评指正，联系邮箱：info@iqc－china. com。

编　者

2023 年 3 月

目录 Contents

第一章

食品供应商质量管理概述

第一节　供应商管理

任何企业都不能孤立存在。如果企业想要提供令人满意的产品和服务给客户，则需要与外部的供应商进行协作。可以说，在当今时代，任何一个产业链中的企业都离不开供应商的配合与支持。供应商是任何一个组织在有效提高产品和服务的过程中必不可少的部分，越来越多的组织也意识到与供应商之间相互依存的重要性。因此，构建科学的供应商管理体系，确保组织的发展目标和战略得以实现尤为重要。本节将从供应商管理的定义出发，回顾国内外供应商管理的研究进展，帮助大家更好地理解供应商管理的含义和发展历程。

一、供应商管理的基本概念

（一）质量管理体系（ISO 9000）的相关定义

相信大家对供应商这个词并不陌生。供应商，也称供方，二者在日常的交流和沟通中会经常被等同使用。在《质量管理体系　基础和术语》（GB/T 19000—2016/ISO 9000：2015）中，我们可以找到与供方相关的权威定义：

3.2.5

供方 provider（supplier）：提供产品或服务的组织

示例：制造商、批发商、产品或服务的零售商或商贩。

注 1：供方可以是组织内部的或外部的。

注 2：在合同情况下，供方有时称为“承包方”。

3.2.6

外部供方 external provider（external supplier）：组织以外的供方

示例：制造商、批发商、产品或服务的零售商或商贩。

3.3.3

管理 management：指挥和控制组织（3.2.1）的协调活动

注 1：管理可包括制定方针（3.5.8）和目标（3.7.1）以及实现这些目标的过程（3.4.1）。

注 2：术语“management”有时指人，即具有领导和控制组织的职责和权限的一个人或一组人。当“management”以这样的意义使用时，均应附有某些修饰词以避免与上述“management”的定义所确定的概念相混淆。例如：不赞成使用“management shall……”而应使用“topmanagement（3.2.7）shall……”。另外，当需要表达有关人的概念时，应该采用不同的术语，如：managerial or managers。

3.3.4

质量管理 quality management：关于质量（3.6.2）的管理（3.3.3）

注：质量管理可包括制定质量方针（3.5.9）和质量目标（3.7.2），以及通过质量策划（3.3.5）、质量保证（3.3.6）、质量控制（3.3.7）和质量改进（3.3.8）实现这些质量目标的过程（3.4.1）。

在以上 ISO 9000 的术语定义中，供方分为内部和外部，但在本书的内容中，我们特指的是外部供方，也是我们常说的供应商。例如，在食品供应链中的农场投入品公司，养殖和种植企业、食品加工企业、贸易商、物流商、餐饮和零售、服务提供商等。

（二）GB/T 33456—2016 定义

在 ISO 9000 标准中，我们分别明确“供方”和“管理”的定义，但其中并没有关于“供应商管理”的直接定义，因此我们理解供应商管理还是有一定的难度。在《工业企业供应商管理评价准则》（GB/T 33456—2016）中明确定义了供应商管理。

3.7

供应商管理 Supplier management

有关供应商（3.1）方面，指挥和控制企业的协调的活动。

注：通常包括建立协同合作的供应商关系（3.4），实现供应链（3.5）整体优化，完成所需产品或服务的采购（3.2），降低寿命周期成本（3.6），增进最终顾客满意，实现企业、供应商（3.1）和顾客的共赢等。

在此标准中表达的供应商关系是供应商-企业-客户的关系，供应商管理的水平提升有利于促进我国企业供应链整体的和谐发展。

（三）全球食品安全倡议（Global Food Safety Initiative，GFSI）的定义

全球食品安全倡议（GFSI）是全球公认的非常有影响力的公益组织，为了实现“一处认证、处处认可”的愿景，GFSI 对全球范围内的食品安全标准进行了基准测量。在 GFSI 基准的对标文件 2020 版第四部分术语表中，也有涉及供应商的定义，但并没有对供应商管理的定义。

Supplier：An entity from whom the audited site purchases raw materials，ingredients，products，and/orservices.

Approved supplier：A supplier that has been evaluated to demonstratecon form anceto specific requirements by the auditedsite. See also “Supplier” definition.

释义：

供应商：已审核的场所向其购买原材料、配料、产品和/或服务的实体。

合格供应商：经评估证明符合特定要求的供应商。另见“供应商”定义。

从以上内容我们可以知道，食品行业对供应商的权威定义与 ISO 9000 中的供应商定义是非常相似的。两者都明确供应商是指提供产品或服务的组织或者实体，在 GFSI 的术语中提供的产品包括了原材料、配料和产品本身。其实对于供应商而言，原材料和配料也是供应商的产品。

由此可见，不同的机构对供应商的定义、理解是一致的。供应商是指提供产品或服务的组织。供应商管理是指有关供应商方面，指挥和控制企业的协调活动。

二、供应商管理的国内外研究

国外工业起步较早，相应的供应商管理的理论研究和实践也比我国早，关于供应商管理形成了比较系统化的理论。在 20 世纪 90 年代，供应商管理的概念传入国内，伴随着改革开放和经济的迅速发展，在全球一体化的驱动和越来越多的跨国采购及全球集团公司的整体运营需要下，国内对于供应商管理的研究进程在不断加快，学术的研究理论也在不断丰富，国内的很多企业运用了比较先进的供应商管理软件，实施了比较先进的供应商管理体系。下面就供应商管理研究文献分述如下：

(一) 国外研究现状

Dickson① (1966) 是研究供应商管理的“先驱”。早在 1966 年，Dickson 教授对 273 位采购经理的调查问卷总结出了 23 项供应商的评价指标，并对其各项指标的重要性进行了排序。结果表明，质量、交期和过去绩效排在前三位，其中质量指标是影响供应商选择的“非常重要”的因素，同时对其他指标也按照均值得分做了“相当重要”“重要”和“不太重要”的客观评判。Dickson 这一研究成果对以后的供应商管理理论研究影响很大。

Yahya 等② (1999) 在其论述中提到了层次分析法，并建议运用 AHP 层次分析法来确定供应商评价指标。从此层次分析法作为定性和定量结合的工具被相关行业领域大量运用。

Choy K L 和 Lee W B③ (2003) 提出了更适合于制造业的针对外包供应商的评价指标体系：价格、生产能力、交货、客户服务、管理层承诺、新产品开发、工艺优化改进、质量策划与保证、销售业绩和目标、财务状况和组织文化等指标。

Konrad 等④ (2015) 分析了 1997 年至 2014 年间共 143 篇同行评议的出版物，来自各种利益相关者的压力迫使许多公司建立可持续的供应商管理 (SSM)，重点是支持可持续供应商选择、监测和发展决策的正式模型。

Priyesh K S 等 (2017) 认为供应商关系管理 (SRM) 是一种战略规划并管理着所有与供应商的互动，以实现组织价值最大化。作者分析了几种买方-供应商关系模型以及供应商选择和评估策略。以帮助我们在建立更好的供应商关系中发挥作用。

Resende C H L 等 (2021) 认为在工业 4.0 的背景下，供应商的选择对于促进供应

---

① Dickson G W. An Analysis of Vender Selection System and Decisions [J] . Journal of Purchasing，1966，2 (1)：5 - 17.

② Yahya S，Kingsman B. Vendor Rating for an Entrepreneur Development Programme：A Case Study Using the Analytic Hierarchy Process Method [J] . Journal of the Operational Research Society，1999，50 (9)：916 - 930.

③ Choy K L，Lee W B. A generic supplier management tool for outsourcing manufacturing [J] . Supply Chain Management，2003，8 (2)：140 - 154.

④ Konrad Zimmer，Froehling. Sustainable supplier management — a review of models supporting sustainable supplier selection，monitoring and development [J] . Internation Journal of Production Research，2016，54 (5/6)：1412 - 1442.

商和制造商之间的协作战略至关重要，对供应商选择的定量模型进行了系统的文献综述。结果表明，大多数决策模型是结合多准则决策（MCDM）和人工智能（AI）开发的。在与工业4.0环境相关的标准中，最常见的标准是信息共享、技术能力、数字协作和参与。收集的结果可用于指导研究人员和管理人员开发计算工具，以辅助工业4.0时代供应商选择的决策过程。

Nurkkala，Lisa-Marie（2022）提出了采购以供应商关系管理为基础的观点，其关键目的是改善双方的运作，加强合作关系。供应商关系管理是一种全面管理供应商数据，并通过提出有效的供应商管理解决方案来增加供应商关系价值的方法。供应商关系的持续发展建立了可持续的业务。

（二）国内研究现状

国内的专家学者对于供应商管理的研究起步比较晚，虽然文献内容不多，但在近些年来也取得了一些研究成果。

戴晓欢等①（2009）提出了ABC分类法。即可以按照组织采购物品的重要程度进行分类管理。最重要的供应品属于A类，次要的供应品属于B类，其余的属于C类。

汤晓华②（2012）的观点是供应商的质量控制和质量改进直接关系到产品质量、成本和生产效率，影响企业的利润和发展。稳健高效的供应商质量管理流程极大地帮助企业提升竞争力和稳固市场地位。

胡建波③（2013）提出了基于供应链条件下的供应商选择与评价七步法，要遵循科学全面性、简单实用性、独立性、可操作性及定性与定量相结合等原则。他将影响供应商选择的主要因素进行了分类，并建立供应商选择的综合评价指标体系，主要包括企业绩效评价指标、企业业务能力评价指标、质量体系评价指标和企业环境评价指标。

汪寿阳、张煜④（2013）认为，整个产品的生产过程应从供应链开始评估风险，由于信息的不对称，对于供应商的质量风险应该特别加大力度进行控制和管理。

曹翠珍⑤（2016）认为传统供应链管理，特别是供应商质量管理中，企业缺乏与供应商以及客户之间的沟通与协调，管理具有较大的局限性。新时代的供应链管理及供应商质量管理要从整个供应链的角度出发，全面优化管理，使供应链的柔性和响应能力得到增强。

刘宝红⑥（2019）在《采购和供应链管理》中提出供应链管理是对从供应商的供应商到客户的客户的产品流、信息流和资金流的集成管理。其目标是实现客户价值的最大化和供应链成本的最小化。而提升供应商管理是带动供应链绩效改善的重要途径。

潘炳城⑦（2020）从汽车行业某公司的自身现状出发，梳理出主要问题点：供应商

---

① 戴晓欢，任凤香．供应商管理中存在的问题与对策［J］．技术与市场，2009，12：72-73.

② 汤晓华．如何高效管控供应商［M］．北京：化学工业出版社，2012.

③ 胡建波．供应链管理实务［M］．成都：西南财经大学出版社，2013.

④ 张煜，汪寿阳．供应链质量风险管理［M］．北京：科学出版社，2013.

⑤ 曹翠珍．供应链管理［M］．北京：北京大学出版社，2010.

⑥ 刘宝红．采购与供应链管理：一个实践者的角度［M］．北京：机械工业出版社，2012.

⑦ 潘炳城．M（中国）公司的供应商管理优化研究［D］．上海：上海外国语大学，2019.

选择与评价流程不规范、供应商评价指标体系不完善、供应商分类管理方法不合理；并对其提出了优化建议：优化潜在供应商选择与评价流程，完善供应商评价指标体系，进一步给出关于当前供应商分类管理的指标建议。

石红等[①]（2021）为建立食品企业供应商全生命周期质量管理体系，通过准入、使用、改善及优化形成闭环式管理，将物料和供应商两条线的生命周期管理进行有效结合，创立“一个系统的体系”贯穿所有“过程”的管理方法，从而通过科学标准化的管理，保障企业及供应商长期稳定的合作与发展。

（三）国内外研究现状评述

上述国内外专家和学者在供应商管理方面的研究成果，给本书提供了坚实的理论基础。伴随着经济的持续发展，社会分工不断细化，传统的制造业也越来越关注整个供应链的协同发展。企业除了要关注自身的管理水平，也要关注供应商的管理水平。上述文献从不同角度研究了供应商管理的选择与评价方法、定性和定量评价指标的构建、供应链风险与供应商分类管理方法、供应商关系管理、可持续的供应商管理、当前存在的主要问题和质量提升等内容。但这些内容主要以电子、汽车、化工等领域为例，对于快速消费品的食品和农产品的供应商管理研究非常少，而这些将是本书重点探讨与交流的内容。

---

① 石红，胡伟，马利军．食品企业供应商全生命周期质量管理体系研究［J］．物流技术，2021，40（8）：78－80.

第二节　供应商管理的必要性

对于生产企业而言，企业的生产问题很大程度上来源于供应商，对于供应商的管理是企业最具价值的管理问题之一。供应商来料不及时、来料质量不稳定、来料存在品质缺陷等使得企业的采购、生产和质量管理人员四处救火，疲于奔命，并引发生产成本上升、客户投诉与流失等一系列问题。因此提高供应商管理水平，就是在增加企业效益与竞争力。从源头把好关，破解供应商管理难题也成为企业亟待解决的难题。本节将从企业与供应商的关系和供应商管理的意义来阐述供应商管理的必要性。

一、企业与供应商的关系

从供应商的定义我们可以知道，供应商是提供给企业产品和服务的组织，根据其和企业关系的紧密程度，我们可以把企业与供应商的关系分为：直接购买、持续关系、合作关系、战略联盟和后向整合。

（1）直接购买——通常是一种“公平交易”式的关系，这是一种直接、常见的买卖双方交易安排，用于指定商品或服务。通常，它只涉及合同履行，除了沟通要求和履行之外很少或没有其他的互动。

（2）持续关系——是正式或非正式认可的状态，其中一个供应商优先于其他供应商。双方之间往往有更多的信息共享，这是一种相对稳固的关系。

（3）合作关系——传统意义上，合作关系比上述两种关系的合作更为长期，合作关系的定义是增加信任，广泛分享信息和商业目标，尤其是与持续的合作关系相比。

（4）战略联盟——是双方同意合作的长期关系，通常有某种排他性的安排，有明确的商业目标和指标。无论这种安排是正式的还是非正式的，两者之间也可能存在激励机制。需要紧密的合作以实现目标。

（5）后向整合——这种关系涉及将供应商作为其业务的一部分完全拥有的组织。因此，二者有统一的文化。理想情况下，二者会充分共享信息和计划。从本质上讲，供应商和组织是一个整体。

二、供应商管理的意义

从供应商管理的意义来看，就是企业通过资源的投入，不断改善企业与供应商的关系，使之关系日趋紧密。但也不是说供应商管理就是改善与供应商的关系，而是基于提供的产品和服务的特点，进行差异化的供应商管理。总体来说，企业的供应商管理工作有如下作用：

（一）获得符合企业质量要求的产品和服务

对供应商的质量控制已经成为企业进行质量控制的关键环节。强化对供应商的质量控制，就是为了与供应商通力合作，从而确保原料、辅料的质量，从源头上保障产品的质量。

（二）以最低的成本获得产品，提高企业盈利能力

原材料与半成品的价格最终会对成品的价格及竞争力产生影响。出于对利润的考量，进行产品供应价格分析，同时加强与供应商的价格协商工作，可以有效降低生产成本，提高企业盈利能力。

（三）确保供应商提供最优的服务和及时送货

供应商准时交货对企业的正常生产活动至关重要。供应商交货期延误，无疑会妨碍企业正常生产活动的进行，给生产人员、现场管理工作及有关部门带来各种负面影响。加强对供应商交货期的控制，可以提高供应商的准时交付能力，确保企业正常生产。

（四）发展和维持良好的供应商关系

企业根据自身实际状况对所有供应商进行分类，再对供应商进行差异化的关系管理和控制，可以使双方保持最适宜的合作关系。

（五）开发新供应商，确保潜在供应商能够得以被持续开发

企业通过建立一整套供应商选择与认证制度，并根据供应商开发计划进行供应商的开发与管理，能够动态地保证潜在供应商的质量与数量。

（六）企业与供应商之间可建立互利共赢的合作关系

对于供应商来说，增加对整个供应链业务活动的共同责任感和利益的分享，增加对未来需求的可预见性和可控能力，以及保持长期的合同关系，可以使供应计划更加稳定。成功的客户有助于供应商的成功。

第三节　供应商管理的主要内容

我们了解了供应商管理的定义、发展历程和重要性，更好地认识到了供应商管理对企业的意义。越来越多的企业希望加强对供应商的管理，那么我们该如何规范供应商的管理呢？衡量供应商管理水平的指标有很多，质量、成本、交期和服务是常见的指标。此书是基于供应商质量管理的维度展开的，所以本节将讨论供应商质量管理的发展历程，分为质量检验阶段、统计质量控制阶段、全面质量管理阶段和数字化的质量管理阶段。

一、供应商管理主要的流程

虽然不同企业对供应商管理的流程有所不同，但大体上可以包括需求与寻源、准入、使用和改善等几个阶段。其主要的流程如图 1－1 所示。

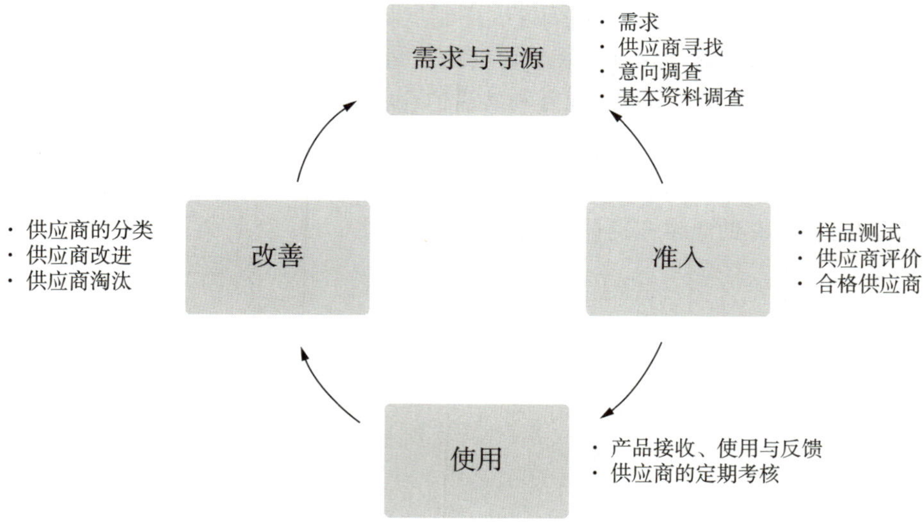

图 1－1　供应商管理的流程

（一）需求与寻源

1. 需求：当企业有新的产品需求或现有供应商不能满足要求时，企业需要寻找开发新的供应商。需求部门需要明确提出新供应商的具体要求。

2. 供应商寻找：对供应商的寻找/开发，可以通过各种途径或媒介（如杂志、网络和展览会），寻源人员应充分了解企业需求，以确保目标供应商是适宜的。

3. 意向调查：寻源人员与目标供应商进行初步沟通，确定对方的合作意向。

4. 基本资料调查：对有合作意向的供应商，由采购部组织收集、调查对方基本情况。调查的主要内容有：营业执照、企业规模、资金状况、设备生产条件、供货能力、企业信誉、品质技术保障能力等，并评审采购的可行性。

（二）准入：选择与评价

1. 样品测试：对于有合作意向且通过前期资料调查符合要求的供应商，可以进行下一步的样品测试环节。

2. 供应商评价：通过样品测试后，根据企业供应商的准入要求，对新供应商进行审核评价，必要时进行现场审核。根据审核的结果对供应商进行综合评价，如果涉及多个供应商，可以按照择优选取的原则。

3. 合格供应商：供应商通过评价后，可以将该供应商纳入合格供应商名录。采购可以开始签订合同、下订单合作。

（三）使用：绩效评估

1. 产品的接收、检验、使用与反馈：根据供应商提供的产品风险不同，制订产品验收各项指标的不同监控计划，入厂验证合格后入库使用，检验不合格依据对终产品的影响程度，确定处置模式：退货、销毁、让步接收等；定期记录、汇总和反馈供应商的检验和使用情况。

2. 供应商绩效定期考核：建立供应商业绩评价标准和流程，从质量、成本、交货、服务等方面对供应商进行评价考核。构建供应商培育使用的绩效评价标准和流程，从供应商集中度、供应商数量、厂家直接采购情况、单一货源采购情况等方面评价考核，注重培育优秀供应商，不断提高供应商水平。

（四）改善：关系管理

1. 供应商分类：由于企业的资源是有限的，可以依据供应商的重要性进行分类管理。通常可以采用“80/20”原则，将供应商按照提供产品的重要程度划分为两类：重点供应商和普通供应商，即占 80％价值的 20％的供应商为重点供应商，而其余只占 20％价值的 80％的供应商为普通供应商。当然还有其他的分类方法，如按照物资类型、采购金额、风险大小将公司分为战略供应商、瓶颈供应商、杠杆供应商及一般供应商四类。

2. 供应商的改进：对绩效考评不达标的供应商实施预警，改善质量。根据供应商历年的质量表现情况，分析数据，识别重大质量隐患，针对系统性的、长期未解决的、存在重大质量隐患的问题，以项目形式优化改善；协同供应商成立专项改善项目小组，实施专项改善，验收项目达成情况，总结优良做法进行固化。

3. 供应商的淘汰：建立供应商黑名单管理机制，违背“诚信”“质量红线”或是给公司造成重大损失的供应商进入黑名单管理。建立以诚信为基础的合作伙伴关系，同企业一起成长，使质量管理进入良性循环，保障企业获取优质、稳定的原材料。对绩效差且持续未提升的供应商和到货质量问题改善无显著效果的供应商，实施停货整顿或退出处理。

二、供应商管理的主要指标

企业的成功离不开其本身的努力，但也取决于供应商的表现。合理的供应商管理指标不但利于激励供应商达到一定的目标，也可统一供应商与企业的目标。总体上，供应商管理指标体系包括七个方面：质量（Quality）、成本（Cost）、交期（Delivery）、服务（Service）、技术（Technology）、资产（Asset）、员工与流程（People and Process），合称“QCDSTAP”。前三个指标各行各业通用，相对易于统计，属硬性指标，是供应商管理绩效的直接表现；后三个指标相对难于量化，是软性指标，但却是保证前三个指标的根本；服务指标介于中间，是供应商增加价值的重要表现。前三个指标被人们广为接受并应用。我们重点介绍质量、成本、交期和服务这四个指标。

（一）质量：质量是用来衡量供应商的最基本的指标。每一个采购方在这方面都有自己的标准，要求供应商遵从。供应商质量指标分为产品质量指标（包括来料批次合格率、来料抽检缺陷率、来料在线报废率等）和过程指标（包括供应商质量管理体系表现、审核分数、质量事件、客户投诉等）。

（二）成本：供应商考核的经济指标主要是采购价格与成本，这些是非常容易量化的指标。可根据市场同类材料最低价、最高价、平均价、自行估价，然后推测供应商在成本方面的表现。

（三）交期：按时交货率与质量、成本并重。概念很简单，但计算方法很多。其中最主要的是准时交货率、交货周期、订单变化接受率等。

（四）服务：服务也称配合度，通常没法直观统计。但是，服务是体现供应商价值的重要一环。服务是无形的，在不同的公司、行业侧重点也会有不同。例如供应商主动配合质量人员的质量调查，积极配合采购人员的调度、催货等。但共性是，服务都涉及人，可调查企业不同部门的满意度来统计服务质量。

三、供应商质量管理

供应商的质量管理也经历过不同的发展阶段。从产品检验到过程控制，到体系的管理理念，到全员的质量文化建设，到数智化的手段，标志着供应商质量管理的不断完善。虽然供应商质量管理化不断发展与演变（见表 1-1），但过去的手段依然有效。时至今日，产品检验仍然是供应商管理的重要手段之一。

表 1-1　质量管理的发展阶段

发展阶段	主要的特点	供应商质量管理
质量检验阶段	20 世纪初，人们对质量管理的理解还只限于质量检验，质量检验是通过专职的人和各种检测设备和仪表进行的，方式是严格把关，进行百分之百地检验	供应商管理依靠产品感官、理化指标的检验，忽视供应商的生产过程
统计质量控制阶段	20 世纪 20 年代，以休哈特为代表的一些著名的统计学家和质量管理专家就注意到质量检验的问题，他们尝试运用数理统计学的原理来解决，使质量检验既经济又准确	基于统计学来科学检验，并将结果联系到供应商的绩效中去。供应商管理是质量人员的工作

（续表）

发展阶段	主要的特点	供应商质量管理
全面质量管理阶段	20 世纪 50 年代，社会生产力的迅速发展，推动了资本主义管理理论和质量管理科学的大发展，全过程和全员参与的“全面质量管理”概念被提出	不同角色的人员参与供应商管理，关注供应商的产品实现过程。现场审核是供应商管理的常见手段。越来越多的国际标准被用于供应商的审核工作中来
数字化的质量管理阶段	随着工业 4.0 的研究与实践，人工智能（机器人、计算机视觉技术），数据科学（数据的透视、分析与预测）等被运用到质量管理中。基于经营管理视角的质量管理、战略质量管理成为现代质量管理的核心	“顾客感知质量”概念被提出。将抽象和复杂的供应商管理数字化。质量文化越来越被重视

第四节　食品供应商质量管理

上一节我们主要介绍了供应商管理的内容，包括全生命周期的流程、供应商管理的关键指标和质量管理，这些内容适用于所有的行业。本节我们将主要介绍食品供应商质量管理的相关内容。那么，食品供应商质量管理的特点如何？当前主流思想对于食品供应商质量管理的内容是如何解读的？本节将帮助大家深入了解这些内容。

一、食品供应商质量管理的特点

食品行业是一个特殊的行业，虽然市场需求旺盛，但行业门槛低，竞争激烈。同时，食品是一种特殊的商品，关系着民生大问题。食品链企业的供应商既要满足安全合规要求，也要满足客户的质量要求。具体来讲，食品供应商质量管理包括以下特点：

（一）食品安全与合规是第一要素

作为食品相关产品和服务的供应商，需要把食品安全和合规作为第一要素。在食品行业，人们常说“100－1＝0”，这里的“1”指的是安全和合规，无论企业业绩多优秀，没有了安全和合规，终究是功亏一篑。所以，食品链的企业供应商管理的第一要素就是确保供应商提供安全和合规的产品。

（二）预防为主

要确保安全和合规并不容易，食品供应商的管理需要坚持“预防为主”的原则。新《中华人民共和国食品安全法》总则开宗明义地提出了“预防为主”的食品安全治理理念。食品安全工作实行预防为主原则，是指各项工作要关口前移，不要等到发生问题再查处、追责，要通过事先策划消除隐患，防患于未然。

（三）基于风险的分析

同一家企业需要的原材料和服务来自不同的供应商，且不同原材料和服务对终产品的影响也有所不同。国际通行的 HACCP 体系被广泛用于食品安全风险分析。风险分析的结果有助于企业更好地利用资源进行重点供应商管理。

（四）全供应链的视角

众所周知，食品的供应从田间到餐桌，经过多个环节，任何一个环节出现问题，都会导致食品安全问题。所以，对于食品供应商管理而言，不仅要管理直接供应商，而且要关注供应商的供应商，直到产品的生产源头。

二、食品供应商的分类

按照食品供应商提供的产品和服务内容进行分类，我们可以将食品供应商主要分为：

(一) 原料类供应商

对于食品供应商来说，任何食品的加工生产都离不开原料。原料类供应商指提供以加工食品、添加剂、生鲜农产品、农场的投入品等为原料的供应商。

(二) 包材类供应商

包材类供应商主要指提供包装类材料的供应商，包括与食品接触的内包材和外部的包装材料。

(三) 设备和易耗品类供应商

设备和易耗品类供应商主要指提供给企业相关设备和易耗品的供应商。

(四) 服务类供应商

服务类供应商为食品链企业提供相关服务的供应商，包括产品贸易、物流服务、有害生物控制、培训与咨询、认证与检测等。

三、食品供应商质量管理的内容

早在20世纪60年代，国外很多的研究者开始研究供应商管理的相关理论。20世纪90年代，供应商管理的相关理论和经验传到中国。如今，供应商管理是供应链中经常使用的词语，对企业产品和服务供应的稳定起到至关重要的作用。特别是对于食品行业，由于更高的合规和食品安全的要求等特点，食品供应商质量管理得到了广泛的重视。食品供应商质量管理中，除了选择与评价、使用、关系管理的基本内容以外，有更多具体的要求。全球食品安全倡议（GFSI）和相关的国际卓越标准（IFS），非常明确地规定了食品供应商质量管理的具体要求，给食品供应商质量管理工作提供了诸多参考。

(一) GFSI对食品供应商管理的要求

选择产品分类CI易腐动物源的食品为例，在GFSI 2020版的对标文件中，对供应商管理的要求见表1-2所列。

表1-2 GFSI 2020供应商管理要求——CI易腐动物源食品

条款	模块	标准要求
FSM13.1.1	采购和供应商绩效	应控制采购过程，以确保过程的所有投入，包括对食品安全有影响的外部采购材料和服务，符合规定的要求或规范以及食品安全和法规要求
FSM13.2.1	采购和供应商绩效	应建立、实施和保持对影响食品安全的供应商的评价、批准和持续监测程序。程序应描述紧急情况下的采购，以确保食品仍然符合文件规定的要求或规范，并对供应商进行了评估。评估、调查和后续行动的结果应予以记录
FSM13.3	采购和供应商绩效	应识别和控制可能对食品安全产生影响的外包过程。这些控制应在食品安全管理体系中规定
FSM13.5	采购和供应商绩效	应制定具体规定，从经批准、认证的来源采购饲料

选择产品分类E餐饮为例，在GFSI 2020版的对标文件中，对供应商管理的要求见表1-3所列。

表1-3 GFSI 2020供应商管理——E餐饮

条款	模块	标准要求
FSM13.1.2	采购和供应商绩效	应建立、实施和保持采购程序，以确保该过程的所有输入，包括影响食品安全的外部采购材料和服务，符合规定的要求或规范以及食品安全和法规要求
FSM13.2.1	采购和供应商绩效	应建立、实施和保持对影响食品安全的供应商的评价、批准和持续监测程序。程序应描述紧急情况下的采购，以确保食品仍然符合文件规定的要求或规范，并对供应商进行了评估。评估、调查和后续行动的结果应予以记录
FSM13.3	采购和供应商绩效	应识别和控制可能对食品安全产生影响的外包过程。这些控制应在食品安全管理体系中规定

以食品加工和餐饮企业为例，我们了解到GFSI的对标文件中对食品供应商管理的要求，这些要求是国际食品安全标准的通用要求。主要内容包括：①应建立采购和供应商管理的程序，保证采购的产品和服务满足规定的要求；②供应商管理的主要过程包括评价、批准和持续的监控、紧急情况的应急管理；③供应商的管理包括外包过程。

（二）国际卓越标准（International Featured Standard，IFS）对食品供应商管理的要求

在IFS加工食品第7版的标准中，在4.4采购的条款中对供应商管理的要求进行了阐述。

4.4 采购

4.4.1 企业应控制采购过程，以确保所有外部采购的对食品安全和产品质量有影响的原材料、半成品、包装材料和服务符合规定的要求。

4.4.2 应制定对供应商（内部和外部）的批准和监控程序。

批准和监控程序应包含明确的评价标准，如：

- 由经验丰富、有能力的人员进行审核
- 检测报告（COA）
- 供应商的可靠性
- 投诉
- 要求的绩效标准

4.4.3 应对供应商评估的结果进行定期评审，评审应基于风险评估。应记录评审及评审后所采取的措施。

4.4.4 应按照现行的产品规范对所购买的原料、半成品和材料进行检查，并根据相关风险评估对其真实性进行验证。检查的计划应至少考虑识别的食品安全和产品质量风险。

取样的频率和/或范围应基于：

- 原材料、半成品、包装材料对成品的影响

● 供应商的状态

4.4.5* 应按照现行的规范对采购的服务进行验收，验收的计划应最少考虑如下项目：

● 确定的服务要求

● 供应商的状态（按照其评估结果）

● 服务对成品的影响

4.4.6 如果企业将产品加工和/或初级（内）包装和/或贴标的一部分外包，企业应将其体现在食品安全和质量管理体系文件中，并确保对该过程进行控制，以保证食品安全和产品质量不受影响。对此类外包过程的控制应进行识别并形成文件。当客户要求时，应有证据表明客户已得到通知并同意此类外包过程。

4.4.7 外包过程应形成书面协议，并描述与外包过程相关的任何安排，包括过程控制、抽样和分析。

4.4.8 企业应通过以下方式对外包过程的供应商进行审批：

● 通过 IFS 食品标准认证或其他 GFSI 认可的食品安全标准认证

● 文件化的供应商审核，由有经验的合格人员进行，至少应包括食品安全、产品质量、合法性和真实性的要求

相比 GFSI 的对标文件要求，IFS 标准对供应商管理的要求更加详细。由于 IFS 是一个基于产品和过程的标准，标准采用了更多描述性的语言，对于企业来说更具可操作性。IFS 标准对供应商的管理要求中，更加明确了：①对供应商的批准和监控要求；②采购产品和服务的验收和检查；③对外包过程的详细要求。

第二章

食品供应商质量管理的流程

本章主要描述食品供应商质量管理的主要流程和步骤，基于这些流程和步骤，阐述企业如何规范全生命周期的供应商质量管理。基于供应商风险分级的前提，对供应商的选用育留（流）进行标准化操作，给更多的企业提供标准化的参考。

第一节　供应商的风险分级

面对纷繁复杂的供应体系和数量繁多的供应商，食品生产企业及食品经营企业需要建立更为精准的供应商风险分级机制，区分出高风险、中风险和低风险供应商。并根据风险等级，匹配对应的资源和管控手段，实现精准、高效、科学、公正管理。

本章谈到的供应商风险分级机制是针对供应商的综合食品安全风险进行分析的，综合考虑了产品的固有风险、供应风险、法规风险、供应商既往的食品安全表现，及供应商的业务体量等。

一、风险的维度

如何进行风险分级已成为食品行业需要探讨的永恒话题。简而言之，供应商的风险一般来自以下几个方面：

（一）产品的固有风险：一般来自产品配方设计、物料风险、工艺流程中的固有风险，同时也参考了产品的社会关注度和风险发生的可能性；

（二）供应风险：如供应过程中发生食品欺诈、掺假的可能性，产品防护，易腐食品的温度控制等；

（三）法规风险；

（四）供应商既往绩效：如过往的政府检查监管情况、商品抽检结果、顾客投诉情况、媒体报道和食品安全现场审核等；

（五）业务风险：不同业务模式下所承担的责任高低、供应商的销售占比、单一或多来源供应、供应商规模大小等。

二、如何实行风险评估

供应商的风险评估和分级是实施供应商精准管控的前提条件。如何有效进行供应商风险评估，需要根据供应商风险评估的原理，并结合企业自身的特点，确定具体的评估维度和不同的权重，来制订本企业的供应商风险评估方案，有效评估供应商风险等级。

对于产品的固有风险，食品企业一般是基于危害分析与关键控制点（HACCP）的概念考量食品本身对健康的不良反应，根据可能性和严重性进行风险评估。除了传统意义上的微生物、化学、物理风险外，也会考量如掺假、非法添加的风险及对应的社会关注度进行综合的风险评估。在中国的中小企业中，我们发现风险评估一般来自经验，缺少可靠的风险评估依据。在这里介绍零售领先企业沃尔玛正在使用的两款风险评估工具：FDA 指南（FDA guidance）和水平扫描（见图 2－1，HorizonScan①），其能通过工具自动匹配到该产品的生物、化学、物理及食品欺诈风险，且有非常完整的风险评估的数据及案例支持。

图 2－1 水平扫描（HorizonScan）网站截图

很多国内供应商在 HorizonScan 中并未收集信息，因此企业也可以通过国家市场监督总局的“食品安全抽检公布结果查询系统（见图 2－2）”②，根据食品名称或企业名称来查询特定的风险。

2016 年 9 月，国家食品药品监督管理总局（国家市场监督管理总局前身）发布《食品生产经营风险分级管理办法（试行）》，由国家食品药品监督管理总局制定《食品生产经营静态风险因素量化分值表》，表中将食品风险等级分为高（Ⅳ）、中（Ⅲ）、低（Ⅱ）、较低（Ⅰ）四类，也可以作为参考。表 2－1 仅对各风险等级提供部分示例。

① https：//horizon－scan. fera. co. uk/.

② 国家市场监督管理总局官方网站食品安全抽检公布结果查询系统，https：//spcjsac. gsxt. gov. cn/.

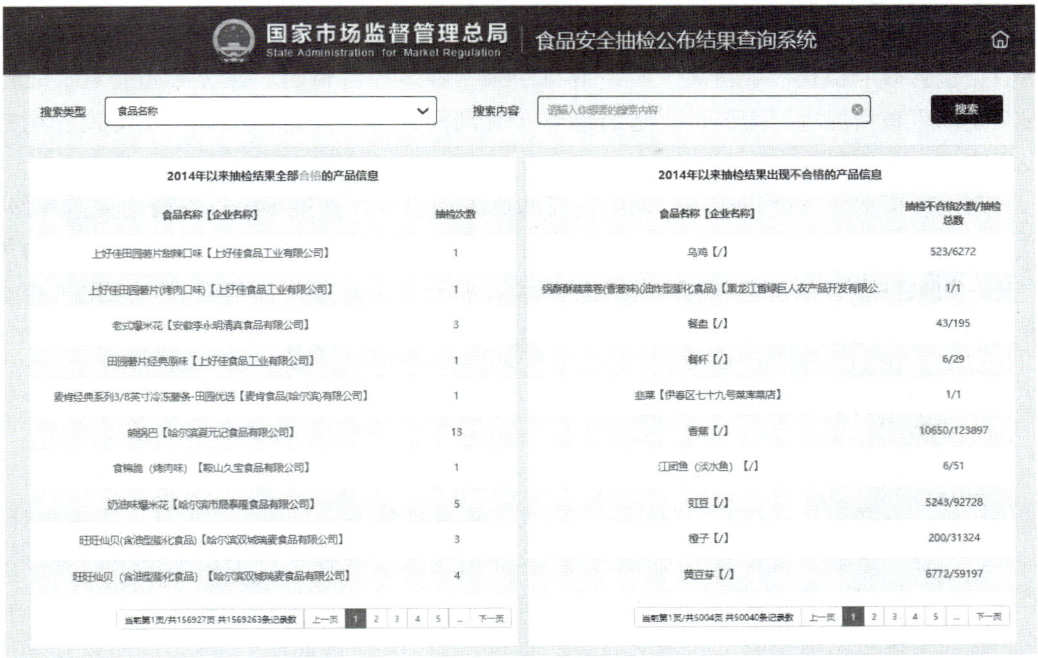

图 2-2　食品安全抽检公布结果查询系统

表 2-1　食品生产经营静态风险因素量化分值表（部分示例）

序号	食品、食品添加剂类别	类别编号	类别名称	品种明细	食品风险等级	分值（S）
1	粮食加工品	0102	大米	大米（大米、糙米、其他）	低（Ⅰ）	13.5
2	食用油、油脂及其制品	0203	食用动物油脂	食用动物油脂（猪油、牛油、羊油、鸡油、鸭油、鹅油、骨髓油、鱼油、其他）	较低（Ⅱ）	18.0
3	糖果制品	1304	果冻	果冻（果汁型果冻、果肉型果冻、果味型果冻、含乳型果冻、其他型果冻）	中等（Ⅲ）	20.5
4	肉制品	0403	预制调理肉制品	1. 冷藏预制调理肉类 2. 冷冻预制调理肉类	高（Ⅳ）	26.5

供应风险方面，需要考虑配送转运过程的产品防护，避免在配送运输、储存等过程中造成食品污染，甚至恶意破坏；同时也可能存在食品欺诈和掺假情况。由于国内的冷链物流业正在发展中，也出于成本等各方面因素考虑，对于易腐败的食品，目前在配送过程的温度控制方面面临着一些挑战。因此，在供应风险方面，应考量供应商在食品防护、食品欺诈和掺假方面的表现、对易腐食品的温度控制的风险控制措施和能力，来评估风险发生的可能性。

供应商既往绩效是供应商实际表现的重要考量，首先企业应该建立供应商绩效表现的数据统计和分析平台，鼓励有条件的企业建立系统化的供应商绩效数据平台，这些数据包含政府检查监管情况、商品抽检结果、顾客投诉情况、媒体报道情况、食品安全现场审核情况等。需要设立适当的评分规则和逻辑，最终得出各个供应商在绩效表现方面的最终得分。

与供应商的业务合作模式以及供应商的业务状况可以直接影响供应商的风险评级，首先不同的业务模式有不同风险，比如零售业中的寄售/联营业务模式比购销模式的风险高；如果供应商在企业中的业务占比较大，那更利于企业对其的管控，风险可控度更高；多种多样的供货渠道比单一供货渠道的风险控制难度更大，风险更高。

三、供应商风险精准管理

建立了供应商风险等级后，我们要如何运用它进行精准管理呢？比如，对于高风险供应商，有必要从产品开发阶段进行介入，从原料源头、产品配方设计、工艺设计、加工、贮存、运输、销售整个过程进行风险评估及风险管控，对于识别出来的风险或问题，跟进供应商采取对应的改善措施，并验证和关闭这些问题，对风险进行有效管控。管控措施包括但不限于：供应商资质审核（如 GFSI 认证证书等）、产品设计及危害分析（PDHA：Product Design Hazard Analysis）、现场审核、发货前检查、到货验收和货架抽检等。而对于中低风险供应商，可以结合不同情形，精选不同的管控措施进行管理。

当然，我们也可以将商品根据产品风险（比如微生物风险等）进行归类（即食食品 Ready - to - Eat、加热即食 Ready - to - Heat、烹饪即食 Ready - to - Cook 等），对不同大类采取不同颗粒度的供应商审核及管控。

供应商的风险分级是一个动态管理的过程，可以根据供应商质量及合规评估打分的变化，对该供应商进行加严或者放松管理。一方面可以更好地进行精准靶向管理，最大化利用资源；另一方面，通过这一动态机制激励供应商不断提升自我管理水平。

第二节　供应商选择（“选”）

一个企业的扩大发展离不开大量供应商资源的支持，要选择到社会优势供应商资源，首先要确定选择的管理原则，如公平公正公开的原则、基于供应商的风险原则、围绕业务需求和采购渠道规划开展的原则、优先选择行业内排名前沿供应商的原则、优先选择直接生产商的原则等。再通过对供应商和物料两个方面的评定，选择合格的供应商和符合标准的物料，以确保供应商具有满足本公司采购产品规定要求的能力。我们常用问卷调查法、资质证明、样品提供、初选评定和现场审核等方法来进行供应商的选择。

一、问卷调查

在市场上众多的供应商资源中，合理利用企业资源，首先可以采取问卷调查的方式，对即将引入的潜在供应商的基本情况进行初步筛选，以初步了解潜在供应商基础情况、食品安全和质量管理水平、质量信誉、供货能力技术成熟度和服务能力等方面的情况。

采取问卷调查的方式进行供应商初选是最常见的方式，这种方式经济快捷。潜在供应商填写问卷应确保内容真实，如出现弄虚作假、缺乏诚信，将直接列入黑名单，终止准入活动。依据企业对供应商要求的侧重点可以设计不同的调查表。常用的供应商调查问卷（见表 2－2）可以涉及以下内容：基本信息、基础环境、质控能力、产品状况、检测能力等相关信息。

表 2－2　潜在供应商基础信息调查表（示例）

<table>
<tr><td rowspan="6">基本信息</td><td>供应商名称</td><td></td><td colspan="2">详细地址</td><td></td></tr>
<tr><td>企业性质</td><td></td><td colspan="2">联系电话</td><td></td></tr>
<tr><td>法人代表</td><td></td><td colspan="2">传真</td><td></td></tr>
<tr><td>业务代表</td><td></td><td colspan="2">联系电话</td><td></td></tr>
<tr><td>工厂面积/m²</td><td></td><td colspan="2">质量人员占比/%</td><td></td></tr>
<tr><td>员工人数/人</td><td></td><td colspan="2">主要客户群</td><td></td></tr>
<tr><td rowspan="5">基础环境</td><td>周边企业名称</td><td></td><td></td><td></td><td></td></tr>
<tr><td>对应主要产品</td><td></td><td></td><td></td><td></td></tr>
<tr><td>生产车间分布名称</td><td></td><td></td><td></td><td></td></tr>
<tr><td colspan="5">污水处理能力及其概况：</td></tr>
<tr><td>库房分布</td><td>原料库（库容）</td><td></td><td>成品库（库容）</td><td></td></tr>
</table>

（续表）

<table>
<tr><td rowspan="2">质控能力</td><td>主要生产工艺</td><td colspan="4"></td></tr>
<tr><td>关键控制工序列举</td><td></td><td></td><td></td><td></td></tr>
<tr><td rowspan="6">产品状况</td><td>产品种类</td><td colspan="2">年产量/吨</td><td colspan="2">月产能/吨</td></tr>
<tr><td></td><td colspan="2"></td><td colspan="2"></td></tr>
<tr><td></td><td colspan="2"></td><td colspan="2"></td></tr>
<tr><td></td><td colspan="2"></td><td colspan="2"></td></tr>
<tr><td colspan="5">执行标准：□国际标准□国家标准□行业或地方标准□企业标准
产品执行标准号及名称列举：</td></tr>
<tr><td colspan="5">产品认证情况：（是否为有机或是清真等，如有请列举或无）

企业通过安全或质量认证等请列举：
认证名称　证书编号　认证时间</td></tr>
<tr><td rowspan="7">检测能力</td><td>检验范围</td><td colspan="4">成品出厂项目企业自检□完全□部分□其他机构检测
入厂检验□有□无；生产过程检验□有□无；
出厂检验□有□无</td></tr>
<tr><td>开展项目</td><td>检验方法</td><td>主要仪器</td><td>仪器型号</td><td>精度</td></tr>
<tr><td></td><td></td><td></td><td></td><td></td></tr>
<tr><td></td><td></td><td></td><td></td><td></td></tr>
<tr><td></td><td></td><td></td><td></td><td></td></tr>
<tr><td></td><td></td><td></td><td></td><td></td></tr>
<tr><td></td><td></td><td></td><td></td><td></td></tr>
<tr><td>企业亮点</td><td colspan="5"></td></tr>
<tr><td>签字盖章</td><td colspan="5">我司保证所填写信息真实有效。对文件内容和互相交流的信息，双方承诺保守秘密。
法定代表人签字：　　　　　　　　　　日期：　　年　　月　　日</td></tr>
</table>

二、资质证明

通过调查问卷得到的数据，我们可以对供应商的基本信息有基本了解。这时候我们需要供应商提供资质证明材料，也就是常说的索证索票，这是准入阶段主要收集的资质证明。

作为食品从业人员，我们常把“索证索票”挂在嘴边，因为它是法律法规明确要求的，也是企业尽职履责的基本要求。《中华人民共和国食品安全法》第五十条、第五十三条、第六十条，《餐饮服务食品安全监督管理办法》第十二条，《餐饮服务食品采购索证索票管理规定》第七至十八条都有相关的要求。

索证索票按上述的法规要求，“证”指的是两证，即供应商的许可证及其他资质证件、产品合格证明；“票”指的是购物清单或进供货票据，一般载有产品名称、规格、数量、生产日期或生产批号、保质期、供货者名称、地址及联系方式、进货日期等信息。索票的部分比较简单，索要的是购物单或送货单，单据没有固定样本，载有以上完整信息就行。

不同供应商需要提供的资质证明材料不同，食品企业按照食品原料、食品添加剂、食品相关产品等法规资质要求，索取相应及适用的资质证件进行查验，确保供应商在准入前做到资质合规，具体的内容可以参考表 2－3。

表 2－3　供应商资质证明材料清单

类　别	供应商资质证件
预包装食品	● 营业执照 ● 食品生产许可证（生产商） ● 食品经营许可证（经销商）
进口食品	● 营业执照 ● 食品经营许可证
食用农产品：畜禽产品	● 营业执照 ● 动物防疫条件合格证 ● 生猪定点屠宰证（适用于猪产品） ● 畜禽/大牲畜定点屠宰证 ● 出口食品生产企业备案证明（适用于生产出口食品的农产品）
食用农产品：果蔬产品	● 企业营业执照 ● 个人身份证 ● 出口食品生产企业备案证明（适用于生产出口食品的农产品）
食品接触材料（含包材和其他食品接触材料）	● 营业执照 ● 工业产品生产许可证（适用于食品用塑料包装容器工具等制品、食品用纸包装容器等制品）
洗涤剂、消毒剂	● 营业执照 ● 工业产品生产许可证（适用于食品用洗涤剂） ● 消毒产品生产企业卫生许可证（适用于消毒剂） ● 危险化学品经营许可证（需要时）

索证索票是法规要求。从食品安全的角度来看，索证索票可以帮助企业建立上游追溯体系，追溯时可以追溯供应商、物料的相关批次信息。索票查验用于物料批次信息的记录和追溯。查验时按照真实准确、完整合格的原则。

三、样品提供

供应商的问卷调查和资质证明更多是从供应商的角度来判断自身是否符合企业的要求，要想判断供应商的物料是否合适，往往需要提供样品进行验证。一方面，食品企业需要按照法律法规相关的要求全面调研物料的特性及在食品安全方面的影响，并依据对产品质量及食品安全的影响，对物料进行符合性评估，以确保物料满足企业的要求；另一方面，需要通过对物料进行测试来确定其是否符合要求。

（一）原料符合性调查

要抓好食品安全，最根本的还是要靠企业的诚信和自律。作为生产者，肯定要把食品安全放在首要地位。原料符合性评估目的是更多了解供应商原料的基础信息及食品安全控制情况，主要内容为：终产品基础信息、终产品特性、微生物控制、过敏原控制、异物控制、化学污染物和转基因生物控制情况。表 2 - 4 提供了原料符合性调查表，这是一个比较全面的调查表，若企业暂时还无法实施全部内容，可以根据企业的实际情况选择适合自己的信息和指标，并逐步完善。

表 2 - 4 原料符合性调查表

供应商名称：			
填写人		联系方式	
一、终产品基础信息			
终产品名称（通用名）			
终产品所属（进口）	□在中国未许可□在中国正在办理许可		
终产品执行标准号			
使用范围			
包装形式		与原料接触的包装材料	
原料加工工艺			
工艺关键控制点			
使用注意事项			
备注：1. 在描述内容符合项中打“√” 2. 提供原料信息时，同时提供产品的质量标准包含技术指标检验方法 3. 提供原料相关标签样本			
二、终产品特性			
1. 原料来源：□国产□进口			
2. 原料类型识别：□食品原料□可用于食品的菌种□新食品原料□食品添加剂 □食品营养强化剂□复配食品添加剂			

（续表）

<table>
<tr><td colspan="8">3. 原料可应用范围，请详细说明：</td></tr>
<tr><td colspan="8">4. 提供原料相关标签样本</td></tr>
<tr><td colspan="8">5. 指出原料的详尽成分（原料的所有成分：成分、添加剂、防腐剂、食用香精）
注：①如果原料是单一的，则表格可以留空；如有其他配料，则请详细填写
②技术功能为该组分所属功能：原料、新食品原料、食品添加剂、食品营养强化剂、菌种、食品用香精等
③法规有限量标准，须填实际添加量及百分比</td></tr>
<tr><td>名称</td><td>执行标准</td><td>技术功能</td><td>是否有法规限量</td><td>法规限量值</td><td>实际添加量</td><td>百分比</td><td>法规限量标准/公告依据</td></tr>
<tr><td></td><td></td><td></td><td></td><td></td><td></td><td></td><td></td></tr>
<tr><td></td><td></td><td></td><td></td><td></td><td></td><td></td><td></td></tr>
<tr><td></td><td></td><td></td><td></td><td></td><td></td><td></td><td></td></tr>
<tr><td colspan="8">6. 该原料加工过程中是否使用加工助剂？</td></tr>
<tr><td colspan="8">□是（请将其名称、用量及执行标准等信息填于下表）□否□不涉及</td></tr>
<tr><td colspan="8">加工助剂使用信息表</td></tr>
<tr><td>名称</td><td>功能</td><td colspan="3">用量（有限量要求的填写）</td><td colspan="3">执行标准</td></tr>
<tr><td></td><td></td><td colspan="3"></td><td colspan="3"></td></tr>
<tr><td></td><td></td><td colspan="3"></td><td colspan="3"></td></tr>
<tr><td></td><td></td><td colspan="3"></td><td colspan="3"></td></tr>
<tr><td colspan="8">7. 原料的保质期：
年/月/天　　　　　开封前的储存条件：□常温□低温□其他
开封后的储存和处理条件：□常温□低温□其他开封后的最长储存时间：　　　天</td></tr>
<tr><td colspan="8">8. 该原料是否经过辐照处理？□是□否□不涉及</td></tr>
<tr><td colspan="8">9. 该原料是否使用经过辐照处理的配料？
□是（请列出配料名称）：　　　　　　　　□否□不涉及</td></tr>
<tr><td colspan="8">10. 是否有自打井水用于生产用水？
□是（请明确是否取得取水证及水质是否符合 GB 5749 的要求）　□否□不涉及</td></tr>
<tr><td colspan="8">11. 是否有自制氮气用于生产加工？
□是（请提供相应生产许可资质证明）　□否□不涉及</td></tr>
<tr><td colspan="8">12. 对宣称产地的物料，是否取得相关部门认证？
□是□否□不涉及</td></tr>
<tr><td colspan="8">三、微生物标准</td></tr>
<tr><td colspan="8">1. 原料有微生物标准吗？
□是□否□不涉及</td></tr>
</table>

（续表）

2. 是否对原料进行了微生物测试？ □是（请列举微生物项目）：　　□否□不涉及
3. 此原料是否实施了可行的微生物放行体系？ □是（请列举微生物项目）：　　□否□不涉及
4. 生产过程中是否有热处理步骤？ □是（请标明热处理温度及持续时间）：　　□否□不涉及
5. 这个过程中是否有深度冷冻步骤？ □是（请标明目标温度及持续时间）：　　□否□不涉及
6. 是否存在任何毒素风险的可能？ □是（请标明毒素种类）：　　□否□不涉及
四、过敏原的声明
1. 识别原材料中的“过敏原”风险，原料是否属于过敏原配料？ □是（填写下表中过敏原相关其他信息）：□否□不涉及

过敏原名称（原材料或衍生物列举）	直接加入	交叉污染	
	原料或成分中含有	生产线或包装中含有	生产现场或运输工具含有
	□是□否	□是□否	□是□否
	□是□否	□是□否	□是□否
	□是□否	□是□否	□是□否

注：①乳及乳制品：牛奶、乳粉、酪蛋白、乳酸水解产物、乳糖等； ②鸡蛋及其制品：蛋白、蛋黄、全蛋、溶菌酶、蛋卵磷脂等； ③花生及其制品：花生粒、花生酱、精制花生油、花生风味制品等； ④大豆及其制品：双精制大豆油、大豆卵磷脂、大豆氨基酸、大豆天然生育酚、类固醇、植物甾醇和大豆酯类、来自大豆的异黄酮、大豆蛋白水解物等； ⑤鱼及其制品：鱼油、增强风味的鱼明胶、鱼胶等； ⑥坚果及其产品：杏仁、开心果、榛子、核桃、腰果、巴西坚果、核桃、松子等； ⑦含有麸质的谷物及其制品：小麦、大麦、燕麦、杂交麦（黑麦）等； ⑧甲壳类动物及其产品：虾、蟹等
2. 生产现场的过敏原交叉污染风险由以下哪种方法控制？ □含有过敏原的产品（原料/中间产品/成品）的物理隔离 □用于含有过敏原的成分的专用设备 □避免包装回收，否则会带来不明原因的过敏原 □避免产品返工，否则会带来不明原因的过敏原 □其他（请详细说明）：
3. 您是否对生产线进行过敏原交叉污染风险分析？ □是（回答以下 3 个问题）□否（跳到第 5 题）□不涉及

（续表）

<table>
<tr><td colspan="4">4. 生产线上的过敏原交叉污染风险由以下方式控制：
□生产排序□产品顶出（产线清洗）</td></tr>
<tr><td colspan="4">5. 是否在提供给产品标签上明确指出可能存在的过敏原？
□是（请标明过敏原名称）：　□否□不涉及</td></tr>
<tr><td colspan="4">6. 是否将过敏性原料贴上标签，并适当处理和储存，以防止交叉污染？
□是□否□不涉及</td></tr>
<tr><td colspan="4">7. 用于过敏性/非过敏性的产品是否采用了单独的容器/生产线？
□是（请说明如何验证清洗有效性及过敏原残留物验证结果）□否□不涉及
说明：</td></tr>
<tr><td colspan="4">8. 是否对原材料标准进行审查，以确保在配方或供应商更换的情况下，能识别出所有过敏原？
□是□否□不涉及</td></tr>
<tr><td colspan="4">9. 控制程序是否到位（涵盖有关成分和成品规格过敏原信息的更改）？
□是□否□不涉及</td></tr>
<tr><td colspan="4">10. 工厂生产的每种产品标签上的成分清单是否提供有关过敏原的准确信息？
□是□否□不涉及</td></tr>
<tr><td colspan="4">12. 从原料入库到调出，整个过程是否实施过敏原管理，以防止过敏原/非过敏性产品之间的交叉污染？
□是□否□不涉及</td></tr>
<tr><td colspan="4">13. 是否确认过敏原清洗？
□是□否□不涉及</td></tr>
<tr><td colspan="4">五、异物</td></tr>
<tr><td colspan="4">您是否控制原料中异物？
□是（请在下表列出详细措施和设备）：□否□不涉及</td></tr>
<tr><td colspan="4">过滤器/筛网或过滤器（筛网）</td></tr>
<tr><td>详细说明和材料</td><td colspan="2">尺寸</td><td>检查方法和频率</td></tr>
<tr><td></td><td colspan="2"></td><td></td></tr>
<tr><td></td><td colspan="2"></td><td></td></tr>
<tr><td colspan="4">磁铁/X射线/光学检测/金属检测</td></tr>
<tr><td>详细说明（类型，技术）</td><td>灵敏度</td><td>检查频率</td><td>弹射（自动/手工）</td></tr>
<tr><td></td><td></td><td></td><td></td></tr>
<tr><td></td><td></td><td></td><td></td></tr>
<tr><td colspan="4">六、化学污染物</td></tr>
<tr><td colspan="4">1. 控制化学污染物</td></tr>
<tr><td colspan="4">您是否监控和控制原料中的化学污染物？
□是（请在下表列出有关化学污染物的控制计划）　□否□不涉及</td></tr>
</table>

（续表）

化学污染物	分析方法	频率	最大浓度的监管来源（法典，欧盟，FDA，国家，跨专业，内部……）

2. 包装材料
（1）哪些材料用于包装和运输原料？请列举：
（2）与原料接触的包装材料是否适合与食品接触（考虑中间包装和最终包装）？ □是（请提供执行标准）： □否□不涉及
（3）是否进行了迁移测试并符合中国关于迁移和特定迁移限制的法规？ □是□否□不涉及
（4）用于原料的接触包装是否已消毒？ □是（请标明处理类型）： □否□不涉及
3. 加工污染物 *
* 工艺污染物是在生产原料过程中可能形成的化学化合物，可能存在食品安全风险
您是否发现了过程中存在的污染物潜在风险（在制造过程和储存过程中发现丙烯酰胺、3MCPD—三氯丙醇、呋喃等）？ □是（请详细标明控制措施）： □否□不涉及
4. 兽药残留
（1）是否能确认原料中无抗生素、抗寄生虫或任何抗菌物质？（也适用于您的生长培养基） □是□否□不涉及
（2）您是否在原料中监测和控制兽药残留？ □是（请在下表中填写有关兽药的控制计划）： □否□不涉及

兽药名称	分析方法	频率	最大限值的来源（法规）

5. 动物饲料管理（动物源成分供应商）
（1）你知道饲料成分的明细吗？ □是□否□不涉及
（2）你有饲料的控制计划吗？ □是（请详细列出）： □否□不涉及
七、转基因生物的声明
1. 该原料是否使用转基因配料？ □是（请在下表列出配料名称、添加量及比例等信息）： □否□不涉及

（续表）

<table>
<tr><td>名称</td><td>原材料
或成分</td><td>植物来源</td><td>添加量</td><td>在配料中
的比例</td><td>GMO 证书
（Y/N）</td></tr>
<tr><td></td><td></td><td></td><td></td><td></td><td></td></tr>
<tr><td></td><td></td><td></td><td></td><td></td><td></td></tr>
<tr><td></td><td></td><td></td><td></td><td></td><td></td></tr>
<tr><td colspan="6">2. 转基因的微生物（细菌、酵母及其他真菌等）是否用于生产原料或其任何成分？
□是（请详细说明）：　□否□不涉及</td></tr>
<tr><td colspan="6">3. 您的工厂是否专注于传统（无 GMO）原料的生产？
□是（请详细说明）：　□否（请说明避免交叉污染的控制手段）：　□不涉及</td></tr>
<tr><td colspan="6">4. 您是否进行了基于 PCR 的转基因生物分析？
□是（请回答下面 3 个问题）：□否□不涉及
（1）在什么生产阶段？
（2）在哪个实验室？
（3）以什么频率（指定每种成分）？附上相关文件</td></tr>
<tr><td>签字盖章</td><td colspan="5">我司保证所填写信息真实有效。对文件内容和互相交流的信息，双方承诺保守秘密。

法定代表人签字：　日期：　年　月　日</td></tr>
</table>

（二）样品测试

若引入新供应商原料或现有供应商新增原料，需通过研发部门的实验测试；若引入新工艺或引入新的食品接触辅料，则需通过生产测试。

（三）样品的保存

为了防止供应商提供的样品和后期所提供的物料存在差异，我们需要妥善保管样品。

四、初选评定

在企业收到潜在供应商提供的质量基础信息调查表、资质证件及原料符合调查表后，质量部门及技术研发部门等相关部门进行文件评审，技术研发部门依据企业的产品特性的需求进行原辅料测试，各相关部门通过多种方式验证潜在供应商所提供信息的符合性，并确定是否通过初选，进入下一轮的正式审核阶段。

五、现场审核

要求以诚实和负责任的态度开展工作，对审核工作公正、无偏见；审核发现、审核结论和审核报告应真实、准确地反映审核活动；审核员不应为个人利益以不适当的或损害受审核方合法利益的方式使用审核信息；审核员在整个审核过程中应保持客观性，以确保审核发现和审核结论建立在审核证据的基础上；审核证据应建立在可获得信息样本的基础上，合理地进行抽样。

（一）审核方式

审核方式包括现场审核、文件审核、现场加文件审核、联合审核等。

（二）审核员能力

供应商审核员应持续参加专业学习，不断增长知识和提升技能，在实施审核前确保自身具备以下方面的知识与技能：

（1）具备相关专业知识；

（2）具备审核员基本素养；

（3）具备现场审核过程的控制能力；

（4）具备敏锐性和一定宏观性的分析和认知能力；

（5）具备组织、协调、沟通、应变能力和适应能力；

（6）具备审核员基本技能及审核技巧。

（三）检查表制定

对潜在供应商的现场审核，通常重点关注质量体系的运行和产品实现全过程，以确定其是否具备持续提供交付合格产品的系统保证能力。供应商质量检查表的设计，以 ISO 9001 质量管理体系标准、ISO 22000 食品安全管理体系和 GB 14881 食品生产通用卫生规范等为基础，聚焦质量和食品安全制定综合检查表。

如果供应商为大中型企业或者高风险产品生产企业，建议参考更为全面的审核表，比如 GFSI 认可的 IFS、BRCGS 和 SQF 等国际标准；也可以选择国际连锁的餐饮、零售企业的供应商审核标准，比如百胜的 STAR、麦当劳的 SQMS 和星巴克的 D58 等标准；如果上游供应商以中小型企业或者初级农产品生产企业为主，可以选择中国连锁经营协会（CCFA）的相关团标，如《加工食品供应商生产评价要求》（T/CCFAGS 002—2022）和《食用农产品供应商生产评价要求　植物类》（T/CCFAGS 006—2022）。

审核员依据供应商质量审核检查表对潜在供应商开展系统的审核，以获取相关内容的审核结论，给出专业化的评价得分。供应商质量审核检查表没有统一的要求，企业可根据自己的规定来设计并定期做优化更新，例如某知名企业供应商质量审核检查表见第六节。

（四）审核流程

1. 审核准备

（1）确定可行性：与受审核方进行充分沟通，确定各审核要素可有效开展；

（2）信息收集：实施审核前应充分收集信息，了解受审核方的运行情况，以保障审核目标的达成。

2. 审核实施

（1）首次会议：与受审核方沟通确定会议时间并明确参会人员，明确审核内容及审核员分工。

（2）审核过程：审核方按照计划开展审核，受审核方应陪同完成现场部分审核工作，文件审核部分应按照要求提供审核所需的文件、数据、信息等资料。

（3）审核发现：应对照审核细则评价审核证据以确定审核发现，审核发现能表明符合或不符合审核细则，应记录表明不符合及支持不符合的审核证据。

（4）审核沟通：在审核期间，出现的任何变更审核计划的需求，要提前告知被审核方。同时审核组应定期讨论，以交换信息，评估审核进度，以及需要时重新分配审核组成员的工作；并与被审核方相关人员对审核发现在末次会议前进行确认沟通。

（5）末次会议：审核组在末次会议之前应充分讨论审核计划的完成情况，以确保审核目标的达成。末次会议中，与被审核方确认审核发现，并由被审核组织负责人确认。

3. 编制报告

（1）审核方根据审核计划报告审核结论，审核报告应提供完整、准确、简明和清晰的审核发现；

（2）审核结论按照各审核类型判定标准执行；

（3）依据不同审核类型的要求时限，并经适当的评审和批准后下发被审核方；

（4）被审核方要确保报告传递至相应责任部门。

（五）现场审核结论

潜在供应商现场审核的各项能力评价的结论，部分客户会以 70 分作为准入的合格线，针对高风险供应商可以提高分数，针对初级农产品或者低风险产品，也可以根据供应链的可操作性做相应的调整。表 2－5 为某知名企业供应商审核结果判定的示例。

表 2－5　审核结果判定（示例）

序号	评价结果	结果判定
1	评价总分≥80 分，且无不可妥协项及关键整改项	合格
2	① 评价总分为 70～79 分 ② 或存在关键整改项	待整改验证
3	① 评价总分<70 分 ② 或任何一项不可妥协项	不合格

完全符合供应商开发质量管理需求，代表为通过；完全不符合供应商开发质量管理需求，或与质量体系标准要求不符，或存在造成系统性严重失效的不合格，或存在造成严重后果的不合格隐患代表不通过；整改后符合供应商开发需求，限期整改、再次审核（现场审核或文件审核）；当潜在供应商的商务能力、技术能力和质量能力经评审全部通过，最终评审结论才能通过。

（六）现场审核结果应用

结合潜在供应商开发需求，对符合要求的潜在供应商进行进一步的商务洽谈，选择符合企业需求的合格供应商；需要整改的潜在供应商应按期提交整改计划、采取改进措施。审核组织方对问题整改情况进行追踪，验证措施的有效性。验证形式可包括现场验证、文件验证或委托相关机构验证。对于不符合要求的潜在供应商，可以提供整改的建议，待其整改完成后期有需求时再考虑。

六、附加信息——潜在供应商质量审核检查表（见表 2-6）

表 2-6　潜在供应商质量审核检查表

序号	问题	检查记录	得分
一、不可妥协项			
1	严重违反法律法规的行为，包括但不仅限于如生产资质未申办等		
2	产品组成不符合国家标准要求，包括但不仅限于： A. 限量添加剂不受控；B. 存在违规使用的添加剂		
3	使用的原辅料不符合国家标准或其他相关标准，包括但不仅限于：变质、使用的化学试剂或原料中含有毒有害物质		
4	被国家各级质量监督部门曝光，包括但不仅限于：存在食品安全问题企业		
5	食品安全项目不合格，包括但不仅限于：让步接收的、重新返工的、不合格放行的		
6	工艺条件不符合以及不能实现关键控制项目监控质量控制措施，全链条存在重大隐患，不能保证产品质量		
7	包装标签配料组成与实际添加不一致		
8	生产经营中存在恶意造假的，包括但不仅限于： A. 虚假材料，如生产数据、检测数据 B. 食品欺诈行为、以次充好、样品造假		
9	选址不合理，厂区紧邻有垃圾处理厂、粉尘严重污染企业，直接严重影响产品质量控制的		
二、关键整改项			
1	产品对应的关键设备在设计、维保、检定等环节存在重大缺失，无法保证关键指标的有效性		
2	与产品接触设备、管路、内涂层的材质，无食品安全相关证明		
3	上游原料等对应质量安全指标，长时间未监控或半年内出现食品安全项目不合格情况，仍未采取有效措施的		
4	出现的批量性不合格或食品安全项目不合格情况，内部未进行有效分析改进的		

（续表）

序号	问题	检查记录	得分
5	质量关键指标管控失效等严重行为的		
6	产品项目检测结果无法保证准确性		
三、质量策划			
1	是否制定质量方针及与方针适宜的质量目标并有效控制，对未达成的目标进行管理；定期对各层级未达成的目标进行跟进、数据分析，并针对分析结果采取相应措施		
2	是否组织建立有明确的组织架构图，各职能部门职责描述清晰，设立独立的质量机构，定期召开质量安全沟通会		
3	是否建立食品安全体系或等同体系（ISO 22000、HACCP、BRCGS、FSCC 22000），并通过第三方认证		
4	是否建立质量管理体系，并通过第三方认证；是否按要求通过我公司产品要求的其他认证，如有机认证、绿色食品认证等		
5	A. 是否建立 HACCP 管理文件，成立食品安全小组，明确职责和权限，小组成员有代表性、资格符合要求，定期培训 B. 进行原辅料、产品的描述并将其作为危害分析依据，文件及时更新 C. 是否对绘制所覆盖产品或过程类别的流程图，根据过程参数及其实施的严格度，或影响食品安全的程序等描述现有过程的控制措施，且及时更新 D. 对识别出的每个危害进行评估，并建立控制措施		
6	A. 是否识别出 OPRP 点，确定了操作性前提方案并形成文件 B. 是否制定和确认 CCP 关键限值，必要时，确定操作限值（目标值） C. 每一个 CCP 是否均应建立有效的监控系统，并按要求实施监控；［对 CCP 的监控包括：对象、方法、频率、负责人、记录。负责监控 CCP 点的人经过培训，CCP 监控记录每天都得到上级（或授权人员）确认］		
7	对食品安全管理体系验证		
四、质量保障			
1	是否建立或获取程序，以识别适用的法律法规，并对法律法规的适用性进行评价，定期进行合规性监控并对不符合项进行整改		
2	是否制定或获取文件管理程序，确定文件起草、编号、批准、更改、归档等管理要求，是否文件覆盖所有业务活动且相适宜		

（续表）

序号	问题	检查记录	得分
3	是否建立管理评审及内审程序文件；是否保持内审相关记录及管理评审报告		
4	是否建立变更程序，应涵盖与原材料、辅料、包装、制造工艺、配方、标准、标签、制造设施和设备相关的变更		
5	A. 食品原料是否在依法配备食品安全员的基础上，下列食品生产经营企业、集中用餐单位的食堂应当配备食品安全总监 B. 食品相关产品是否在依法配备质量安全员的基础上，生产直接接触食品的包装材料等具有较高风险的食品相关产品时，应当配备质量安全总监		
6	食品企业是否建立《食品安全总监职责》《食品安全员守则》等制度 是否建立日管控、周排查、月调度工作要求与机制		
五、质量预防			
1	是否建立食品防护计划并按照计划实施		
2	对外来人员及车辆等是否进行防护管理		
3	加工过程中防止非添，供水系统、实验室安全是否得到防护		
4	关键敏感区域是否安装监控摄像		
5	是否定期进行食品防护演练并根据演练结果完善防护计划，定期组织食品防护自查，总结、分析薄弱环节		
6	是否对所有的食品原材料或原材料组进行成文的脆弱性评估，以评定掺假或冒牌的潜在风险，评估后应编制一个成文的脆弱性评估计划		
7	是否建立完善的食品安全应急预案体系并组织培训，应急预案发放到相关部门和人员，确保相关人员掌握流程，按计划开展应急演练，总结改进		
六、采购供应			
1	是否建立供应商管理程序，明确选择、评估、日常管理、考核、退出等管理标准；是否建立合格供应商名录并严格在名录范围实施采购，供应商档案与台账齐全，有效保留评价记录，采购合同明确物料质量安全管理要求		
2	A. 是否对供应商的审核及报告，反馈给供应商，且对物料不合格及异常数据进行分析，促进供应商改进 B. 是否建立供应商的管理目标及供应商考核评价标准，定期对所有合格供应商的供货能力进行监控和持续综合评价		

（续表）

序号	问题	检查记录	得分
3	是否建立原辅料质量标准并按检验计划或验收标准接收，记录保存符合要求		
4	是否建立原辅材料贮存管理制度，仓库硬件条件及卫生条件良好，原辅料库房有效面积或容积满足储存需求		
5	是否建立化学品管理制度及引入新化学品风险评估方案		
6	是否建立外包管理制度，识别外包过程，对承包商资质是否有要求，应对外包过程进行质量、食品安全等方面的有效管理及评价验证		
七、基础设施			
1	A. 是否要求建筑结构满足生产工艺和质量卫生 B. 厂区道路是否畅通，不积水、不扬尘 C. 给排水系统是否能适应生产和排污需要、符合国家卫生要求		
2	A. 车间布局是否合理，洁净区、非洁净区隔离，洁净度是否符合要求 B. 生产车间地面是否使用不渗水、不吸水、无毒、防滑材料，有一定坡度 C. 墙壁是否采用浅色、不吸水、不渗水、无毒材料覆涂，屋顶或天花板是否符合食品企业要求 D. 门、窗、天窗位置是否适当，生产车间、仓库应通风良好，且常规开门操作使用风幕、塑料门帘或者快速卷帘门来保护内部环境 E. 车间、仓库采光照明是否符合要求；生产区域、仓储区域、检验区域照明应满足对应区域的工作需要，位于工作台、食品和原料上方的照明设备应安装防护罩		
3	A. 是否建立文件化的个人卫生和行为要求，是否按规范要求配备相应的卫生设施 B. 员工是否有充足的更衣设施、工作服、手套、工作鞋等且符合标准要求，员工进入车间前应有确保洁净的措施		
4	是否对配料用水有要求，具有制备或进一步处理的相应设施；是否建立水的检验计划，是否定期对全项指标进行检测，使用自来水的每年检测不低于 1 次		
5	是否建立适当的制度来收集、整理和处置废弃物，以防止对原辅料、产品或生产区域造成污染		
6	是否建立安全生产责任制，逐级分解落实责任；是否建立消防管理、危险作业等安全生产管理制度，并有效实施		

（续表）

序号	问题	检查记录	得分
7	A. 公司进入市政管网有协议，公司是否设有废气处理系统，废水、废气是否达标排放，流向是否合理 B. 是否制订节能降耗计划或方案，定期对能耗进行分析		
八、生产管理			
1	A. 是否有产品设计部或研发部，是否配备了与研发活动相应的仪器和设备 B. 新品上市生产，要满足的管理要求；是否建立了风险指标评估体系，在产品设计阶段是否依据国家标准、行业标准、国际标准对可能存在的食品安全指标进行识别和评估 C. 新品、新工艺投产前加工工艺是否得到验证 D. 食品相关产品生产企业对首次使用的原辅料、配方和生产工艺是否进行安全评估及验证，并保存相关记录		
2	通过危害分析方法明确生产过程中的食品安全关键环节，并建立食品安全关键环节的控制措施，各关键生产工序建立操作规程，指导人员操作		
3	配方产品包装标签内容合规，物料或产品管理符合包装特殊宣称		
4	是否对每个生产的产品的重量、体积和数量进行管理		
5	清洁计划是否有效执行，清洗周期和频次、温度、浓度、清洗时间符合要求，清洗效果验证符合，清洗记录符合要求（完整、及时、准确），全程受控管理		
6	是否有效执行环境及清洁卫生质量监控计划等，环境消毒/空气清洁度符合要求		
7	是否建立标识管理流程并实施，现场标识管理明确		
8	是否制订可追溯性相关程序或追溯方案；公司产品追溯体系满足产品双向可追溯要求		
9	是否有效执行产品检验计划		
10	是否对微生物污染物的识别建立控制程序及隔离措施		
11	是否建立对异物源的识别与控制程序，进行非金属、金属控制及生产过程异物控制措施的纠偏与提升		
12	是否建立化学污染控制污染源识别和污染控制程序，生产线及接触面的化学品的污染控制		
13	对过敏原进行识别，并制定控制程序，管控生产过程，出现过敏原潜在隐患时应及时纠偏		

（续表）

序号	问题	检查记录	得分
14	是否建立完整的转基因控制流程并执行和记录		
15	是否建立虫害控制程序，控制设施覆盖生产各环节；虫害外包管理是否完善、有效，且需验证，对潜在虫害应予纠偏，分析原因，并制定控制措施		
九、设备管理			
1	硬件资源、设备配置是否达到生产需求，符合产品工艺要求		
2	是否建立设备管理制度，是否建立设备台账，并且定期验证结果		
3	维护保养计划执行是否应到位、有效，并保持记录		
4	设备异常情况处置是否应及时、有效		
5	是否建立或获取计量管理制度，制订计量设备检定计划		
6	各种计量设备在使用前是否均得到检定或校准		
7	特种设备（锅炉、制冷设备、压力容器、安全阀等）是否符合国家相关标准要求		
十、仓储物流			
1	库房基础设施及卫生是否符合标准规范		
2	产品储存是否符合标准		
3	产品放行是否经验证		
4	产品运输管理是否符合标准，是否有固定的承运商，并且与物流商签订协议，运输车辆满足产品发运需求		
十一、检验管理			
1	A. 是否建立良好的实验室规范并实施，实验室功能区划分清晰、有效隔离，可直接消费的食品设立微生物检测室 B. 检验样品的处置（接收、处置、流转、保存、处理）是否符合程序文件相关要求 C. 精密大型仪器检测环境符合仪器安装环境要求，标准物质的管理是否符合程序及要求		
2	微生物检测室符合标准要求（有空气净化或超净工作台、缓冲间、紫外灯等）；对于进行致病菌检测的实验室，保证不会引起全厂污染		
3	是否建立设备台账、保养计划、期间核查计划，实验设备满足检验需求		
4	药品是否有效管理，包括储存、领用、配置、标定、标识等满足检验要求		

（续表）

序号	问题	检查记录	得分
5	关键检验过程应被识别并得到有效控制，检测药品是否齐全并有效使用；检验方法选择和执行是否正确		
6	检测结果是否有追溯性、完整性、复现性，检测结果报告及出具是否符合相关要求		
7	样品账、物、卡是否相符合，无破损；有留样期限的要求		
十二、不合格品管理			
1	是否建立不合格品管理程序		
2	是否对已发生的不合格品采取相应措施		
3	不合格品的处置及见证性材料是否保留管理		
4	是否定期对所有不合格、返工情况进行统计分析，识别改进机会，保持记录		
5	A. 是否建立客户投诉与消费者沟通程序，明确客诉处理职责 B. 对客诉信息定期分析，提出改进措施并跟踪验证，且将客诉原因与客户交流。定期进行顾客满意度调查，并针对调研结果，有针对性地制定提升措施		
6	是否建立有效的产品召回流程，明确产品召回小组人员、紧急联系方式与职责，对于召回/拒收原材料的处理，定期进行召回演练并保持记录		
十三、人员管理			
1	是否建立对人员资质的要求		
2	是否建立健康证台账，食品生产经营人员每年应当进行健康检查，取得健康证明后方可参加工作		
3	是否建立培训制度，建立年度培训计划，培训内容涉及卫生、CCP点和OPRP相关内容、食品安全、卫生培训、异物培训、过敏原、化学品，仓储装卸等并进行培训效果验证		
4	A. 在职工是否与企业签订劳动合同，工人福利是否能够按照国家法规执行，如休息、休假等 B. 在访问过程中未见到或听到对员工的不当行为，如限制员工人身自由、体罚、辱骂或者骚扰，特别是对于青年女性员工 C. 是否有有效的劳动防护措施		

（续表）

序号	问题	检查记录	得分
十四、质量信息化			
1	是否建立质量信息化系统；信息化系统正常有效运行；信息化系统运行周期及故障表现情况		
2	信息系统是否覆盖全链条质量监控和化验室检测等；信息系统实现检验结果判定、转序等功能		
3	信息化系统是否有延展端口，便于后期实现上下游信息化对接及共享		

第三节 供应商使用（“用”）

物料使用过程中的质量表现是衡量供应商质量水平的重要指标之一。物料标准是衡量物料质量水平的重要工具。随着生产力的发展和科学技术的不断进步，社会已进入了现代管理的新阶段，标准化也扩展到社会生活的各个领域，展现了新的特点。标准化是随着人类社会的不断进步而进步、生产力的不断发展而发展的。公司标准化是以获得公司的最佳生产经营秩序和经济效益为目标，对公司生产经营活动范围内的重复性事物和概念，以制定和实施公司标准，以及贯彻实施相关的国家、行业、地方标准等为主要内容的过程；并在实施过程中与标准对标，进行差距分析，根据预期结果衡量实际结果，以确定优次或缺失，使用差距分析的结果来推进企业和供应商的持续改进，不断提升质量管理水平。

一、有效管理指标和方法

（一）供应商绩效管理的主要指标

为更好地追踪、管理供应商的质量表现，很多食品生产经营企业都建立了供应商绩效评估表单或系统。一方面可以通过多维度的评估监控供应商的合规及质量水平；另一方面可以建立数据模型，预警潜在的“风险”供应商，以推动有效的前置管理。

供应商绩效评估通常会包含如下几个方面：准入前的工厂资质，上市后的产品客诉表现，产品抽检自查，产品撤架/召回，政府抽检，货物送达的准时准量管理，供应商财务及服务管理。公司可以根据自己的业态特点，设置不同的权重及扣分机制进行评估。我们可以借助供应商绩效评估深入了解某家供应商绩效随时间的动态变化，也可以了解同一产品品类下不同供应商绩效的差距。

另外，需要注意的是，在进行供应商绩效管理时，不要忽略供应商销量这一数据。可以借助图 2 - 3 进行某单一品类的全部供应商宏观评估，以高效帮助业务进行供应商遴选、提升或替换。例如，位于区域一的供应商，是我们想持续并扩大合作的供应商；区域三是我们考虑替换的供应商；区域四是需要加大资源投入，以尽快助力其进行改善提升至区域一的供应商群体。

（二）供应商绩效结果如何推动质量改善

如何最大化地利用供应商绩效评估的结果呢？

1. 重预警

各企业可以根据本底数据或自身情况，设置合理的供应商绩效预警线。通过实时监控，当发现供应商得分低于预警线，便会亮红灯。当然，可能由于产品本身内在风险的差异，各品类间的供应商绩效得分差距比较大，建议可以根据不同的产品种类，

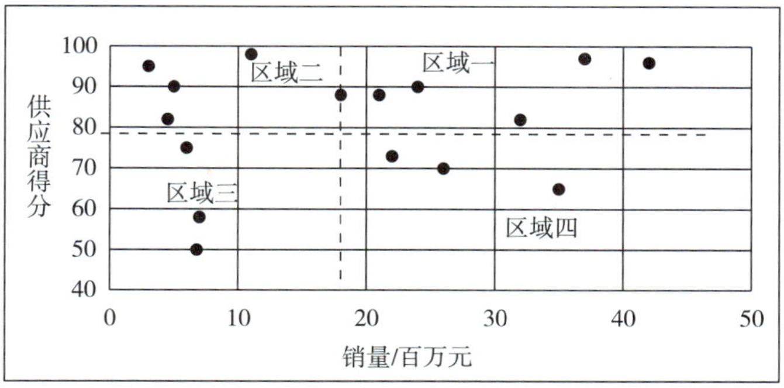

图 2-3 某品类供应商得分气泡图

设定不同的预警线。公司可以根据业务的实际状况，制订落入预警线中的供应商管理方案和提升方案，如在提升和纠偏期间同时限制供货的份额，如果纠偏效果良好且少量供货的绩效持续走好则可以更好地合作，如果绩效不好可能会停止合作或者继续降低份额等。真正地留存优质供应商，更好地服务业务。

2. 速纠偏

建立专项，追踪红灯供应商的根本原因分析及纠正预防行动的进展，并通过匹配不同的权限，让不同层级的业务同事及业务关联方了解自己所负责品类供应商的整体情况及红灯供应商改善进展，各部门协同有序推动供应商表现的整体提高。

二、产品标准与接收

产品标准规定产品满足标准要求以保证其适用性。定义出自《标准化工作指南》(GB/T 20000.1) 第一部分。产品（物料）标准是企业为满足产品质量安全、法律法规、顾客的要求，制定的具体类别产品（物料）的准确的、详细的、标准化文件；该文件能完整、准确地规定物料设计标准，并能够给出验证产品（物料）是否符合要求和特性的方法。

产品标准是每个公司与其供方重要的物料要求的约定文件，也是物料接收、转序的重要依据，以使产品、过程或服务适合其用途，并以持续为企业提供生产安全优质、合法合规、客户满意的物料。

（一）产品标准制定的原则

鼓励采用国际先进标准，制定优于国家标准、地方标准和行业标准的技术标准；鼓励采用国家规定的快速检验方法或公司内部开发的合规、先进的快速检验方法；技术标准制定应贯彻国家和地方有关法律、法规、政策以及强制性标准；技术标准制定应契合实际业务，与产业链管理有机结合，指标标准范围应在合规基础上，根据产品特性控制需要制定并可操作。

技术标准各项要求应与其相关联的技术标准的要求形成呼应与支持、相互协调与匹配，不得相互矛盾；应通过内外部相关方协商一致的结果，应对内部标准制定小组、外部供应商提出的意见充分讨论、审议和回复，确定最终标准，经相关方确认方可批准发布。

技术标准应定期评审和及时修订，同时考虑相关方提交的修订标准的新工作项目提案，都应给予及时地考虑；技术标准应及时批准发布，并能让相关方在合理的时限和条件下获得标准，标准制定部门应存档并维护标准制定过程中的有关文件。

（二）组建标准制定小组

标准制定主要涉及研发或技术、质量、检测部门，一般由研发或技术部门按制定原则承担标准制定，检测部门重点对引用的检测方法合规性和可操作性进行确认，质量部门对指标的合规性和可操作性进行确认并推行。

（三）标准制定基本要求

食品原料、食品添加剂质量标准主要应包含如下内容：特性指标（感官指标、理化指标、微生物指标、真菌毒素限量指标、污染物限量指标）、标准制定依据、原料组成、产地/来源、生产方法、包装形式、运输方式、贮存条件、保质期、使用或生产的预处理、检验规则。

食品相关产品质量标准主要应包含如下内容：感官指标、性能指标、微生物指标、污染物限量或其他食品安全指标、规格指标（仅限外包、内包、其他）、材质要求（仅限外包、内包、其他）、标准制定依据、组成成分、产地/来源、生产方法、包装形式、运输方式、贮存条件、保质期、使用或生产的预处理、检验规则等。

标准中每项监控项目指标应有监控方法、判定标准和单位。对产品有关键影响的指标，明确指标和标准范围；对到货有特殊监控要求的指标，应在标准中明确。标准制定后征求供应商意见，听取行业内专业人士意见，并与供应商沟通确认后将其作为合同中履约的一部分。具体物料质量标准模板仅供参考，见表2－7所列。

表2－7 质量标准模板

××××××质量标准

1. 特性指标

1.1 感官指标

项目	要求	检验方法/监控方法

1.2 性能指标

项目	要求	检验方法/监控方法

1.3 其他指标

项目	要求	检验方法/监控方法

1.4 规格指标（仅限外包、内包、其他）

1.5 材质要求（仅限外包、内包、其他）

（续表）

2. 标准制定依据 3. 组成成分 4. 产地/来源 5. 生产方式 6. 包装形式 7. 运输方式 8. 贮存条件 9. 保质期 10. 使用和生产前的预处理 11. 检验规则

（四）监控项目

食品企业一般会涉及不同品类的物料，如白砂糖、油脂、包材、糖奶制品、农副产品等，不同物料有对应的工艺、物料特性风险、各项法规要求等。因此标准制定小组科学合理监控标准中项目对企业的质量控制尤为重要。

依据物料本身的风险、供应商的风险、储存运输的风险、产品加工工艺及其对终产品质量的影响等进行风险等级评定，依据指标风险等级对应的限值确定检验方式及频次要求，具体原则为：确定被评估为高风险的指标，作为供应商出厂批检项目予以查验，并在制订企业监控计划时结合实际情况，加强对此类指标的监测；被评估为中风险的指标作为供应商年检项目予以监控，并在制订企业监控计划时结合实际情况，规定此类指标的检验频次；评估为低风险的指标，可直接确定为供应商年检项目予以监控。

三、产品（物料）的检查

物料入厂以后应进行有效检查，避免不合格物料流入后道工序，降低物料输入的品质波动。企业一般依据物料本身执行标准项目、企业关注指标要求等，评定风险等级，确定入厂相应的验收项目。企业应结合异常数据及运行情况，定期评审产品验收指标和检验方法实操可行性，确保标准的科学合理性。

（一）到货验证

物料入厂以后，通常由仓管人员从到货信息、资质证件、物料出厂检测报告、型式检验报告和标签方面进行验证，同时对车辆运输情况、物料包装完整性、装卸和允收期等进行全面验证，具体验证要求见表 2-8 所列。

表 2-8　物料入厂验证表（示例）

监控类型	验证要求	验证频次	验证部门
到货信息	核对送货单：结合订单核对物料信息，内容包括供应商名称、订单号、物料名称、数量	每批到货	供应部门

（续表）

监控类型	验证要求	验证频次	验证部门
资质证件	所有物料供应商应具备的资质证件中要求提供资质	1. 新供应商第一次到货； 2. 日常每年验证一次	供应部门
车辆运输要求	1. 运输车辆必须符合物料标准的运输方式、贮存条件，保证原辅料品质要求，根据原辅料的特性具备防尘、防雨、保温、冷藏、保鲜等设施； 2. 运输作业应防止污染，不得与有毒、有害物品同时装运，如农药、化工原料、化肥、杀虫剂、煤等； 3. 到货的原辅料每车按物料生产日期进行分隔，检验报告单明确生产日期及数量	每批到货	供应部门
包装完整性	原辅料内外包装完好性要求从车辆运输、到货、装卸、库房存储、车间使用各环节均不允许出现破损；按照物料到货最小单元每批随机抽检，验证完好性	每批到货	供应部门
装卸	1. 进行装、卸车时，操作工要轻拿轻放，保证物料不受损伤； 2. 严禁出现损害物料的违规操作，如雨天装卸、踩踏、扔、抛等； 3. 装卸过程中严禁柴油叉车和其他燃油及燃气机动车辆进入物料库房	每批到货	供应部门
物料出厂报告（国产）	1. 报告单应体现：供应商全称、物料名称、物料代码（原料）、生产日期、检验项目、判定标准（指标）、实测结果、判定结果、判定依据、加盖检验相关公章、报告出具日期。 2. 报告单原则上提供报告原件，不允许出现涂改、字迹模糊等问题；供应商可提供电子扫描件。 3. 物料质量标准中要求的出厂检测项目，报告单应全部覆盖。 4. 验证报告单后，需标注验证时间、验证结果、验证人。 5. 验证后的供应商检验报告单应存档 2 年	每批到货	检验部门
物料出厂报告（进口）	提供进口货物报关单、入境货物检验检疫证明（如有）；国外厂家报告单（中文内容参照国内报告要求）	每批到货	检验部门
型式检测报告	1. 新厂家、新原料首次到货，到货的型式检验报告应按符合企业要求的标准执行； 2. 报告提供的频次符合相关法规，一般不低于 1 次/年； 3. 型检报告项目不全或存在项目不合格的不予接收	1. 第一次到货验证一次； 2. 每年验证一次	检验部门

（续表）

监控类型	验证要求	验证频次	验证部门
标签	1. 物料标签必须符合国家规定，其中，原料应该符合 GB 7718 规定，食品添加剂应符合食品添加剂监督管理规定，复配食品添加剂应符合复配食品添加剂通则规定； 2. 进口物料必须有中文标识且粘贴牢固，中文和外文关键信息：产品名称、产品型号、生产日期、使用截止日期等应一致； 3. 到货物料的厂家产品名称和出厂检验单名称要求一致； 4. 辅料包装上必须印刷国家相关标准要求的强制标识； 5. 国家要求通过 QS 或 SC 认证的原辅料，其外包装上必须标示 QS 或 SC 信息； 6. 标签上的配料和执行标准需与物料质量标准要求一致	1. 新物料、新供应商第一次到货验证一次； 2. 日常每年验证一次	检验部门
其他	食用农产品、畜禽产品还需要提供动物检疫合格证明（猪产品有非洲猪瘟病毒检测阴性备注）、肉品品质检验合格证（猪产品）	每批到货	供应部门

除此之外，通常品控还需要按照质量标准、质量监控计划的要求执行抽样检测，根据检测结果判定。指标检测结果符合标准的，判定此批物资合格；指标检测结果不符合标准的，则判定此批物资不合格。到货验证的数据应纳入供应商绩效管理。

（二）不合格处理与跟进

针对不合格的情况，通常分为退货和特殊放行，如果是食品安全相关的不符合，禁止特殊放行，特殊放行的原物料需要在后期的生产过程中持续关注。退货和特殊放行的数据也应纳入供应商绩效管理。

四、供应商的日常审核

（一）审核选择原则

企业制订年度审核计划，年度审核计划中至少包括供应商名称、物料、选择理由、评审类型、评审实施部门等内容，并将年度计划分解到月度评审计划实施审核，年度计划主要按如下原则确定现场或文件审核：

1. 现场审核选择原则：覆盖原料、食品添加剂、食品相关产品；认可日期临期一年的供应商；评审出现高风险项，使用过程发现质量风险的供应商等；业务管理需求。

2. 文件审核选择原则：进口物料的供应商，非食品接触材料；认可周期临期一年、质量评审得分 80 分以上、供货质量良好的供应商；其他非质量方面需求。

（二）审核实施

日常审核主要由企业质量部门组织实施，重点对质量及食品安全体系运行及关键控制环节进行评审。现场审核依据审核细则全面评价，文件审核重点从以下几个方面要求供应商提供文件资料再进行审核：企业相关产品执行标准；最近一次产品模拟追溯报告；最近一次质量内审和管理评审报告；企业相关产品监控计划（包括成品监控计划、过程监控计划、原辅料监控计划）；企业相关产品 HACCP 监控计划表（包括工艺流程说明，如有变更请说明）；企业相关产品关键控制点（CCP 点）监控记录，如配料、杀菌等，成品检测记录如有最好是自动记录或图谱连续 5 个批次）；过敏原分析清单（如涉及）；不合格总结改善报告（企业相关近一年不合格，原因分析、关键举措、行动计划等）。

（三）审核结论

日常对供应商进行监督审核，一方面关注供应商质量管理水平发展趋势，一方面以审核促进供应商质量管理能力提升。审核结束对审核发现的问题按准入的标准实施判定，审核的各项能力评价的结论跟新供应商准入时一样。

（四）现场审核结果应用

被评定为不合格的供应商，根据是否存在不合规及对终产品质量的影响程度，确定将其停货或淘汰处理。审核组织方对问题整改情况进行追踪，验证整改措施的有效性。验证形式可包括现场验证、文件验证或委托相关机构验证。对于不符合要求的供应商，可以提供整改的建议，待其整改后后期有需求时再考虑。

五、投诉管理

投诉是企业评估供应商质量表现的重要指标之一，出现投诉时，企业需要联合供应商进行调查、分析原因、建立纠正和预防措施；企业的产品投诉也有可能由供应商物料带入，随着消费者对新食品安全法的认知水平越来越高，消费者的产品质量意识越来越强，也将越来越重视投诉。企业应该辩证地看待产品投诉，转“危”为“机”，将产品投诉作为识别质量管理系统漏洞的一个机会，通过有效的投诉调查和纠正、预防措施的建立，不断完善食品安全和质量管理体系。下面将从投诉处理的整个过程讨论各个阶段需要注意的事项，包括投诉概述、调查改进、物料处置和持续改进四个部分。

（一）投诉概述

首先确定投诉来源，一般情况下来自使用过程中及市场终端表现等方面发现未达到标准情况。在入厂验证及检测过程中一般会出现如下类型的不合格情况：报告单中检测项目出现不合格、检验报告缺少必检项目、检验项目依据标准不符、检验报告单涂改、标签内容不符；包装破损、污秽；保质期、净含量、运输方式等与企业要求不符。在入厂检测及使用过程中一般会出现如下类型不合格：感官项目如滋味、组织状态等异物等问题；原料理化项目如水分、蛋白质、脂肪等指标不符合；辅料标准性能指标如抗压、耐折等不符合相关标准要求；辅料的规格指标如尺寸、厚度、重量等不符合；食品安全指标如毒素类、防腐剂、非法添物质、兽药残留、农药残留、污染物、致病菌、重金属、溶剂残留等不符合。在市场终端出现的投诉经企业做根本原因分析后锁定为由物料导致的，视情况确定具体不符合。

当投诉发生时需要清楚、准确地建立投诉台账和投诉报告，报告上有简单的描述；遇到严重的投诉，则需要提供更为详细的信息，形成物料投诉报告，并将不合格信息及见证材料传递给责任供应商，为供应商调查过程原因分析做好准备工作。物料投诉报告模板见表 2-9 所列。

表 2-9　物料投诉报告模板

________物料投诉报告	
供应商名称：	日期：　年　月　日
□到货□使用□市场投诉	
物料情况	
物料名称：	
供应商批号：	
到货批号：	
到货日期：	
到货数量：	
不合格数量：	
缺陷描述	
时间、地点、问题描述、附带照片：	
处理意见	
质量部门确认：	
供应部门确认：	
供应商确认：	

（二）调查改进

调查过程是投诉处理的关键步骤所在，要求全面和深入调查。很多企业习惯根据投诉和工艺相关性进行调查，如收到塑料投诉，首先想到加工工艺——整体生产工艺中未使用塑料制品，所以得出结论：塑料不是来自工厂的。这样的调查过程和报告说服力不强，客户基本不会接受。目前过程分析的工具很多，一般使用鱼骨图、5Why 分析的较多。鱼骨图具有分析全面的特点，5Why 则可以深入探寻根本原因，两者结合使用能够互补，帮助找到根本原因，制订有效的纠正和预防措施。供应商针对出现的投诉情况，首先制订临时遏制措施，再使用分析工具进行根因分析，确定改进措施，形成分析报告，共享至企业。具体分析报告模板见表2-10所列，仅供参考。

表2-10 物料问题分析改进报告模板

<table>
<tr><td colspan="4">物料问题分析改进报告</td></tr>
<tr><td colspan="4">呈报（TO）：
报告人（FROM）：×××质量经理
标题（SUBJECT）：关于×××××××的分析报告
日期（DATE）：　　年　　月　　日</td></tr>
<tr><td>供应商名称</td><td></td><td>联系人及手机</td><td></td></tr>
<tr><td>名称</td><td></td><td>规格</td><td></td></tr>
<tr><td>批次</td><td></td><td>数量</td><td></td></tr>
<tr><td>检测结果</td><td></td><td>国家标准</td><td></td></tr>
<tr><td>问题描述</td><td colspan="3">说明：缺陷描述、发生时间、地点、发现人、发生频率、具体过程等（填写时删除）</td></tr>
<tr><td>临时遏制措施</td><td colspan="3"></td></tr>
<tr><td>根本原因分析</td><td colspan="3">说明：从人员情况、相关设备、相关原辅材料、标准制度执行、环境分析、检测结果分析、现场排查、制度或标准制定问题等方面进行分析、排查（填写时删除）</td></tr>
<tr><td>改进措施</td><td colspan="3">说明：对故障主因的整改、数据说明</td></tr>
<tr><td>改进措施验证有效性</td><td colspan="3">说明：纠正措施是否已经被验证，如何验证的？通过统计证据/假设检验来验证</td></tr>
<tr><td>预防措施（防止问题重复发现）</td><td colspan="3">说明：固化改进措施［确认过程能力得到提升、确认标准得到更新（含控制计划等）、确认相关人员得到质量培训］，审视同类产品/同类工艺是否存在类似的隐患（填写时删除）</td></tr>
<tr><td>供应商质量负责人确认（公司印章）</td><td colspan="3"></td></tr>
<tr><td colspan="4">备注：在此后面可附带粘贴照片、报告等说明的文件</td></tr>
</table>

（三）物料处置

食品企业当出现物料投诉时，根据出现问题类型及严重程度，对产品的影响进行合适的处理，特别是涉及法规问题时，牢记法规是底线，坚决不可以逾越。

对不合格原辅料进行隔离分区，区域应有明显的隔离、界限，并采取措施避免人为误用等情况发生，如清晰醒目的区域标识、相应的警戒措施、定期清点不合格原辅料数量等；每一批不合格物资应有清晰醒目的区域标识，标识内容至少包括物料名称、批号、数量、状态等；对于不合格原辅料处置，企业一般采用让步评价、退货及销毁管理，让步评价首先确保符合法律法规要求、无食品安全风险、不影响生产使用，由质量、技术、供应及生产等部门成立评价小组，评价接收物料须所有评价小组人员均同意方可投入使用，进行存档管理。不符合评价接收物料标准的应实施退货；带有企业标志的不合格原辅料或食品安全指标严重不合格的，与供应商协商一致后进行销毁管理，以防止不合格物料二次返厂，并保留销毁材料。

（四）持续改进

建立有效的纠正和预防措施是开展调查和原因分析活动的根本目的，也是持续改善食品安全和质量管理的机会所在，要求举一反三、系统解决。通过过程管理的方法，使用 PDCA 的工具，从策划出发，制订全面的纠正和预防措施，并在实施后验证其有效性。

企业及供应商应对不合格物料的不合格数据进行月度汇总分析、不合格趋势分析，及时识别不合格改进机会点，持续推进物料质量提升。企业监控物料不合格情况，制定监控目标如到货合格率、使用合格率等及统计方法，以持续提升改善质量。

第四节 供应商培训（“育”）

很多企业对供应商的质量与食品安全培训不够重视，认为有合同与法律约束即可，不用花费更多的精力。但在实际的调研中我们发现能够做大做强的企业都非常重视供应商的培训与发展。企业与供应商对齐质量与食品安全认知是保障双方长久合作的基础，除合同与法律外，培训同样是对齐认知的关键渠道。

下面我们以互联网平台视角分享如何开展供应商的质量与食品安全培训（见图2-4）。

互联网平台的特点是供应商数量多、供应品类多、平台与供应商的沟通成本高。因此为保障培训效果，需要应用线上化的数据和渠道。

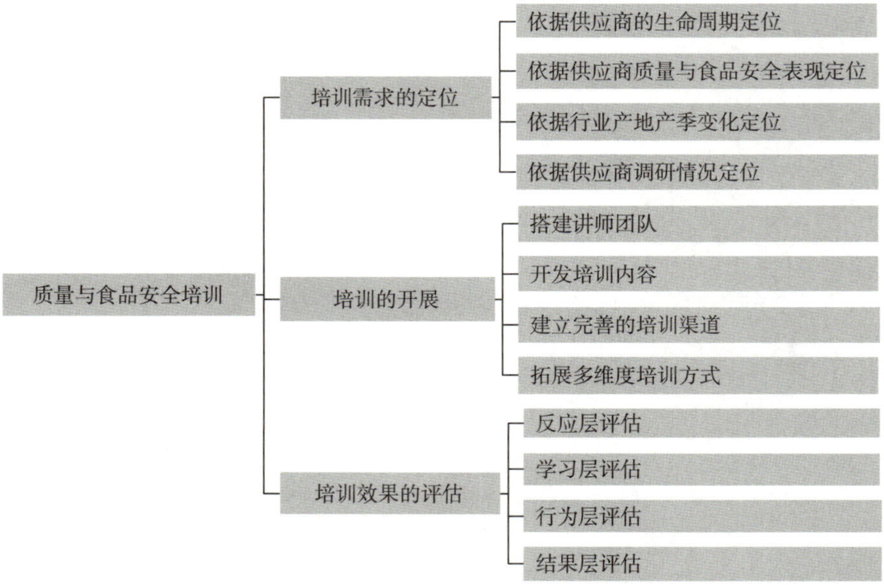

图2-4 供应商培训管理框架

一、培训需求的定位

在培训实施的过程中，随着时间的推移我们不难发现供应商的参与率越来越低，培训效果越来越差，究其根本原因是培训需求的定位出现了问题。

进行培训需求定位是指明确需要培训的供应商以及培训内容，推荐采用下述4种方法进行培训需求的定位。

（一）依据供应商生命周期定位

首先平台应建立供应商全生命周期的识别能力，其次根据供应商与平台合作的不同阶段制定培训内容，不同阶段的主要需求如下：

1. 入驻平台前：了解开展合作的必要条件，如入驻资质要求、索证索票要求、现场审核要求等。

2. 准备供货前：了解平台的质量要求，如商品品质要求、日期与允收期、温度要求等。

3. 开始经营后：了解平台的各项规则，如质量管理规则、食品安全抽检规则等。

4. 稳定经营后：提升自身食安管控能力，如法律法规培训、质量管理体系培训等。

（二）依据供应商质量与食品安全表现定位

定位好此项需求的前提是：平台建立准确的底层数据识别能力，数据的识别能力越细化，培训需求的定位越精准。通过数据分析筛选培训需求名单，再根据需求名单确定培训内容，数据筛选方式如下：

1. 基于自生产的数据定位需求：如平台的各项审核或入库质检数据，平台可通过供应商维度的入库质检不合格率确定供应商需求名单，可通过商品入库质检指标维度的不合格率确定培训内容。

2. 基于消费者反馈数据定位需求：如通过质量缺陷率（质量 ODR）、食品安全风险指数（FS 指数）、牛羊肉假货风险指数（牛羊肉 CCR）等指标，定位出异常的供应商，从而确认需求名单，再根据进一步的数据拆解与分析确定培训内容。

（三）依据行业产地产季变化定位

此项属于前置性培训，但需要企业或平台有去年同期的数据沉淀或行业专家的经验来确定培训内容，如去年同期高质量缺陷率商品即将上市，企业或平台根据数据表现制定培训内容，再根据系统内的建商建品情况确定培训需求名单。

（四）依据供应商调研情况定位

此项依托于供应商的主观意愿对培训需求进行定位，对前面 3 种培训需求定位的方法起到查漏补缺的作用，同时也起到了校准作用。调研的频率可根据企业情况自行决定，如设定月度、季度、半年度的需求调研机制。

二、培训的开展

（一）搭建讲师团队

讲师团队的主要任务是生产培训内容，参与课程优化与持续改进，同时参与讲师培养、讲师认证的评审过程，建议讲师团队专业范围包含质量管理与食品安全的各个细分业务模块；同时建议企业或平台建立讲师与课程的认证机制，确保讲师团队均通过了专业的指导和培训，有助于提升培训内容的质量。

建立讲师与课程的认证机制有如下几种策略。

1. 明确讲师选拔标准

讲师在所在业务或专业领域需要有优秀的专业能力及丰富的经验，具备强烈的授课意愿，积极参与课程讲授，具备一定的演讲呈现和引导能力。

2. 明确讲师与课程认证流程

讲师认证分为以下 5 个步骤：申请→材料审核→认证前辅导→讲师认证→结果公示。

申请的人员包含内部员工和外聘讲师，申请方式包含内部选拔、员工自荐（推荐）。

材料审核是指对所提交申请材料的完整性、规范性、申请人基本资格进行审核，审核通过成为目标讲师。

认证前辅导包含说课、TTT（Train the Trainer to train）培训即讲师培训、试讲辅导3个部分。说课是指为目标讲师解读讲师的标准化课件与讲师手册，安排目标讲师旁听课程或观看课程录像；说课阶段完成后，安排目标讲师参加TTT培训，帮助目标讲师掌握基本授课技巧；最后再安排目标讲师试讲，并根据试讲情况对目标讲师进行针对性辅导。

讲师认证（见图2-5）的过程包含模拟授课、评审组打分2个环节，目标讲师模拟授课时长建议不少于课程总时长的1/2，评审组需要由课程领域专家、资深讲师、业务代表等不同的职能代表组成，评审指标包含意愿、内容、表达、形象4个方面，企业可根据自身情况设定各指标分值。结果需要通过正式渠道公示，如邮件、企业内网，同时给认证讲师发放聘任书。

图2-5 系统界面-讲师认证申请

课程认证（见图 2－6）分为以下 4 个步骤：申请、材料审核、课程认证、结果公示；具体内容与讲师认证基本相同，课程认证的性质可拆分为讲师认证旧课程授课资格、讲师认证新课程授课资格 2 种。

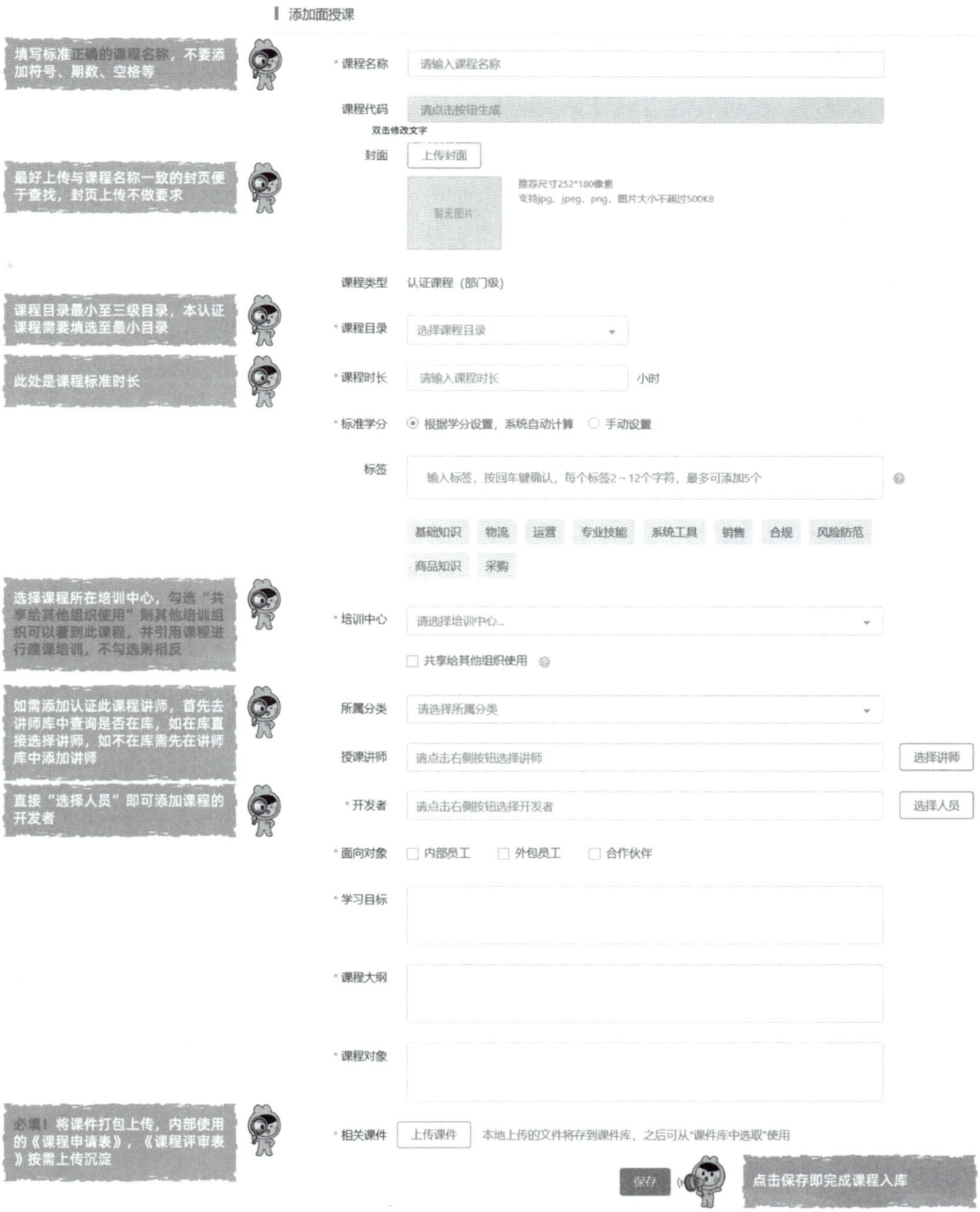

图 2－6　系统界面-课程认证申请

3. 明确讲师管理制度

建立等级认定机制，通过授课满意度、授课时长、课程开发数量、认证课程数量4个维度评价讲师能力等级（分为初级、中级、高级3个等级）。

建立讲师退出机制，多次授课满意度较低或持续一年无任何授课记录的，可暂停该讲师的授课资格；讲师无授课意愿、多次被学员投诉的可取消该讲师的授课资格。

建立讲师激励机制，根据讲师等级、课程时长设定对应课酬激励，课酬可用积分形式进行累计，累积到一定数额可兑换奖品，根据积分表现可建立年度评优机制，给予相应讲师表彰和宣传，同时可优先给予其学习培训、职业晋升的机会。

（二）开发培训内容

根据供应商培训需求开发培训内容，质量与食品安全的培训内容主要分为平台规则类、质量标准类、法律法规类、食安管理类4个模块。下面是4个模块的部分内容，供大家参考：

1. 平台规则类：资质准入规则、现场审核规则、入库质检规则、质量管理规则、食品安全高压线规则等。

2. 质量标准类：生鲜各类商品的技术标准要求、标食各类商品的技术标准要求、非食各类商品的技术标准要求。

3. 法律法规类：食品安全法、电子商务法、消费者权益保护法、广告法、农产品质量安全法等。

4. 食安管理类：人员健康管理、设备设施管理、综合虫害管理、仓储管理等。

（三）建立完善的培训渠道

传统的培训渠道需要准备场地、安排讲师等，当企业或平台供应商体量变大时，此类培训耗费的资源会越来越多，传统渠道的使用价值也就会越来越低；此时需要企业或平台建立一个线上化的培训渠道，如通过小程序后台建立供应商学院，此渠道除了具有针对供应商培训内容的存储功能外，还要有布置学习任务的功能，同时此功能与供应商的生命周期、质量、食品安全相关数据挂钩，便于自动化推送培训内容与考试，且可以通过培训学习替代企业或平台的部分传统品质罚款模式，提升供应商的能力和体验感。

（四）拓展多维度培训方式

培训渠道决定培训方式，如采用线上化的培训渠道，主要的培训方式有现场直播授课、推送课程视频、推送知识点海报。不同的培训方式应用场景也不同。

现场直播授课需要的资源较多，建议应用在比较重要的场景，如新商入驻辅导、公司或平台重大的决策调整、重要规则发布；同时建议企业严格控制现场直播授课的频率，避免频繁使用此渠道、对现场直播的影响力和参与率产生负向影响。

推送课程视频的方式可应用于所有培训需求，但需要重点关注课程视频时长，建议遵循“10分钟原则”（即成人的大脑在没有持续新鲜的信息的刺激下，10分钟后不再接受其他信息），一次性学习时长不得超过10分钟，如果内容较多，建议拆分成为多个课程，这样有利于供应商对培训内容的吸收和转化。

推送知识点海报的方式主要应用于质量与食品安全管理过程中频发问题的培训需

求与管理规则的变动培训需求，知识点海报对比以上 2 种方式有更强的传递效果（包括供应商管理层对员工的传递）、同时还有易存储优点，部分情况下，为保障培训效果，此方式可与推送课程视频结合在一起使用。

三、培训效果的评估

不同的培训方式培训效果不同，同时培训前的宣传、讲师培训能力等均会影响培训效果。

传统的柯氏四级评估模型可应用到线上化的培训效果评估，针对培训效果不佳的课程进行优化，针对培训效果不佳的供应商可设定二次学习任务。

1. 反应层评估：提前设置线上化数据埋点，记录供应商学习的课程浏览量（PV）、课程浏览人数（UV）、课程浏览时长。

2. 学习层评估：线上课程学习完之后，需要附带课程考试题，检验学习人员对课程知识的掌握程度。

3. 行为层评估：培训结束一段时间后，企业或平台在与供应商合作过程中，评估供应商的行为是否有所变化。此项可由企业或平台的质检人员完成评估。

4. 结果层评估：培训结束一段时间后，根据培训内容确定观测指标，如供应商质量缺陷率、食品安全风险指数、假货风险指数等，可以使用单一指标，也可以使用组合指标对培训效果进行评估。

第五节　供应商发展与淘汰（“留/流”）

好产品是生产出来的，而不是检测出来的。好产品的生产需要良好的过程控制，更需要好的原料、辅料和包材等，这些都离不开供应链和优秀供应商的支持与配合，只有让优秀供应商更好地留在供应链中，创造出好的产品这一目标才能得以实现。

当然，我们也需要“用发展的眼光来看供应商”，“好”是相对的，这里“好供应商”不仅仅指各项指标都“好”的供应商，也包括有潜力变“好”的供应商，当然还包括必须变“好”的供应商。比如某个具有资源优势和成本优势的国内行业头部企业，可能因为所在行业发展滞后，整体水平不高，绩效指标暂时没有达到预期，这就属于必须变“好”的供应商。这些供应商都需要保留和发展。

同样，“不好”的供应商也是相对的，包括各种绩效指标不好的供应商，也包括以前很好、但是由于各种原因、自身发展未能跟上行业发展和日益提高的客户要求而逐渐掉队的供应商，这些都需要被更换或淘汰。

保留和发展“好”供应商，更换和淘汰“不好”的供应商是为了降低供应链的风险，保持和提升供应链的整体效力和活力（见图2-7）。

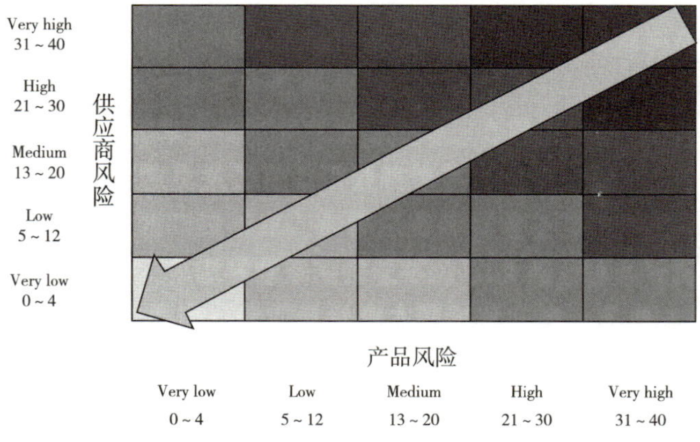

图2-7　供应商发展与淘汰目标示意图

一、供应商保留和发展（“留”）

（一）供应商保留和发展的意义

在食品和餐饮行业流行着“前端决定强弱，后端决定生死”这样一句话，这里的前端指的是生产和营运，后端指的就是供应链。供应链不仅仅决定生死，也同样决定着企业的行业地位。世界领先的研究与顾问公司——顾能公司（Gartner）每年公布

“全球供应链大师（Master）和 25 强（Top25）”① （见图 2－8），麦当劳、联合利华、百事、雀巢、可口可乐、沃尔玛和通用磨坊等食品和餐饮行业头部企业均位列榜单，其中麦当劳和联合利华还获得了“供应链大师”的称号，充分说明了优秀的供应链对企业的重要性。供应链在食品和餐饮行业的发展中扮演着越来越重要的角色，越来越多的公司重新整合了架构，成立或组建了“供应链”部门，具有采购、物流、仓储和供应链质量管理等功能，比如麦当劳和联合利华的供应链一直都是一级部门。

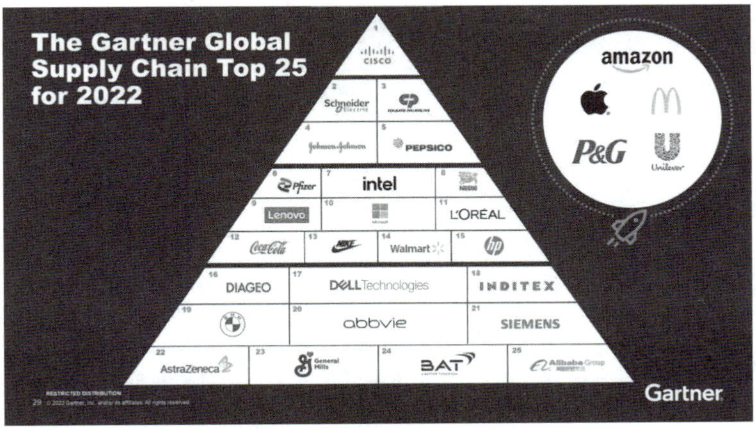

图 2－8　2022 年 Gartner 全球供应链大师和 25 强

供应商的保留和发展是为了提升供应链的竞争力，打造竞争优势，同时赋能给生产和营运端。供应链竞争力提升包括食品安全管理能力、及时的交付能力、成本控制能力和卓越的服务能力，当然还包括新品研发能力和资源掌控能力等。

（二）供应商保留的方式

如今，随着社会的发展，市场已经由以前的“卖方市场”转向了“买方市场”，理论上供应商应该变得越来越处于弱势地位了，但是实际上却不是这样的；如今消费者需求变化越来越大、越来越快，跟早期“卖方市场”时代对供应商的要求已经不一样了。诚然，市场上不缺供应商，但优质的供应商却越来越稀缺和重要，对于优质供应商资源不光要管理，更需要维护，因为市场是一双看不见的手，不好好保留和发展，优质的供应商有可能流失。供应商保留的方式主要包括采购激励、供应商认可、供应商能力提升和发展、供应链融合和价值观影响 5 个方面，这 5 个方面也是层层递进的关系。

1. 采购激励

采购激励是最直接有效的方法，工厂每年会对供应商进行绩效评估，除了常规的 QDCS（质量、交付、成本和服务）外，可能还有其他的指标，比如新品研发等。绩效

① Gartner 发布 2022 年全球供应链 25 强，厚德供应链策略研究院公众号，https：//mp. weixin. qq. com/s?__biz＝MzUyMTI3OTI2MA＝＝&mid＝2247495551&idx＝1&sn＝76e77e48e813b747852be4fea419f77e&chksm＝f9df2d0ccea8a41adb61325c576dae1cdb81e389b9537f2e4a2e74b44cf0b26b17b4b63b918b&scene＝27.

评估是手段，目的是鼓励供应商按照企业的期望去做，当供应商达到、甚至超过企业期望的时候，就需要给予相应的激励。采购激励包括采购量激励和价格保护等方法。

采购量主要体现在采购份额分配上，成熟的供应商管理体系，每个原料品类都有2个以上的供应商，不同的供应商有不同的采购份额，针对绩效优秀的供应商，可以分配更多的采购份额。表2－11所列是常见的份额分配方案，也可以在这个基础上做相应的调整，这样的做法既可以激励供应商提升绩效，还能实现供应商间的相互制衡。

表2－11　供应商定点为3个时的份额分配

供方类别组合	订单分配	管理对策
A、B、C	55%∶30%∶15%	维持三家关系，促进C级提高质量
A、A、A	40%∶33%∶27%	三家排名比较，按名次分配订单
A、A、B	45%∶40%∶15%	对A级进行排名，按排名进行分配订单
A、A、C	48%∶42%∶10%	对A级排名分配，促进C级提高质量
A、B、B	50%∶25%∶25%	维持三家关系
A、C、C	70%∶15%∶15%	促进C级提高质量，同时寻找新的供方
B、B、B	40%∶33%∶27%	排名分配订单，促进质量提高，寻找新的供方
B、B、C	40%∶40%∶20%	采取有力的措施提高质量，寻找新的供方
B、C、C	50%∶25%∶25%	尽快选择优秀供方
C、C、C	40%∶33%∶27%	排名分配订单，企业供方管理工作不到位，寻找新的供方

除了采购量的激励，还有价格保护，比较有名的案例就是麦当劳和夏辉集团的战略合作。在麦当劳进入中国早期，中国冷链物流行业非常不完善，夏辉集团的冷链物流系统给麦当劳非常大的支持，为麦当劳产品满足“黄金标准”提供了保证。当然，麦当劳也在物流价格上给予了夏辉集团足够的保护和支持，双方达成了战略合作关系，共同发展。

为了配合公司新产品开发或新区域开发的战略，在特定领域，需要供应商提供更好的合作和支持，如果供应商能够在这些战略上提供支持，也应该被给予相应的价格保护。比如连锁餐饮的新品开发很多是和供应商共创完成的，按照现有的体系，新品上市后，负责开发新品的供应商必须将配方和生产流程分享出来供其他供应商复制，这是行业的现状，品牌方需要多个供应商供应才能实现供应链的最优化，避免断货、物流成本高等问题。但是供应商花了很多精力和成本开发了新产品，然后要“无私”分享给竞争对手，这点往往很难令人接受，执行起来也困难重重。为了解决这个“矛盾”，麦当劳会在一定的时间内给予开发新产品的供应商以价格保护，就能较完美解决这个矛盾。又比如，很多品牌都在加大西部城市和低线城市的布局，由于西部和低线城市的物流配送等基础设施不如东部沿海城市发达，因此对于西部城市和低线城市给予一定的价格保护，供应商才会有更高的合作意愿。

2. 供应商认可

供应商认可也是供应商保留比较有效的方法之一。供应商大会是供应商认可的主要平台，大部分甲方/品牌方都会定期举办供应商大会，除了需要跟供应商总结过去和展望未来外，供应商颁奖也是大会中非常重要的一个环节。上文谈及的份额激励和价格保护是物质奖励，供应商颁奖则是精神奖励，精神奖励虽不如物质奖励直接，但效果会更持久，尤其是头部品牌给供应商发的大奖，对供应商来说非常有意义，供应商更多时候通过跟头部品牌合作提升自己的影响力，然后再从其他客户身上挣更多的利润，所以给供应商发奖是个成本低、效果好的方式。

麦当劳每年的供应商大会都会根据对供应商的 6 个期望：领导力和价值观、系统优先、优化供应、质量领导力、创新能力和成本管理，分别选出表现最好的供应商给予认可；另外，还会评出一个卓越绩效大奖（Peak Performance），这些奖项对供应商起到了非常大的认可作用；后来又增加了一些个人奖项，这些奖项在整个麦当劳系统认可度都非常高，不仅仅起到保留供应商的作用，还可把供应商中的优秀个人更好留在麦当劳系统中。例如，麦当劳鸡肉供应商圣农发展在“2019 麦当劳供应链光速发展峰会”上，获得了“质量领导力大奖”“飞跃进步大奖”“杰出系统贡献奖”三项大奖①。

同样，百胜集团也有类似的政策，每年也会给供应商发奖，比如“精诚合作奖”“卓越供应链奖”“个人贡献奖”等，还包括“最佳工厂质量综合奖”“最佳上游安全管控绩效奖”“最佳产品表现奖”和“QA 最佳协作奖”等食品安全方面的奖项。例如，国内速冻米面头部公司千味央厨曾获得百胜中国颁发的“质量管理贡献奖”“金厨师奖”和“技术研发奖”等，并在 2021 年 3 月荣获含金量最高的“百胜中国精诚合作奖”②。

3. 供应商能力提升和发展

通常来说，供应商能力的提升和发展更多是为了让供应商可以更好满足客户的食品安全和质量管理要求，这也是供应商保留的有效方法之一，供应商在跟品牌方合作的同时，还能提升团队和管理系统，这个对整个工厂的发展都非常有帮助。

供应商能力提升主要体现在供应商培训上，麦、肯、星三大系统的供应商管理标准培训课程在行业里面非常有名，麦当劳的 SQMS 培训、肯德基的 FSA 培训和星巴克的 D58 培训在供应商系统中非常受欢迎，不光品控人员会积极参加，供应商的管理人员也十分支持团队参加类似的培训。

除了常规的培训外，越来越多的甲方/品牌方会给战略供应商或者新供应商提供供应商发展项目（也有公司称为“帮扶项目”），通过发展项目来解决特定的问题，比如新品准入或者高频投诉等。例如，上海悦孜企业信息咨询有限公司（IQC）是一家专业实施供应商食品安全管理咨询的公司，曾与多个甲方/品牌方合作，提供供应商发展项目的支持。例如，IQC 作为瑞幸咖啡推荐的供应商辅导机构，为新供应商提供准入辅导，帮助多个供应商快速完成准入；与百事食品合作，完成牛肉/鸡肉类薯片（新品）

---

① 圣农官网，http：//www. sunnercn. com/news _ 242. html.

② 携手 10 年：千味央厨荣获百胜中国精诚合作大奖，https：//baijiahao. baidu. com/s? id＝1694358536360421991&wfr＝spider&for＝pc.

供应商的改善项目；与玛氏缤善（BE－KIND）合作，完成坚果酥供应商的准入项目；与云海肴合作，完成鲜花饼供应商的改善项目；与永辉集团和朴朴超市合作，完成多个高频投诉供应商的改善项目。此类项目的开展，在提升供应商绩效的同时，也完成了对供应商的发展，更好地实现了供应商的保留。

4. 供应链融合

供应链融合是一种新的供应链管理延伸的方式，不仅仅是为了保留供应商，更是通过供应链融合加强对供应商的管控能力。“小米生态链”就是非常成功的“供应链融合”的案例。在食品领域，美团、京东等新零售头部企业和绝味等传统企业也纷纷加码供应链，京东在2018年投资千味央厨①。2021年，奈雪的茶和沪上阿姨分别向其果汁供应商田野股份投资3864万元和322万元，这么一来，就与供应商站在同一个利益阵线上②。

相比新零售领域，传统的餐饮业也呈现同样的趋势。2021年，百胜中国16亿收购圣农发展5％股权，成为圣农第二大股东③，也是更好地绑定了与圣农的共同发展，把优势供应商资源牢牢掌握在手中。

5. 价值观渗透

品牌方的价值观传播和推动是供应商保留的高级方式，品牌方将自己对食品安全和质量管理的卓越追求、对消费者的服务宗旨等价值观通过每一次培训、每次会议不停地向供应商传递和渗透，逐步获得供应商的认可和支持，在供应商保留上起到非常大的作用。

讲到价值观渗透，不得不提到麦当劳。麦当劳一直非常强调“系统”和“黄金品质”，跟麦当劳的供应商沟通，会发现很多供应商也会谈“系统”和“黄金品质”，双方认可和保持着同样价值观，长期合作自然不是问题了。

二、供应商淘汰（“流”）

（一）淘汰机制

根据达尔文的“优胜劣汰、适者生存”的进化论理念，优质供应商资源需要保留，甚至需要不断加强管控深度；反之，对于绩效不佳且不愿意改善的供应商就需要进行必要的更换和淘汰，如此才能保证供应链的效力和活力。

供应商淘汰的方式包括：黑名单制、末尾淘汰制和竞标机制等方式。

1. 黑名单制

黑名单制是供应商淘汰常见的方法之一，也叫“红黑榜”等，主要是针对供应商

---

① 估值10亿获京东投资，这根“小油条”究竟有何能耐？https：//baijiahao. baidu. com/s? id＝1620781040374983088&wfr＝spider&for＝pc.

② 春节特刊：年度商业事件盘点，得到头条，https：//www. dedao. cn/share/course/article? id＝6EBOqDNZ27YlVdw66vKm4bQ1odMAkg.

③ 百胜中国至少16亿收购圣农发展5％股权！成后者第二大股东，https：//baijiahao. baidu. com/s? id＝1694444248966818816&wfr＝spider&for＝pc.

可能给企业带来严重损失的行为或事件，当然也包括价值观不合等情况所建立的惩罚性制度。

符合法规和食品安全的要求是食品相关供应商的红线。对于食品行业而言，严重损失的行为或事件主要是指食品安全相关的行为或事件给企业带来重大的经济或者品牌信誉的损失，如因为食品安全问题被媒体曝光。例如，2022 年“3·15”晚会曝光了插旗菜业的“土坑酸菜”和河北省青县的“瘦肉精羊肉”，康师傅第一时间取消与插旗菜业的一切合作①，这个就是典型的黑名单制操作方式。

除了食品安全事件外，如果价值观不一致，双方合作则会存在很大的隐患，供应商的合作如同找对象，往往“始于颜值，终于价值观”，如果出现与供应商价值观冲突的情况，也可以将其拉入黑名单。比如公司崇尚“诚信”的价值观，但是发现供应商存在“食品欺诈”行为，那就应该将此供应商拉入黑名单，尽快替换和淘汰。又如在企业发展初期，因为种种客观条件的限制需要跟一些中小供应商合作，随着企业的发展，已经由“成本导向”转向“品质导向”，但供应商仍坚持原来的“成本导向”，双方在价值观上无法同步，也便很难持续合作了。

2. 末尾淘汰机制

末尾淘汰也是常用的方法之一，随着大数据技术的发展，供应商管理的数据日趋完善，QCDSTAP（质量、成本、交付、服务、技术、资产、人员和流程）等各个方面的数据都可以作为供应商管理绩效的输入，根据客户和业务的需求，对各个维度中绩效不佳的供应商进行更换和淘汰。

需要说明的是，“末尾”是虚指，并不是仅仅指“倒数第一”，而是需要根据具体的业务来考核，通常供应商淘汰也不是一步到位的，通常是先把供应份额减下来，然后再逐步淘汰，在决定淘汰前，需要提前做好准备，寻找备用供应商，避免淘汰的过程给业务带来不必要的影响。

3. 竞标机制

竞标机制是目前供应商选择常用的方式之一，不同的企业竞标的周期不一样，有的是每年竞标，有的是 3 年或者 5 年竞标。相比而言，黑名单制度和末尾淘汰制度是“被动”的制度，竞标机制是一种“主动”的方式。

在这里想特别提醒一下，常规的“竞标”往往更多关注价格因素，这不是一种可持续的方案，仅仅通过价格来竞标，在未来可能给供应链带来很多潜在不利影响。更建议在竞标时全面考察供应商的各个方面的能力，选择价值观一致、又能支持业务发展的供应商。例如麦当劳会定期对特定的品类开展 SSR（战略采购回顾，Strategic Sourcing Review），通过 SSR 邀请该品类的现有供应商和潜在供应商共同参加竞标，竞标时以 6 个维度全面评估供应商。根据竞标的结果重新确定供应商和重新分配供应份额。重新确定供应商可能会引入新供应商或者淘汰现有供应商；重新分配份额可能

① 康师傅就“土坑酸菜”致歉，已取消与插旗菜业一切合作，https://baijiahao.baidu.com/s?id=1727383581248976482&wfr=spider&for=pc.

会降低某供应商的供应份额。通过综合素质的“竞标”，选出的供应商才能更好地支持业务发展。

（二）被淘汰供应商的处理

通常来说，被淘汰后的供应商就应该与企业“老死不相往来了”。这里也还是提醒一下，需要“一分为二”和用“发展的眼光”来看事物。

针对因食品安全事件、食品欺诈、价值观不合等原因被拉入“黑名单”的供应商，确实可以不用进行后续处理了，未来基本上不会再有合作，直接“拉黑”即可。

针对因为某一方面绩效没有达到而被“末尾淘汰”或者竞标失败的供应商，在未来还是有合作机会的，建议把这类供应商放到供应商库中，为未来保留合作的空间，可能在特定的新产品开发时还会合作，或者1～2年后，供应商补齐了短板，成长为了一个不错的潜在合作伙伴，也未可知。

第三章

供应商管理的常见问题与方案

第一节　供应商管理人员能力与资源

一、供应商质量管理岗位的重要性

当下的食品企业无论大小，一定都有质量部。但是，不同规模的企业，在供应商质量管理这部分的完善程度、要求和工作方式大相径庭，差别巨大。

（一）大型食品生产、餐饮和零售企业

大型食品生产、餐饮和零售企业，如世界500强的外资企业，供应商质量管理架构健全，并对供应商质量有系统的管理，主要包括以下内容：

（1）供应商质量管理政策；

（2）对供应商全面和系统的质量要求——《质量期望手册》；

（3）供应商准入和不批准的明确要求；

（4）产品标准管理系统；

（5）物料运输、仓储、接收、检验、COA（Certificate of Analysis，检验报告）管理；

（6）物料使用、缺陷投诉、供应商RCA（Root Causes Analysis，根本原因分析）、CAPA（Corrective Action & Preventive Action，纠正和预防措施）管理；

（7）双赢，推动供应商持续改进。

案例：某烘焙企业员工在产品中发现多根同样的极细的毛。经查，其来自面粉供应商末端高方筛的振筛块毛刷的破损脱落。这个案例最终导致烘焙企业相关产品全部报废，供应商赔偿约200万元人民币。

点评：这家烘焙企业具备完善的供应商质量管理系统并有效运行。但是，在日常运作中，在供应商处识别不到的风险（此案例即是，之前没有识别到振筛块毛刷可能会脱落的风险，这也是面粉行业通用的操作）或是已经识别到但管理不好的风险屡见不鲜，给食品加工企业带来停产、投诉、巨大的质量损失甚至破产危机等风险。

经过这次质量事故，烘焙企业要求其所有的面粉供应商全部将末端高方筛有刷毛的振筛块全部更换为无刷毛的振筛块，避免今后再次发生类似事件。

从事件中学习，制定有效的整改措施并文件化，这也是供应商质量管理的重要职责之一。

（二）中等食品生产、餐饮和零售企业

多数中等规模食品生产、餐饮和零售企业，具备供应商质量管理架构，对供应商质量有管理，但是不够系统。通常的运作模式如下：

（1）供应商准入和批准流程；

（2）物料到货检验、COA 管理；

（3）少数的供应商拜访，打分——通常都是满分或接近满分，鲜有有价值的发现；

（4）物料缺陷投诉和对供应商罚款。

这种模式看似对供应商有管理，但是因管理深度和技术专业度不够，不能对供应商的食品安全和质量做到系统的评估和恰当的风险识别，难以预防缺陷或事故发生，对推动供应商持续改进作用有限。

案例：包装材料镀铝膜供应商 B 供给客户 C 的产品，被投诉镀铝膜的关键质量指标透湿性不合格。最终调查发现是 B 的上游镀铝基膜供应商 A 的原因导致。B 每年都会去拜访 A，拜访评分 95 分以上。而对于 A 出现的设备老化导致关键操作参数达不到工艺标准要求、擅自对过程质量控制参数做重大变更等重大、严重问题根本没有发现和报告。

点评：客户 C 因对供应商的管理浮于表面，导致发生重大质量事故。

（三）小型食品生产、餐饮和零售企业

不在少数的小型食品生产、餐饮和零售企业，基本上没有供应商质量管理架构，也没有供应商质量管理。通常的运作模式如下：

（1）供应商三证管理——食品安全法要求，也是政府监管的重点；

（2）COA 管理；

（3）重大缺陷投诉。

这种模式的供应商质量管理给企业带来的风险极高。

案例：2022 年，笔者接到一个烘焙行业的朋友的电话：他们公司的烘焙产品在市场抽检中显示铝超标，市场监管局通知罚款 8 万元。铝超标的原因是所用的面粉中铝超标。笔者问他们现在怎样管理面粉供应商，回答是基本没有管理。

点评：没有供应商质量管理，好比盲人骑瞎马——风险极高，轻则出现重大质量事故导致重大损失，重则因为一次的事件就导致企业破产，类似的事例比比皆是。

食品企业应建立供应商质量管理组织架构及相应的管理流程，并有效运行，才能有效预防来自原物料带来的食品安全、质量的重大风险导致的危机，并推动供应商持续改善，降低质量投诉率，支持生意顺利运行和增长。

二、供应商质量管理组织架构及岗位描述

（一）供应商管理架构

通常的食品企业质量部架构如图 3－1 所示，除了包括常规的 QC（Quality Control，质量控制）、QA（Quality Assure，质量保证）和实验室外，还应包括 SQA（Supplier Quality Assure）、供应商质量管理合规（也叫 RA，Regulation Affairs，法规事）和市场 QA。

（二）供应商质量管理岗位描述

供应商管理模块的配置会依据企业规模、供应链复杂程度、风险程度和重视程度

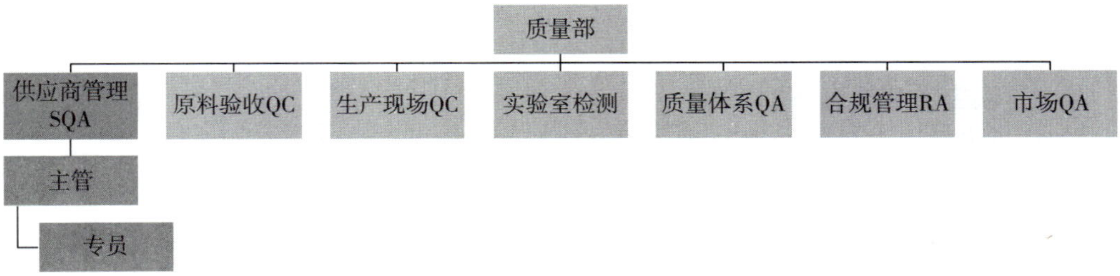

图 3-1　常规食品企业质量部架构

等原因进行配置。配置完善的公司在供应商质量管理模块会设置经理、主管和专员三个层级。这三级供应商质量管理岗位的核心职责：建立供应商质量管理的政策和体系，并将其落到实处。岗位描述见表 3-1 所列。

表 3-1　供应商质量管理体系及对应的岗位描述

岗位描述	原物料验收	质量主管	质量经理
1. 供应商质量管理体系政策			
1.1《供应商质量期望手册》			√
1.2 原物料质量标准建立及变更管理流程			√
1.3 供应商批准、保持、不批准管理规程			√
1.4 对供应商质量投诉、纠正预防措施管理要求	◎	◎	√◎
1.5 来自供应商或原物料的重大事件及危机管理			√◎
1.6 供应商及物料风险评估、技术拜访、质量审核管理		√◎	√◎
1.7 供应商绩效评估、持续改进管理规程	◎	√◎	√
2. 原物料接收、使用管理原则			
2.1 原物料接收 SOP	√◎	√	
2.2 原物料检验管理规程	√◎	√	
2.3 原物料留样管理规程	√◎	√	
2.4 原物料待检、扣留、放行及不合格品管理规程	√◎	√	

备注："√"建立规程及管理职责；"◎"具体执行职责。

供应商质量管理工作的核心：供应商持续、稳定地提供安全的、符合质量标准的、食品企业适用的物料。管理的核心，一是标准的产品规格书（Product Specification）；二是生产这个物料的全过程符合企业对供应商的质量要求——《供应商质量期望手册》。

三、供应商质量管理岗位人员能力矩阵、培训及能力校准

（一）供应商管理人员能力矩阵

上述关于供应商质量岗位的描述只是干巴巴的条款，具体到实际工作中，到底需要什么样的人、有怎样的知识和技能、怎样的任职资格才行呢？我们先来看某世界500强食品企业在招聘供应商质量主管时的要求。

1. 岗位描述

（1）负责确保中国区包装材料供应商执行公司全球的食品安全及质量策略和政策

（2）负责包装材料供应商有关的程序和项目

（3）提供开发供应商技术支持

（4）负责供应商质量问题的解决；确保供应的合规；协调和赋能采购/制造/研发的项目

2. 关键职责

（1）确保供应商贯彻执行公司供应商质量期望手册、HACCP及等同的食品安全、质量、法规要求

（2）通过积极和具有创新思维的项目推动供应商改善

（3）召开、主持供应商质量论坛，有针对性地推动供应商持续改善

（4）系统全面地评估供应商的质量状况，确保供应商执行公司 policy、spec、SQE

3. 绩效评估

（1）包装材料供应商符合公司质量政策

（2）提供开发和批准供应商的技术支持，满足生意需要

（3）供应商的质量投诉率持续下降

（4）每年召开和主持供应商质量论坛

（5）协调解决重大的质量问题

（6）带领工厂 end - to - end，推动供应商质量持续改善

4. 学历、工作经验、语言

（1）食品工程、微生物、生物工程、营养学等相关专业本科及以上学历

（2）透彻了解食品安全、质量管理系统

（3）食品行业质量主管5年及以上工作经验

（4）普通话标准；流利的英语听、说、读、写能力

5. 技术和技能

（1）沟通：有效沟通；影响力；处理困难状况的能力

（2）培训：识别培训内容，有效地组织培训

（3）管理经验及技能：具备发展与公司内外所有相关方强而有力合作关系的能力，高效地开展工作；具有处理复杂状况的技能

（4）技术能力：带领和协调解决供应商出现的技术质量问题

现在我们对于供应商质量主管岗位有了大致的画像，接着来汇总下关于质量工程

师、质量主管、质量经理的能力矩阵、培训、能力校准方面的要求。

供应商质量管理人员——质量工程师、质量主管、质量经理，在内部选拔或招聘时，候选人应符合该职位的基本要求或具备该职位任职资格所要求的潜在能力。入职后，应接受该岗位的知识和技能培训，并通过实践运用、掌握、提高的过程，在完成供应商质量管控工作的同时，提升个人能力。

对于该岗位任职资格要求应具备的潜在能力，如领导力、沟通协调能力、风险识别能力、解决问题能力、培训及呈现能力、谈判能力、处理复杂及困难状况能力等软技巧（soft skill），除了入职时被确认外，人员通过供应商质量管理的实践锻炼后也应取得长足进步。质量主管能力矩阵见表 3－2 所列：

（二）能力培训：学—做—考—教

初级岗位的知识与技能，学—做—考—教的培训模式能够有效确保该员工掌握岗位最基本的要求，从而被批准。

以原物料质量工程师岗位的学、做、考、教为例：

学：岗位的管理规程及操作 SOP。

做：师傅带徒弟，本人实践操作。

考：主管或经理主考，通过实践操作、问答、检查所完成工作的效果等方式确保员工掌握该岗位要求。如：

1. 请详述原物料接收的过程

考察点：

（1）供应商和物料是否是公司批准的；

（2）物料接收检查、检验流程：COA 是否符合 spec，是否执行检验计划；

（3）SAP 系统中的扣留和放行是否规范。

2. 请详述出现了供应商物料质量缺陷时的处理过程

考察点：

（1）是否掌握质量缺陷出现时的处理流程；

（2）与生产现场操作人员的沟通能力；

（3）是否及时和正确汇报，对缺陷的风险敏感度；

（4）是否有一定的解决问题能力；

（5）邮件描述是否及时、清晰、准确、简洁。

教：按照上述模式来培训具备符合基本要求的新人，从而实现企业员工的顺利轮岗和转岗，拓宽和提升其职业发展道路。

（三）能力校准

通常的能力校准包括内容及方法：

1. 岗位必备知识和基本技能：考试。通常适用于较为初级的质量工程师岗位。

2. KPI 指标达成：半年、年度回顾年初设立的 KPI 指标达成情况。

3. 日常工作效果及项目效果评价：反映的是工作过程行为标准、素质标准的评价，通常采用 360°问卷调查、反馈等方法。

表 3-2　质量主管能力矩阵、培训及能力校准

基本素质	岗位知识与技能		软技能（soft skill）	
	岗位知识与技能要求	培训：学—做—考—教	soft skill 要求	培训
大专或同等学历以上	1. 岗位知识与技能	培训的方式	严谨、认真、一丝不苟	1. 从案例中学习
食品行业 3 年及以上从业经验	同“质量工程师” 2. 食品安全、质量管理体系 同“质量工程师”	1. 员工自学	头脑清晰	2. 向同事、主管、经理学习
文字表达能力：简洁、清晰、准确叙事，并能够建立管理规程或 SOP		2. 经理面对面培训	较强沟通和协调能力	3. 从反馈中学习
电脑能力：熟练使用 word、excel、PPT 等常用电脑软件；并经培训能熟练使用 SAP 等物料管理操作系统		3. 实践，日常工作中学习	对风险高度敏感，发生原物料缺陷时，第一时间做出正确风险评估，在报告的同时，在现场做出适当的处理	4. 相关的外部培训，如： 4.1 非暴力沟通 4.2 非职权影响力
	3. 其他的食品安全、质量管理体系 3.1 建立供应商质量管理岗位管理及操作规程 3.2 全面了解对供应商的质量期望手册 3.3 有一定的技术能力，对原物料出现的问题有初步的正确判断 3.4 有一定的供应商审核能力，能够针对供应商经常出现的问题，推动供应商持续改进 3.5 较强的 RCA、CAPA 能力，推动供应商给出正确的 RCA 及有效的 CAPA	4. 外部培训	较强的解决问题能力	
		5. 年度更新培训	推动供应商持续改进	
			一定的谈判能力	
			带领团队能力	

四、结束语

通过上述的岗位描述、供应商质量管理人员能力矩阵、培训、能力校准等概述，希望能够初步勾勒出食品企业供应商质量管理人员的画像，对食品企业选拔或招聘到合适的供应商质量管理人员有一定的帮助，从而管理好供应商及其所供应的原物料食品安全和质量，从源头上建筑坚固的质量大堤。

第二节　供应商审核有效性

供应商审核是供应商管理工作中重要环节之一，国际头部食品品牌对于上游供应商管理有多年的丰富经验，近些年国内越来越多食品企业也逐渐加强供应商审核工作。本节中，将结合国内外优秀品牌的供应商审核经验，探讨如何提高供应商审核有效性。

供应商审核需要投入较多人力和财力来开展，以往不少国内企业开展供应商审核工作时更多是强调进行了审核这项工作安排，效仿其他企业开展了供应商审核工作，而对于审核是否能够真正起到供应商风险评价和能力提升方面作用的关注度不够。供应商审核工作有些时候变成了浮于表面的流程型工作，供应商审核的有效性需要加强。

供应商审核有效性，是强调通过供应商审核能够真正实现系统识别供应商风险目的，供应商能够明确受委托方相关要求，并有意愿配合委托方进行持续提升和改进。

如何保证供应商审核有效性，结合国内外各优秀企业对供应商审核的经验和良好实践，供应商审核有效性可以从如图 3 - 2 所示的“五个有效”开展工作，接下来将从这五个有效性方面进行阐述。

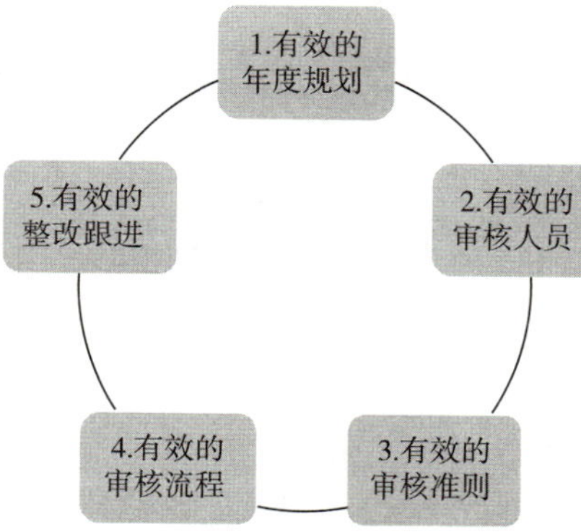

图 3 - 2　供应商审核的“五个有效”

一、有效的供应商审核年度规划

供应商审核工作过程涉及研发、采购、质量和生产等多个部门协调和配合，制定合理的年度规划需要多个部门进行协作与评审，同时供应商审核需要有专业人员来进行。因此供应商年度审核计划的制订，对于审核资源保证是非常重要的环节，否则年度规划不合理可能会导致审核专业人员资源与供应商审核业务工作量不相匹配，从而影响业务发展。

供应商审核工作目前主要有三种实施方式，第一种是企业设立自己的供应商质量保证团队（就是通常说的 SQA，Supplier Quality Assurance），进行现场审核。第二种是委托外包第三方进行审核。第三种是自己审核与外包第三方相结合的方式。不论是哪种方式，我们需要将每年审核工作量初步预估出来，从而确保自己的审核员或者第三方审核人员资源与年度业务相匹配。

供应商审核主要分为对于现有供应商及新供应商的审核，对于现有供应商年度审核规划流程通常如图 3 - 3 所示。

供应商风险评估在前面章节中已经进行了阐述，年度审核计划初稿通常是由质量

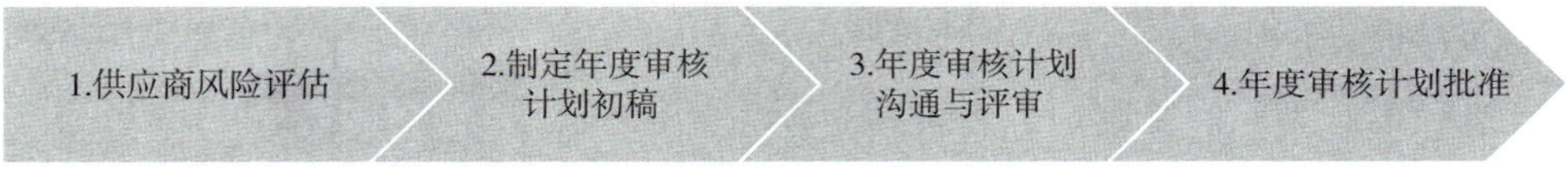

图 3－3 供应商年度审核规划流程

部和采购部门进行制定的，完成后将由相关部门进行评审以确保计划合理性，最后年度审核计划将由管理层进行审批。

在制订供应商年度审核计划中，有一个难点是对于新供应商审核计划的制订。近些年来，产品研发速度越来越快，敏捷供应链也越来越被食品行业青睐，这可能导致供应商审核计划很难按年度进行规划；同时，新品研发可能有很高的试错成本，很多新供应商审核后可能不能满足要求，不能通过和准入，则导致很多审核是做无用功。面对这种挑战，有如下方面建议：

1. 制定更加科学的新品供应商风险评估方法。对于新产品供应商，制定更符合企业实际情况的风险评估方法。

2. 增加与新品研发部门沟通频率（如每月/每半月一次），更好地了解新品未来规划，从而让质量部更好地配合相关供应商做好开发准备和审核工作。

3. 结合相关数据化信息来进行供应商风险综合评估。对于目标企业，建议除了现场审核来评估企业风险，可以将企业相关质量数据与行业数据进行分析比对，从而判定企业风险水平，制订相应审核计划。

4. 建立供应商培育和发展机制。很多时候供应商在前期是不能满足要求的，需要建立相应的供应商培育机制。

二、有效的审核人员

供应商审核过程中，最为重要的因素是审核人员，审核人员的知识和技能将决定供应商审核工作开展水平。供应商审核工作中时常会出现“审核依据是一样的，但是不同审核人员对于标准理解和判罚尺度不一样”的现象。同一家企业，由不同的审核人员去现场审核，审核结果可能大相径庭。出现这种情况的主要原因是水平参差不齐的审核人员导致。

审核工作更多是一门在于实践的学问。供应商审核有效性需要依赖于优秀的审核人员，审核人员的技能通常分为审核软技能和专业硬技能两个方面。

（一）审核软技能

审核软技能往往是决定一个审核员是否出色和优秀的重要因素之一，有时比专业技能更加重要。审核软技能主要包括专业职业素养和审核能力两个方面。

职场上关于职业素养包括非常多的方面，而对于审核人员来说，其中最重要的职业素养有如下三个：

1. 职业道德与诚信。由于审核人员拥有对供应商的评价权力，因此职业道德与诚信尤为重要。审核人员不得收受供应商任何好处，更不能在收受好处后对问题进行放水，从而损害委托方利益。职业道德与诚信是供应商审核工作中最重要的基石，目前，市场上部分审核员并不能很好地恪守这条底线，有些甲方企业也缺乏系统的方法来进行管理以杜绝此类现象发生。

2. 观察能力。审核员应具有敏锐的观察能力，在有限的审核时间内，如何通过现场审核发现企业主要问题和矛盾，而不是仅仅发现一些不痛不痒的表面问题。优秀的审核员能够通过观察到多个表面不符合现象，挖掘企业在管理上的深层次原因。

3. 学习和乐于改进。审核员对不同类型和水平企业进行审核，每个企业都可能有其优点和良好实践，都有值得审核员学习的地方，审核员只有善于学习和总结，才能逐渐提升自己的知识水平，否则眼里永远只有问题，多年的审核也只是将同一件事件周而复始地进行，并没有实质性的水平提升。

审核员的另一项软技能是审核能力，好的审核能力和审核技巧能够让一次审核事半功倍，审核能力包括很多要求，其中以下要素特别重要。

1. 审核规划能力。审核过程中，需要在有限时间内对企业进行审核，审核员需要有良好的时间和线路规划能力，审核过程中，审核员需要主导整场审核，避免由企业领着审核员东看看、西瞧瞧，这样审核员看到的很可能都是企业提前准备好的信息。良好的审核规划能力还能避免审核过程中因为没有提前沟通导致不必要的冲突发生。

2. 沟通和访谈能力。审核过程中，需要审核员与企业各个部门及各个职级的人员沟通交流，包括高级管理者、审核向导、管理人员、一线员工等，审核过程中很多信息和线索都是通过访谈来获得的，这样获得的信息更直观和有效。

3. 信息收集和分析能力。审核过程中会涉及很多文件、记录、现场和人员，如何有效收集并分析这些信息，将很大程度上决定审核的深度和广度。优秀的审核员会对于收集到的不同信息进行快速整理，并进行相互验证和分析，从而根据这些信息发现更多有用线索，并将审核深入推进。

（二）审核员专业硬技能

有效的审核，需要审核员具有过硬的知识和技能，审核员需要具备如下方面的硬技能：

1. 了解法规要求。审核员需要了解涉及审核企业和产品的主要法律、法规和标准的相关信息。

2. 委托方的标准要求和尺度。审核员往往拿到的是委托方的检查条款要求，需要仔细了解委托方的审核标准要求，尤其是对于审核判罚尺度方面，建议进行校准和掌握。

3. 受审核方信息。对于受审核方信息，通过网络或者历史审核报告等，尽可能多地了解受审核方信息，尤其是产品特点、标准和工艺要求等。

4. 食品安全和质量管理体系知识。审核员需要具备食品安全和质量管理体系的知识，包括 ISO 9001、ISO 19011、ISO 22000、GFSI 认可标准等相关标准中的知识。

（三）审核员能力提升良好实践——见证审核

审核员能力分为软能力和硬能力，这些能力需要审核员进行学习，更多是需要进行实践和运用。评价审核员能力目前有很多种方法，其中使用最为广泛的方法之一是见证审核。

所谓的见证审核是指由待批准审核员（简称“新审核员”）进行审核，有经验的审核员（简称“老审核员”）在一旁见证新审核员的表现，并在审核结束后撰写见证报告，并与新审核员就见证报告进行正式的沟通和交流。

一份好的见证报告将包括30～50条见证项目，来评价新审核员的综合表现。表3-3见证报告表格是由上海悦孜企业咨询有限公司在帮助客户进行供应商人员能力提升时使用的见证报告内容框架。

表3-3　见证审核报告关注点

见证条款	结果
1.1 策划	
审核计划的准备，企业是否明确审核计划和审核行程？	
企业基本信息的了解	
审核工具的准备，是否准备好审核工具包？	
1.2 首次会议	
首次会议的沟通是否保证有企业的相关人员参加？	
会议的内容是否全面？	
会议的时间控制是否恰当？	
1.3 现场审核	
现场审核前的准备是否充分？	
现场审核是否能够覆盖主要的生产及支持生产的活动区域？	
现场审核是否能够根据检查表要求，抓住重点进行检查和抽样？	
现场审核是否与员工进行了必要的面谈与沟通？	
现场审核中是否对拍照的要求进行了有效的沟通和落实？	
现场审核发现是否进行了全面记录并进行现场确认？	
1.4 文件审核	
文件审核是否能够覆盖检查表中的主要要求？	
追溯的发起是否有明确的起始点？并进行有效的检查？	
是否根据现场的发现进行了针对性的抽样检查？	
文件检查除了关注形式符合，是否关注文件落地层面的有效性？	
1.5 末次会议	
是否包括末次会议的主要内容？	
是否允许企业进行释疑，避免产生矛盾？	
末次会议的时间及参加人员是否进行了有效的沟通？	
1.6 专业素养	

（续表）

见证条款	结果
审核思路是否清晰?	
审核效率是否较高?	
审核是基于事实的发现，有没有主观的臆测?	
沟通是否有效并及时?	
1.7 报告输出	
对于检查表是否进行了恰当的理解？审核尺度是否符合要求?	
审核满意度如何?	
审核报告描述是否能够清晰、较完整还原现场?	

三、有效的审核依据

审核供应商时依据的内容，需要结合企业的实际风险和供应商现状进行制定，制定符合企业当前现状的审核依据。既不能太严苛，不然供应商很难达到准入要求；也不能流于形式，否则起不到降低风险的作用。建立一个有效的审核依据，主要是包括审核条款内容和条款判定准则两个方面。

（一）审核依据制定

制定供应商的审核依据，主要是希望供应商能够在审核依据的相应模块进行提升和完善。审核依据条款要求可以分为如下四个大模块（见图 3－4)：

1. 合规

合规的条款要求主要包括重大的合规的内容，比如资质证照、非法添加、超范围使用添加剂、回收食品等。需要注意的是，供应商审核的条款中，合规非常关键，但重点是关注重大的合规条款要求，而不是把法规条款事无巨细地罗列出来。

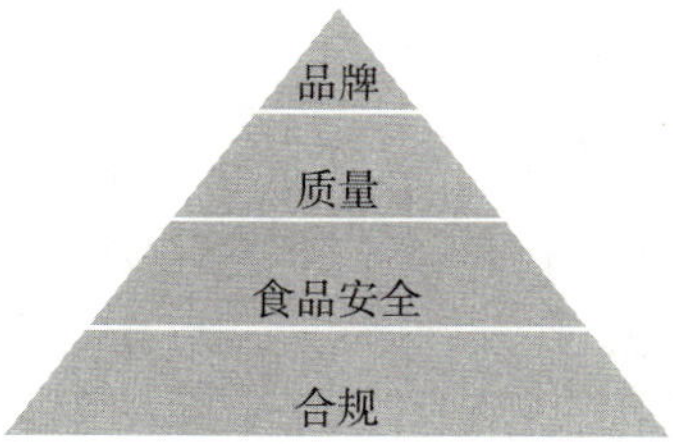

图 3－4 审核依据的四大模块

2. 食品安全

食品安全条款主要包括 HACCP 计划、GMP 和食品安全体系模块三个模块，其中食品安全体系模块包括管理者职责和承诺、可追溯、食品防护、食品欺诈、管理评审、内审、采购、不合格品管理、监视测量等子模块。具体每个模块的内容详略程度，将由每个企业根据自己的实际需求进行确定。

3. 质量

质量方面的条款要求，通常不是必须的要求，但是对于委托方的定制产品或者贴牌产品，通常有明确的质量要求，如产品的技术标准和工艺参数等。

4. 品牌

这对于一些大的企业，通常条款中还增加了一些对于品牌影响的条款，如带有品牌标志的相关物料的使用、应急管理、主动通知等相关要求。

供应商审核依据的制定，可以参考 GFSI 认可的相关标准来制定自己的供应商审核标准，若上游供应商为中小型企业，可能参考中国连锁经营协会团队标准《加工食品供应商生产评价要求》(T/CCFAGS 002)[①] 来制定自己的供应商上游审核标准。

（一）条款和结果判定

有了审核标准要求，条款判定准则和得分准则也非常重要，好的判定准则能够将不同水平的供应商差距体现出来，若评价准则设计得不合理，则很难体现风险的大小。

关于条款判定准则，GFSI 认可标准——国际卓越标准 IFSFoodV7 中的判定准则是量化的判定方法，值得企业在制定自己标准时参考学习。

IFS 标准的条款不符合项判定共有 A，B，C，D，Major，KO 几个等级，详见表 3－4所列。

表 3－4 IFS 食品标准（第七版）判定准则

结果	解释	得分
A	完全符合	20 分
B（建议观察）	建议观察项	不扣分
C（轻微不符合）	部分符合	5 分
D（不符合）	没有执行标准条款	－20 分
Major（主要不符合）	法规、客户要求或食品安全重大偏差	扣总分的 15%，不予直接认证，若只有不超过 1 个 Major 且总分≥75 分，需要现场跟踪，审核关闭后才能获得基础级水平证书
KO（一票否决）	适用于 KO 条款的不符合	扣总分的 50%，不予认证

而将所有的条款判定后，最终结论等级分为三个：

（1）高级水平：≥95%；

（2）基础级水平：≥75%且<95%；

（3）不通过：<75%，或出现 KO 项及 1 个以上的 Major 项目。

不同企业的条款判定的准则不太一样，对于条款的不符合项的等级判定，建议企业可以设定如下 4 个等级（见表 3－5）：

表 3－5 判定等级和扣分规则

判定级别	扣分规则
轻微不符合项	扣对应条款一定比例分数
一般不符合项	扣对应条款分数
严重不符合项	扣对应条款分数＋一定比例总分
一票否决项	扣对应条款分数＋较高比例总分

① 推荐给同行“可操作”的中小供应商审核标准，质安选公众号，https://mp.weixin.qq.com/s/_n4muUIpx3W9_ht0Gv64zA.

根据判定准则，再设定总体的结论条件，这样供应商的审核结果可以进行一定的分数量化，从而更好地体现所有供应商的水平。

四、有效的审核流程

供应商审核管理工作涉及各个部门和供应商，企业需要建立一个完善的供应流程制度，这样更容易让相关方了解审核的流程和输出要求，尤其是对于委托第三方进行供应商审核时，审核人员能够全面了解委托方总体流程要求。

（一）审核流程

目前不少企业对于供应商审核有相关的检查表和文件要求，但是对于整个流程缺少相应制度依据。在开展供应商审核工作时，缺少一个总的制度纲领。制定一个标准审核流程有助于企业内部各部门、审核员、受审核组织等各相关方全面了解供应商审核工作。

如下是上海悦孜企业信息咨询有限公司根据客户的供应商审核工作流程，指导客户建立的供应商审核管理的流程制度文件框架。

1　目的
2　范围
3　各部门和相关方职责
4　工作内容
4.1　审核工作标准的确定
4.1.1　审核工具包制定
4.1.2　审核要求的培训
4.1.3　诚信管理
4.2　供应商审核工作实施
4.2.1　供应商审核的年度规划
4.2.2　任务分配和沟通确认
4.2.3　审核任务的现场实施
4.2.4　审核报告的交付
4.2.5　审核报告的技术评审
4.2.6　审核整改报告的跟进和反馈
4.3　审核管理
4.3.1　人员能力确认
4.3.2　审核校准
4.3.3　与委托方的定期沟通
4.4　相关文件
4.4.1　年度二方审核计划安排表
4.4.2　审核工具包

（二）审核流程对应的审核工具包

针对供应商审核工作流程，提供相应的文件和指南，可给予现场审核人员和受审核企业更好的指导，能够较大程度提升审核工作效率。

不同企业审核工作流程可能会有差异，根据客户对于供应商审核工作的安排，制定相应的审核工具包。表 3-6 所列案例是由上海悦孜企业信息咨询有限公司为委托方定制开发的审核工具包的文件目录。

表 3-6 审核工具包的内容

阶段	编号	文件名称
项目签订	1.1	审核项目方案和合同
审核准备	2.1	审核实施计划
	2.2	保密协议
	2.3	审核检查表
	2.4	评估前供应商填写基本信息表
	2.5	供应商需要提前发送的文审材料
审核实施	3.1	首次会议 PPT
	3.2	企业签到表
	3.6	评估公正性、保密及廉洁声明
	3.7	末次会议
	3.8	审核服务确认书
	3.9	审核满意度调查
审核输出	4.1	审核检查表
	4.2	审核发现及整改计划
	4.3	审核照片汇总和总结报告

五、有效的整改跟进

供应商审核结束后，将输出相应的审核报告。审核报告中，通常有审核检查表和不符合项整改报告两个文件，而为了更好地还原现场和便于直观地进行整改。好的审核报告输出还应包括审核不符合项照片和信息描述，这样整改部门在看到不符合项照片后，能够更加直观地了解不符合的情况。

交付给企业整改报告，仅仅是供应商提升工作的开始，关注供应商的整改反馈的有效性比审核发现本身更加重要。但是整改跟进也会耗费不少的精力。目前在整改跟进方面，不少企业存在如下方面的不足：

1. 没有明确的整改反馈要求。客户审核时，对于整改反馈的时间点和提供的整改证据要求不明确。

2. 跟进反馈流于形式。供应商仅仅是提供了关于整改不符合项反馈的描述，但是没有提供详细证据，或者证据不充分。企业认为将整改报告填写完了就可以，至于是否真正按照原因分析并进行整改，并不明确。

3. 缺少跟进整改的资源。企业将整改报告反馈给供应商后，后续的整改跟进需要耗费不少的精力，而企业缺少相应人员来跟进这些不符合项。

(一) 整改报告的反馈跟进

供应商审核最重要的一份文件是给供应商的整改报告，整改报告除了列出不符合项和整改措施外，通常还要供应商提供整改证据，不同企业的整改报告都不太相同，但是通常包括两个部分：一部分由审核员填写。这部分是审核员填写不符合项的判级和审核发现的描述；另外一部分由供应商填写。主要是由供应商填写的整改行动及相应的整改依据。其中整改行动主要分为纠正和纠正措施。

整改报告表格形式举例见表 3 - 7 所列。

表 3 - 7　整改报告（示例）

条款号	条款要求	审核员填写		企业填写					审核员关闭
		判级	审核发现描述	纠正	完成状态和日期	纠正措施	完成状态和日期	整改证据	

有效的整改中，对于企业填写的整改反馈，需要进行认真地对待并了解：企业是否使用了鱼骨图、5Why 等方法，找到的问题的根本原因分析，并制定有效的纠正、纠正措施和预防措施。若供应商制定的整改反馈流于形式，则需要让企业重新提交和反馈。

(二) 企业的持续提升

供应商审核重点是让供应商理解标准条款要求，具有自我评估和持续改进的能力。审核不是根本的目的，审核的目的是让其改进，而不是让其淘汰。为了有效促使供应商理解委托方的要求，委托方可以开展审核标准培训工作，目前不少企业开展了类似的工作，比如：

(1) 审核标准培训。通过线上或者线下培训，让企业了解审核标准要求。

(2) 原因分析工具培训。培训相关的原因分析工具，促使供应商具有相应的分析和改进能力。

(3) 最佳实践与解决方案。通过介绍相关模块的技术解决方案，促使供应商了解该如何采取行动。

第三节　供应商审核常见问题

供应商审核是企业对于上游进行管理的重要环节之一，越来越多的企业开展了供应商审核，但是在开展此项工作过程中，会遇到不少的问题。既有关于此项工作认知的疑惑，也有关于技术和流程方面的问题。

本章节从如下四个方面来探讨关于供应商审核的常见问题：

1. 对于为什么进行供应商审核的认知问题。

2. 审核前准备常见问题。

3. 审核实施中常见问题。

4. 审核活动结束后常见问题。

一、对于为什么进行供应商审核的认知问题

为什么要开展供应商审核工作？不少企业是因为食品安全管理体系中有关于供应商审核的要求，或者客户审核标准中有关于供应商管理或高风险供应商审核等相关要求，因此不少企业很多时候觉得供应商审核是为了满足体系要求和客户审核要求，而对于供应商审核真正能够带给企业什么价值，似乎并没有深思过。

供应商审核的首要目的是系统评估和识别供应商当前的食品安全管理水平和风险点，而更重要的目的是帮助企业进行持续改进和提升。

供应商审核结果中通常会出现一些不符合项，导致出现这些不符合项或者风险点的原因可以分为以下两类：

1. 能力不足导致不符合

供应商不知道相关标准，是知识盲区，因此属于能力和水平问题，这些问题是比较明确的技术类问题，如金探原理。交叉污染、管道内部死角等，这类问题通过相关的培训和教育，企业具备了这些能力后就基本能够解决这些问题。

2. 意愿不足导致不符合

这部分是供应商清楚如何做（比如个人卫生要求、虫鼠害入侵、工器具不足、人员不足等），供应商很清楚这些不符合项，而且可能比审核员还要清楚这些问题，但供应商愿不愿意、有多大决心去改进，则更加重要。

供应商审核首要目的是帮助供应商识别因能力不足导致的风险，通过审核发现能力不足导致的不符合项，降低供应商风险，是不错的供应商审核流程，但是短暂的1～2天审核，不可能发现企业所有问题。因此供应商审核不仅仅是要解决供应商的能力不足问题，更重要的是帮助企业提高对质量和食品安全改进的意愿和决心。

供应商对于改进食品安全的意愿和决心不足，很多时候是由于高级管理者不够重视，高级管理者在面对食品安全方面的工作时，时常出现“说起来重要、干起来次要、忙起来不要”的现象，对于食品安全和质量工作经常是“雷声大雨点小”，一旦质量和食安工作涉及影响经营利益和真金白银投入时，决心往往会动摇。因此供应商审核工作在评估企业能力水平的同时，还需要了解企业的意愿，尽管企业意愿很难用实际的量化指标来衡量，但是定性或半定量的评价也是判断供应商未来发展潜力的非常有效的方式。

因此供应商审核的目的，不仅仅是评估供应商是否有能力满足管理体系和客户的要求，更需要评价供应商是否有意愿进行持续的质量和食品安全改进和提升工作。

二、审核前常见问题

质量管理 PDCA 方法中十分强调审核充分准备，一个好的供应商审核需要在审核前进行充分的准备，而目前不少企业在开展供应商审核工作时，只是给审核员一个检查表让其去现场审核，缺乏对于审核的系统性策划。

接下来我们从审核规划、诚信要求、人员能力与费用、审核依据和审核工具等几个方面来讨论审核准备过程中各个环节常见的问题。

（一）年度审核规划

在上一章节中，我们提到了年度审核规划是保证审核有效性的重要工作之一，目前企业在供应商年度审核计划方面，主要有如下常见问题：

1. 没有制订年度审核计划。部分企业没有在年底制订第二年的年度审核计划，这样在第二年审核方面的预算及整体资源配置方面将缺少支持。

2. 年度审核计划制订期间沟通不足。年度审核计划没有和研发部、采购部等进行充分的沟通，因此容易出现很多疏漏，比如要淘汰哪些供应商、新的产品规划需要引入哪些新供应商等，这些没有进行充分沟通。

3. 年度审核计划的风险评估依据不足。对于年度审核计划，是否根据供应商和产品的不同维度来进行科学合理的风险评估，从而识别出风险高的供应商。而不是将有限的审核资源均摊到每个供应商中。

年度审核计划在制订过程中，很难进行特别精确的预计，制订计划需要对供应商管理工作熟悉的、有经验的人员来把关，年度审核计划需要的是“模糊的正确”，如果追求精确到每个审核任务，则可能适得其反，出现“精确的错误”。年度审核计划把握好框架和方向将有助于全年供应商审核工作的开展。

（二）审核的诚信要求

一个好的供应商审核需要很多因素，但是在众多的因素中，最基础的一点是诚信要求，如果没有诚信的管理机制，则导致审核员不能独立公正，那么其他所有技术和流程要求都是空中楼阁。部分企业关于审核中的诚信要求缺乏明确的机制和流程，不少是默认的要求或者口头沟通。关于诚信的要求，通常包括如下三个方面：

1. 对于受审核企业的要求。目前的商业环境中，有些受审核企业还停留在以前的关系文化中，希望主动“打点”审核员能够有助于获得好的审核结果。因此在审核过程中，如果没有正式的沟通机制，则受审核企业可能不能明确委托方的红线要求。建立明确的诚信机制，则可以让企业避免不正确的想法和行为。对于受审核企业的沟通机制，良好实践是审核员宣读并让受审企业签订诚信承诺书。

2. 对于审核机构的要求。企业若是委托第三方实施审核的，对审核机构应有明确的诚信要求，则可以很好地约束审核机构在用人和选人方面的标准。这方面的良好实践是要求审核机构提供类似商业行为准则方面的承诺或者是在合同中有明确要求。

3. 对于审核员的要求。审核员需要自律，但同时也需要他律。缺乏审核员诚信管理机制的服务机构，在供应商审核时，容易出现供应商向审核员提供“好处”的现象，但是若机制良好，则可以大大规避此情况。对于审核员的诚信要求，良好实践是审核员个人签订诚信承诺书，接受诚信要求正式培训等。

（三）审核人员能力与费用

审核过程中，需要特别关注审核人员的能力水平，尤其是委托第三方进行审核时，不能过于关注审核的价格。目前部分企业对供应商审核业务进行招标，将价格赋予较高的权重，这样容易出现低价格竞标后审核机构只能配置成本较低、能力较低的人员的情况。审核服务的主要费用成本是审核员的薪酬，每月薪酬几千元和过万元的审核员，其审核能力水平是有很大差异的。如果仅仅以价格来选择审核机构，很有可能出现低审核价格中标，然而配置的审核人员能力和水平不足的情况，因此在供应商审核规划中需要特别关注审核人员能力。在审核服务这项工作中，审核质量和审核成本具有非常强的相关性。

（四）审核依据

制定恰当的审核依据将把不同水平供应商区分开来，而审核依据不合理，则供应商水平可能不能很好地被区分。目前审核依据方面主要有如下方面常见问题：

1. 审核条款要求不合理。审核条款中有较多的模块缺失，不能全面反映供应商的水平，或者审核条款的要求与审核计划不匹配，审核条款要求太细或者不具体。

2. 不符合项判定准则不合理。审核条款的不符合项判级扣分没有根据风险来制定，没有严重或者关键不符合项的扣分机制。比如笔者之前帮某国内大型乳业进行审核，共有近 200 个条款，每个条款即使再严重不符合，也只扣本条款的分数（约 0.5 分），因此在现场审核时，若是非常严重的不符合项（如 CCP 失控、产品受污染等），也不能通过判级来识别不符合项的严重程度。这样即使供应商水平差，分数上也并没有得到明确的体现。

（五）审核工具

目前，在不少客户审核过程中，审核员缺少专业的审核工具，有时只带张纸和一支笔去现场看看，这样，在审核过程中，很难深入地发现问题。专业的审核工具包，对于现场审核工作有很大帮助。表 3－8 是上海悦孜企业咨询给每个审核员配置的专业审核工具包清单。

表 3-8　专业审核工具包清单

分类	序号	工具名称
防护类	1	安全鞋
	2	安全帽
	3	工作服套装
检查工具类	1	手电筒
	2	不锈钢反光镜套装
	3	工具腰带和腰包
	4	管道内窥镜
	5	手持放大镜
	6	迷你水平尺
	7	钢尺
文具类	1	蓝色金探笔
	2	金属夹板

其中的专业审核工具照片如图 3-5 所示：

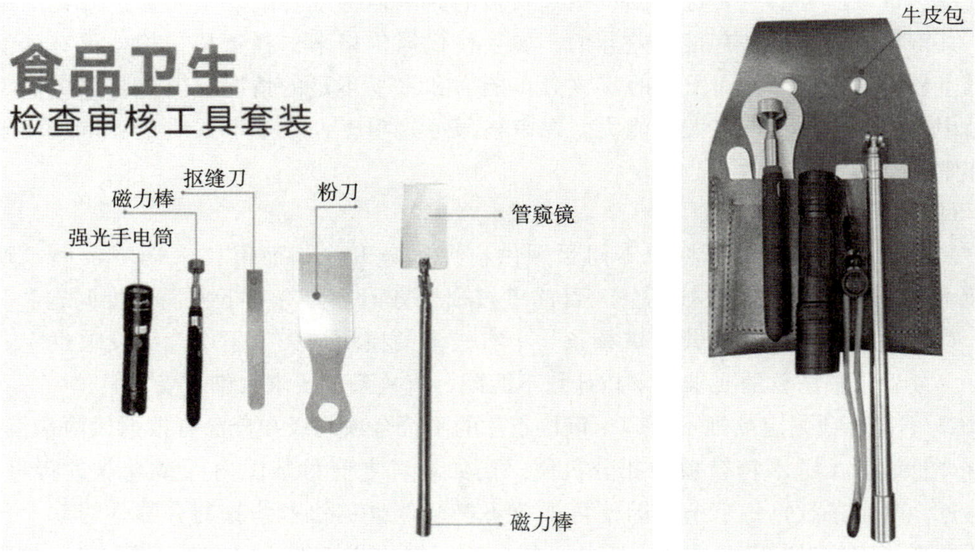

图 3-5　专业审核工具

三、审核实施过程中常见问题

从审核员到达企业现场直到离开，审核现场实施的每个流程环节中都有一些需要关注的内容，接下来我们讨论每个流程环节中的常见问题。

（一）首次会议

首次会议标志着一次审核现场工作的正式开始，成功的首次会议将决定企业是否能够全面配合和重视本次审核，首次会议环节常见问题有如下几点：

1. 缺少正式首次会议。部分审核时，首次会议缺少正式的沟通，只是进行了简单的口头沟通，缺少正式的仪式感，从而让企业对审核重视度不够。

2. 参加人员不齐。首次会议需要高级管理者、生产、采购、质量、销售、人事等各个部门负责人和关键人员参加。而很多时候审核员并没有特别强调参加人员的清单，因此首次会议很多时候只有质量部少数几个人员参加。

3. 沟通内容不全面。首次会议的内容沟通中，除了审核员自我介绍、审核依据、审核范围、审核安排、保密声明、健康申明等信息外，还需要企业介绍一下其基本信息，这样也能更好地让审核员直观感受和了解企业的总体信息，而很多时候审核员是忘记让企业介绍企业的基本信息。

（二）高级管理者沟通和员工访谈

审核过程中，获得信息的重要方式之一是沟通和访谈，这样获得的信息更加高效而且真实生动。而这一部分是很多审核员在审核时容易忽略的，同时沟通和访谈也是特别能够体现出审核员水平的工作。

1. 高级管理者沟通。与高级管理者沟通是审核中非常重要的工作，但是这一点容易被很多审核员忽略。和高级管理者沟通，审核员有时会有畏难情绪，不知道和高级管理者沟通什么。如果聊体系标准中的方针目标和管理评审等专业术语，高级管理者可能不熟悉，这次沟通就有可能就变成了“尬聊”；如果聊其他的，似乎对于审核工作的开展也没有多大帮助。高级管理者沟通很能考验审核员的水平，沟通的好坏将很大程度上决定企业对此次审核的重视程度。

2. 员工访谈。员工访谈是审核的重要信息收集手段。审核过程中，通过与审核向导、一线主管和员工访谈，将能获得很多一手的真实有效信息，而很多审核员关注文件和记录信息的收集，对于员工访谈的信息收集并不关注。例如，作者之前见证新审核员，其对于员工培训主要是看培训计划和记录，但是在现场审核时，笔者与员工交流时发现，员工并未参加过培训。

3. 高级管理者和员工的访谈，对于审核员是一个重要的技能，若使用良好，则可以在收集信息时起到事半功倍的效果，对于寻找审核线索和发现审核重点起到很大的帮助作用。

（三）审核时间分配

供应商审核过程中，时间分配非常重要，目前部分审核员在审核时间的分配上不合理，花了很多时间在文件和记录上，而花在现场的时间则非常有限。GFSI 基准比较要求现场审核时间不低于 50%的总时间，这样更加强调现场运行情况；文件和记录审核不仅需要关注其符合性，还需要关注其落地有效性，而有效性往往需要花时间在现场进行检查和佐证。

（四）审核路线安排

现场审核过程中，审核员关于审核路线安排经常出现如下两种问题：

1. 没有规划审核路线。去现场审核时，走到哪儿便看到哪儿，这样很多重要的区域很容易没有审核到，或者由于审核路线不优化而浪费时间。

2. 审核路线完全由企业来定。部分审核员在审核过程中，完全由企业向导来决定审核区域和路线，甚至在审核区域停留的时间都由企业来主导，这样很容易将审核变成了参观。如果由企业主导审核路线，通常企业是有所准备的，如果审核时候的“方向盘”由企业来掌握，那么现场是很难发现问题的。

良好的审核路线安排需要审核员在去现场审核前提出，然后和企业商量出审核的线路安排和区域。审核路线规划的主导权需要由审核员来决定。

（五）审核对象安排

供应商审核的质量管理工作是全员的工作，而在审核过程中，部分审核员容易将对于整个公司的审核变成仅仅对于质量部的审核，甚至是变成对于一个体系管理人员的审核，审核的所有条款和要求都只是询问质量部人员，然后由质量部人员来回答和反馈。笔者见证过一次新审核员的审核，发现在文件审核过程中，只有受审企业的体系管理员陪同审核，采购、培训、销售等所有问题和资料都只是询问这一个体系管理员，且由体系管理员来提供和回答，审核员将对于各个部门的审核变成了对于一个人员的审核，而且对体系人员提供的信息缺少进一步交叉验证，这样的审核注定是一种不能深入发现问题的、肤浅的审核。

（六）末次会议

末次会议主要是将本次审核活动进行总结和汇报，包括感谢、总体评价、评估主要发现和证据、企业对于疑义进行澄清等内容，审核人员在末次会议容易出现如下问题：

1. 审核发现未提前有效沟通。现场和文件审核过程中，部分审核员对于发现的问题仅做记录，没有做有效沟通，导致在末次会议上，企业有时对审核发现容易提出异议。

2. 末次会议参加人员不全面。审核时，未让高级管理者和相关部门人员参加，这样容易出现审核不符合项沟通不充分的问题，特别是高级管理者的参加对于不符合项改进的承诺非常重要，若高级管理者不参加，其后期整改中需要的资源将可能受到影响。

3. 供应商澄清机会。审核过程中可能会出现信息的不对称现象，这样审核员有时进行的判断可能是不全面的，需要有给供应商对于不符合项的确认和异议澄清环节，而少数审核员在审核时不允许企业提出不同的观点和进行澄清，这可能导致企业口服而心不服，后期的整改也可能是敷衍了事。

四、审核实施后常见问题

审核后的工作主要是撰写审核报告及跟进不符合项整改。

（一）审核报告全条款描述

近些年在客户审核中，有些企业在供应商审核时强调对于审核报告的全条款描述，这对于委托方来说能够获得更多的信息，有一定的价值，但是需要有审核时长的保证。有些客户审核只有一天的审核时长，也希望像其他客户一样进行全条款描述，审核条款的全条款描述会牺牲部分现场审核的时间，对于不符合项的深入检查可能会有所影响，这样的要求可能并不能达到供应商审核的预期目的。企业对审核报告全条款描述的要求需要与审核时长的要求进行平衡，避免花费大量时间在写报告上，而没有时间去发现真正的问题。建议企业可以按照章节要求，对于每个子章节和模块进行描述，而不是对每个条款进行描述。

（二）不符合项条款描述

审核发现描述对于整改报告的反馈有效性至关重要，审核员在描述审核发现时，需要尽可能还原现场，让没有去过现场的人员能够通过现场描述判断此条款的风险等级。而一些没有经验的人员，现场审核发现通常不能很好地还原现场。下面我们来看看关于审核发现描述的几个场景案例（见表 3－9）。

表 3－9　不同审核发现描述对比

主题	不好的审核发现描述	良好的审核发现描述
虫害	在车间发现苍蝇若干	在内包装间的 F03 捕蝇灯的粘板上发现有苍蝇超过 5 只及蛾蠓若干，审核时发现有苍蝇飞过。粘板上次更换为 2 天前，操作员工表示粘板由第三方更换，其并不清楚有苍蝇该如何反馈
个人卫生	员工进入车间没有洗手	审核时发现有 1 位员工进入生产车间没有洗手，通过监控查看，在早班进入车间时，有 20%左右的员工没有洗手
CCP	现场发现金探失效	现场使用三个校准模块校准金探机时，发现使用 SUS2.0mm 测试时没有报警，企业没有启动纠正措施。现场查看监控记录，员工提前 1 小时填写好记录

通过以上案例不能还原现场的描述，将很难判断风险。而良好的描述，能让阅读报告的人员清楚了解现场的情况。良好的审核发现是企业进行整改的基础工作，而笼统的审核发现描述，企业在后期整改时无法进行细致的原因分析和制订有效的整改措施。

（三）审核后跟进

供应商审核的不符合项跟进中，不少企业由于缺乏相应的资源支持，出现“重审核、轻跟进”的情况。供应商审核不符合项的整改跟进，很多时候是让供应商填写了整改证据，但是对于整改证据是否有效缺少评审。最熟悉不符合项情况的是审核员，建议企业提供的不符合项整改证据由当时的审核员来进行评审关闭，效果会更好。

第四节 产品检验

一、产品检验

ISO 9000：2015 中的产品检验，可以简单概述为：查明产品的一个或多个特性及特性值是否符合规定要求的活动。

食品检验则可以描述为：对食品的一个或多个感官指标、理化指标、微生物指标进行观察、测量、试验，并将结果和标准或规定的要求进行比较，以确定每项食品安全和质量特性合格情况的技术性检查活动①。

在供应商的食品安全和质量管理上，通过制订、实施合理的产品检验方案，利用有效的内部和外检测，将食品检验与企业的新品开发、新供应商准入、供应商绩效管理等企业管理活动相结合，能有效提升企业的食品安全和质量水平。

随着社会的发展，企业和政府主管部门在食品安全和质量的管理上对检测时效性的要求越来迫切，在科技快速进步的加持下，各种自动化、智能化甚至无损的快速检验方法和设备将更多地服务于食品安全和质量管理。

（一）内部检验

1. 概述

内部检验一般指企业单独完成全要素检验的产品检验方式，是最传统和基础的产品质量管理工具。

食品生产企业的内部检验主要是对成品、半成品、原料、食品接触面等进行检验。为了便于管理，一般在工厂内部或原料接收的地点设立有化验室，根据新修订的食品安全法，也可以委托检验而不设立化验室。

内部检验在供应商食品安全和质量管理中，主要用于原料的来料检验，也用于新供应商准入时对样品的质量评估和新品开发时确定原料的质量指标。因为后一个场景相对简单，此处不再展开，以下内容主要为原料的来料检验，也称原料验收。

原料验收是原料到达企业后质量管理的第一关，虽然根据食品安全法，食品生产和经营者必须做到原料的查验，但原料验收工作占质量管理的比重往往与原料供应商和企业的质量管理水平及成熟度呈现负相关关系，特别对于还处于质量管理初级阶段的企业，对外部检验的重视程度或比重很小甚至没有，原料到货的来料检验就是原料质量管理的全部，因此原料验收从高层到一线、从采购到生产的各个层级和部门都高度重视。

---

① 郭元新．食品安全与质量管理［M］．北京：中国纺织出版社，2020.

2. 原料验收的流程

原料验收的主要步骤如图 3－6 所示，主要为以下 3 步。

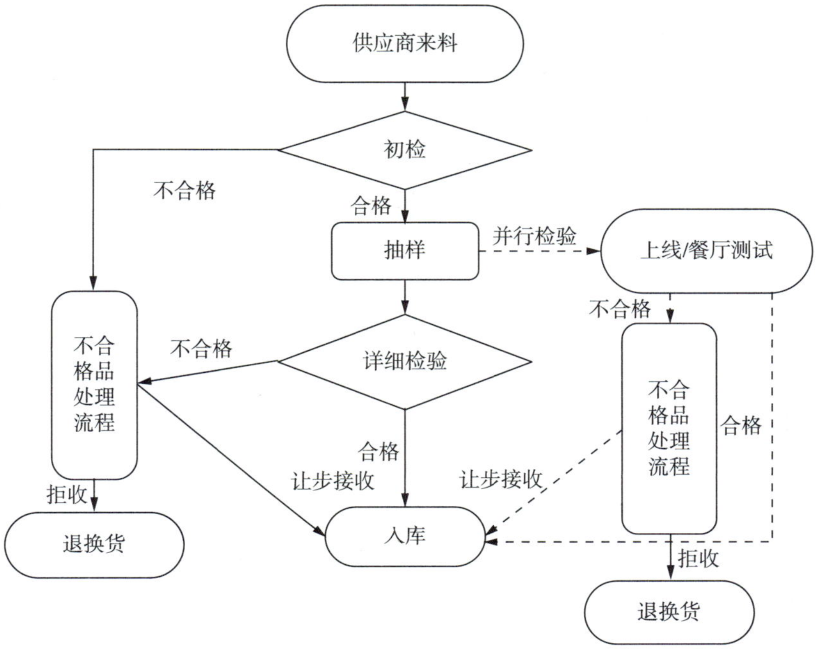

图 3－6　原料验收流程图（示意）

注：虚线表示非必须项

（1）到货初步验收

查验到货产品名称与订货单是否相符、原料生产商及供应商是否来自合格供应商名单、有温度要求的产品的温度是否合格、原料保质期是否符合最低允收期、票据和产品合格证明（CoA）是否齐全。其中，原料验收中的“索证索票”是法律法规要求。

常见的产品合格证明见表 3－10 所列，更详细的需要根据国家及属地法律法规及企业的要求适时调整。

表 3－10　产品合格证明

类别	产品合格证明
预包装食品	产品第三方检验报告（定期）、产品出厂/批次检验报告
进口食品	出入境检验检疫证明
食用农产品-畜禽产品	动物检疫合格证明（猪产品有非洲猪瘟病毒检测阴性备注） 肉品品质检验合格证（施行定点屠宰的畜禽产品）
食用农产品-非畜禽产品	产品第三方检验报告（定期）、产品出厂/批次检验报告或承诺达标合格证

（2）抽样及详细检验

根据原料验收标准或验收规范、抽样方案对到货原料进行抽样和检验。根据原料特点和供应商食品安全管理水平，不同公司抽检方案和原料验收的查验内容有一定差异。比如多数纯预包装食品销售的企业甚至不设立专职验收岗位，除索证索票检查、最低允收期/保质期检查、外观破损外污染等简单检查外，不做其他检验。

而食品工厂及大多数餐饮均设有原料验收岗位，并配备一定数量的原料验收人员对到货的原料按原料验收标准及相应的规章制度进行详细的验收。检验的项目除感官外，对于食品安全高风险原料和部分核心大宗原料的安全和质量指标还会用快速检测仪等实验室设备进行理化、微生物项目的检测，如乳制品厂鲜奶原料的蛋白质含量、脂肪含量、微生物及三聚氰胺检测；水果蔬菜的药残快检、猪/牛/羊肉的瘦肉精快检等。对于核心和重要新原料的验收，除进行接收现场的原料检查外，最好再用实验室模拟、小批试生产、餐厅测试等方式做验证式检验。

（3）入库及不合格品的处理

对于验收合格的原料入库并做好相关记录。验收不合格的，根据不合格品处理流程做拒收或让步接收处理。

3. 原料检验的关键点

（1）制定适宜的原料标准的原则

① 食品安全指标要符合法律法规要求。

② 质量指标全面，不遗漏关键指标，能尽可能多地涵盖影响加工及最终产品质量的因素。

③ 质量指标全面程度及检验方法复杂程度，可结合原料行业整体质量水平及原料重要程度适度差异化。

④ 质量指标能满足加工需求，偏差或缺陷能通过加工消除或弥补，而不影响顾客满意度。

⑤ 检测方法优先选用行业、供应商常用的方法。

⑥ 核心及重要原料之外原料的检测方法优选无损检测方法。

⑦ 质量指标和检测方法匹配原料特性、行业和供应商整体质量水平，可由供应商提供，企业再评估调整。

⑧ 检测方法具有可重复性，操作简单且时效性高，与检验人员和仪器设备的能力相匹配。

⑨ 原料标准的编写研发、采购、质量管理由多部门参与，以平衡质量、验收效率、成本，避免走极端。

（2）制订合理的检验方案①

检验方案是指检验的覆盖面，包括全检和抽检。

1. 全检

全检即全数检验，适用于下列情况：

① 检验项目非常重要，如果不良情况会有致命影响，而且不良的可能性比较大。

---

① 苏铁军，温华玲．全面物料质量管理［M］．北京：机械工业出版社，2013.

② 批量小，具备全数检验的可行性。

③ 检验项目实施简单，检验工作量能够承受。

2. 抽检

为了提高检验效率，平衡成本与代表性，抽样检验应用很广泛，适用于下列情况：

（1）检验项目具有破坏性，不适合全检。例如，冷冻南北白对虾包冰率。

（2）可以接受一定数量的不良品。

（3）批量大，不适合全检。

（4）全检成本过高。

抽样的方案根据基于概率论和数理统计的科学抽样方法，这方面的标准是《食品抽样检验通用导则》（GB/T 30642）、《计数抽样检验程序　第1部分：按接纳质量限（AQL）检索的逐批检验抽样计划》（GB/T 2828.1）和《周期检验计数抽样程序及表（适用于对过程稳定性的检验）》（GB 2829）。

抽检方案可以分成下面几种情况：

（1）正常检验：按照标准抽样。

（2）加严检验：比标准抽样加严一档次，出现验收不合格情况后后续到货批次的抽样。

（3）放宽检验：比标准抽样放宽一档次，对于质量稳定原料或质量管理水平高的供应商的原料。

抽样方案要根据来料的质量情况进行动态调整。例如在一定时间内如果没有不良，则该检验项目的抽样方案就可以放宽一个档次，由加严检验转为正常检验，或者由正常检验转为放宽检验，反之亦然（见图3-7）。

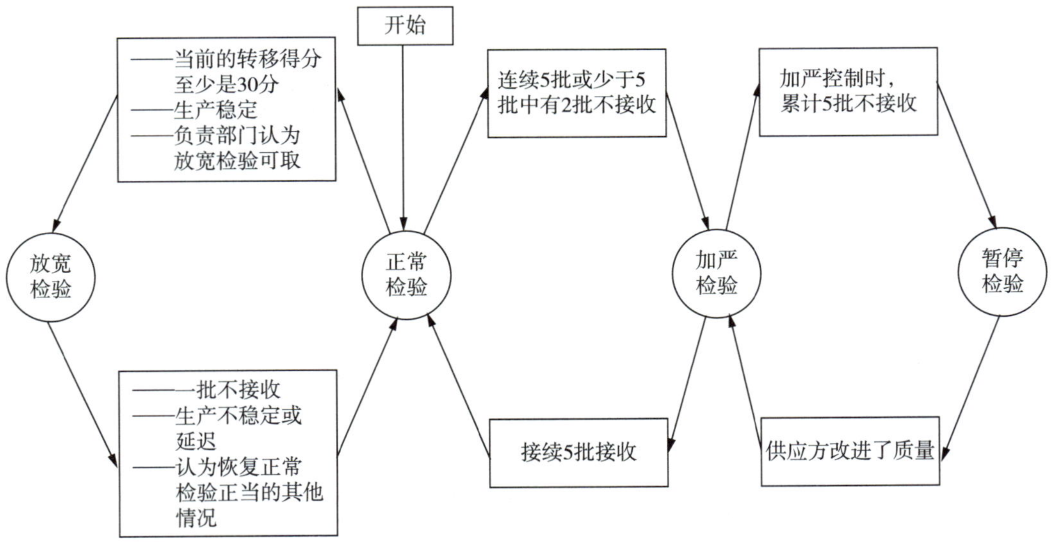

图3-7　转移规则简图

原料验收的关键点是提高检验效率和保证检验质量。最佳途径是做好供应商质量管理，通过提高供应商食品安全和质量管理能力，保证原料质量，降低对原料验收的依赖，扩大并最终实现免检。

(3) 检验人员能力及快检的校准

原料质量是否符合标准，并不完全是靠仪器测定出来的，需要依靠检验人员的感官判断，这就需要检验人员具备足够的经验、敏感度和判断能力，这些是经过培训和考核并在每次的重复检验过程中逐渐积累起来的，所以请充分尊重化验人员对于原料质量的判定结果。另外需对检验人员应用的选拔、培训、考核建立制度或机制，如果是化验室人员最好有职业证书并至少做到年度校准。对于使用非国家食品安全标准或国家监督检查用标准的快检，需要做好校验及使用与国家食品安全标准中检测标准规定方法的对比校准。

(4) 检验结果的扩展应用

① 日常反馈：根据验收不合格事件发生频率及项目的严重程度制定不同的跟进措施，对于偶发一般性指标不合格的，将信息反馈供应商，由供应商调查原因并提供整改报告。

连续出现、一个月内多次出现一般质量指标不合格情况或出现严重食品安全类不合格情况，可以采取暂停供货、飞行检查、专项检查等方式，督促和协助供应商进行质量改进。

② 定期管理：根据原料的重要程度和供应商定位，每月、每季度、每半年至每年汇总一次原料验收信息，通过会议、座谈等形式，与供应商回顾供应商原料质量状况，评估供应商改进进度和改进效果。

③ 绩效考核：对验收结果进行汇总统计，纳入绩效考核。根据成绩，做出如增加份额、公开表扬、减少份额、停供整改直至淘汰等的实质性奖惩，鼓励和督促供应商提升食品安全和质量管理水平。

(二) 外部检验

1. 概述

一般指将产品检验委托给第三方的产品检验方式，也叫委托检验。

国家法律法规中规定的可以承接委托检验业务的机构，主要是指获得国家认证认可监督管理委员会等政府主管部门及其认可机构认可的检测机构，一般简称第三方检测机构。第三方检测机构的资质证书目前为《检验检测机构资质认定证书》和《中国合格评定国家认可委员会实验室认可证书》，两个证书以下分别简称 CMA 证书和 CNAS 证书。

另一类是在特定条件下使用的有检测能力但未取得 CMA 或 CNAS 证书的实验室。国内主要是科研院所、大学等主要用于科研和教学目的实验室。当然，如果这些实验室也取得了上述证书，则属于第三方检测机构。

外检在供应商食品安全和质量管理中，主要用于食品安全和质量高风险原料及供应商的风险监控管理，也用于对部分原料、食品相关产品（如包装、消毒剂）的质量及安全指标的符合性验证。

2. 外检的实施

(1) 制订检测方案

对于原料检验方案的制订，除非法律法规、顾客或企业实施的食品安全和质量体系有明确的要求，应本着科学、严谨的目标，企业在考虑自身实际需求和资源后，建立在风险评估和脆弱性分析的基础上进行。

① 原料及检测项目的选择

食品安全风险评估和脆弱性分析

通过风险评估和脆弱性分析，对原料进行风险等级划分，同时找出危害及掺假因子作为检测项目。

食品安全风险评估和脆弱性分析常用信息源：

a. 内部信息和数据：历史检测数据、顾客投诉和内部质量反馈信息。

b. 外部信息和数据：各级（主要国家和省级）市场监管和农业主管部门公布的抽检结果；国家及各级市场监督和农业主管部门年度抽检计划及细则；各级政府涉及食品安全管理的农业、市场监管等部门关于食品及食用农场专项整治公告；《食品中可能违法添加的非食用物质和易滥用的食品添加剂名单》及市场监督管理局、农业农村部公布的禁用农药、兽药和化学品名单；国家食品安全评估中心公布的《食源性疾病预防指南》；食品安全国家标准通用及产品标准。

c. 在检测项目中，食品安全国家标准《食品国家安全标准食品中农药最大残留限量》（GB 2763）和《食品国家安全标准食品中兽药最大残留限量》（GB 31650）涉及的检测项目较多，风险评估难度较高，要配合国家及各级年度抽检计划及细则、各级（主要为国家和省级）市场监管部门公布的抽检结果及企业历史检测数据等多信息源综合使用。

根据该原料及检测项目对于最终成品食品安全和质量的影响程度：如年度采购或使用数量/金额、产品中的添加量、不合格后损失等将原料及检测项目重要程度分为“关键”“重要”“一般”。

② 标准及方法的选择

确定拟检测的原料和相应的检测项目后，匹配相应的判定标准和检测标准。

选择原则如下：

a. 检测项目及其检测方法有两种情况，一种是目前的技术可测量的（如 GB 2762《食品安全国家标准食品中污染物限量》中的项目），一种是不可测量的（如食品中可能违法添加的非食用物质和易滥用的食品添加剂名单中的工业碱、工业硫黄等）。对于不可测量部分，如最后总体评估后仍需要管控，则通过其他方法进行管控。

b. 国家食品安全标准中的检测项目已明确检测标准和方法的，遵照执行。

c. 国家食品安全标准中的检测项目未规定检测标准和方法的（如 GB 31650《食品国家安全标准食品中兽药最大残留限量》），则需要综合评估，建议的顺序为国家及省级市场监督和农业主管部门年度抽检细则、国家食品安全标准、推荐性国家标准、行业或团体标准的一般顺序。

d. 对于个别涉及食品安全和真实性的高风险检测项目，且国家、行业或团体均无标准的，也可评估后采用国外或权威科研机构的检测方法，但要关注其特异性、灵敏度、假阳性/隐性、检出限等关键指标。

e. 选择的标准适用的种类，要与原料的种类相符合，避免引用错误的标准。

③ 制订抽检方案

完整的抽检方案包括：原料名称、检测项目（或及风险等级）、检测限值、检测标准、抽样方法（主要指采样）、样品数量、样品个数、检测频率等检验要素的要求，也包括配套的取样方法、送样流程及操作规范等规定。

制订抽检方案的原则及注意事项为：

a. 样品数量要满足检测方法中规定的关于最小数量和复检的需求。

b. 取有原始包装且完整标签信息全面的最小售卖单位。

c. 选择还未投入使用的批次，并在出结果前封存为最佳，避免不合格后造成更大的损失。

d. 采样个数及每次取样位置，结合企业实际情况，参照内部检验方案的原则制订。

e. 检测频率方面，在企业成本可接受情况下，对风险评估和脆弱性分析的结果为中高的所有供应商的所有原料，其所有检测项目均要进行至少每年一次的检测为最佳。考虑企业成本，除原料的风险等级外，综合原料的重要程度、供应商质量管理水平（可以采用综合绩效或日常质量表现）高低，采取不同的检测频率，将资源向关键、高风险、供应商管理水平低的原料倾斜。

f. 当法律法规、供应商、原料生产工艺等发生重大改变时，需要进行风险评估，并调整抽样方案。

g. 方案应规定或与不合格品处理制度流程相通，以及时处理检测不合格的原料。

h. 检测结果须纳入供应商日常管理制度，对出现不合格情况的供应商进行处理和考核。

（2）选择合适的检测机构

为能将外部检验落实到位，需要选择一个合适的第三方检测机构，有以下注意事项应重点考虑。

① 第三方检测机构资质：营业执照、资质证书。查验真实性和有效期。索取并通过国家市场监督管理局官方网站及第三方企业信用查询网站、国家认证认可委员会等网站核验真实性和行政处罚等情况。

② 第三方检测机构检测项目：委托检验机构检测的项目在认证范围并在有效期限内。

③ 选择可信度高的检测机构：通过咨询当地市场监管局、同行及检测机构服务或服务过的企业等进行背景调查，优先选择业内知名度高、口碑较好的检测机构，目前国际性品牌、国家公布的具有食品复检资格的检测机构可信度一般较高。

④ 实验室实地考察：查看实验室从样品储存、前处理到检测全环节、全过程的仪器设备配置、流程布局、人员配备等情况；查看拟委托检验产品及检测项目的操作和各项培训、操作制度的执行情况。如能建立第三方准入制度及标准和组织检测项目的实验室能力验证则更佳。

⑤ 签署合同或协议：长期合作的，建议签订正式合同和协议，约定双方的权利和义务，而不只是每次检测的委托检验单，更利于长期合作和后期管理。

⑥ 用于宣传等或向社会出具有证明作用的检测报告，应选择第三方检测机构并出

具有判定结果有并带有 CMA 和/或 CNAS 标志的检测报告。如媒体广告、网络销售/外卖平台展示等。

⑦ 不合格结果涉及供应商经济赔偿的，除非合同约定，应选择第三方检测机构并出具有判定结果并带有 CMA 和/或 CNAS 标志的检测报告。

⑧ 食品安全或关键质量指标无国家认可的标准（含判定标准和检测标准）时，可以选择无检测认证资质的实验室或有能力但未获得该检测项目认证的第三方检测机构。选择无资质实验室时，最好选择行业内权威研究机构的实验室。如鉴定野生菌干片的品种时可以选择野生菌品种权威研究机构的实验室。

二、快速检测

（一）快速检测的意义

随着经济全球化的发展，企业越来越依赖于复杂的供应链网络，而供应商恰恰是供应链的重要环节，建立健全供应商管理体系也是企业战略的一部分。企业需要配置足够的资源确保供应商管理的有效实施，同时也需要确保有足够的检测能力。企业对供应商质量进行控制，需要管理监测进货检验、生产过程和现场品质控制等环节。快速检测方法可以缩短检测时间，实现进货检验时对原料加速放行，提高企业的生产效率；同样的，快速检测过程样品结果也可帮助企业对出现的质量问题进行快速纠偏。

2023 年 1 月 29 日，市场监管总局发布了《关于规范食品快速检测使用的意见》，意见表示，市场监管部门在日常监管、专项整治、活动保障等现场检查工作中，依法使用国家规定的食品快检方法开展抽查检测。对供应商的产品进行抽样，用通过符合性评价或获得认证的食品快检产品，开展食品安全检测项目，真实客观地记录检测信息，及时公布检测结果，提高广大人民群众对监管部门的信任度，从源头捍卫食品安全，及时预警食品安全风险。

面对监管部门的执法力度，企业严格加强供应商审核，那么供应商又该做些什么呢？2021 年修订版的《中华人民共和国食品安全法》中已经提到，食品生产经营者应当建立健全食品安全自查制度，定期对食品安全状况进行检查评价。早在 2006 年 7 月 1 日实施的《食品安全管理体系食品链中各类组织的要求》（GB/T 22000—2006/ISO 22000：2005）也提到，组织应提供证据表明采用的监视、测量方法和设备是适宜的，以确保监视程序的成效。为确保结果有效，必要时，所使用的测量设备和方法应对照能溯源到国际或国家标准的测量标准。供应商的质量保证能力作为企业对供应商审核的条件之一，要求供应商需要不断提升产品质量、检测技术以及建立完善的制度。快速检测方法的使用恰好满足了供应商对于产品自查的需求，快速得到结果后可以降低库存压力，对于不合格品也可以及时处置，提示风险，便于及时改进、提高食品安全水平。

（二）常见食品快速检测方法的分类

常规的食品安全检测包括微生物检测和理化检测。传统的微生物检测方法操作比较复杂，诸如致病菌检测通常需要两次甚至三次培养，用时较长，且前期准备和后期清洗消毒的工作量大。当需要检测大量产品时，容易造成交叉污染，导致降低检测效率。传统的理化检测方法对于设备使用、样品制备都提出了较高的要求，操作复杂。随着微生物培养技术的不断发展，越来越多的微生物检测项目可以通过快速检测方法来实现。这其中就包括纸片法、分子检测方法和生物荧光检测法等。理化的快速检测方法包括酶联免疫吸附方法、胶体金免疫层析方法等。

1. 纸片法

纸片法是一种方便快捷的微生物快速检测方法。其本质是一种商用即用型培养基，以 Petrifilm™为典型代表，通过多层涂布技术将混有冷水可溶性凝胶和特定的微生物菌落指示剂的培养基固定于纸片上。当进行微生物检测时，只需将特定稀释度的待测样品接种到测试纸片的培养区域中，冷水可溶性凝胶可在常温下遇水溶解，短时间静置后便可形成透明的凝胶。将测试纸片置于特定的温度下培养一定时间后，显色技术将会使微生物呈现出可见的菌落，方便计数。

纸片法适用于多种微生物检测项目，包括一些常见的指示菌项目，如菌落总数、大肠菌群、肠杆菌科、大肠埃希氏菌、霉菌酵母、乳酸菌等。以菌落总数为例，传统的菌落总数检测方法需要用到平板计数琼脂，培养时间通常为 48 小时；菌落总数测试纸片的培养时间可低至 24 小时，使用时需参考产品的验证资料，以确定培养温度和时间。此外，纸片法在大肠菌群、肠杆菌科、霉菌酵母的应用大大地节省了检测时间（见表 3－11）。

表 3－11　纸片法与传统方法的测试时间比较

测试时间	传统方法	纸片法（Petrifilm™）
菌落总数	48 小时	24 小时
大肠菌群	2～3 天	24 小时
肠杆菌科	3～5 天	24 小时
霉菌酵母	5 天	24 小时或 48 小时

测试纸片法的应用范围非常广泛，不仅可用于食品饮料等样品中的微生物测定，还可测定环境样品中的微生物。结合使用相应的环境采样工具，测试纸片可直接用于环境样品的监测。有些测试纸片水化后也可用于空气沉降菌的测定，还可直接贴附环境表面进行采样。随着食品企业对微生物快检技术需求的增多，相信测试纸片的应用会越来越普遍。

2. 分子法

近年来，食品安全事件的频繁发生给人们带来了巨大的痛苦和损失。究其原因，主要是食源性致病菌导致的食品污染事件和食源性疾病的爆发。食源性致病菌分布广泛，一旦污染食品生产线和终产品，可能会导致严重的安全事故、经济损失和品牌信誉受损。因此，食品加工环境和产品中的致病菌检测尤为重要。传统的致病菌检测方法耗时耗力，且灵敏度低，而基于生物分子进行检测的方法（见图 3－8）具有检测快速、灵敏度高、特异性强等特点。

（a）　　　　　　　　（b）

图 3-8　分子检测系统商业化解决方案

（a）3M 分子检测系统；（b）NeogenANSR 致病菌检测系统

聚合酶链式反应（PCR）是一种快速扩增特定目标基因（DNA）片段的技术，可在短时间内获得数以百万计的目标片段。通过对致病菌特异性片段的扩增和检测，PCR 技术可用于食品行业致病菌的快速检测。传统的 PCR 技术一次只能检测一种致病菌，因此食品行业中常用的商业化 PCR 解决方案是多重 PCR 或实时荧光定量 PCR，做到了对多种致病菌进行同时检测。然而，PCR 技术的设备昂贵，维护成本高，操作复杂，并且扩增体系所使用酶的活性容易受到食品基质的干扰和抑制，对检验人员的技术水平要求也较高。

等温扩增技术是一种在恒定温度下对目标片段进行连续扩增的技术，相比于 PCR 技术，具有扩增迅速、灵敏度高、特异性强、设备价格便宜、操作简便等优点。等温扩增技术又可分为环介导等温扩增（Loop - mediated isothermal am plification，LAMP）技术和切口酶核酸恒温扩增（Nicking enzyme mediated amplification，NEMA）技术等。

3. 实时光电法

微生物在生长繁殖过程中需要进行一系列的生理代谢反应。营养物质经过多种酶的催化后产生能量供细胞使用，同时生成的废弃物，如二氧化碳，会自由扩散到细胞外部。在实时光电法中，微生物在培养模块中进行生长代谢，产生的二氧化碳扩散到检测模块中，与专用的显色染料结合后，染料会出现颜色变化。该颜色变化通过设备的光电检测模块实时读数，判断测试瓶中是否有新产生的二氧化碳，从而推断出是否有微生物进行代谢活动（见图 3-9）。

实时光电法通过检测代谢产物的变化从而判断样品中的微生物情况，同时整合了微生物培养模块与检测模块。因此只要样品中有微生物在培养模块中进行了生长代谢，其产生的二氧化碳就会被检测模块捕获，产生颜色变化，随后被光电模块实时检测得到结果。因此，相比于传统的平板方法，实时光电法不需要等待微生物形成菌落就可以进行检测，将最长检测时间从 5～12 天缩短到 48～72 小时，可以针对供应商原辅料中指示菌和腐败菌进行快速放行测试，快速流转库存。同时，边培养、边检测可以实时监控结果，做到阳性样品早期预警，配合软件及电子邮件系统可以及时通报异常样品结果，让企业可以更快地对供应商提供的原辅料的质量进行合理判断。

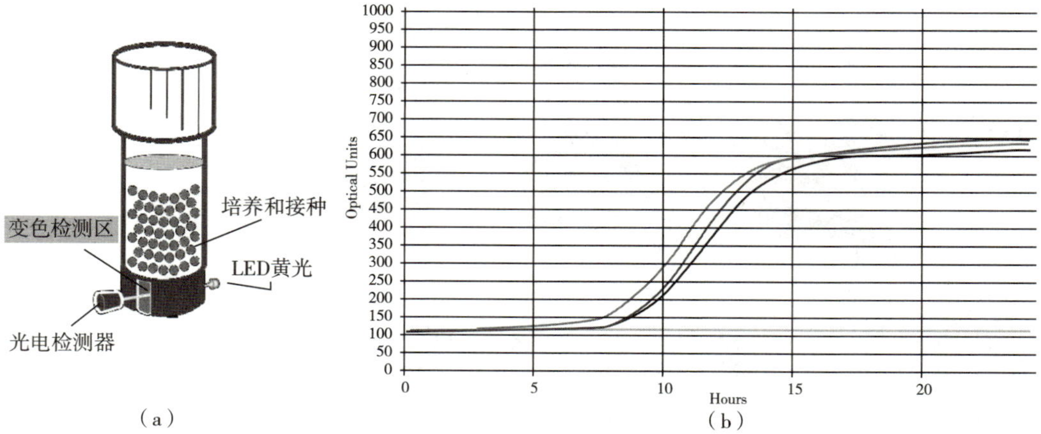

（a）　　　　　　　　　　　　　　　　（b）

图 3-9　实时光电法检测原理示意图（a）和吸光度值与时间的相关示意图（b）

微生物代谢产生的二氧化碳在水中溶解产生碳酸后，与检测模块的显色染料产生结合反应，使得染料的结构发生变化，从而导致吸光度值改变。而吸光度值可以使用检测模块中配合特定波长的 LED 灯实现精确测量，使得设备可以检测到细微的颜色变化（见图 3-10）。因此，即使微生物的繁殖速度较慢，或仅进行新陈代谢，实时光电法依然可以通过吸光度值的细微变化推断出其中微生物的生长。

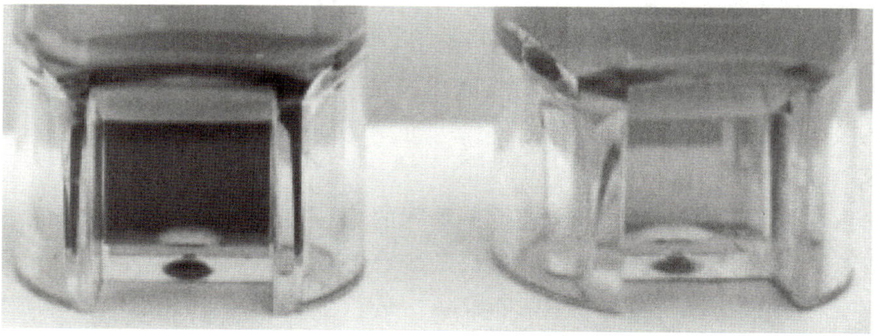

（a）未使用测试瓶（绿色）　　　　（b）阳性测试瓶（黄色）

图 3-10　检测模块颜色变化

实时光电法检测染料吸光度值与培养基的种类没有关系。因此，搭配不同的选择性培养基，抑制其他微生物或促进目标微生物生长，就可以实现针对特定目标微生物的检测。因此现有实时光电法的设备模块均具备一定的通用性，可以作为检测平台，做到一台设备满足企业的多种检测需求。

该方法目前主要进行定性检测和半定量检测，在微生物的种类和丰度稳定的情况下可以进行定量检测。

4. ATP 方法

商业无菌（Commercial Sterility）指的是食品经热杀菌后不含有致病微生物，也不含有在通常温度下能繁殖的非致病性微生物的状态。我国现行的商业无菌检测方法标准为《食品安全国家标准　食品微生物学检验　商业无菌检验》(GB 4789.26)。传统的商业无菌检验方法需要10天的保温过程，以使可能存在的残存微生物出现明显的增殖（百倍以上），并且足以造成产品有明显的感官变化和pH值变化（0.5以上）。这无疑增加了产品的库存压力，也缩短了商业无菌产品的有效货架期。同时，并不是所有的微生物都能造成感官的变化和pH值的变化，传统的检测方法有可能造成漏检。

三磷酸腺苷（ATP）是细胞活动的直接能量来源，不管是细菌、霉菌，还是酵母菌，其活细胞中都含有大量的ATP。ATP商业无菌检测技术就是通过检测微生物细胞中的ATP含量来判断微生物是否存在，是一种十分高效的商业无菌检测技术。食品样品中非游离的ATP含量越高，则说明微生物的含量越高。此外，ATP可被荧光素酶利用，使荧光素发光；而光信号的强度又与ATP的含量直接相关。因此，利用食品样品中微生物细胞内的ATP使荧光素发光，通过测定光信号的强度变化就可以间接指示微生物是否存在。该技术比传统方法更为敏感，只需要2～3天的保温就可上机检测，因此可大大缩短检测的时间，提高产品的放行效率。

5. 酶联免疫吸附测试（ELISA）

ELISA（Enzyme Linked Immunosorbent Assay，酶联免疫吸附测试）是将可溶性抗原/抗体吸附到固相载体表面，并保持其免疫活性，这样在与样品中的抗体/抗原反应后，只需要经过固相洗涤，就可以使抗原抗体复合物与其他物质分离，从而大大简化操作步骤。作为一种快速发展的免疫标记技术，ELISA技术目前被广泛应用于食品安全快速检测的各个领域。

ELISA方法中有3种必要的试剂：①包被于固相载体上的抗原或抗体；②酶标记的抗原或抗体；③酶作用的底物。根据试剂的来源、样品的性状以及检测所需要的条件，可设计出各种不同类型的检测方法，如双抗体夹心法、间接法、竞争法和捕获法等[①]。

双抗体夹心法（Sandwich ELISA）又称三明治夹心法，常用于测定大分子及颗粒多价抗原[②]。如图3-13所示，将已知抗体A包被于固相载体上，加入含有相应抗原的待测样品与之结合，形成固相抗体A-抗原复合物。孵育后进行洗涤，随后加入酶标抗体B，形成固相抗体A-抗原-酶标抗体B夹心式复合物，此时，固相载体上带有的酶量与样品中待测抗原的量成正比。再次洗涤后加入底物，夹心式复合物中的酶能催化底物生成有色产物，颜色的深度与待测抗原的量成正比。此时，使用酶标仪测定各微孔的光密度值（OD值），通过计算即可得到样品中待测抗原的含量。一般情况下，将第一次包被用的抗体A称为捕获抗体，后面使用的酶标抗体B称为检测抗体，二者可以相同，也可不同，一般要求抗体A的特异性要高于抗体B。

---

① 宋宏新．食品免疫学［M］．北京：中国轻工业出版社，2009.

② Jayasena S，Smits M，Fiechter D，et al. Comparison of Six Commercial ELISA Kits for Their Specificity and Sensitivity in Detecting Different Major Peanut Allergens［J］. Journal of Agricultural & Food Chemistry，2015，63 (6)：1849-1855.

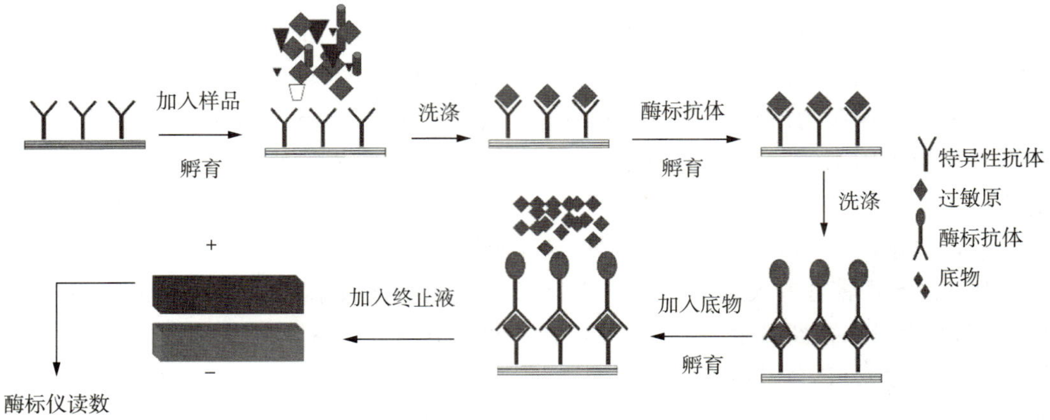

图 3-13 双抗体夹心法 ELISA 原理示意图

竞争法（Competing ELISA）主要用于抗原和半抗原的定量测定，也可用于抗体的测定，目前主要用于测定小分子抗原，如果是检测抗原的话，一般使用被酶标记的抗原，通过待检样品中的抗原与酶标抗原对抗体的竞争结合来测定。如果样品中不含对应的抗原，抗体的特异性结合位点会全部被酶标抗原占据，并在显色步骤中表现出明显的显色反应；而如果样品中含有一定量的抗原，那么这些抗原就会和酶标抗原竞争抗体的结合位点，从而导致显色反应变弱，甚至不显色。因此，微孔颜色越深表明抗原含量越低，颜色越浅表明抗原含量越高，竞争法 ELISA 原理如图 3-12 所示，EIISA 试剂盒如图 3-13 所示。

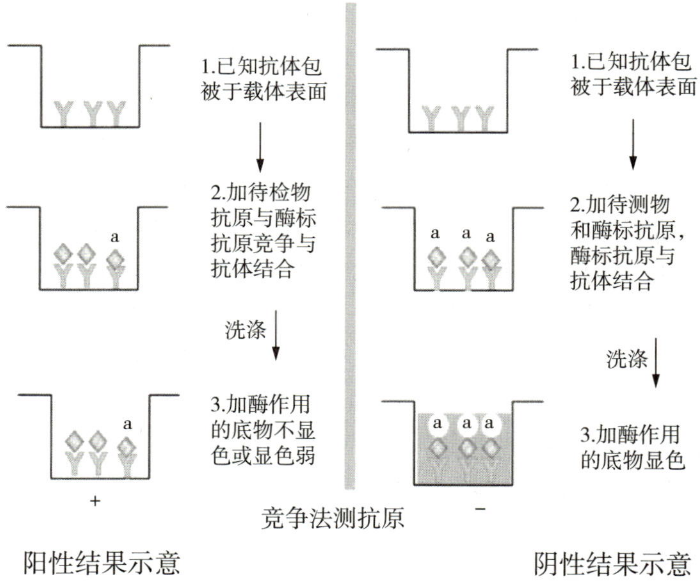

图 3-12 竞争法 ELISA 原理示意图

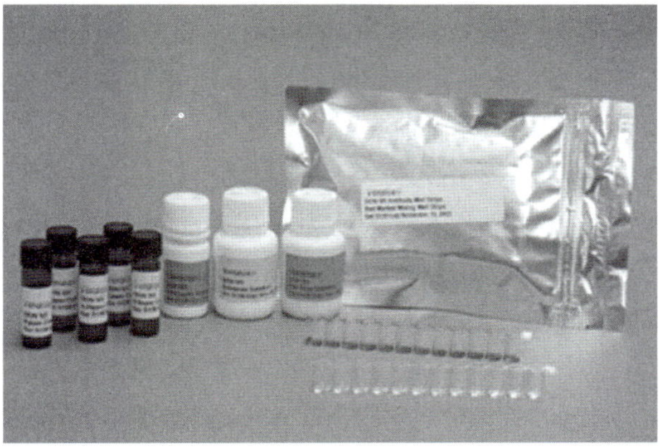

图 3－13　纽勤 Veratox 真菌毒素 ELISA 试剂盒

6. 胶体金免疫层析法（GICA）

免疫胶体金标记技术（Immunogold labelling technique，ILT）是继酶免疫标记、放射性免疫标记和荧光免疫标记之后又一较为成熟的新型免疫标记技术，它以胶体金（Colloidal gold）作为示踪标记物，广泛应用于抗原-抗体检测领域。

胶体金是氯金酸（$HAuCl_4$）在还原剂的作用下聚合成一定大小的金颗粒，并因静电作用而形成的一种带负电的疏水胶溶液。胶体金在弱碱环境下带负电荷，可与蛋白质分子的正电荷基团进行静电结合，不会影响蛋白质的生物特性[①]。免疫胶体金标记技术主要利用了金颗粒具有高电子密度的特点，金标蛋白结合物在显微镜下为黑褐色颗粒，当它们在相应的配体处大量聚集时，肉眼可见红色或粉红色斑点，因而可用于定性或半定量的快速免疫检测。

胶体金免疫层析法（Colloidal gold immunochromatography assay，GICA）是将特异性抗原或抗体以条带状固定在膜上，胶体金标记试剂（抗体）吸附在结合垫上，当待测样品加到试纸条一端的样品垫上后，通过毛细作用向前移动，溶解结合垫上的胶体金标记试剂并发生反应，再移动至固定的抗原或抗体的区域时，待测物与金标试剂的结合物又与之发生特异性结合而被截留，聚集在检测带上，从而可通过肉眼观察到显色结果（见图 3－14）。该方法现已发展成为各类诊断试纸条，使用十分方便[②]。

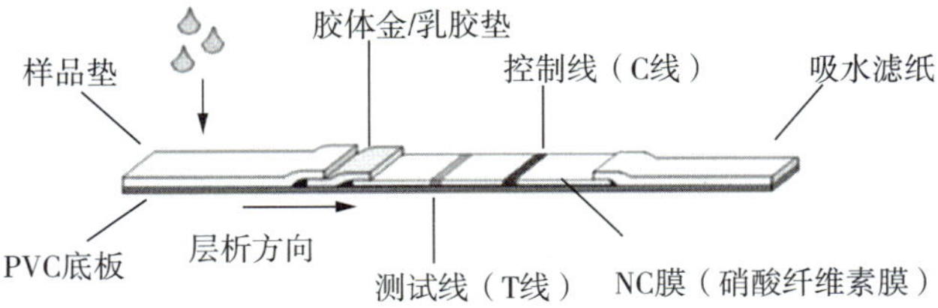

图 3－14　胶体金免疫层析法原理示意图

---

① 孙秀兰，赵晓联，汤坚．单分散性胶体金的制备工艺优化［J］．免疫学杂志，2004，20（2）：151－154.

② 赵红艳．玉米赤霉烯酮胶体金免疫层析试纸条的研制［D］．南京：南京农业大学，2015.

同 ELISA 技术类似，胶体金免疫层析法同样有“双抗体夹心法”和“竞争法”等不同类型。其中“双抗体夹心法”主要用于较大分子量的蛋白抗原的检测，因为大的抗原分子具有多个抗原位点（抗原决定簇），可结合多个抗体。也有个别的检测项目是通过双抗原夹心来检测抗体的，其原理类似。

（三）食品行业快速检测方法中存在的常见问题

食品快速检测技术利用全新的检测原理和方法，实现了快速得到样品结果的目的，是对现有传统方法的有效补充。然而，这些快速检测方法也具有自身的一些局限性和常见的问题。

1. 方法的稳定性

快速检测方法通常需要进行稳定性验证。大部分的快速检测产品为了较短时间内显示结果，通常将检测目标对准特征蛋白或目标的遗传信息，其中使用的抗体或酶容易受到产品基质的干扰，同时分子方法的高灵敏度对于快检试剂的生产也有较高的品控要求。以上方面都会造成假阴性或假阳性的结果，导致检测结果的稳定性不足。因此对于企业来说，选择通用性较强、生产能力过硬的品牌和产品，同时进行前期的实验和测试条件的整理十分必要。

2. 人员能力

由于检测原理的不同，快速检测方法和传统的标准方法之间的操作差异通常较大，需要对检测人员进行培训，企业也需要设置对应的设备管理制度和操作规程等。对于企业来说，复杂的检测流程需要更长的培训周期、更多的设备管理制度和操作细节，不利于使用和维护，同时对于操作人员的能力要求也更高。因此，除了选择更加直观、简单易用且便于维护的产品以外，还需要综合考虑各个设备厂家的综合服务水平和业务水平。

3. 方法的认可

食品快速检测方法还需要关注方法的认证认可体系。快速检测方法通常缺少标准法律支撑，相关体系建设也不健全①。因此，市场监管总局在 2023 年 1 月发布了《市场监管总局关于规范食品快速检测使用的意见》，鼓励市场监管部门采购通过符合性评价或获得认证的食品快检产品。因此，获得国内外的认证认可将成为快检方法在国内广泛使用的一个重要指标。优先选择具有国际认可的检测产品，既有利于企业得到准确结果，迅速决策，又便于监管部门进行审核。同时需要注意，不同的国际认证机构和认证文件的权威性和获取难度也有所不同。以 AOAC（Association of Official Anodytical Chemists）的 PTM（Performance Tested Methods）和 OMA（Official Methods of Analysis）举例：PTM 为方法的可行性验证，仅证明了检测方法按照检测说明书的操作是可行的；而 OMA 为官方分析方法，要求更为严格，除了方法可行性以外还需要进行不同实验室间的结果验证，以确定在不同环境、不同人员和不同样品

① 邓波，楼甜甜，肖嘉，等．丰东升快速检测技术在农产品质量安全监管中的应用现状分析——以上海市为例［J］．农产品质量与安全，2022（3）：50－53＋60.

基质的情况下的适用性。除此之外，法国标准化协会（AFNOR）和 MicroVal 的验证基于 ISO 16140 进行，尤其在欧盟范围内被广泛认可。如果没有以上的认证，则需要参考市场监管总局的《食品快速检测产品符合性评价程序》，在选定的评级机构中进行符合性评价实验，出具评价报告后使用。

（四）食品企业运用快速检测方法的注意事项

所谓快速检测，就是在短时间内，通过快速检测设备、试剂盒或其他方法快速检测出目标物质，并观察其结果是否符合相关标准的规定值。而要想在短时间内得到准确的结果，以下环节值得注意：

1. 方法的稳定性

样品采集是检测中误差来源最大的部分，每一个检测过程都是从采样开始的。样品的采集需要按照规定的相关检验方法或标准规程进行（见图 3-15）。

（1）应注意样品的代表性，以监测总体样品的状况。采用适当的采样工具和采样方式（如使用多层探针设备对谷物原料进行采样），从全批次样品的各部分进行随机性采样。

（2）应注意采样的典型性，根据已掌握的情况有针对性地进行采样。如怀疑某个送检样品已被污染，或者感官上已初步判定出该样品存在问题，则应进行针对性地选择采样。

（3）当检出阳性样品或不合格样品时，应首先考虑采样方法正确与否。必要时联系第三方实验室进行进一步确认。

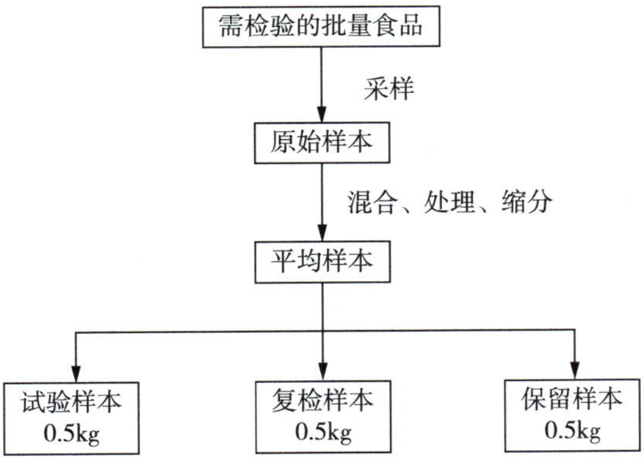

图 3-15　采样基本流程示意图

采样后对样品的预处理非常关键且重要，特别是针对微量有毒有害成分的提取与浓缩，这对提高检测的准确性、灵敏度、减少基质干扰及预防假阳性或假阴性等特别重要。

（1）应注意样品的粒径大小。建议使用粉碎机等设备将颗粒较大的食品样品磨碎，目的是增大样品表面积，有利于待测组分的提取。

（2）提取是使待测组分从样品中溶解出来并与样品中的其他成分进行分离的过程。大多数情况下，快检产品会说明使用何种提取溶剂。

（3）提取物中可能含有一定含量的杂质，如脂肪、杂蛋白质、多糖或其他化合物等，它们也是产生基质干扰的重要来源，因此必须除去。净化、浓缩步骤也是样本前处理的技术难点，一般需要联系快检产品厂家进行技术支持。

2. 人员的能力与检测流程

快速检测操作简便，耗时较少，但检测人员仍然要注意保持良好的操作规范与习惯，避免污染源的带入，影响检测结果。

（1）试剂盒和检测仪器应按照要求进行存放，并注意温度和湿度等条件。

（2）开始检测前应检查待用仪器，防止因故障等无法使用。同时需要检查快检产品内的各组件是否有缺失或污染，避免产生错误的检测结果。

（3）检查操作环境、操作人员、操作工具等，避免交叉污染。

（4）样品前处理完成后应尽快开始测试，同时应严格按照产品说明书进行操作，结果的判读时间与方式等也应严格遵循操作指导，避免由于使用不当而导致错误结果。

（5）对于快检产品，一个很重要的环节就是方法的确认（Verification），因为快检产品是用来衡量某一物质的“标尺”，所以本身要准确，以期保证检测结果的准确性，避免误判、错判，减少因误判、错判带来的经济损失和食品安全问题①。

3. 方法的确认

我国现行国标中的微生物检测方法，多为传统的微生物培养鉴定方法，检测效率低、工作量大，很难满足企业快速放行的需求。相比之下，微生物快检方法可以有效提高食品企业的检测效率。然而，企业在引入快检方法之前，必须要对方法进行相应的确认（Verification），以确保将要使用的快检方法可以满足实验室的要求。比如《饮料生产许可审查细则》（2017 版）第 26 条规定：企业可以使用快速检测方法及设备，但应保证检测结果准确。使用快速检测方法及设备做检验时，应定期与国家标准规定的检验方法比对或者验证②。《企业生产乳制品许可条件审查细则》（2010 版）中规定：企业可以使用经相关部门认定的快速检验设备。但检验结果呈阳性时，应使用食品安全国家标准检验方法进行确认③。

食品微生物检测方法的确认（Verification）可参考多个标准，如《微生物检验方法确认与验证指南》（RB/T033—2020）、《食品微生物检验方法确认技术规范》（SN/T 3266—2012）和《食品链微生物学　方法确认　第 3 部分：在单个实验室中验证参考方法和经过确认的替代方法的协议》（ISO 16140—3：2021）等。这些规范文件中对微生物定性和定量检测方法的确认流程都做了详细的规定和指导。对于定性方法，需要确认的技术参数主要有相对检出水平、灵敏度、包容性和排他性等；对于定量方法，需要确认的技术参数主要有定量限、相对正确度、准确度、包容性和排他性、测量不确定度等。具体实施方法的确认时，实验室还要考虑方法的预期用途，选择合适的食

① 杜柏林，刘敬先，张明．酶联免疫试剂盒与胶体金试纸卡评价方法研究［J］．现代畜牧兽医，2012，（11）：48－50.

② 这里的验证指的是 Verification。

③ 这里的确认指的是 Confirmation。

品基质和种类。测试样品应选择自然污染的样品，如果无法获取足够的自然污染样品，可选用人工污染的样品。

总之，在快检方法引入实验室前，企业一定要通过对快检方法和参考方法进行比较研究的方式，对快检方法的特定参数进行确认，从而证实该方法的适用性。除此之外，企业还应选择通过了多种国内国际认证的方法，如经分析化学家协会（Association of Official Analytical Chemists，AOAC）、法国标准化协会（Association Francaisede Normalisation，AFNOR）等机构验证过的方法或团体标准。

（五）快检设施供应商管理

1. 供应商选择

快检设施供应商选择主要从供应商类型、检测的准确性与稳定性、操作便利性和其他信息几个方面考虑：

（1）供应商类型

目前有快检设施供应商包括贸易商（含生产商的直接代理商）和生产商两类，贸易商是以贸易为主，配备销售和客服人员，往往没有专业的技术人员；生产商通常配备相应的技术团队。在选择快检服务供应商时，优先选择生产商，在未来可以获得更多的技术支持；如果企业在生产商无法覆盖的区域，优先选择生产商的直接代理商。同样是生产商，优先选择资质全面的企业，比如获得 ISO 9001 等相关认证的，其产品质量更有保障。

（2）检测的准确性和稳定性

准确性和稳定性是检测类产品最核心的要求，所以选择产品时需要优先考虑快检产品测试的准确性和稳定性。需要考虑快检产品的方法是否经过严格的验证（Validation），跟参考方法（通常是国标方法）相比，是否更具有一致性。优先选择通过验证的方法的产品，或者使用其他国家相关机构认可、指定的方法。

（3）操作的便利性

相比于传统的检测方法，操作便利性是快检类产品的典型优势；同样的快检产品，操作便利性上也存在差异，比如，同样使用分子法的快检产品，有的检测产品，对于样品处理需要 3～5 步，有的产品只需要 2 步，这不仅可以节约时间，而且通过减少操作步骤能进一步降低操作步骤引入的误差，提高准确率；在人员培训上也更方便。

（4）其他信息

检测试剂作为化学品还应考虑对操作人员的影响，应选择对人员影响更小的产品；另外，随着国家低碳战略的发展，还需要考虑检测废弃物对环境的影响，比如，优先选择含生物荧光剂的产品。相比于化学荧光剂，生物荧光剂对环境的影响更小。

2. 供应商管理

对于快检类产品供应商的期望，更多是其在专业技术上的支持，所以，在供应商管理上可以更多地关注供应商的服务，包括服务能力和水平；在成本上，更多关注价值，而不是单纯的价格。

（1）服务能力和水平

服务能力主要看供应商能否给客户提供必要的培训，包括产品的操作方法，快速检测过程中常见的难点和痛点等；能否分享最新的行业热点和对行业的理解等；能否根据行业的综合需求开发新产品，满足未来发展的需求。

服务水平主要看对客户诉求的响应，当客户出现异常或者需要支持时，能够及时响应，并解决问题。

（2）产品验收与合格率

快检类产品虽然是检测产品，但也属于物料的一种，在到货时，需要做相应的验收，也要按照相应的国家标准查验COA，做必要的性能确认（Verification）等，如购买致病菌测试片时，需要配备阳性质控件和阴性质控件；在购买ATP检测产品时，需要配备阳性标品等；并对快检产品进行结果记录和保留。

（3）成本管理

成本管理是供应商管理的一部分，但是针对快检设施供应商管理，因为对于其检测的准确性和稳定性等有特定的要求，所以不能仅仅关注价格，而需要全面关注综合价值，包括产品能否提升检测效率、能否提供技术支持、能否提供相关培训等，协助客户更好地提升检测管理水平。

3. 供应商保留与淘汰

根据供应商的服务水平与能力、产品验收合格率以及综合成本管理的数据，对快检设施供应商进行评价，根据数据选择保留或淘汰。

第五节　投诉处理

根据《质量管理　顾客满意　组织投诉处理指南》(GB/T 19012—2019)定义，投诉是就产品、服务或投诉处理过程，表达对组织的不满，无论是否明确期望得到答复或解决问题。

投诉是企业评价顾客满意度的重要指标之一，而产品投诉则是客户评估供应商质量表现必不可少的内容，是顾客对企业信赖度与期待度的体现。主流网络销售平台甚至会将消费者的“好评”“差评”等信息形成“口碑”或商品评价展现给消费者，从而直接影响产品的销量。

在互联网发达、自媒体盛行的当下，每次遇到复杂的投诉，企业都需要投入各种资源，一方面要有效地安抚顾客的不满、小心地满足顾客期望；另一方面要调集公司力量快速地进行调查、分析和纠正，防止处理不当发酵成危机。而如果处理妥善不仅令顾客满意，还能增强顾客忠诚和认同感，从而提升企业竞争力。因此，企业不论大小和类型，都会通过建立投诉处理机制或体系，积极高效地解决投诉，使投诉者与组织都满意。另外，企业通过从调查的信息中识别出产生投诉的根本原因，建立纠正和预防措施，从而不断地完善食品安全和质量管理体系。

包括大中型食品生产和连锁餐饮在内的很多企业都有成熟的、包括所有类型和全过程的顾客投诉处理制度、流程及相应的报告和记录。导致顾客投诉的原因很多，在这里我们先抛开投诉在顾客端的处理过程和非供应商原料质量因素的投诉，回归食品供应商质量管理这个主题上，站在企业中一位负责供应商质量管理工作的经理的角度，从信息收集、初步评估、调查分析、纠偏预防、效果评价、持续改善六个方面剖析产品质量投诉处理的过程、原则和注意事项。

一、信息收集

信息收集不仅仅是投诉的起点，更是合规、快速解决投诉的前提。时效性、全面性和准确度，是评价信息收集工作质量的三个核心指标。

供应商质量管理部门和供应商质量管理经理，希望能一次性获得所需的全部信息，但执行中存在想法很理想、现实很残酷的问题，尤其涉及外部投诉时，受直接与顾客沟通人员的专业性、问题的复杂程度、顾客的配合度等制约，尤其涉及消费者时很难要求太高，甚至会因询问内容太繁杂或次数太多引起消费者的不悦，严重时可能把普通投诉演变成危机。例如，在涉及普通消费者的外部投诉的信息收集上，很难要求消费者多角度拍摄高分辨率的照片或视频，也很难要求消费者按食品要求的储存条件把不合格实物完整退回，故收集到的信息比内部投诉更有限。这时作为供应商质量管理人员，就需要与供应商做好沟通或讲清楚原则，在责任判定和原因分析上会存在不足和偏差。但我们要本着以终为始的理念，在供应商管理上做好投诉处理是为了提升顾客尤其消费者的满意度，是为了查漏补缺以持续提升质量管理水平，不能因为未完全确定为其原因导致的投诉而不配合调查，甚至影响投诉的处理和改进。

简单的尤其是质量问题指向明确的投诉，收集信息相对简单，主要包括收集产品名称、生产日期及批号、生产商名称、质量问题描述、发现时间和地点、投诉日期等信息，再加上能体现质量问题的照片即可；而对于严重的投诉，则需要收集更多的信息，而且可能在原因调查和分析中，还需要再进一步多次收集需要的信息。为提升效率，可以建议用 5W2H（Who，What，When，Where，Why，How，How many）这个工具做好信息收集和初步的处理分析。

（一）Who 谁

投诉涉及什么人？主要是投诉的来源及已经知道投诉信息的人员，至少做到能区分是来自消费者的外部投诉还是来自企业的内部投诉。

在企业管理上，令顾客满意和避免发生危机是两个重要的目标，因此，如果是消费者投诉，处理不好更容易演变为危机，此时优先做好消费者端的处理就成为第一要务。其中，有几个特别关注点直接决定了企业后续的解决重点、顺序等策略：

消费者状态及行为：是否情绪激动且有过激行为？是否保存有照片、异物等不合格产品证据？是否将信息已发送到含社交平台在内的媒体？是否已经投诉到市场监督管理局？

投诉信息传播范围：目前已经知道的人和组织，包括企业内部和外部。内部关注的是该知道的人是否已经知道，而不该知道的人如果已经知道则是要了解其知道的详细程度。在餐饮企业或商场等实体门店发生的投诉，还需要关注周围用餐、购物的其他消费者是否已经察觉及其反应，必要时也应进行适当的安抚，如果发现周围有人拍照、录像甚至也直接参与到投诉中时，也要将其纳入投诉处理流程中予以适当处理。

（二）What 何物

投诉什么？也就是被投诉的产品名称及生产日期/批次等。如果是餐饮行业，还需体现菜品名称。如果上报时是已经完成的投诉，还需要说明“损失”。

该信息的意义在于识别原料和供应商，为下一步调查提供足够的信息。

（三）When 何时

投诉是什么时候发生的？投诉发生的时间距离收到投诉信息的时间间隔，会涉及投诉紧急和严重程度的判定。投诉时间距离收到投诉的时间越久，则可能影响的产品和消费者数量越大，紧急程度和严重程度越高。当外部投诉在消费者端还没结束或者在调查分析时，如果判定为批量性或/和食品安全类问题时，这个时间间隔对后续的处理影响尤为巨大。因此，企业内部在处理顾客投诉尤其是消费者外部投诉时，时效尤为关键，必须有一个高效畅通的信息反馈机制和工具。

最好能同时描述清楚投诉处理目前的状态：即处于顾客投诉处理 8 个阶段的哪个阶段。

根据 GB/T 19012，顾客投诉的处理过程是：投诉受理、投诉告知、投诉的初步评估、投诉调查、投诉响应、方案沟通、投诉终止以及贯穿以上 7 个阶段的投诉追踪，对于来自消费者的外部投诉，通常第一个接到投诉的人不是供应商质量管理人员，而是在第 3 阶段初步评估认为可能涉及原料时才会将信息提供给供应商质量管理人员。而部分经验丰富的顾客投诉处理人员，对于类似“退掉不合格产品后顾客即可满意”的简单的投诉，为了时效性经常是先处理完顾客投诉，投诉处理人判定涉及原料而“事后告知”供应商质量管理人员，部分管理不严的企业甚至存在类似投诉不上报、不记录的情况。

如果投诉已结束，也就是消费者已经接受了企业的处理意见或方案后，供应商质量管理人员则不需要花费时间和精力在消费者端的后续沟通处理上了。反之，则需要随时投入精力，根据与消费者直接沟通人员提出的需求予以响应和支持。

（四）Where 何地

投诉发生在什么地方？包括：发生问题的地点、有问题的产品及同批次产品目前保存的地点、涉及的半成品目前保存的地点等。如可以，最好有目前成品、半成品保存状态的描述或照片。如果涉及异物，也包括其保存地点和状态。

这些信息，主要用于后续对产品和半成品的处理和为调查提供更多的信息。

（五）Why 为何

为什么投诉？投诉的原因应尽可能详细，至少能用于初步判定投诉的类型（如食品安全问题、质量问题和法规问题等）和种类，为详细调查提供方向。如异物类别、腐败变质、异味、重量不足、包装破损、引起呕吐等。另外，最好尽可能有高质量的图片、视频或能收集到实物。

（六）How 如何

主要是什么情况或状态下发生的这个问题、如何发现的问题、当时及之后的异常描述。比如买回家解冻时发现袋内有一根头发、吃完后第二天拉肚子等。如果涉及拉肚子等食源性疾病的问题，尽量了解发生状况的时间，为下一步判定产生此情况可能的致病菌的判断提供参考。

（七）How many 多少

多少量？包括：投诉的有问题的数量，同批次产品的数量，涉及的半成品的数量，为下一步计划的决策提供支持，如果涉及原料的封存、报废等，还需要提前跟相关部门沟通，及时安排补货、调货等，避免对后续的生产和经营产生影响。如已经有数据或能预估，也应包括直接、间接损失的金额或数量等。

二、初步评估

收到的每件投诉都应按准则进行分类和分级，并进行初步评估。

（一）分类分级

当前，投诉尤其是消费投诉的内容、范围、诉求呈现多样化和个性化趋势，对处理投诉的人和组织的专业度要求越来越高。为有效提升投诉处理的效率和投诉者的满意度。企业应根据业务类型、行业特征等制定相应的投诉风险处理机制。对投诉风险评估后进行分类分级，规定什么类型和级别的投诉，应传递到什么级别的管理层，明确首次回复时限与处理时限，明确管理责任分工和具体的实操性要求。

1. 分类

投诉分类的维度有很多，就产品质量投诉，一般从以下维度进行分类：

（1）按照投诉的主体，可分为：①企业内部投诉。来自企业内部的在原料验收、储存（餐饮还包括分拣、配送等）、加工等环节发现的质量问题形成的投诉，以下简称内部投诉。②企业外部投诉。主要是顾客的投诉（包括企业内部其他部门因顾客投诉转移过来的投诉），简称外部投诉。

（2）按造成投诉的责任主体，可分为：企业责任、供应商责任、顾客或消费者责任、责任不能明确或无法确定。

（3）按投诉问题，可分为：食品安全问题、质量问题、法规问题等，为了体现紧急性，一般将食物中毒作为食品安全问题独立处理，且列为最高优先级。

质量问题一般会进行进一步细化，如质量问题会分为异物、口味、数量问题等；法规也会分为标签、超保质期等。

2. 分级

分级的主要目的是确定投诉的紧急程度和优先顺序，从而整合和分配企业内部资源以提高处理投诉的效率，避免恶化与危机的产生。一般是从对顾客的影响范围、投诉产品（包括成品、半成品）涉及的范围、企业损失大小、社会影响大小等角度进行评估。其中对社会影响大小主要是从报道媒体影响力、是否上热搜，以及热搜排名等分析。分级后形成的严重程度要随着投诉的发展、信息收集、分析适当调整。

（二）初步评估

以判定其严重程度、安全程度、影响程度、复杂程度及时采取措施的必要性与可能性。投诉应按照紧急程度及时加以关注。如涉及食品安全问题或影响范围大的严重质量问题时，应立即采取措施，请示部门负责人或按公司危机事件处理流程，采取类似立即封存、停售等紧急措施，以避免造成更大的损失。

初步评估时为了保证评估的准确性和全面性，建议对比企业投诉统计历史数据及必要时调查企业内使用或售卖该批次产品的单位的情况。

三、调查分析

一般一个供应商质量管理人员不会仅仅管理一个原料或一个供应商，因此，需要根据初步评估的结果采取不同的方式。对于初步评估严重的、涉及食品安全的、较复杂的问题，建议供应商质量管理人员亲自（甚至可召集相应的专家）到供应商生产现场参与调查和分析。

这个阶段，通过详尽的调查分析输出有两个结果：一个是确认初步评估的准确性，也就是进一步确认是否是质量问题和哪种质量问题；二是确认质量问题的根因。

调查分析是一个细致入微的工作，如果是类似生产日期易脱落或含鸡肉的肉丸中有“鸡锁骨”等工艺及原料特征性“指标”明显的质量投诉还相对容易，而类似产品中发现头发、腐败变质等涉及多环节、多工艺的投诉，需要发挥“福尔摩斯”的精神去全面深入调查分析，不放过任何一个细节。

在调查分析及后续的纠偏预防阶段，一般由供应商质量管理部门或工厂负责人依据投诉的严重程度和紧急程度成立小组，根据收到的信息（如果有不合格品或异物实物则最佳）结合产品种类、投诉的类型、投诉历史数据、个人经验确定调查的区域、范围，利用食品质量管理的工具进行详细的调查分析。

调查分析有七个经典的质量管理工具，这些工具并没有严格的顺序或优劣之分。因投诉的质量问题的复杂程度和个人经验等因素，每次和每个人使用工具的数量和顺序并不需要刻意追求。避免遗漏原因的鱼骨图结合检查表（也叫调查表）、根因分析用的 5Why 是投诉调查时的利器，建议作为必用工具。另外当问题复杂尤其是食品生产机械化程度高时，也可以全部或大部分使用常见的质量管理七个工具，进行层进式分析。

（一）5Why 根因分析法概述

5Why 根因分析法（见图 3－16）起源于美国海军核部门，经过几十年的发展和应用，已经广泛应用于工业和服务业等，同时覆盖了技术和管理领域[①]。

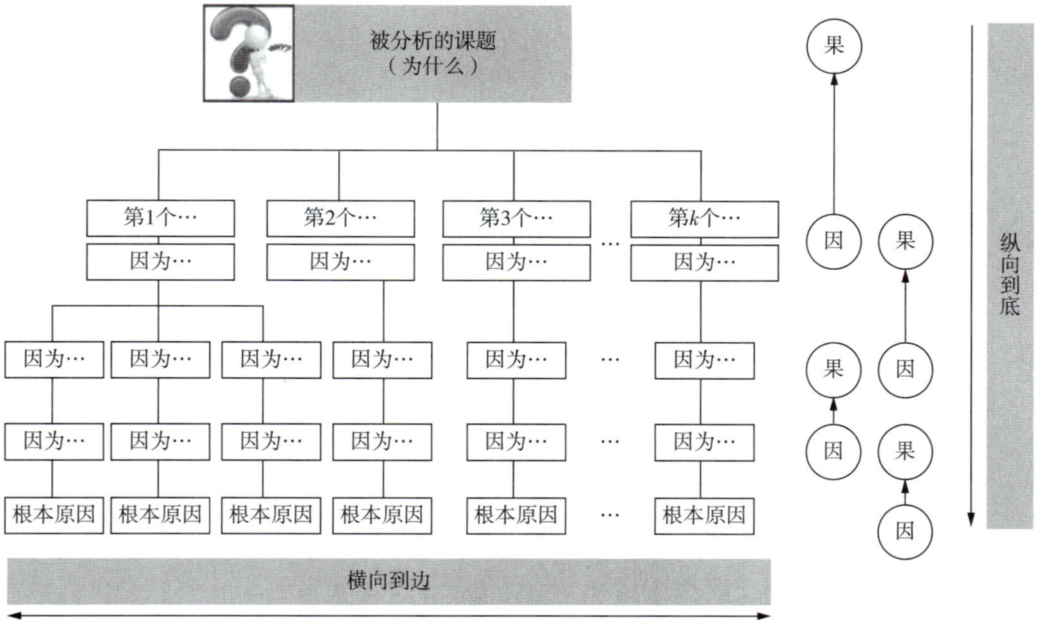

图 3－16　5Why 根因分析图

根因分析法是一项结构化的问题处理法，用以逐步找出问题的根本原因并解决问题，因此在下一步的纠偏尤其预防措施的制定上也发挥重要的作用。

---

① 郭彬，等．创造价值的根因分析与问题解决之道：成为根因分析与问题解决高手［M］．北京：机械工业出版社，2022.

一般而言，根因分析是从问题出发寻找原因。根因分析有两个原则，总结为八个字为“横向到边，纵向到底”。“横向到边”是指针对问题寻找原因时，从横向上要把所有的直接原因找全；然后再针对所有第一层直接原因从纵深方向上深挖到底，即“纵向到底”。纵向分析也是因果推理的过程，从最上层的结果推到最深层的根本原因；中间的原因有两个“角色”，既是上层结果的原因，又是下层原因的结果。

根因分析的主要过程如下：

第一，对被分析的课题或问题询问为什么，然后寻求最直接的答案。直接原因有时候不止一个，因此需要在做第一层根因分析时把有因果关系的原因找全，一个都不能漏。数学逻辑的表达方式为 $Y=F$（X_s1，X_s2，X_s3，…，X_sk），即把所有影响结果 Y 的因子 X_s 都找全。

第二，对第一层找出的原因，再继续深挖下一层次的有因果关系的原因，直到找到最末端的因素或条件为止。末端因素或条件就叫根本原因。

从问题出发寻找根本原因的逻辑大致是这样的：为什么有 Y 问题（结果），因为 X_s1、X_s2、X_s3，一直到 X_sk 问题（原因）；然后问为什么有 X_s1 问题（结果），因为有 X_s11、X_s12 及 X_s13 问题（原因）等；用同样方法询问 X_s2、X_s3 的原因。这样横向和纵向不断地寻找原因，直到找全最底层的根本原因为止，因此 5Why 并非一定是问 5 个问题，也不一定止于 5 个问题，是以是否找到根本原因为标准，这个根本原因的确定需要根据实际情况和可操作性进行综合判断。

（二）鱼骨图分析法概述

鱼骨图是一种思维模式的形式，针对一个问题，分别从人、机、料、法、环几个方面进行分析，从而全面迅速地找到问题的原因（见图 3－17）。

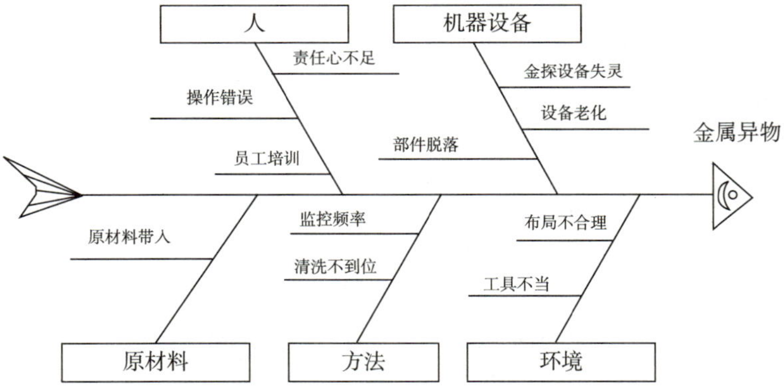

图 3－17　鱼骨图分析（示例）

在实际使用中，需要对所有可能的原因进行全维度头脑风暴式列举，而后再针对每个可能，用排除法进行筛选和验证。为避免找不出根因，鱼骨图可以与 5Why 联合使用，并且分层式应用，将大鱼骨头分解出小鱼骨直至不能再分解。

（四）层进式分析法概述

这是一个循环，第一轮筛选不出原因或还有认为有遗漏时，进行第二轮、第三轮扩大范围或更重点式筛查，在任何一层就已经能确认原因时，即可终止调查分析，进入纠偏预防环节；在涉及因子确认过程中尤其是最后确定的因子，5Why 贯穿其中，以免查出的因子及原因是表象而不是根源；直方图、管制法、散布图、层别法各有优缺点，因此在最后确定最可能原因时需要综合考虑。

检查表——对问题产品用检查表按生产和工艺流程对质量问题可能涉及的所有环节从记录到现场进行人、机、物、料、法、环全面地毯式无差别检查，记录所有机会点或可疑点。如果根据投诉初步判定不可能涉及的区域、设备、人员等，为了提高效率可以在第一次全面检查时不进行调查。当第一轮如果确认时扩大检查。

柏拉图——用柏拉图根据“二八原则”找出异常因素作为重点方向。

鱼骨图——将每个方向用鱼骨图以人、机、物、料、法、环进行全方面调查和分析，找出可能导致质量问题的所有因子。

直方图——将因子进行计数统计后，用直方图看分布，选出集中度高的因子。

管制图——对直方图选出的可能性高的因子，查验管控记录，选出异常或不合格率最高的因子。

散布图——用选出的因子做散布图，选出相关性高的因子。

层别图——对选出的因子进行多层次分析，选出最可能的因子作为质量问题发生的原因。

四、纠偏预防

此环节输出两个结果，纠正措施和预防措施。

纠正措施：为消除不合格的原因并防止再发生所采取的措施。

预防措施：为消除潜在不合格或其他潜在不期望情况的原因所采取的措施。

完成调查分析，形成结论后，首先是对不合格成品、半成品、原材料进行处理。处理过程须符合法律法规要求，尤其不合格成品的处理应与客户/消费者沟通，涉及食品安全问题或违反法规需要召回时，还应与当地市场监督管理局充分沟通。其次是制定纠正和预防措施，避免不合格情况的再发生和消除潜在隐患。

在制定纠正和预防措施时，不论是采用麦肯锡的解决问题七步法，还是对于重复性和严重性问题采用 8D 法均可，但注意不要浮于形式，更不能轻易用单纯“加强员工培训”的应付式措施，而应举一反三，回归纠正和预防式解决问题的本源，从技术改进、资源配置、系统流程和提升食品安全和质量文化等管理层面去解决问题。

五、效果评价

通过专项内审的方式评估纠正预防措施的执行情况，主动持续追踪顾客和消费者反馈尤其是投诉情况，为效果评价。

另外，我们在制定投诉处理流程时，几乎公司的每个部门都会被涉及，需要投诉管理团队牵头制定非常清晰的职责和时效要求，通过报告来复盘各部门的表现并进行考核。只有这样，才能不断推进部门间协同，解决好每一个投诉。

六、持续改善

投诉的处理分成两个层级，一个是处理单个投诉的“救火”；另一个则是预防投诉的“防火”。

处理投诉（救火）：在这个身份下，我们可以将时效性和客户满意作为标准。

预防投诉（防火）：除了恶意投诉外，几乎每个投诉都能暴露企业内部存在的问题，要么是产品，要么是服务，要么是流程。

在供应商质量管理这个职位上，防火重于救火。我们也应要求供应商对所有投诉进行分类、分析，每年至少一次，以查看趋势和识别是系统性、重复性问题还是偶然性问题，识别产品、服务和过程的改进或变更的机会，消除产生投诉的根本原因，并将改进根因的措施和投诉率的控制作为关键绩效指标来考核。

七、小结

正确、认真地对待每一起投诉，是企业和供应商质量管理人员的基本功和必修课，将每起产品投诉作为识别管理系统漏洞的机会，结合定期汇总和分析，辅导供应商建立完善高效的顾客投诉处理制度和流程，通过解决投诉根源问题并形成 PDCA 循环，从而不断地完善食品安全和质量管理体系，提升供应原料的食品安全性和质量。

第六节 危机管理

食品企业的质量管理人员总是在竭尽所能为企业防控食品安全风险。然而，正如俗称："智者千虑，必有一失"。常常在没有预料到的某个时刻，因为可掌控的或者不可控的因素，企业突然面临危机，不仅对消费者的健康造成危害，甚至损害企业的品牌形象和商业信誉，因此危机管理是每个企业必须重视的环节。这个过程中，与供应商的配合与管理是保证产品质量的起点，更是影响危机管理成败的关键因素之一。

一、危机和危机管理的概念

（一）危机的定义和特征

在《供应链安全管理体系》（ISO 28002：2011）3.10 中，对危机的定义是："涉及即将发生的突然或重大变化的不稳定状况，需要紧急关注和采取行动，来保护生命、财产或者环境。"

在这个定义里的关键词是"突然""不稳定""紧急"。从食品企业的食品安全角度来说，危机指"突如其来"的产品问题，对消费者身体健康造成了危害，同时，在公众心目中，对公司品牌信誉产生负面影响，从而使得公司商业运作面临极大威胁。

为了更好地理解，不妨以"风险管理"作为对照。风险管理常用在我们日常的食品工业的食品安全和质量管理领域，以 HACCP 为例，其基本原则就是预防产品"对消费者健康造成危害"，保护消费者的同时，也就是保护公司的品牌以及商业正常运作。风险是危机的诱因，但并非所有的风险都会引发危机，只有当风险造成的危害达到一定程度时，才演变成危机。HACCP 分析是很重要但不那么紧急的工作，然而，当风险未能被有效预判和处理，积累下来就会变成危机。

由此可见，"危机"的特征是"突如其来"，也即意味着"急"与"快"。

（二）危机管理的定义

在《供应链安全管理体系》3.11 条款描述危机管理为"识别威胁组织的潜在影响并提供构建复原力的框架的整体管理过程，具有有效响应的能力，以保护组织的主要利益相关者、声誉、品牌和价值创造活动的利益，以及有效地保护组织的利益。"

危机管理还涉及事件发生时的准备、缓解响应和连续性或恢复的管理，以及通过培训、演练和审查来管理整个计划，以确保准备、响应和连续性计划持续更新。

从食品企业角度来说，危机管理是指识别潜在食品安全风险，通过一系列的管理方式方法，有效地将对消费者的危害和企业品牌的损害降到最低。

二、常见的危机来源和供应商引发危机

（一）食品企业危机来源

为了更好地管理食品企业可能遇到的危机事件，我们需要识别危机的来源。

1. 本公司产品质量问题威胁到危害消费者健康

（1）因为内部原因导致：指本公司产供销等环节出现问题。

（2）因为外部原因导致，尤其有很大一部分是供应商操作不符合规范。例如 2008 年三鹿奶粉的“三聚氰胺”事件造成 30 万婴幼儿出现肾结石、肾衰竭情况，甚至危及生命。这是企业为了使原奶蛋白质达标，故意添加三聚氰胺造成的。

2. 媒体（包括自媒体）有针对本公司产品的质量和食品安全负面报道时

例如，2019 年中央电视台“3·15”晚会曝光莲田、橡子树下、神丹等所谓的品牌土鸡蛋，全部都是笼养鸡蛋。其蛋黄颜色偏深，是因为添加了一种叫斑蝥黄的饲料添加剂。

3. 曝光行业其他品牌的问题，却引发人们对本公司产品的公共关注

例如，2022 年央视“3·15”晚会曝光湖南华容、岳阳等地的“土坑酸菜”不符合卫生操作规范。该曝光导致肯德基等知名品牌发表声明，说明与被曝光企业没有合作关系。

4. 政府部门对产品监管发现的问题（如抽查不合格并公布）

最主要的来源是企业产品质量不好而造成事故与危机。然而，光是“做好自己”还不够，特别是在自媒体发达的今天，人们为了“博眼球”，或者给竞争对手制造障碍，常常会有“不实炒作”。此外还有监督部门做市场抽查等因素，如果这些问题处理不当，极易上升为危机。

（二）供应商引发的危机

看上去企业食品安全和质量管理“危机四伏”，然而如果我们把产品质量做好，就可以最大程度把事情掌控在自己手中。根据日常工作经验，产品质量问题有相当一部分是由上游供应商造成的，这就如同给危机埋下了定时炸弹，随时会一触即发。

食品链中的危机事件可以发生在所有的供应环节，包括种植、养殖、初级加工、深加工和物流环节。因此我们要对这些环节的供应商进行管理。重点的领域包括：

1. 养殖种植过程

如 2011 年爆出的双汇瘦肉精事件，系因部分养猪户受利益驱使，在生猪饲养过程中使用违禁化学品“瘦肉精”。这反映了农业种植养殖过程不规范，给下游厂家和客户造成不良影响的现象。

2. 初级农产品加工过程

近期最著名的危机事件当属“土坑酸菜”事件。在 2022 年央视“3·15”曝光的湖南华容县一大批酸菜厂家用土坑腌制酸菜事件，多家知名品牌因为使用了该酸菜做原料而被卷入巨大的风波，有的企业损失惨重。

3. 食品深加工过程

2000 年，位于北海道的雪印脱脂奶粉工厂因为停电，储罐无法按照标准维持低温

环境，使得金黄色葡萄球菌大量繁殖，奶粉中毒素超标。生产出来的脱脂奶粉被运到大阪生产出复原乳，因而造成上万名消费者中毒，甚至有一名年长者因中毒引发其他疾病而死亡。这就是上游工厂在加工过程中没有严格按照标准流程操作，出现偏差也未及时纠正，造成下游消费者健康受损。

4. 物流过程

在冻肉的运输储存过程中，冷链维护不好，温度波动造成肉品反复解冻、复冻，导致微生物生长甚至超标，对消费者健康有潜在危害。

三、如何应对危机

危机来临时，如同聚光灯突然打到了舞台中央，整个公司就像演员，骤然被置于公众和政府眼皮之下，一举一动都受人关注。由于危机的“急”与“快”特点，“演员们”没有时间准备，就仓促上台了。如果“演”得好，能帮助企业度过危机，甚至还能获得“观众”送上的掌声；“演”砸了，就有可能身败名裂。

那么企业该如何应对危机呢？俗话说“台上一分钟，台下十年功”，危机除了考验“演员们”的“临场发挥”，更取决于一家公司的“基本功”，也就是平时的准备工作。

同理，具体到企业危机管理，“基本功”指本公司质量管理体系的水平，各相关部门之间协作，高层核心人物的理念。具体谈到预防供应商引起的危机，则需要牵涉到平时对供应链上下游的把控，尤其是如何对供应商质量水平的掌握。

以图 3－18 中的危机管理模型图为例，列出了危机应对的主要工作，分为：危机前、危机中、危机后三个阶段。

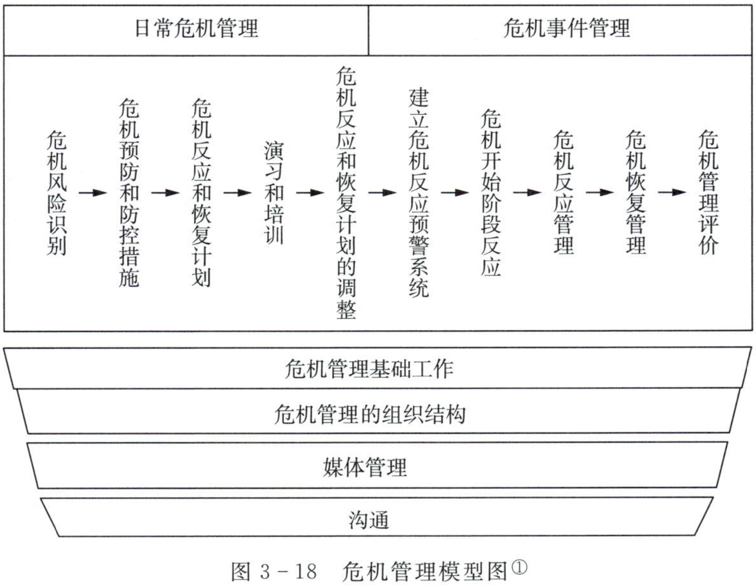

图 3－18　危机管理模型图[①]

① 朱德武．危机管理：面对突发事件的抉择［M］．广州：广东经济出版社，2002.

(一) 危机前的预防

1. 加强源头管理与风险防控

具体做法通常有：

(1) 在农业种植、养殖环节

对供应商进行培训和辅导，运用良好农业操作规范等标准，使得农业生产符合操作流程。同时进行审核、抽检，建立可追溯体系等手段，尽最大限度减少甚至杜绝因为缺乏科学知识或者利益驱动下导致的违规行为。

(2) 农产品加工、食品加工等环节

工厂加工的质量保证体系，是一门缜密而环环相扣的科学。从原料采购、验收、储存、生产、清洗消毒、包装、发货等一系列环节，都有可能造成对消费者健康产生危害的问题或者违反法律法规问题。为此要求供应商通过 GMP、HACCP、虫害控制、环境控制等手段降低危害和风险。

(3) 物流仓储环节

要求供应商贯彻物流仓储操作规范，落实质量控制点，尤其是冷链管理和虫害控制。

2. 风险预警体系的建立

风险预警的目的是建立一套科学的工作流程与方法，尽量把可能发生的来自各方面的问题纳入工作体系中，避免遗漏，并及时采取行动措施。

(1) 风险分级分类管理

运用 20/80 原则，将供应商进行分类，便于抓住重点。例如：如果流通企业供应商数量繁多，水平参差不齐，可以将几百家供应商进行分类管理，具体分类规则由企业根据实际情况制定（示例见图 3－19）。不同类别的管理方法有：检测、实地审核、CoA（Certificate of Analysis）、食品安全计划等。

产品风险	
风险等级	评分
非常高	≥16
高	12～15
中等	7～11
低	3～6
非常低	≤2

+

供应商风险	
风险等级	评分
非常高	≥16
高	11～15
中等	5～10
低	2～4
非常低	≤1

=

汇总风险		供应商风险				
		1:非常低	2:低	3:中等	4:高	5:非常高
产品风险	5:非常高					禁区
	4:高				高度关注	
	3:中等			引起警觉		
	2:低		适当关注			
	1:非常低	安全区域				

禁区	暂时不与该供应商合作
高度关注	A+B（至少一年2次）+C+D
引起警觉	A+B（至少一年一次）+C+D
适当关注	C+D
安全区域 必要时监测	必要时，进行风险评估，并采取相应措施。

A.供应商必须在客户监督下建立食品安全计划
B.客户安排二方质量审核
C.供应商每批提供CoA
D.客户抽检产品

该计划每半年回顾一次

图 3－19 零售商/电商供应商和产品风险管理计划

如果在生产企业，则运用我们耳熟能详的 HACCP 计划或食品安全计划，都可以通过危害分析，找出与供应商质量管控密切相关性的控制点加以管控。

（2）对国际国内市场风险的了解和信息搜集

此外，由于目前媒体发达，无论在国内还是国外，发生的危机都能迅速传播，可以用“环球同此凉热”来形容。在 2017 年，欧洲某婴幼儿食品巨头的一款蔬菜水果零食产品被澳大利亚媒体指责含糖量高，不利于宝宝的健康。因尽管该产品包装上声称水果和蔬菜含量为 99%，但依然添加了浓缩果汁，而浓缩果汁中含有果糖，媒体认为这也就意味着产品中添加了糖。

此类媒体报道虽然远在国外，但是国内的进口婴幼儿辅助食品的商家都应立即引起警觉，对在国外供应商提出自查和纠偏行动等要求，以免信息发酵波及国内消费市场。

（3）政府抽检信息的关注

应该通过检测机构、公众号等渠道，关注政府抽检的常见项目，哪些指标容易超标，如果是原料引起的问题，需要事先要求供应商采取措施，将原料超标的可能性降到最低。比如国家市场监督管理总局每年都会发布《国家食品安全监督抽检实施细则》（20××年版），这是一个非常重要的参考文件。

（4）媒体、自媒体的风向

在日常工作中，质量和食品安全部门需要跟公司里负责媒体资讯的同事密切合作。基于危机“急”和“快”的特点，一旦有不利于本公司和产品的信息报道出来，需要即刻分析，必要时跟供应商联动采取措施，不能拖延，以免酿成大祸。

总之，风险预警是一个工作体系，图 3-20 可以诠释本节的主题思想，通过成立“食品安全风险管理委员会”等方式，把风险预警作为常态化的工作，以免疏漏。委员会不是专职，是相关部门兼职组成的，这样可以加强责任感，提高工作效率。

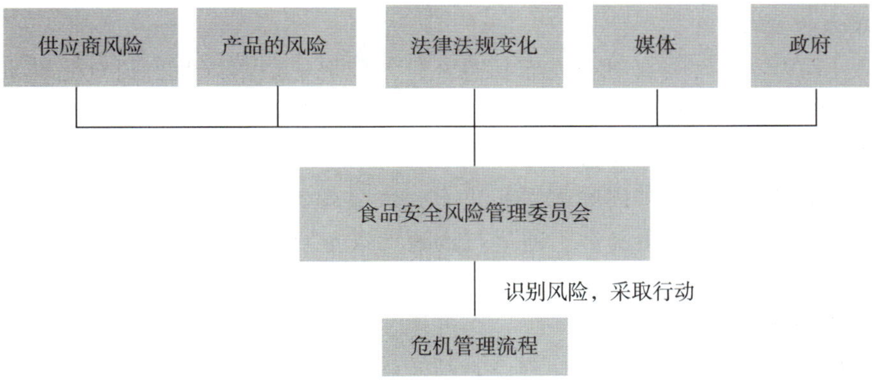

图 3-20　风险预警体系

3. 危机应急预案的演习和培训

我们平时常常看到社会上有政府或者机构组织的消防演习，其目的是通过演习、培训等方式，确保防控计划是有效的、符合最新形势的。

在食品企业，跟供应商管理最密切相关的演习，是要求供应商实施模拟追溯、模拟召回、食品防护演练、应急事件演练（涉及食品安全类、供应安全类、舆情安全类等二方或三方审核的常见要求）。可以跟供应商预先制定追溯的数量和时间等标准，定期或不定期做演习，核查其可追溯体系的完整性和有效性。

（二）危机中的应对

危机来临时，无论供应商是原料包材供应商，还是品牌代加工公司，都应要求他们迅速参与。具体的合作有以下几个方面：

1. 问题原因的排查

客户既是督促者也是参与者，应跟供应商一起调查。如某由上游供应商代加工的产品，被投诉有致病菌检出，甚至危害到消费者健康了，这时候则需要供应商深入了解致病菌的来源。

如前述 HACCP 计划和纠偏措施，要了解工厂的执行情况，最近几个月甚至一年的数据分析有无异常？在问题产品生产期间，有些什么例外情况发生（例如车间局部改造）？假如发现平时没有做到位，这次危机也是一个契机，利用此机会要求供应商一起建立危害分析和控制措施。

供应商必定对其产品比较了解，然而作为客户，不能盲目相信他们的解释，还要核实其排查的效果。除了自己要有一定的专业技术能力以外，可以请外部专业机构帮忙做分析和判断。

2. 问题涉及的范围和数量

牵涉到前述可追溯体系，以及平时演习的效率和效果。笔者在某国际大型超市任职质量部负责人的时候，正值三鹿奶粉的“三聚氰胺事件”发生。出于对消费者负责的态度，也响应政府的要求，以及媒体和公众的关注，我们以最快的速度，对商场所售多家供应商的含乳产品（奶粉、液体奶、奶酪、含乳原料的烘焙产品等）做了排查。供应商也做了配合，尤其是潜在的问题批次。

3. 媒体的应对

危机过程中，通常需要对外发布信息，告知问题进展，以及公司对此次事件的态度。发布之前，如果有跟供应商相关的信息，注意先跟关键供应商沟通清楚，确保双方信息对等，达成共识，对外公布的内容准确无误。

在三聚氰胺事件中，某国际大型超市有些大品牌乳品供应商，在发布其对外的陈述之前，也与采购部、质量部做了铺垫与沟通，以免双方的声明有出入，造成不必要的麻烦。

4. 产品检测

在危机的应对以及重大投诉处理时，检测报告通常是受各方认可的、可以衡量产品质量的具有法律效力的文件。因此，我们要求供应商配合送检关键原料或者批次产品。并强调如果检测或者政府抽检不合格，需要根据问题严重性，由供应商承担相关损失。

最佳实践是平时跟供应商谈清楚，以合适的频率做必要的检测。频率除了以时间来度量之外，还可以有一些特例增加检测，例如：发现质量不合格的时候、投诉增加的时候、政府有质量预警的时候、行业有质量预警的时候、供应商质量要素（配方、工艺、流程等）出现重大变更的时候。

5. 造成损失的信息搜集和证据留存

危机通常会造成经济损失，我们在处理危机过程中，要清楚留下证据，包括货物名称、数量、批次、生产日期/保质期、图片、产品召回的数量，政府要求销毁的产品价值，客户等相关方要求的索赔金额等，以便事后追责。

(三) 危机后的善后处理

当危机接近尾声之时，从商务角度，我们要和供应商一起处理问题产品的退货、销毁和索赔等财务纠纷。质量部还应“痛定思痛”，跟供应商一起复盘问题发生的原因，以及制定纠正措施，避免重蹈覆辙。

(四) 与供应商之间合作和信任关系

笔者曾经遇到一位客户，该产品由某一家工厂代加工，而该工厂也有他们自己的品牌。当某天客户品牌的产品因质量问题遭遇媒体曝光，我们在焦头烂额处理危机的时候，产品的生产商竟然发表声明，声称被曝光的问题与他自己的品牌没有关系，由此引发新一轮的媒体关注。反思起来，这说明我们平时与供应商的沟通上有欠缺，关键时刻“掉链子”。

由此可见，危机能否快速解决，很大程度上取决于客户与供应商之间的配合度与信任度。日常工作中，食品企业应该通过上述方法，注重对供应商的管理，跟供应商互相信任和合作，建立与供应商共同成长的、唇齿相依的关系。这是公司经营价值观的体现，尤其取决于公司领导人的价值观和理念。

总之，在日常工作中，要建立一个双方认可的风险评估、风险纠正措施机制，通过这个管理过程，降低风险，并建立相互信任，了解彼此的状况和需求，这样才能练好“基本功”，在关键时刻与各相关方同心同德，共渡难关。

第七节　供应商质量能力文化建设

当下日益严格的食品安全法律法规要求，日益增长的消费者和客户对产品质量和食品安全的需求，以及日益成熟的由社交媒体推动的社会监督力量，要求我们对供应商的质量管理必须更进一步。因为，只有供应商产品质量或服务质量稳定可靠，我们的产品或者服务才能真正满足消费者或客户的需求，才能保持我们的品牌优势，提升自身的市场竞争力，实现企业自身的健康可持续发展。

众所周知，质量体系、质量能力和质量文化是确保企业高质量产品可靠性和稳定性的三大支柱（见图 3-21）。与时俱进的质量能力和积极向上的质量文化可以极大赋能质量体系的有效性，提高企业质量管理水平，确保稳定可靠的产品质量或者服务质量，构建长期的、可持续的竞争优势，为企业做大、做精、做强奠定坚实的基础。因此，供应商质量管理不能仅仅停留在供应商质量管理体系符合性上，比如不断评估，回顾和优化供应商质量体系来确保产品质量，我们需要更进一步，不单单关注供应商质量管理体系，也需要关注供应商的质量文化和质量能力的持续提升。

通过帮助供应商提升质量能力和质量文化，提高供应商工厂管理水平和透明度，提升我们对供应商质量管理的信任度，赋能与供应商建立合作互信、互惠共赢的良性和谐的合作伙伴关系。

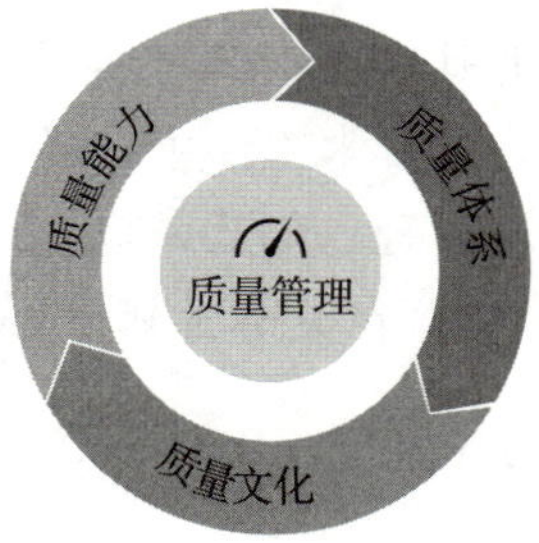

图 3-21　质量管理的三大支柱

近年来，很多国际化大公司已经开始致力于供应商质量能力和文化的建设，如星巴克、沃尔玛、玛氏等，借助自身或行业数字化工具和平台，加强与供应商或潜在供应商的沟通，通过培训、质量管理良好实践分享、现场指导以及日常合作过程中的不断校准，提升供应商的质量能力和文化建设。

一、供应商质量能力和质量文化建设过程中的常见问题

（一）企业管理层没有意识到供应商质量能力和质量文化的重要性

企业管理层不认可供应商质量能力和质量文化提升相关活动，进而演变成被动式的供应商质量能力和质量文化的提升，比如直到某一天供应商的产品质量出现问题后，才开始根据根本原因分析的结果，着手提升供应商的质量能力或者质量文化。这种模式缺乏整体和长远的规划，虽然短期内解决了某一个具体的问题，但系统性失效的风险仍然存在，将来还是可能出现类似的事件。

(二) 供应商管理层没有意识到质量能力和质量文化建设的重要性

供应商管理层没有意识到质量能力和质量文化的重要性，没有承诺提供资源来组织策划自身的质量能力和质量文化建设活动，或者流于形式、浮于表面，而不追求成效。这种情况下，即便供应商有优良的设备，但依然有很多不稳定的因素（人员能力不行，执行不到位，缺乏可靠的维护维修保养计划，有问题不汇报等），从而会造成各种各样的问题出现，同时供应商也丧失了自身质量管理能力迭代的能力，将来会面临产品质量、品牌和市场竞争方面的压力。

供应商过度依赖客户提供的质量能力和质量文化提升活动，而降低或者丧失自身策划提升质量能力和文化建设活动的积极性、主动性和责任感。为了避免这种情况出现，就需要我们在策划供应商整体的质量管理时通盘考虑。比如在与供应商进行年度管理评审时，鼓励和推动供应商分享他们自己未来一年的质量能力和质量文化建设的计划等。

(三) 供应商质量能力和质量文化建设效果不显著，未收获预期成效

出现这种情况的原因多种多样：

(1) 可能是我们没有站在供应商的角度，没有结合供应商当下质量能力和质量文化建设的重点进行策划，因此药不对症；

(2) 可能是我们推行的供应商质量能力和质量文化建设的方式方法不合适，例如：质量能力建设只注重了培训，介绍了为什么做和怎么做，但是没有设置机制鼓励和推动供应商实施；

(3) 可能是质量文化建设时，没有有效运用“我看到，我听到，我感受到”模式进行策划来推动质量文化的建设和落地，而仅仅是强调了某一个维度；

(4) 可能是质量能力和质量文化建设活动后，没有机制跟进供应商的后续执行；

(5) 也可能是我们判断预期成效的标准设定不合理等，比如过分追求供应商的参与度，而本末倒置地忽略了供应商质量表现改善的进展。

二、策划供应商质量能力和质量文化建设需要考虑的内容

(一) 如何获得企业自身管理层的认可和资源承诺

我们需要让自身企业管理层意识到在当前复杂又严峻的法律法规和日益增长的消费者或客户需求，以及快速发展的社交媒体等外部环境下，供应商质量管理也必须与时俱进。我们不能单单停留在产品/服务合同要求上，我们还需要继续探寻如何系统化地推进供应商质量能力和质量文化建设，真正实现与供应商共同成长、合作共赢。

我们需要用让管理层直观地看到推进供应商质量能力和文化建设可以带来直接的公司效益，或者直接感受到若不积极推进可能带来的后果。例如，2022 年的老坛酸菜事件造成客户断供、客户销量下滑等。

在推动供应商质量能力和文化建设过程中，积极邀请管理层参与实际感受可能带来的价值，以及定期与公司管理层阶段性回顾供应商质量能力和文化建设的成果，以获得公司管理层持续性的资源承诺和认可。

（二）如何调动供应商积极性和主动性、推动质量能力和质量文化建设

我们需要调动供应商的积极性，特别是供应商管理层的积极性和责任感，主动推动内部的质量能力和质量文化建设，实现自身质量能力的迭代发展，从而确保产品质量稳定可靠。

我们可以借助与供应商进行年度管理评审的契机，鼓励供应商分享未来一年的质量能力和质量文化建设的计划，最后达成双方联动的质量能力和质量文化建设；也可以将供应商质量能力和质量文化建设放入考核供应商的关键绩效指标中，来提升供应商的积极性等。

（三）如何确保我们策划的质量能力和质量文化活动落地有效

企业策划供应商质量能力和质量文化建设的相关活动，目的就是希望供应商可以将其真正吸收接纳到自己日常的质量管理过程中，赋能供应商的质量体系运转更可靠，从而保证供应商产品或服务高质量，实现双赢。后续章节会进一步详细介绍供参考的方式方法。

三、系统化提升供应商质量能力和质量文化建设

质量能力和质量文化建设是息息相关、密不可分的。质量能力和质量文化建设成果，会体现在质量体系、产品质量、品牌价值、企业竞争力和公司效益上。在日益严格的法律法规和日益增长的消费者或客户需求，以及快速发展的社交媒体等外部环境下，我们必须意识到，供应商必须作为端对端供应链的一部分，涵盖在企业自身的大质量的范围内，我们与供应商是密不可分的关系，只有供应商质量稳定可靠，我们才能保持高质量的产品或者服务，才能真正实现双赢。因此，我们需要建立供应商质量能力和质量文化建设的系统性方法，建立不同阶段供应商基于 PDCA 方法论的质量能力和质量文化提升的策略，例如在考核阶段如何确保供应商非常清楚企业对他们的质量和食品安全的相关要求和关键岗位的能力要求，从而制订供应商自己内部的质量能力和质量文化提升计划；在通过考核成为合格供应商之后，又如何确保供应商在即便有人员变动、设备变动等情况下，也能一直非常清楚外部对他们的要求，真正赋能质量体系不断正向迭代更新，以实现产品质量和服务质量的持续稳定，满足甚至超越外部的要求。

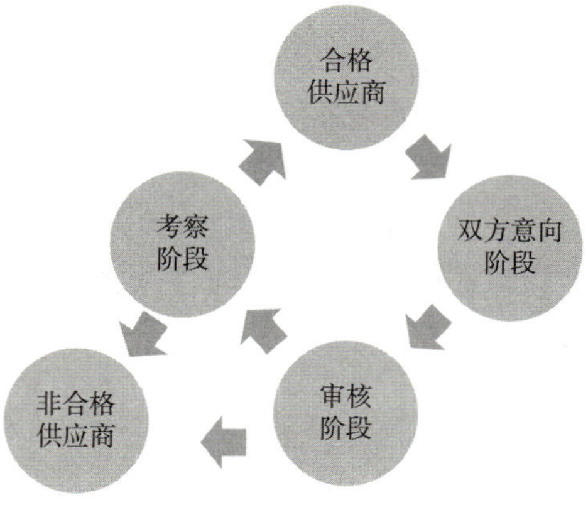

图 3－22　供应商合作的生命周期

企业与供应商合作的生命周期分为双方意向阶段、审核阶段、考察阶段和合格供应商阶段（见图 3－22），且这四个阶段会基于具体情况不断变化，例如合格供应商因为审核发现或质量问题，需要重新审视双方合作意向，有可能重新进入审核阶段，或者二者彻底“分

手”。在制定供应商质量能力和质量文化建设时，也需要制定不同阶段供应商能力建设的目标，采取合适的方法。

（一）双方意向阶段

双方意向阶段是整个供应商质量能力建设的基石。这个阶段最重要的就是通过供应商提供的信息，现场参观以及关键岗位的访谈，了解当前供应商质量能力、质量文化和质量体系的健康状态，判断供应商是否有潜力与我们长期合作，共同成长。

需要评估的供应商质量相关的信息内容包括：

（1）认证证书：重点关注在是否有行业上含金量比较高的认证证书，比如 GFSI 认可的证书，如 BRCGS、IFS、FSSC22000 等。

（2）供应商的组织架构、职责和人员资质：重点关注组织架构和汇报关系，关键部门的职责描述是否涵盖了质量相关的内容，以及质量和生产或服务执行部门关键岗位人员的从业经验和资质等。

（3）供应商质量信息收集表：鼓励在双方意向阶段利用供应商质量信息收集表，帮助进行更全面的供应商质量体系质量能力和质量文化的评估。

以食品工厂的供应商信息收集表为例，信息收集表可以考虑涵盖以下内容：

（1）客户沟通的流程，特别是客户投诉处理流程；

（2）供应商的供应商管理流程；

（3）关键设备维护维修保养；

（4）基础设施的维护维修保养及管理；

（5）食品安全计划，包括流程图、关键 PRP，以及涉及异物、微生物、化学污染（包括过敏原）相关控制的关键 PRP，以及 CCP/OPRP 相关的内容；

（6）良好卫生操作规范（GMP）相关的废弃物的管理、清洁消毒管理、虫害管理、食品防护、不合格品管理、变更管理、追溯管理以及实验室能力等。

强烈建议细化供应商信息收集表中每一部分的索要信息内容，因为：

（1）一是方便供应商尽早了解我们的期望和需求。

（2）二是方便我们根据供应商反馈的内容和质量，大致判断供应商质量管理能力，质量体系的健全程度，关于管理者承诺相关的质量文化的状态，帮助判断是否有潜力进入审核阶段。比如：供应商反馈信息的大部分内容缺失或者回答的内容与需求不一致，基本可以判断该供应商的质量能力比较低，质量体系也不够健全，质量意识及管理层承诺相关的质量文化也一般。

（3）三是为审核阶段的考察重点奠定基础。

意向阶段：供应商索取信息表（见表 3－13）——以供应商的供应商管理为例：

表 3－13　供应商质量信息收集表（示例）

序号	内容	评估发现
1	贵司是否有供应商质量管理程序，若是有的话，请详细描述	
2	贵司是否有批准供应商名录	

（续表）

序号	内容	评估发现
3	如何对原料和包材进行风险评估？请详细描述过程，并提供一个高风险物料评估报告	
4	是否有原料和包材清单，是否所有的原料和包材都有物料标准？贵司在制定物料标准时的依据是什么？请提供一个高风险物料的物料标准	
5	是否有原料和包材的进厂查验计划？贵司制订原料和包材进厂查验计划的依据是什么？请分享一个高风险物料的进厂查验要求	
6	是否有针对进厂查验不合格的管理流程？若有的话，请分享贵司是如何管理的	
7	贵司是如何对原物料及包装材料进行批次管理的？请详细描述	

（二）审核阶段

审核阶段是供应商质量能力建设的关键阶段。双方意向阶段让我们大致判断和识别了供应商质量体系、质量能力和质量文化方面的机会点，而审核阶段则是一个相对全面的识别、改善机会点和确认长期合作潜力的过程，主要通过：

（1）有效沟通：通过与供应商管理层、项目对接人（负责质量的同事）明确沟通我们对供应商的要求，包括质量与食品安全管理要求、关键岗位人员能力、供应商质量行为准则等，确保供应商自上而下清楚我们的要求，同时获得供应商管理层的质量承诺，为后续提升供应商自主开展能力、进行文化和体系建设提供充分的资源配置。

（2）现场审核：通过现场审核过程的交流，校准供应商对我们要求的理解，以及确认我们对供应商潜力的评估；通过现场审核过程的最佳实践的分享，赋能供应商能力提升和知识转化速率；通过审核发现项对应的整改和后续跟进，获得供应商管理层承诺，推动供应商质量能力、文化和体系建设能力的提升。

四、考察阶段和合格供应商阶段

进入考察阶段和/或合格供应商阶段，可以基于两种供应商质量能力和质量文化提升的框架进行策划，一种是普适性供应商质量能力和文化建设，另一种是针对性的供应商质量能力和文化建设。

（一）普适性供应商质量能力和文化建设

类似于新员工培训，针对所有新供应商，我们对供应商有关质量的要求进行全面系统地培训，辅以案例（授之以鱼和授之以渔），赋能供应商清楚理解要求，并有效落地到供应商自己的质量管理要求中（见表 3－14）。

该框架的特点：

（1）一次性的；

（2）以培训为主；

（3）以让供应商更清楚了解我们的质量要求为目的；

（4）所有的新供应商必须参加，建议半年内完成必要课程的培训。

可以考虑涵盖一般食品企业的普适性供应商质量能力和文化培训的内容：

① 法律法规符合性的重要性。

② 企业对供应商的质量要求，例如产品标准、过程控制标准（如果有的话），以及其他的特殊要求，如过敏原管理和标识等。

③ 供应商优异质量行为的解读。供应商优异质量行为是一种非常有效的方式方法，可获得供应商管理层承诺，以帮助供应商快速建立我们期望的和必要的质量文化。

表 3－14 供应商质量承诺书（示例）

供应商优异质量行为要求
1. 我承诺严格遵循法律法规要求和客户需求； 2. 我承诺优异执行质量要求，及时准确记录相关生产参数，不对任何质量标准妥协； 3. 我承诺发现问题及时升级，避免小问题变成大问题； 4. 我承诺推动纠正预防措施及时、高质量地关闭，避免重复事件的发生； 5. 我承诺当影响产品质量和食品安全的变化或事故发生时，及时跟我的客户沟通； 6. 我承诺不断提升员工的质量能力和意识，打造一个人人负责的全员质量文化。 ××供应商管理层签署： 签署日期：

（二）针对性供应商质量能力和文化建设

根据所有供应商过去一年的整体表现，识别质量能力和质量文化的机会点，设计或选择特定的课程或活动，赋能供应商质量能力和文化的提升。

该框架的特点：

（1）定期的（建议每年）；

（2）可能是培训，也可能是其他针对性的活动，例如深入的技术交流、论坛或者专项审核等；

（3）有明确的提升重点以解决企业痛点；

（4）并非所有的供应商都需要参加。

五、如何确保供应商质量能力和质量文化建设的成效

如前面探讨的，我们进行供应商质量能力和质量文化建设，最终的目的就是希望将我们企业的质量要求转化到供应商自己的质量管理体系中而有效运行，通过稳健的过程控制，最终确保产品质量或服务质量的稳定可靠。

为了确保供应商质量能力和质量文化建设的有效性，我们需要：

（一）借力供应商管理层参加的回顾平台

例如，供应商质量表现回顾会，与供应商一起确定未来一定时间段内质量能力和质量文化提升的重点和具体行动。

（二）针对性的供应商质量能力和质量文化建设，抓大放小，重点提升

例如，对所有供应商质量表现进行评估后，发现异物管理是最主要的关注点。强

烈建议继续深挖，识别和判断是异物管理的哪个维度有机会点，比如是设备维护维修保养的问题，是产线设计（CCP 点之后仍有很多人为操作，或设备有很多易脱落零部件等）的问题，还是关键设备的选型问题，或是不合格品处理不当的问题。这样缩小范围后，通过我们有针对性的能力建设项目，比如分享失效案例、提供行业最佳实践，让供应商更容易理解，后续也更容易有针对性地跟进并确认知识转化的有效性。

（三）借力供应商定期审核的活动

根据每年的供应商重点提升项目，调整审核重点，验证供应商知识转化的有效性。比如，根据供应商的质量表现，识别出异物管理是绝大多数供应商质量能力和质量文化提升的重点，特别是在以下方面：

1. 在线异物剔除设备拒出物的检查以及如何基于数据趋势推动调查和改善；

2. 关键控制点之后的防交叉污染的管理；

3. 一旦发现异常及时升级汇报等。

我们在设计质量能力和文化建设时，可以有针对性地开展重点培训，辅以优秀案例，提供相关工具或者参考，明确要求。后续到供应商现场审核时，可以调整审核重点，比如重点在异物管理，通过现场抽样、与相关同事面谈、回顾供应商异物表现等方式，验证知识转化的效果。

（四）回顾供应商的质量表现

评判我们想提升的质量关键绩效指标是否有提升的趋势，进而判断有效性。若是发现效果不明显，我们可以及时干预，调整相关质量能力和文化建设的活动，真正推动质量表现，实现公司与供应商的双赢。

（五）借力行业平台，推动质量能力和质量文化提升

数字化迅猛发展的今天也为供应商质量能力和质量文化的提升带来了新的可能。比如搭建供应商质量管理数字化模块，涵盖供应商选择、考核、管理以及能力建设等模块，实现一站式信息交流和日常管理。供应商质量建设模块可以考虑涵盖培训、考核、测试、培训进度等功能，供应商可以安排合适的时间组织相关人员参加培训和考核，提高效率。

企业也可以借力成熟食品安全培训的行业平台或者公众号，为中小型供应商提供更多培训选择和可能，比如质安选、一起食安行等。

第四章

食品链各类
供应商管理方案

第一节　加工食品类供应商管理

一、加工类供应商的特点

对于食品加工类供应商，其主要特点为：

（一）供应链长，原辅料品类多，上游供应商发展不平衡，质量管理系统及能力水平参差不齐。

（二）上游原料会受产地、产量、市场及价格等因素影响导致原料品质波动大，在一定程度上会涉及初级加工原料或农作物原料。

（三）食品加工的产品质量实现贯穿整个供应链，涵盖上游原料供应商的筛选、评审、准入、采购、供应、验收、生产、检验、仓储、运输及交付整个品质链管理。

二、加工类供应商管理面临的主要挑战

目前在实际供应商质量管理过程中所面临的主要挑战为：

（一）食安质量体系：食品安全文化意识欠缺，体系认证积极性不高，中/高风险原料 GFSI 认证覆盖率偏低，实际体系管理及运行能力不足；

（二）原料风险评估：采取一刀切的管理模式，缺乏原料风险评估机制来驱动基于风险的供应商管理模式；

（三）产品追溯：追溯链条存在断点，年度追溯演练流于形式，整体追溯能力弱；

（四）组织人员配置：供应商管理由采购部负责及决策，未设有专属 SQA 或 QA 人员进行专业性归口管理；

（五）上游供应商管理：对于上游供应商管理意识不强，管理程序不充分，有些供应商管理仅停留在索证索票管理层面；

（六）供应商绩效管理：绩效评价模式过于简单，质量维度权重占比偏低，缺乏数据量化支持，没有与采购配比挂钩。

三、加工食品类供应商质量管理

对于加工食品类供应商质量管理，按照标准，供应商质量生命周期管理框架一共涵盖 8 个部分，具体如图 4－1 所示。企业可根据自身管理系统现状进行有选择性地参考、设计及搭建适用于本企业实际运行的供应商管理系统和流程。

（一）原料风险评估

对于新原料，通过风险评估工具，结合原料自身危害属性、原产地、生产工艺、HACCP 计划、法规要求、历史食安问题及预警、终产品生产工艺及质量要求，来综合评

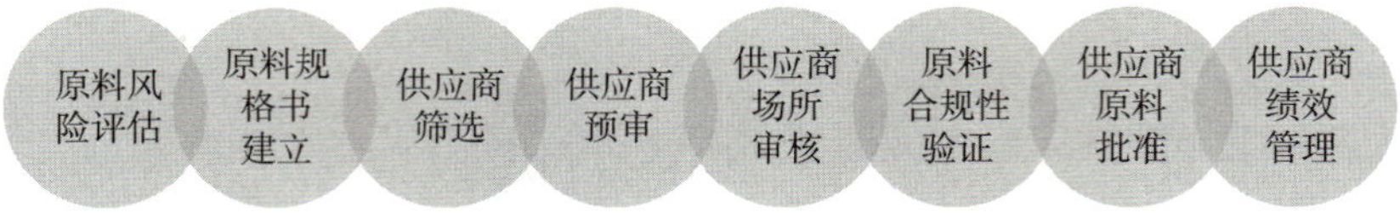

图 4－1　供应商质量生命周期管理框架

估判定原料类别、风险等级（高/中/低）、风险指标（微生物/农残/重金属/毒素等）及供应商审核关注点（过敏原管理/异物控制/虫害防治/食品掺假/热处理验证/环境致病菌监控等），以此来帮助建立原料规格书及引导和驱动基于风险的供应商质量管理模式。

（二）原料规格书建立

原料规格书是质量交付的规范，所有采购的原料均应建立规格书，并与供应商沟通、确认和签署。供应商应识别及确认其满足所有规定要求的能力，包括持续交付符合规范或其他客户商定要求的能力。

原料规格书应由规格书起草人与产品开发、法规、食品安全、质量等跨职能团队按照产品开发质量设计要求、法规要求、食品安全风险评估及客户特别规范要求来予以建立。

规格书的信息应全面具体地体现原料的基本信息、特征属性和质量要求，包括原料名称、原料代码、原料描述、参考标准、风险等级、过敏原信息、质量指标、食品安全指标、检测方法、检测频率、单位、规格范围、包装方式和材料、储存条件、保质期、运输要求等，参考模板请见表 4－1 所列。

表 4－1　原料（食用马铃薯淀粉）规格书（示例）

<table>
<tr><td colspan="6">原料（食用马铃薯淀粉）规格书</td></tr>
<tr><td colspan="2">原料名称</td><td colspan="4">食用马铃薯淀粉</td></tr>
<tr><td colspan="2">原料代码</td><td colspan="4">SYMLSDF</td></tr>
<tr><td colspan="2">原料描述</td><td colspan="4">以马铃薯为原料生产的食用淀粉</td></tr>
<tr><td colspan="2">参考标准</td><td colspan="4">GB/T 8884 食用马铃薯淀粉</td></tr>
<tr><td colspan="2">风险等级</td><td colspan="4">低</td></tr>
<tr><td colspan="2">是否含过敏原?</td><td colspan="4">不含过敏原</td></tr>
<tr><td colspan="2">含哪些过敏原?</td><td colspan="4">无</td></tr>
<tr><td colspan="6">感官指标：</td></tr>
<tr><td>序号</td><td>指标名称</td><td>检测方法</td><td>检测频率
（批检/季检/年检）</td><td>检测
单位</td><td>规格值范围</td></tr>
<tr><td>1</td><td>色泽</td><td rowspan="3">取适量样品置于洁净、干燥的白色瓷盘内，在自然光线下，用肉眼观察其色泽、形态和杂质，闻其气味</td><td>批检</td><td>—</td><td>洁白带结晶光泽</td></tr>
<tr><td>2</td><td>气味</td><td>批检</td><td>—</td><td>具有马铃薯淀粉固有的气味，无异嗅</td></tr>
<tr><td>3</td><td>杂质</td><td>批检</td><td>—</td><td>呈粉末或颗粒状，正常视力可见外来异物</td></tr>
</table>

（续表）

理化指标：					
序号	指标名称	检测方法	检测频率（批检/季检/年检）	检测单位	规格值范围
1	水分	GB 5009.3 第一法	批检	%	≤20.0
2	灰分（干基）	GB 5009.4	批检	%	≤0.3
3	蛋白质（干基）	GB/T 22427.10	批检	%	≤0.1
4	黏度（4%干物质，700cmg）	GB/T 22427.7	批检	BU	≥1300
5	斑点	GB/T 22427.4	批检	个/cm^2	≤3.0
6	细度［150μm（100 目）筛通过率（质量分数）］	GB/T 22427.5	批检	%	≥99.90
7	白度（457nm 蓝光反射率）	GB/T 22427.6	批检	%	≥92.0
8	电导率	GB/T 8884	批检	μs/cm	≤100
9	pH 值	GB/T 8884	批检	—	6.0～8.0
安全指标：					
序号	指标名称	检测方法	检测频率（批检/季检/年检）	检测单位	规格值范围
1	菌落总数	GB 4789.2	批检	CFU/g	$n=5$，$c=2$，$m=10000$，$M=100000$
2	大肠菌群	GB/T 4789.3	批检	CFU/g	$n=5$，$c=2$，$m=100$，$M=1000$
3	霉菌和酵母	GB 4789.15	批检	CFU/g	≤1000
4	二氧化硫	GB/T 22427.13	年检	mg/kg	≤10
5	铅（以 Pb 计）	GB 5009.12	年检	mg/kg	≤0.2
特别要求		无			
标签要求		产品的标签应符合 GB 7718 的规定，并明确标出产品的等级			
包装要求		每袋 25kg，密封于聚丙乙烯塑料袋			

（续表）

运输要求	运输设施应清洁卫生，无其他强烈刺激味；运输时，不得受潮。在整个运输过程中要保持干燥、清洁，不得与有毒、有害、有腐蚀性物品混装、混运，避免日晒和雨淋。装卸时应轻拿轻放，严禁直接钩、扎包装袋
贮存要求	贮存于阴凉干燥处，避免阳光直晒，不要将超过2个带货的栈板直接堆叠码放。未开包装及在上述贮存条件下的保质期为2年

涉及客户方有特别要求的，需要在规格书起草建立过程中与供应商进行及时有效的沟通，如特别指定检测项目、样品检测量、检测方法、检测频率、包装形式和材料、保质期以及分析报告（CoA）要求等。双方沟通对于规格书达成共识不仅仅是在书面确认的层面，应结合供应商实际资源配置和能力状况能否实现规格书的要求。如特定批检检测项目“沙门氏菌”，需提前与供应商沟通确认其内部实验室是否具备该项目检测能力并满足批检频率要求，还是需要每批送至外部实验室进行检测来满足规格书要求；另如客户会要求使用其指定的检测方法，也需要在规格书中沟通，过程中与供应商确认其是否有能力采用该指定检测方法，必要时需要对供应商的实际检测能力予以验证。

（三）供应商筛选

供应商筛选预审实际包含筛选和预审两方面。预防引入风险供应商是供应商质量管理的首要原则，所以筛选作为供应商准入的第一道防线十分重要。建立供应商筛选机制来帮助指导采购和产品开发人员来有效筛选引入潜在合格的供应商，下列供应商筛选指引以供参考：

1. 充分利用现有已批准供应商及原料资源库，避免引入同质化原料的新供应商；
2. 在产品创新开发过程中，尽可能缩减引入高风险原料供应商的数量；
3. 涉及新原料引入，应选择行业中具备丰富生产及供应经验的成熟供应商；
4. 对于创新开发的原料，应选择充分具备研发能力的供应商；
5. 对于高风险原料供应商，选择拥有食品安全体系认证的供应商（GFSI认证的供应商优先考虑，具体可结合企业自身实际状况建立体系要求门槛）。

（四）供应商预审

经过筛选的供应商会进入预审阶段，此阶段需要向供应商索取一些预审文件，如供应商预审调查问卷、过敏原调查问卷、热处理工艺问卷、工艺流程图、HACCP计划、体系证书、外审报告和外检报告等，并结合上述原料风险评估输出、原料规格书以及食品安全扫描工具或外部食品安全预警网站等，会同跨职能部门对供应商文件进行综合预审互动交流、评估校准及风险识别信息整合。

预审并不局限于索取上述基础文件，在预审评估的过程中对于需要进一步深入评估的部分应向供应商进一步索取补充文件，来对预审予以横向或纵向扩展。

预审输出的风险识别信息将汇总到供应商审核计算器中来综合评估进一步审核方式，如是否需要发起供应商自审（Self - audit）、远程审核（Remote audit）或现场审核（Onsite audit）。供应商审核计算器围绕原料风险、供应商竞争力及供应商资质三大维度下的子评估指标来进行综合风险评估（见图 4－2），综合风险评估可分为高、中、低三个等级，依据综合风险等级来对应选择审核方式，例如：低风险等级为供应商自审方式，中风险等级可采取远程审核方式，高风险等级则需要实施现场审核，以尽量客观、全面的审核方式对供应商做出统一评估预判，来降低人为主观的干扰影响。

图 4－2　供应商审核计算器三大维度

（五）供应商审核

如前所述，供应商场所审核主要包含供应商自审、远程审核及现场审核三种审核方式，在此介绍见表 4－2 所列。

表 4－2　主要审核方式说明

审核方式	说　明
供应商自审（Self－audit）	客户提供或指定审核条款，要求供应商在规定时限内完成自审并提供相应的支持证明文件
远程审核（Remote audit）	客户与供应商建立在线沟通及视频平台，通过在线沟通及远程视频的审核方式对供应商的文件及场所进行现场审核
现场审核（Onsite audit）	客户的审核员或指派外部第三方审核员前往供应商生产场所开展现场审核

供应商审核概要（Audit brief）：基于预审阶段与跨职能部门对于预审风险识别的最终整合信息梳理形成供应商场所审核概要，包含供应商信息、原料信息、风险等级、审核目的、审核范围、审核方式及审核风险关注项等，来帮助后续建立审核计划以指导和推动高效供应商场所审核实施。

供应商审核计划（Audit plan）：对于远程或现场审核，应参考供应商审核概要（Audit brief）提前准备并提供供应商审核计划给到供应商。审核计划不仅仅体现审核目的、审核范围、审核工具及议程安排等，其可以依据供应商审核概要的风险关注输出，有效地帮助审核员聚焦供应商审核的重心，合理地分配审核时段及安排审核路线等，从根本上提高供应商审核的有效性和效率。

对于供应商场所审核输出的不符合项（Non－conformance），会通过 CAPA（Correctiveand Preventive Actions）的方式予以跟进及关闭，不符合项的分类及定义如下：

关键不符合项（Critical）：发现的问题对食品安全构成直接或关键风险，或者是法律规定的不符合项；供应商场所有未完结关键不符合项时，无法获得批准。

【例】（过敏原管理方案）储存区观察结果：含有碎坚果的包装容器储存在表面调味料上方、调味料袋没有牢固密封，而且坚果泄漏到袋子顶部；面粉袋储存在非过敏原产品上方；其他过敏原产品按照供应商过敏原方案的规定储存。

重大不符合项（Major）：发现的问题是显著风险但不会给食品安全或质量带来直接风险。重大不符合项必须加以纠正，并在指定时间范围内或审核员及供应商商定的时间范围内完结。如果所有重大不符合项均已完结而且客户与供应商商定了有时限的纠正措施或认可计划来完结重大不符合项，那么供应商可以条件性批准。

【例】（过敏原管理方案）储存区观察结果：碎坚果密封容器储存在表面调味料密封容器上方；密封面粉袋储存在重新密封的糖容器上方；其他过敏原产品按照供应商过敏原方案的规定储存。

轻微不符合项（Minor）：发现的问题中食品安全或质量风险较低。客户不对轻微不符合项进行跟踪（除非认为必要），但建议供应商内部团队有能力应对并纠正轻微不符合项，以避免其发展成重大不符合项或在未来审核中成为重复不符合项。

【例】（过敏原管理方案）员工休息室内的贩卖机在售的糖果产品中含有坚果；工厂过敏原管理方案将工厂规定为非过敏原工厂。

不符合项的跟进确认及关闭验证，不仅仅停留在文件和记录建立、补充层面，需要延伸到供应商生产场所内部管理系统的完善、流程的优化、意识的强化、能力的建设及实际执行力的落实上，来确保不符合项能够彻底得到有效的关闭。

（六）原料合规性验证

原料作为供应商最终实际交付给客户的产品，其是否能够充分满足既定原料规格书要求，需要对原料的合规性予以验证，来确保所批准的原料是安全的、合法的、适合设计规范用途的。

在供应商预审和评估审核的同时，原料合规性验证可以平行开展。原料合规性验证包含但不限于以下内容：

（1）声明（Declarations）：供应商提供的正式或明确的声明。此信息包括但不限于用于标签和监管目的的物品，如过敏原、营养信息以及成分的组成。它可能包括声明（如有机认证、非转基因等）或遵守具体规定，及有关包装、储存和处理的重要信息。

（2）认证（Certifications）：收集供应商提供的证书，以确保供应商反馈的原料认证（如有机或清真证书）是在最新有效期内。

（3）检测（Testing）：抽取实物原料样品送检第三方检测机构，按照规格书的检测项及检测方法进行全项检测。涉及关键食安质量的检测项目，如需要应送检至客户批准指定的第三方检测机构。非关键检测项目，如供应商自行建立及增设的检测项目，不在第三方检测机构检测范围内的，可以考虑采用供应商的 CoA 报告作为检测数据依据。

（4）原料合规性验证的批准：合规性批准主要包括三类，见表 4－3 所列。

表 4－3 合规性批准的类型

类型	说　明
已批准（Approved）	供应商原料完全通过原料合规性验证要求，并具备商业化供应和生产使用资格
条件性批准（Approved with conditions）	供应商原料完全通过关键食安和质量原料合规性验证要求，个别非关键项目需要进一步验证但不会涉及食安和质量影响，可予以商业化供应和生产使用
未批准（Not approved）	供应商原料未通过原料合规性验证要求，不具备商业化供应和生产使用资格

（七）供应商原料批准

待完成第四部分供应商场所审核和第五部分原料合规性验证后，在基于原料合规性验证至少为条件性批准状态时，可以对供应商生产场所的原料准入做以下综合批准判定，见表 4－4 所列。

表 4－4　供应商批准的三种状态

状态	说　明
已批准（Approved）	供应商生产场所通过评估审核满足指定供应原料的所有质量和食品安全要求，所有不符合项均已关闭。只要原料合格并经过验证符合规格要求，获批供应商可向客户予以供应
条件性批准（Approved with conditions）	供应商生产场所满足指定供应原料的所有关键质量和食品安全要求，所有关键不符合项均已关闭，但重大不符合项已建立纠偏计划并协同缓解方案将在指定的时间范围内完成。允许向客户供应指定原料，但由相关质量小组确定可能适用的限制
未批准（Not approved）	供应商生产场所经评估审核未达到指定供应原料的最低质量和食品安全要求的，不予以批准。供应商不具备向客户供应原料的资格

鉴于新原料并非都来自新供应商，也会存在来自现有已批准供应商的情况，这一点也呼应了上述第三部分供应商筛选指引中的第一点，是值得鼓励践行的。对于此种类型引入的新原料，仍需按照系统流程评估原料风险，建立原料规格书，验证原料合规性，开展供应商预审及供应商场所审核评估。因涉及既有批准供应商，其之前的供应商预审、场所审核及绩效管理历史记录也均可作为评估参考信息输入该预审和场所审核评估环节，来推动新原料批准。

对于获得已批准或条件性批准的供应商生产场所原料，客户可以发送供应商批准信来通知供应商及客户内部的相关方，并为供应商及其生产场所申请编号、创建档案、设定批准有效期和录入系统，将批准的供应商及其生产场所纳入合格供应商清单，进入原料商业化采购、供应及生产使用的供应商绩效管理阶段。

（八）供应商绩效管理

供应商绩效管理作为一种良好的商业实践，用于评估、分析和改善供应商的绩效，并有针对性地推动供应商绩效持续改进，从而确保供应商能够持续保持原料质量一致性的同时，还可以为客户自身带来以下效益：

（1）通过“优胜劣汰”来净化和优化合格供应商清单；

（2）降低原料质量成本和风险；

（3）关联供应链 KPI 考核指标和指导采购配比；

（4）增强战略供应商共赢的合作模式；

（5）实现供应商变频监督审核管理。

客户可以根据自身实际状况，参考围绕质量、交付、成本和服务等评估维度来设定评估指标和权重，例如：认证资质（10%）、审核不符合项状况（20%）、到货验收不良率（30%）、食安质量事件（20%）、交付及时率（10%）、服务满意度（10%）、成本优势等，来设计及运行供应商绩效评估模型，如图 4-3 所示。

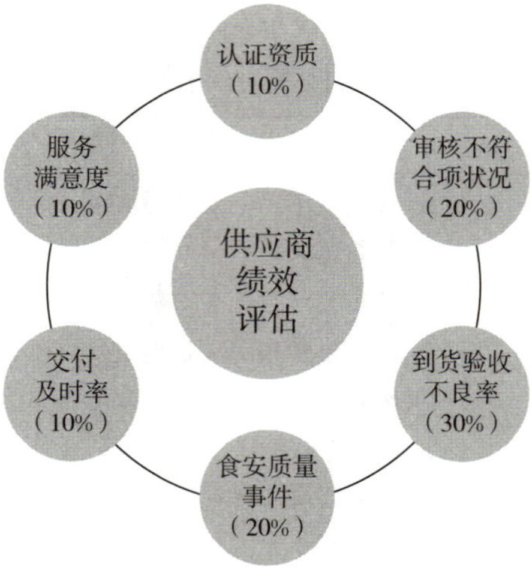

图 4-3　供应商绩效评估模型

通过供应商绩效评估模型来量化评估供应商的绩效表现，从而筛选及锁定绩效差的供应商，以进一步分析识别对应的关键绩效短板及影响因素，则可有针对性地制定改善措施来推动供应商绩效持续改进，最终实现及良好运行上述完整的闭环供应商质量管理流程。

第二节　生鲜农产品蔬果类供应商管理

一、生鲜供应商的主要类型和特点

目前，生鲜果蔬类农产品市场流通主体主要为农贸市场（摊主或公司）、农产品代办和生产基地（合作社）三类。

农贸市场（摊主或公司）：大多在市场有固定仓库或摊位，货源来自基地直采或由基地代理商代采（收百家货），此类供应商不负责源头种植，只负责产品销售。

农产品代办：一般无自有基地，集采当地资源集采产品（收百家货），只负责产品加工（挑选、分级、包装等）、销售，不参与产品种植环节。

生产基地（合作社）：一般具有自己的种植基地，参与种植、加工、销售全链路管理；同时也存在为整合资源，集采当地非自有基地种植的产品进行销售（收百家货）。

这几类供应商的共性特点：

1. 产品缺乏完善的链路质量管理体系；

2. 人员食品安全知识薄弱，食品安全意识匮乏；

3. 种植管理缺乏专业技术人员指导，存在未规范使用农药的情况；

4. 标准化配套设施及相应的产品链路标准欠缺或不完善，人工采收、分级、加工等环节存在管理漏洞，导致产品质量不稳定。

二、主要的风险与挑战

基于人们生活的需求，生鲜果蔬的生产已成为我国种植业中仅次于粮食的第二大农作物，根据中国产业研究院公布的《2022—2027年中国新鲜果蔬行业深度调研及投资前景预测研究报告》显示，我国水果产量2020年已高达28692.4万吨，蔬菜产量2020年已至7.49亿吨，而对于如此高频、大量刚需的农产品，在种植、用药、采收、加工、运输等环节，因为食品安全与质量管理体系的缺失却面临着重大挑战。

（一）合规及食品安全风险

《2022年国内食品安全抽检情况汇总分析报告》显示2022年合计有14712批次产品抽检不合格，食用农产品抽检不合格占比38.31%；食用农产品农药残留不合格项目共计44种。其中噻虫胺不合格占比最高，占农药残留不合格总量的20.22%；其次为腐霉利，占农药残留不合格总量的12.75%；也有少量国家禁用农药被检出，如毒死蜱、克百威、甲拌磷等，原因主要有以下几方面：

1. 产品缺乏完善的链路质量管理体系

农药使用前，缺乏农药供应商的准入体系，未对农药供应商及产品准入的资质进行合规审核。

2. 种植管理过程中，缺乏专业技术人员指导

农户基于经验配置农药，不关注农药标签信息显示的适用范围、使用方法以及用药间隔期，超范围、超剂量使用农药。

3. 种植及管理人员文化水平普遍较低，食品安全认知不足

不知道农药生产及市场合规流通所需的资质；对国家禁用农药清单不了解，无法辨别违规生产农药或禁止使用农药。

4. 检测硬件设施缺失或无相应的检测能力，无法进行自我监测

一方面基地缺少相应的设施设备；另一方面，缺少专业设施设备使用及维护的培训指导，操作不当或试剂保存不当等因素导致无效监测或无法监测。

（二）产品质量风险

1. 产品标准缺失

目前生鲜经营企业大多有产品到货质检标准，但适用于源头的链路标准缺失，源头基地不知道客户具体需求，以致产品质量参差不齐，不能很好地按照客户的需求完成质量履约。

2. 人员加工能力有限，产能需求大

大部分生鲜果蔬都是通过传统的人工采收、人工挑选、人工包装后对外流通；负责采收、加工的人员普遍年龄偏大，受教育程度不高，沟通难度大；对不同客户的对于生鲜果蔬产品的需求（比如规格、成熟度、着色、糖度等）不了解，凭自我认知挑选、加工。

三、生鲜供应商的管理方案

生鲜供应商的管理也适用于“选、用、育、留”的流程。

（一）选：生鲜农产品类（蔬果）供应商的选择和准入

供应商的选择和准入包括选择原则、准入流程、提供样品、资质审核、现场审核和批准等步骤。

1. 选择原则

（1）产品风险判定原则

根据产品种植、加工环节用药频次及周期以及国抽监测的频次及结果，评定产品的风险等级分为高风险、中风险、低风险，具体见表 4－5 所列。

表 4－5 产品风险判定原则

风险	定义	举例
高风险	生长期间病虫害风险较高，过程环节用药频次多、药残概率大，国抽频次高且被抽不合格占比大	叶菜类、椒类、韭菜、草莓、豇豆、四季豆、生姜、豆芽、茄子、小葱、猕猴桃、葡萄、香蕉（进口/国产）等

（续表）

风险	定义	举例
中风险	生长期及加工过程环节用药频次较高，但药残风险低，国抽频次高但被抽不合格占比较小	苹果、梨、柑橘类、冬笋（焦亚硫酸钠残留）、黄瓜等
低风险	生长期间病虫害风险较低，过程环节用药频次少或不用药、药残概率小，国抽频次低且被抽不合格占比小或无	菌菇类、南瓜、冬瓜、板栗、脆柿等

（2）供应商选择原则

根据不同的产品风险，确定供应商的选择原则和要求，见表 4－6 所列。

表 4－6　供应商选择原则

风险	选择原则
高风险	必须自有基地或合作基地，至少来自农产品贸易商
中风险	优先选择自有基地或合作基地，亦可选择农产品贸易商
低风险	可选择农贸市场

2. 供应商准入流程

供应商准入主要包括提供样品、资质材料、现场评审和资质审核等环节，具体流程如图 4－4 所示。

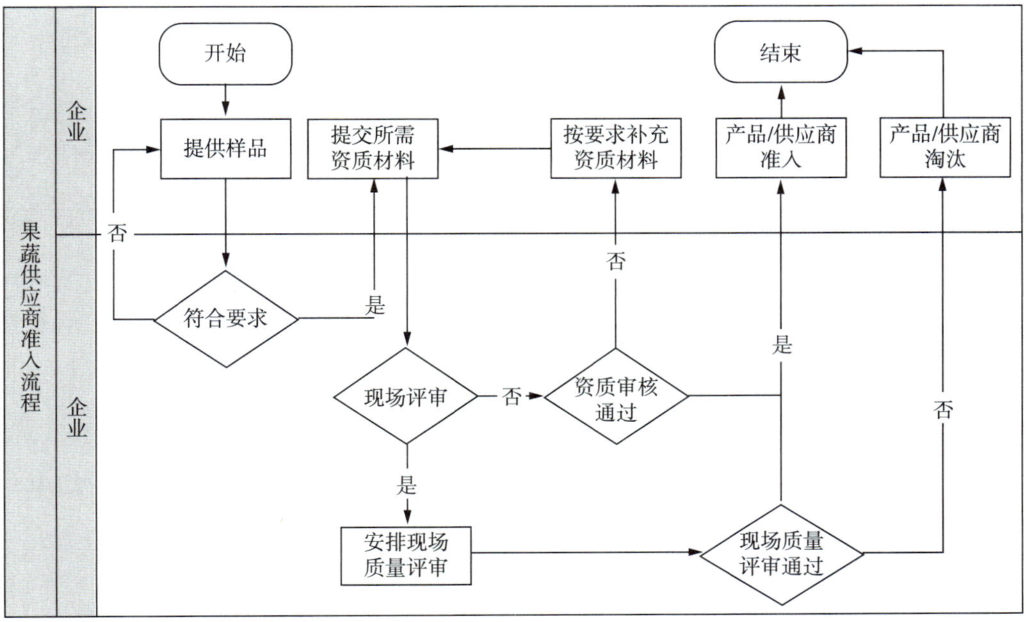

图 4－4　供应商准入流程图

3. 提供样品

根据渠道及客户需求，安排供应商送样，以便进行产品初步评估，如样品满足客户需求，可进入后续合作流程。

4. 供应商资质要求

为了满足合规的要求，应对供应商进行索证索票，不同类型的供应商有不同的资质要求，详见表 4 - 7 所列。

表 4 - 7　不同供应商的资质要求

<table>
<tr><td>供应商资质要求</td><td colspan="2">说　明</td></tr>
<tr><td>营业执照</td><td colspan="2">供应商营业执照主体不得为“个人”</td></tr>
<tr><td rowspan="2">土地资质</td><td>自有基地</td><td>流转土地统一经营合作基地</td></tr>
<tr><td>基地权属证书：产权证、林权证、国有农场所有权证书等
片区基地示意图</td><td>基地流转（承包）合同（协议）
流转（承包）清单，清单中应至少包括农户（社员）姓名、生产规模等栏目
合同（协议）应在有效期内
合作基地信息确认表
片区基地示意图
合作协议</td></tr>
<tr><td>检测报告</td><td colspan="2">产品第三方检测报告（产品采收后供应前）
生产用水/灌溉用水第三方检测报告
土壤第三方检测报告</td></tr>
</table>

5. 准入前现场评审

(1) 基地环境和管理要求

无论何种类型的基地，均应满足基本的环境和生产管理要求，详见表 4 - 8 所列。

表 4 - 8　基地环境和管理要求

类型	内　容
种植环境	(1) 种植基地的空气质量（GB 3095）、灌溉水质（GB 5084）、土壤环境质量（GB 15618）、土壤肥力等应符合绿色农产品或 GB/T 17924 地理标志农产品相应产品标准要求 (2) 农产品种植区域和其他区域之间应设置缓冲带或物理屏障
人员要求	生产经营主体负责人应参加生态农业及农业标准化、食品安全、种植技术等相关专业技术培训。参与种植、采收、加工、贮藏、运输等人员应经过培训或具备相关的专业知识或工作能力或工作经验
生产组织和管理	(1) 三品一标产品应符合对应标准要求 (2) 生产经营主体应建立进出库记录和使用台账，并由专人统一管理 (3) 生产经营主体应当科学合理使用农药、肥料、农用薄膜等农业投入品，防止对农产品产地造成污染，并按照国家有关规定回收并妥善处置包装物和废弃物等

（2）现场评审

企业可以由内部人员或者引入第三方审核公司进行专业的现场质量评审，对于基地生产合作社、自有基地、自有合作基地类型供应商的准入评估，可全面识别现场硬件、人员、管理风险，有的放矢，为后续提高产品安全与质量做好铺垫。质量评估的内容参考中国连锁经营协会（CCFA）发布的团体标准《食用农产品供应商生产评价要求 植物类》（T/CCFAGS 006），内容包括：合规性要求、食品安全管理体系、良好操作规范、食品危害控制、社会责任等。

6. 供应商批准

供应商完成准入流程后，若各个环节符合要求就可以准入。

（二）用：生鲜农产品类（蔬果）供应商的使用

果蔬供应商质量标准化非常重要，在日常管理前，需要建立质量标准并实施相应的培训。

1. 建立质量标准

为确保供应商清晰了解企业的产品需求，需要制定不同等级、不同规格产品的质量标准。特殊单品（如该产品链路不成熟或第一次上架销售或基地属于培养型供应商时）质量标准一般需要安排专业的质量人员去基地现场驻场跟采、跟装、跟运，结合该生鲜果蔬的产品属性、基地硬件设施配置、基地气候、成品等质量要求，进行采摘环节、加工环节质量控制信息的确认和梳理。采摘环节管控表、加工环节管控表示例见表 4－9、表 4－10 所列。

表 4－9 采摘环节管控表

环节	明细		具体要求
选果要求	规格/等级（长度/单果、单串重量等）		
	成熟度/着色		
	糖度		
	果柄长度		
	感官品项（缺陷描述）		
采摘环境要求	晴天（采收时段）		1. 采收时段： 2. 遮阴措施：
	雨天（避雨措施）		1. 采收时段： 2. 避雨措施：
采摘操作规范	防护		
	工器具		
	手法		
	田间装框/装袋等	单框/单袋重量	
		单框码放层高	

（续表）

环节	明细		具体要求
中转要求	农车中转	码车/码袋	
		农车周边防护	
	人工肩挑		
各环节管控示例图片			

表 4－10　加工环节管控表

环节	明细		具体要求
选果要求	规格/级别 （长度/单果、单串重量等）		
	成熟度/着色		
	糖度		
	果柄长度		
	感官品项（缺陷描述）		
加工 环境要求	晴天（遮阴措施）		
	雨天（避雨措施）		
加工 操作规范	防护		
	工器具		
	手法		
包装要求	包装材料（包装盒/箱/袋及辅料）		
	包装要求	包装尺寸	
		摆放顺序	
		单层摆放数量	
		摆放层数	
		单盒/箱重量	
	标识/贴标（防水）	粘贴位置	
定称要求	包装净含量		
	产品净含量		
	单盒/单箱净含量范围		
	电子秤	量程	
		精确度	
		使用注意事项	

（续表）

环节	明细		具体要求
装框要求	摆放顺序		
	单层摆放数量		
	摆放层数		
	防震/防颠措施		
	单框重量		
	标识（追溯）		
成品暂存	户外暂存	环境温度	
		避阴、避雨	
		时间	
	冷库暂存	温度	
		时间	
	常温库暂存	温度	
		时间	
	成品码放层高		
装车要求	车辆温度		
	码放高度/层数		
	防震/防颠措施		
	装卸操作		
各环节管控示例图片			

2. 质量标准培训

因加工人员年龄大，沟通难度大，应将各环节标准要求可视化、可操作化，并进行相应的实操培训；在整个采摘、加工过程中进行一对一实时纠偏，提高人员对产品质量要求的认知，确保出品的质量。

3. 供应商日常管理

(1) 产品到货查验

通过质量标准可以提高产品质量的稳定性，但对于农药残留的控制最有效、最便捷的方式为到货查验。

企业可根据到货量、到货产品的风险等级以及该产品种植过程中常用农药进行抽样监测。一般到货每批次均需要取样，车前、车中、车后按需取样，分别监测农药残留数据。

企业可基于成本控制、国抽项目要求以及历年国内食品安全抽检数据综合制定不同类型产品的抽检频次及抽检指标要求的检测计划。表 4 - 11 为某生鲜企业果蔬农残监测计划。

表 4－11　果蔬农残检测计划

<table>
<tr><th>品类</th><th>检测项目</th><th>检测方法</th><th>备注</th></tr>
<tr><td rowspan="3">水果</td><td>有机磷及氨基甲酸酯类</td><td rowspan="15">GB/T 5009.199，胶体金卡</td><td rowspan="3">根据具体单品选择适宜监测的指标，草莓还需批次监测烯酰吗啉</td></tr>
<tr><td>丙溴磷</td></tr>
<tr><td>2，4－滴和 2，4－滴钠盐</td></tr>
<tr><td rowspan="12">蔬菜</td><td>有机磷及氨基甲酸酯类</td><td rowspan="12">根据具体单品选择适宜监测的指标，豆芽还需批次监测 4－氯苯氧乙酸钠、6－苄基腺嘌呤</td></tr>
<tr><td>腐霉利</td></tr>
<tr><td>毒死蜱</td></tr>
<tr><td>菊酯类</td></tr>
<tr><td>重金属镉</td></tr>
<tr><td>阿维菌素</td></tr>
<tr><td>氟虫腈</td></tr>
<tr><td>噻虫胺</td></tr>
<tr><td>噻虫嗪</td></tr>
<tr><td>吡虫啉</td></tr>
<tr><td>克百威</td></tr>
<tr><td>氧乐果</td></tr>
</table>

（2）供应商产品服务履约监管

根据供应商每日产品履约数据，对于供货异常的单品如整批拒收的，启动远程日复盘机制，可高效快速发现问题、找出原因、解决问题，提高产品质量稳定性。简要的日复盘流程如图 4－5 所示。

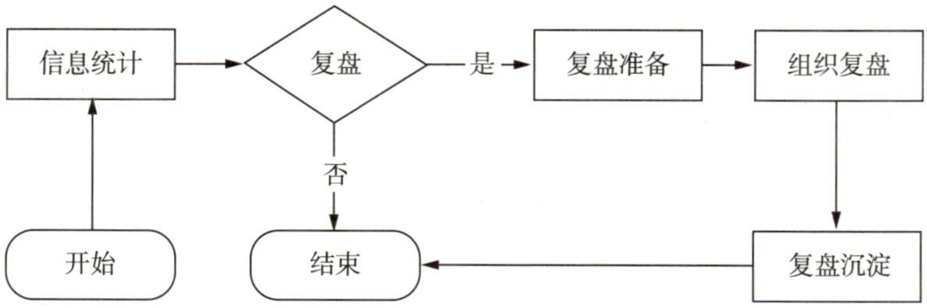

图 4－5　日复盘流程图

复盘原则有以下几点：

① 促销品拒收的优先复盘；

② 基地或乡村振兴拒收的优先复盘；

③ 同一个供应商，同一个品连续出现≥2 次拒收的优先复盘；

④ 拒收频率高的供应商优先复盘；

⑤ 单品单批次供货数量较多（5000kg 以上）优先复盘。

(3) 供应商考核及评级

供应商评级是优化供应商池的量尺，企业可通过供应商的到货合格率并结合终端消费者及市场的质量反馈进行等级划分（见表 4-12），根据供应商的等级，采取飞行检查或专项调查方式进行管理。同时，按照不同问题影响等级制定相应的奖惩措施（见表 4-13），降低企业的经营风险和经济损失。

表 4-12　质量问题扣分规则

类型		扣分	加分
质量问题	特级质量问题	30/次	10/年度 0 起
	A 类质量问题	20/次	5/季度 0 起
	B 类质量问题	5/次	5/月度 0 起
	C 类质量问题	5/次	5/月度 0 起
	批次拒收（整批）	5/次	2/月度 0 起

表 4-13　供应商等级划分和奖惩措施

供应商等级划分	质量考核得分	奖惩
一级	≥85 分	年度供应商大会给予表彰和奖励，增加供货份额，战略合作供应商
二级	70≤分值<85 分	维持现用供货份额，重点培养
三级	65≤分值<70 分	按条款给予处罚，定向培养
四级	分值<65 分	按条款给予处罚，情况严重的终止合作

(三) 育：发现问题并帮助其改善

企业搭建多样性的供应商池的目的是择优而用，而优质供应商离不开企业的培养，一个愿意与企业共成长的供应商才有能力有机会成为战略合作供应商。对于生鲜果蔬类供应商的培养可基于供应商的类型及供应商的特点给予专项培养渠道和培养资源。

1. 嫁接自有质量管理体系：如对于基地生产合作社、自有基地、自有合作基地，可以利用企业资源输入专业的技术指导及嫁接成熟的质量管理体系的方式，深入该类供应商的日常管理及监督环节，包括种植计划的拟定、农药的采买及使用管理、人员管理及培训、生鲜农产品的采收以及加工等。

2. 进行专业技术指导：企业可利用自有资源邀种植专家前往基地，给予专业的技术指导，在生长过程中给予虫害治理方案，提高果蔬产品的产量及质量，达到互利共赢的目的。

3. 日常现场辅导或远程辅导：根据供应商日常产品服务数据，选择潜力股供应商定向辅导；辅导的内容包括但不限于协助供应商进行产品质量问题根本原因分析、解决方案的拟定、方案落地跟踪、相关产品标准及送货规范的培训、产品供应链路质量评估及风险评估等。以下为现场辅导供应商的案例，涉及产品的种植、采收、加工、装车过程的评估，见表 4-14 所列。

表 4－14 ××产品产地质量调研报告（参考模板）

<table>
<tr><td>调研产地</td><td>××省××市××县××镇</td><td>调研时间</td><td>××年××月××日</td></tr>
<tr><td>产地产量</td><td>××吨</td><td>供应周期</td><td>××月—××月</td></tr>
<tr><td>产品规格</td><td colspan="3">重量：××g，长度：××cm，直径：××cm</td></tr>
<tr><td>情况介绍</td><td colspan="3">一、调研行程安排：说明当日具体调研走访产地；
二、种植情况：种植环境、种植面积、种植方式、种植品种、种植成本、种植投入品农药及肥料使用情况、产品在地生长情况及是否有缺陷、产品属性及特性介绍；
三、采收情况：采收人员配置、采收工器具及包装方式、田间运输工具、采收流程、采收过程质量评估、产品分级情况评估、采收产品售卖渠道（仅限地头直发）、产品收货模式（如农户、合作社、公司、代办、农户＋代办等）、采收成本；
四、加工情况：加工环境（库存环境）、加工人员配置、加工流程、加工成品包装方式（包装物料及尺寸）、加工损耗率、加工过程质量评估（抽检已加工成品）、产品分级情况评估、加工产品售卖渠道、加工成本、库存管理；
五、发货情况：装车环境、装车人员配置、装载车辆卫生及温度要求符合情况、装车流程、装车质量规范性评估；
六、其他：产地了解到的其他有效信息补充说明，如产地产品售卖不同渠道质量差异、产地普遍存在的问题等。
备注：缺陷描述统一按如下三个级别：
1. 严重缺陷（无食用售卖价值，如腐烂、发霉等）；
2. 一般缺陷（不影响食用，在外观方面有瑕疵，如机械伤、花皮、虫害等）；
3. 规格缺陷（产品规格不符合标准要求）</td></tr>
<tr><td rowspan="6">产地调研照片</td><td>产地环境</td><td>种植情况</td><td>产品在地照片</td></tr>
<tr><td></td><td></td><td></td></tr>
<tr><td>加工环境</td><td>加工情况</td><td>产品包装照片</td></tr>
<tr><td></td><td></td><td></td></tr>
<tr><td>装车情况</td><td>产品缺陷</td><td>其他</td></tr>
<tr><td></td><td></td><td></td></tr>
<tr><td>农残信息</td><td colspan="3">样品送实验室农残检测后，填写：是否合格</td></tr>
<tr><td colspan="4">风险评估</td></tr>
<tr><td>供应建议</td><td colspan="3">根据调研过程发现的质量相关风险点，提出合理化的建议和意见</td></tr>
<tr><td>沟通结果</td><td colspan="3">针对上述建议或意见，跟相关采购负责人员沟通确认</td></tr>
<tr><td colspan="4">调研人：××部门××人员</td></tr>
</table>

（四）留：多种激励手段

供应商和企业的关系本是一种共生关系，为加固共生，可通过多种方式给予供应商以激励，达到良性循环、互利共赢的目的。

1. 对一级供应商增加份额分配。

2. 根据年度或长期合作期间供应商服务表现，将其纳入企业战略合作供应商名录。

3. 组织开展企业供应商季度大会、年度大会，以奖金、表彰等形式进行激励。

4. 成立供应商食品安全联盟，让供应商有荣誉感及责任感，助力其他企业共同成长与发展。

第三节　食品行业包材供应商管理

一、食品行业包装材料供应商的特点

这里我们讨论的供应商特指包材生产企业，对于经由贸易商间接采购食品包装材料的情况，请参考本书贸易商供应商管理章节。

了解食品包材和包材供应商的特点，有助于企业针对性地管理。理解包材供应商的特点应当结合包装材料自身的特点。

食品行业常用包材有多种分类方式，见表 4-15 所列。

表 4-15　常用包材的分类

分类方法	类型
按照用途分	食品接触包材（一次包装）和非食品接触包材（二次包装）
按照材质分	塑料包材、纸质包材、金属包材、其他包材（如玻璃、复合材质等）
材质特性	柔性包装、硬质包装等
使用方式	手工包装、自动包装等

分类方式意味着共性特点。非食品接触和食品接触会带来不同的食品质量安全风险，进而提出不同的供应商质量管理要求；纸类包材和塑料包材的材质特性，对于储藏、运输、使用条件等方面要求不同而关注点不同；手工包装和高速自动化包装对包材有完全不同的容忍度，这会影响我们对于包材从加工到使用过程中多个环节的质量期望。

基于对餐饮、零售和生产加工用途的食品包材及其供应商的了解，食品包材供应商有如下特点：

（一）食品包材的入行“门槛”不高

从食品包材生产的角度，虽然会涉及很多艰深的理化研究以开发特定的产品表现（尤其在石油化工所引申的塑料柔性包装等领域），但是总体来说，常见食品包材的工艺复杂度不高，它们主要是一些简单物理变化的组合，如印刷、胶合、切分、成型等。加之其上游原材料的发展比较成熟，市场上可以较为容易地购得生产所需要的各种标准化塑料膜卷、金属片材、纸张纸板等原料，包材供应商仅需要少数成型设备即可进行简单包材的生产。这意味着，对于很多包材产品，在没有深入了解包材供应商的情况下，我们很难从有限的产品制样中了解到企业的实际能力。

（二）食品包材供应商的“专精”程度有限

食品包材行业由泛用的包装材料行业乃至印刷业发展细分而来，很多企业和从业者的背景会追溯到上游原料或泛用包材产品的生产和印刷，而不是食品行业的向上配套延伸。这种专业性往往和食品行业对于食品质量安全的特殊需求不匹配。这种不匹配也直接体现在很多食品包材供应商生产场所的设施建造、卫生设计、管理要求及从业者食品安全知识和意识上，而这些都对食品质量安全以及食品包材供应商管理带来了挑战。

（三）食品包材供应商对上游的影响力有限

以常见的塑料柔性包装和纸质包装为例，即使企业已具备了一定规模，拥有塑料粒子加工和纸卷处理的能力，其上游的石油化工和造纸业仍然因其行业特点，只会有限地受到下游包材生产商的控制和影响，石油化工和造纸巨头并不倾向于为个别食品用途的中小型下游客户制定特别的工艺控制和质量管理流程。而那些企业规模更小，只能靠外购卷膜和纸板进行简单后处理的小型包材供应商，其影响力更为有限。这会给许多有特定缺陷的控制带来挑战，进而影响对于包材供应商的管理要求。

基于以上分析，对于食品企业，我们首先应当了解到食品包材和包材供应商相较于食品原料的不同，意识到不同类别包材供应商可能呈现出不同的特点和情况，从而建立适合包材供应商的管理方法。

二、风险和挑战

虽然一般意义上食品包材具备非生物敏感特性和并不显著的理化风险，大家普遍认为包材在质量安全管理上更加让人“放心”，但实际上由食品包材造成食品质量和安全问题，引发社会关注并导致企业蒙受巨大经济和声誉损失的事件并不罕见。如2005年某食品巨头公司的包材在印刷时受到化学污染，导致欧洲大规模发生牛奶召回案件；2011年一系列塑化剂事件横扫全国，对多个行业造成冲击；2022年某著名烘焙企业包材重金属超标遭到处罚等。

除了这些由包材问题直接引发的食品安全事件，其间接造成的质量事件更加常见：如包材成型问题导致的虫害侵入，封口不良造成的内容物暴露，阻隔性失效造成的食品在保质期内变质等，都可能直接导致客户投诉，甚至引发食品企业的产品召回。那些食品包材本身的缺陷（如印刷、变形）对消费体验造成不良影响，甚至引发客诉的案例更加不胜枚举。

以下我们将对包材面临的风险和挑战从法规、食品安全、质量等角度进行探讨。

（一）法规风险

食品包材也有完善的法规体系，即有食品包材生产过程和/或食品包材本身不符合法规的风险，如图4-6所示。对于前者，所有可能涉及的合法性资质如营业执照、生产许可证、印刷许可证等是生产运营的前提，正规公司一般可以良好遵守。但值得注意的是，持续符合如《食品接触材料及制品生产通用卫生规范》（GB 31603）等强制性国家标准的规定，也属于合法生产的基本要求。在很多包材企业尤其是中小型企业的生产中，不符合强制性标准的违法行为往往没有得到足够的重视。

食品包材自身不符合法规主要体现在包材成品的产品性能、理化指标、添加剂使用、物质迁移等方面的不符合规定。这其中最显著的风险之一来自上游供应链引入的潜在污染物和添加剂的违法。以食品行业常用的塑料卷膜为例，其生产场所发生的主要是一些物理变化，直接受到包材企业管理，而其大量使用的黏合剂、油墨、溶剂等化学用品通常来自外购。这些物料成分复杂且不直观，下游生产商很难通过有限项目的型式检验报告充分了解其真实成分，而一旦不合格的原料被用于卷膜生产，其可能造成的污染物或迁移物质超标也很难通过包材成品的常规检验发现并锁定来源。

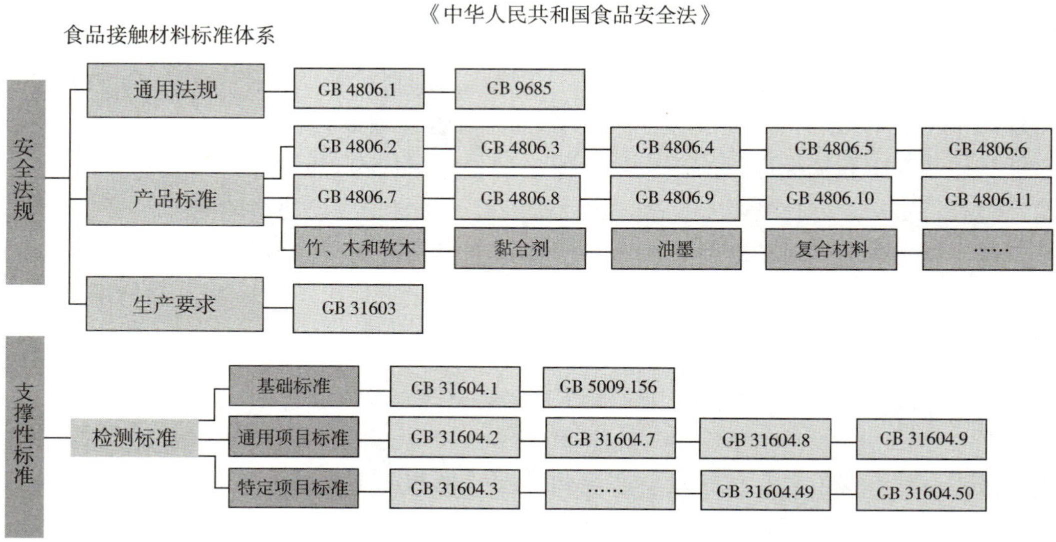

图 4－6　食品接触材料的强制性国家标准框架

（二）食品安全风险

企业产品表现和生产过程不满足法规标准，也会在客观上带来潜在的食品安全风险。

这里的安全风险指包材因成分、状态等因素对内容物（食品）带来的潜在食品安全风险。总的来说，食品安全风险直接受到法规和标准的约束，即上述提及的各类食品接触材料及制品食品安全国家标准。在这点上，食品安全风险和法规风险是高度重合的。

在实际的使用和管理中，也有一些安全风险没有直接受到法规标准的具体规定，即各类异物带来的物理风险和交叉污染带来的生物风险。例如：糖罐内掉入了设备脱落的金属螺母，托盘中夹杂了没有剔除的塑料边丝，膜卷端面落有蝇虫尸体，设备管线破裂导致油污溅射在包材表面等。

在包材的生产和储运中，如果设备的卫生设计、维护保养、GMP、虫害控制等任何环节存在疏漏，都有可能导致各种异物进入包材，带来潜在的食品安全风险。

（三）质量风险

食品包材虽然满足各类法规标准提及的指标、限值和其他要求，但是不符合客制化的产品规格标准，造成使用性能上的失效，这种风险即质量风险。

比较常见的问题如各类食品包材的成型缺陷（见表4－16），包括但不限于由黏合、裁切、成型的工艺控制等各种原因造成的成型缺陷。类似的缺陷对自动化生产线的流畅运行造成巨大挑战，增加运行成本并带来物料损耗。没有及时发现的缺陷产品还可能进入流通渠道，导致异物、虫害侵入，或在产品码垛时影响受力、陈列时影响观感，对企业的产品质量安全和品牌声誉造成挑战。

除成型外，印刷缺陷也是常见的质量风险来源。常见的墨点、刀线、套印、油污等印刷问题，轻则对陈列展示的美观度造成影响，严重的情况下影响到食品配料、过敏原等信息的宣称，带来潜在的法规风险。

表4－16　主要包材的常见质量缺陷

包材类型	常见缺陷
卷膜	色差，套印，油墨污染，端面不平，剥离强度，溶剂残留，摩擦系数，封合强度
纸盒	水分，成型，黏合，破损，混装
纸箱	水分，抗压，成型，变形，破损，混装
瓶罐	异物，成型，锈蚀，开合力
托盘	异物，气味，克重，变形，破损

以上我们探讨的食品包材法规、食品安全和质量风险，最终都会指向对企业品牌声誉的损害，直接或间接地造成经济损失，甚至产生不可挽回的法律后果。在实际的运行和管理中，这些人为定义和分类的风险类型并非泾渭分明，它们相互交叉且时常伴随发生。在接下来的章节中，我们将基于这些风险，对常见的管理流程和控制思路进行探讨。

三、包材供应商质量管理的内容和方案

包材供应商的管理流程同样适用“选、用、育、留/流”的思路。

（一）选：供应商选择的关注要点

供应商“选”的过程中，需要着重关注三个部分：以风险分级和资源利用为目的的供应商分级；批准时的重要关注；在常见的批准方式——现场审核中的关注重点。

1. 供应商的分级

分级的目的是将供应商按不同的风险等级进行区分，应用不同层次的管理措施，以寻求资源的有效利用和风险的充分控制。因为业务发展的原因，具备一定规模的包材供应商可能涉及多种不同类型的包材生产，所以对包材供应商分级，通常要通过对包材本身特性进行分级。

考虑到包材对食品质量安全的潜在影响，我们通常将包材按照与食品接触的状态（即食品接触和非食品接触）进行分类并管理，建立不同尺度的供应商质量管理要求。考虑到深度的管理需要，我们也可以结合以下几个因素进一步分级：

（1）食品接触状态

与食品直接接触和间接接触呈现不同的风险，应根据需要进行定义和管理。间接

接触的情况有初级包装未密封、初级包装的阻隔性不足、未吃完食品的临时保存等。

(2) 印刷的状态

没有任何印刷或只印刷图案的包材，与印刷有详细产品信息的食品包材相比，也会呈现出不同的风险。所印刷信息的严肃性越高（如配料表、过敏原信息、生产许可证信息等），对包材供应商质量管理标准的要求越高。

(3) 包材的使用方式

食品包材使用方的自动化程度越高，流水线车速越快、对于包材表现偏差的容忍度越低、对质量持续稳定符合的需求度越高，对于供应商质量管理标准的要求越高。

根据以上的要素可以对包材进行分类，表 4-17 是常见的分类方式。

表 4-17 常见的包材供应商风险分级方式

是否与食品接触	是否印刷	风险等级
食品接触	有/无印刷	1 级
非食品接触	有印刷	2 级
非食品接触	无印刷	3 级

2. 供应商的批准

包材供应商的批准是使用者对包材生产实体的批准，除了应遵循业务上的一般流程，我们需要从供应商质量管理的角度考虑如下几个方面：

(1) 批准的对象

批准的对象在大多数时候是包材的生产企业，但也会有更加复杂的情况：如包材来自贸易商、来自同一公司的不同生产场所、来自大型生产场所里某一特定的生产线等。这里可以抓住的一条主线是：我们实际使用的那一款包材究竟是从哪里生产出来的。我们应当明确包材实际涉及的产线/车间/工厂和各自具备的资质，其生产和质量管理能力与我们对供应商要求的符合性，结合对食品包材的具体需求，最终决定批准的对象和范围。

(2) 批准的标准

合法性资质是一切的基础。此外，对于质量管理的标准，应确认潜在供应商建立了适合企业和产品的质量管理体系并有效执行，可以确保产品质量安全的持续、稳定符合要求。

对于一些存在特别技术难度、可能带来产品质量安全风险的包材，我们还应考虑到供应商在技术能力上应具备的标准。这个标准通常需要由研发或技术部门（或人员）参与确认，确认其具备相应的设备、技术、工艺、检测等能力。技术标准本身，既可以作为供应商批准的一部分，也可以分离开来、作为供应商批准后对可供应产品的批准。这更多是管理方式的不同，企业可以选择适合自己的方式。

(3) 人员的要求

在批准的流程中，除了业务流程，必须考虑到对供应商质量的要求。对于具备充分的人力资源的企业，批准可能会涉及供应商的生产、质量、研发和技术等部门；对于中小型的食品包材使用方，至少需要负责供应商批准的组织中包含具备充分的关于质量和生产等基础知识的人员。

3. 现场审核的重点关注

（1）印刷材料和标签的管理

因为包材的特殊性，我们应当要求供应商识别并管理印刷材料、标签等印刷物的特殊风险：

明确印刷效果符合性的管理和沟通流程。供应商内部对签样的制备、保存、使用、更新等环节应建立合理的操作流程和沟通要求，图稿变更时应得到供应商必要部门和客户的充分确认和沟通，签样使用时执行明确的规定。

明确印刷物混用风险的管理要求。一方面，供应商在设计图稿时对容易产生混淆的包材，应使用必要的防混技术，如编码、色块、颜色区分等；另一方面，在日常的生产中，应建立有效的管理措施以防止成品的混淆，如清场、点检等。常见的包材混用风险管理方式和措施见表 4－18 所列：

表 4－18 常见的包材混用风险管理方式和措施

管理方式	管理措施
目视管理	图稿设计，加贴特殊标签，使用特殊标识（图案、封箱胶带等）
过程控制	清场，点检，指定存放区域和可视化标记
数字化	条形码/二维码，视觉检测系统
运输管理	物理分隔，空间间隔，带托 & 缠绕膜运输，装卸检查

另外，还应明确规定对含有客户和产品信息的印刷材料的处置和销毁要求，这些材料不应在未获得许可的情况下以任何形式被回用或遗弃。

（2）产品规格标准

供应商应收集并管理客户所有产品的规格书并保持更新，对规格书进行评估并确认所有工艺步骤（工艺卡）；明确所有涉及原料的规格标准并传达给相应的上游原料生产商（供应商的供应商）。

在一些情况下，如果包材供应商生产和供应的是“非客制化”的产品，那么至少应当明确并建立所设计和生产产品的规格标准，然后“拆解”为达成成品标准所需要的原料和工艺要求。

以客制的食品接触复合膜为例。供应商至少应在打样确认后，明确所涉及的基膜、镀铝膜、油墨、黏合剂等关键物料的关键要求，如主力的生产商，物料的品牌和型号，是否为客制物料；明确所涉及的关键工艺要求，如特定的印刷方法、复合方法；明确涉及的特殊质量管理要求；对工艺的目标参数和可允许范围进行验证等。这些信息最终被汇总形成这款复合膜在供应商内部的执行标准。

（3）设备维护和保养

包材生产中各个工艺的自动化程度较高，设备能力和状态对制成品的稳定性有重要的影响，应当关注设备维保在时间维度上的计划，标准操作的建立和实际执行的情况。

对于关键的生产设备设施，除了进行周期性的检查外，还应关注其在日常点检中的具体要求，关注和产品直接接触的设备设施，关注对裸露产品有潜在影响的设备设施。

可以要求供应商建立明确的参数限值和行动计划，用于重要部件的检修维护乃至强制更换或报废。

（4）卫生设计

卫生设计上的不足会大大增加包材质量安全风险发生的可能性。这里的卫生设计包含厂房结构和设备设计两个维度。尤其对于一些厂房专用程度较低的小型包材供应商，我们应当着重关注：

在厂房结构上，应当至少考虑到内外部结构的材质适用性和状态完整性，内外部连通的出入口的设计和状态，地面、墙壁的设计和状态等，确认是否有充分的空间用于设备设施的正常运行、人员操作和必要的清洁、保养等活动。

在设备设计上，品牌的加工设备往往已经考虑到了生产中的卫生需求，但是对于自行设计的非标准化设备，应当格外关注设备设计适用性和表面处理的状态，是否存在设计上容易积累污垢并难以检查和打扫的卫生死角，重要的部件是否易于人工的检查和清洁，重要部位的焊接工艺和状态等。

（5）仓储和运输

储运环节的控制失效是造成许多缺陷的直接原因，如破损、潮湿、异物等。包材供应商除了要满足对仓储运输硬件和物料流通的一般要求外，应特别关注：

仓储和运输期间物料的包装形式和装车形式应得到充分的规定和执行，包括拆零和退库物料。

需要关注有特殊储运要求的包材成品和上游物料，如有特别要求的纸张、油墨、冷封胶等，需要确保企业具备相应的储运能力，识别特殊物料的要求并执行。

仓储和运输过程中涉及的工器具不应成为污染的来源，如材质不合适或破损的栈板，室内使用的燃油叉车等。

物料临时存放和装卸过程的管理，如临时在室外雨棚下的物料暂存和装卸等，应当仔细地规定并执行具体的管理要求，考虑到虫害侵入、雨水和其他周边污染对产品影响的风险。

（二）用：供应商使用时的关注点

对于供应商的通用管理，前面章节中已经有过很多具体的介绍。这里结合包材和其供应商的特点，主要介绍产品规格标准管理、符合性声明、变更管理和供应商绩效监控。

1. 产品规格标准的管理

原则上，企业使用的每一种包装材料，都应建有适用的产品规格标准，用来和包材供应商约定关键的包材表现和相关要求。

（1）产品规格书的建立

狭义上，这个标准特指产品规格书本身（即 specification，也就是常说的 Spec），内容通常包括包材本身应当具备的属性和表现，其建立时应当关注：

① 指标的充分性。规格书上包含越详尽的指标类别和要求，对包材成品的约束越强。在设计上，常见的问题是过分依赖食品包材的食品安全国家标准要求，而不考虑使用者自身基于使用方式、包装机原理、产线特点、产品售卖环境等因素的质量需要，对包材进行规定。

② 指标的可执行性。应当尽可能地对指标进行量化，明确量化时涉及的具体检测方法或特定的仪器设备和标准。对于量化的指标，在适用时应当同时设置目标值，以及基于验证得出的可允许误差范围，增强指标的可执行性。

在使用中，一个良好的实践是：对于典型的包装规格和包装形式，除了对包材本身的状态进行文字规定外，还对包含有食品内容物的包装成品的外观状态通过图例和描述的形式进行规定。

（2）其他形式产品规格标准的识别

产品规格书无法包含所有关键的要求，这需要我们识别广义上的产品规格标准并加以管理：

① 包材使用的要求。如包材的单元内摆放要求、包装形式、码垛要求、装车要求、送货要求、工厂使用中的缺陷率要求等。这些要求应至少以某种书面形式得到双方的认可和执行。

② 其他表现的要求。除明确可量化的指标外，一些如印刷版面等受技术限制或难于描述的要求，也应得到识别和明确，如版面设计、标样和上下限样、缺陷版或缺陷的判定原则、包材气味的要求和标准等。

（3）产品规格标准的执行

在规格标准建立之后，应确保标准得到执行。

① 工艺的转化。供应商对客户的规格标准进行评估，转化为包材企业自己的“语言”，它们包括但不限于：产品和版本信息，特定的原材料，所有工艺步骤，各工艺步骤的操作限值，关键质量监控内容、方法和标准，涉及的指定机台，客户的其他特殊要求等。

② 工艺的验证。在生产设备机台没有指定的情况下，同一工艺不同机台的表现可能千差万别，相应的控制要求也大相径庭。应当格外关注包材供应商对工艺的验证，对工艺的目标值和上下限进行测试，避免制定的工艺不被执行，或规定的工艺范围非常宽泛，在质量管理上不具备参考性。

2. 符合性声明（DoC，Declaration of Compliance）

符合性声明作为管理食品包材法规和安全风险的一种重要工具，用于宣称供应商及其上游供应商的质量和安全控制符合法律体系的要求，表明其适合用于食品，已经越来越多地被包材使用企业关注并使用。与基于抽样、针对特定标准和具体检测对象（被检测的产品和指标）的检测报告不同，符合性声明基于产品的各种组分和生产过程，对产品本身和整个供应链的合规性进行了完整的声明，可以有效地管理法规风险（如第二部分举例的上游供应链代入污染物的情况）。

它的基本概念和要求在欧盟法规 Regualtion（EC）No1935/2004Article16，Commission Regulation（EU）No10/2011 of 14 January 2011 Article 15，以及中国国家标准 GB 4806.1 第 8.3、8.4 条款中均有明确提及。

EU10/2011 对符合性声明的规定：

(29) Article 16 (1) of Regulation (EC) No 1935/2004 provides that materials and articles covered by specific measures be accompanied by a written declaration of compliance stating that they comply with the rules applicable to them. To strengthen the coordination and responsibility of the suppliers at each stage of manufacture, including that of the starting substances, the responsible persons should document the compliance with the relevant rules in a declaration of compliance which is made available to their customers.

GB 4806.1—2016 对符合性声明的要求：

8.3 标识内容应包括产品名称，材质，对相关法规及标准的符合性声明，生产者和（或）经销者的名称，地址和联系方式，生产日期和保质期（适用时）等内容。

8.4 符合性声明应包括遵循的法规和标准，有限制性要求的物质名单及其限制性要求和总迁移量合规性情况（仅成型品）等。

在实际的使用中，一份良好的符合性声明（见图 4－7）应考虑到：

附件 3：

符合性声明（终产品）

产品名称：	×××××（符合性声明对象的产品名称）
产品材质：	×××××（根据相关产品标准要求标识产品材质，对于复合、组合材料及制品可以列表的形式体现各层材料或部件的材质）
生产商：	×××××
联系方式（适用时）：	×××××
声明方：	×××××
联系方式（适用时）：	×××××
产品使用条件*：	可以或不可以接触的食品/食品类型、与食品接触的使用条件限制（接触时间和接触温度）、最大面积体积比（或最小容量）和重复使用情况等。
符合法规：	产品符合 GB 4806.1-2016《食品安全国家标准 食品接触材料及制品通用安全要求》、GB 9685-2016《食品安全国家标准 食品接触材料及制品用添加剂使用标准》和 GB4806.6-2016《食品安全国家标准 食品接触材料及制品用塑料树脂》、GB4806.7-2016《食品安全国家标准 食品接触用塑料材料及制品》适用于本产品的相关要求。产品生产过程符合 GB31603-2015《食品安全国家标准 食品接触材料及制品生产通用卫生规范》要求。
法律符合性说明：	产品对上述法规技术指标的符合情况见附件。
责任声明：	我司对所提供产品试样、产品信息、测试报告的真实性及配方的变更负有法律责任。

*对于终产品，其符合性声明中必须说明产品的安全使用条件，其说明信息包括但不限于以上内容。当不做任何说明时，则意味着产品可在任何条件下使用。

签名：

日期：

图 4－7 符合性声明示例（来自中国食品工业协会食品接触材料专家委员会）

（1）供应商信息，如供应商名称、地址、负责人等；

（2）物料信息，如物料的结构、厚度、成分等；

（3）预期适用的食物性质和类型，处理的温度、时间；

（4）DoC 的生效日期；

（5）具体法规符合性，如法规的名称、总迁移、食品接触面、特定迁移要求、使用的添加剂、回收材料的使用等信息；

（6）配方信息和非有意添加物的表现；

（7）总迁移量和特定迁移量；

（8）其他的支持性文件，如 CoA，MSDS 等。

DoC 应当定期，或在产品/适用法规有变化时更新。一般情况下，我们基于中国的国家标准对 DoC 内容的完整性进行认可即能满足使用需要。但同时应注意，DoC 更多是通过文件化的流程对风险进行管理和一定程度上的规避，而诸如化学物质迁移、添加剂使用等实际的风险管控上，仍需要结合供应商管理的具体措施进行过程控制，仅靠 DoC 文件本身是无法做到的。

3. 变更管理

变更即风险，尤其对于食品包材，很多批量性的质量安全事件都来自对变更的识别和管理不到位。

（1）变更的识别

原则上所有发生在供应商端，可能对包材供应产生影响的变更都应当受到管理，无论是业务交付上还是质量管理上。然而考虑到可行性，大多数不会带来显著风险的变更主要依赖于供应商自身变更管理体系进行内部控制。需要我们额外参与管理的，应当是识别出的“重大变更”。常见的重大变更见表 4－19 所列：

表 4－19　常见的重要变更类型和内容

变更的类型	变更的内容
产品实现过程的变更	生产场所、生产设备、生产工艺、核心管理人员、指定的班组
包材的变更	图稿、规格、上游原料、上游供应商、上游工艺
服务的变更	仓储场所、运输车辆和类型、重要的业务联络人

（2）变更的管理

事先规定和拒绝变化固然能最大程度减少变更的风险，但是往往会和业务发展的需要冲突。对包材供应商端变更管理的关键是识别、沟通、验证和记录。对于合理的变更请求，使用方应当建立程序，明确地规定：

① 沟通的要求。应当和包材供应商预先明确，何种类型的变更可以根据其内部的变更体系进行自发验证，验证通过即可应用。何种类型的变更必须提前沟通和申请，可以参考上文提及的重要变更类型。

② 流程的确定。应当确定包材使用方后续的内部管理流程，包括受到沟通并需要参与评估的部门（如市场、生产、质量、研发等有不同需求的部门），评估结果的传递

和反馈，变更方案的记录，涉及的打样和样品的管理等。

③ 验证的要求。根据变更的复杂程度，这些验证的对象可能包括各类标准的符合性、产品设计性能的符合性、生产线的配合程度等，具体应当和企业的研发、技术、生产等相关部门共同评估。

④ 记录的要求。每次变更都应当有细致的记录，明确新的产品规格标准和一系列要求，在下一个周期中持续执行，直到再一次的变更。对于涉及变更的包材实物和样品等，应得到相应的管理。

4. 供应商绩效监控

我们对供应商的绩效监控应考虑到对供应商不同方面的期望，并尽可能进行可量化的评价。常见的供应商绩效监控包括 QDCS（质量、交付、成本和服务），通常交付由仓储部负责，成本由采购部负责，质量部通常关注质量和服务，见表 4－20 所列。

表 4－20 常见的供应商绩效监控

对象	监控内容	监控方式	评价方式
产品表现	外观、理化微生物指标、性能指标、上机表现	检测结果（CoA/厂内/三方），生产反馈（停机情况），客诉	质量事件数量（次数）、事件影响程度（损失）、缺陷物料数量（比例）、处理和反馈用时
产品实现过程表现	质量管理体系运行情况	审核/拜访	
服务表现	反馈和处理的及时性、准确性	质量事件 RCA&CAPA 和协助处理的及时性和准确性	

在良好的实践中，还可以根据特定的分类依据，如结合对食品质量安全的影响、对消费者的影响、对生产使用过程的影响等因素，对质量事件的严重程度进行进一步的分级。对不同供应商、不同级别质量事件的定期汇总和分析，也有助于更准确地评估该包材供应商的质量表现。

产品服务表现主要关注到货的检验合格率、质量事件的处理情况。

考虑到现阶段的技术发展，现场审核仍是最主要的过程符合性监控和验证方式之一。由质量部门牵头、多个相关部门参与（如生产、研发、技术、采购等）的现场审核可以比较全面地评估和验证供应商质量管理体系的建立和运行状况。对于不具备充分的人力资源的中小型企业，参与供应商审核的人员至少应具备以上相关的知识。

企业还可以根据自身资源的充分性选择不同形式的审核方式，满足不同情况下的管理需要，如自有团队前往审核或委托第三方进行审核，生产现场审核或远程视频审核，预先通知的审核或非提前通知的飞行审核等。

（三）育：供应商培育和发展的关注点

供应商的培育和发展主要关注质量问题管理、检测体系建立，以及上游供应商管理等重点。

1. 供应商质量问题的记录、跟进和关闭

和其他类型供应商质量管理相类似，包装材料供应商也应寻求持续改善。

持续改善的目标应基于包材供应和使用中的质量表现而建立。对于既定的质量改善目标，需要明确达成目标的方式。通过应用一些特定的工具进行预防性的风险识别和质量管理程序的梳理（如 FMEA）可以有效降低风险，但是对于一些尚不具备开展此类应用的食品包材使用方来说，有效避免同一类型质量事件的再次发生已经可以从很大程度上保证供应商质量的持续改善。

（1）质量问题的沟通。对于前文提及的供应商质量表现监控，应当建立相应的机制，要求供应商对所有的不符合情况和质量事件进行根本原因调查（RCA，Root Cause Analysis）并制定纠正和预防措施（CAPA，Corrective Action and Preventive Action）。

通常情况下，考虑到及时性，还应规定所有调查和措施制定的完成时限，并配合完成对不符合产品范围的锁定，进而执行使用方的调查和产品处置。

（2）质量问题的跟进。至少需要确认这些调查过程逻辑完整，措施计划合理可行。常用的分析工具如 5Why 法、鱼骨图等，都可以帮助我们有效判断供应商根本原因分析的完整性，进而制定对应的纠正和预防措施。

一旦和供应商确定纠正和预防措施，应要求执行并记录开始执行的时间和涉及产品的批次。通过对后续批次供应包材质量表现的监控，可以对措施的有效性进行评估和验证。

需要注意的是，应当格外关注纠正预防措施的有效性。一个良好的操作实践是：要求根本原因分析清晰准确，纠正预防措施描述清楚具体，不可简单地归咎于执行人员，或是笼统地描述为加强人员培训、加强宣导等。需要关注背后的实际原因，如为什么人员没有培训到位？是新员工培训和认可机制不完善，还是老员工认为现有措施执行的可操作性不高、不愿意执行？此外，还可以关注新的执行措施和原有执行措施之间的差异，确认供应商确实调整了原有的管理要求而非“一切照旧，加强执行”；同时，着眼于了解设计这个差异的原因，确保所有纠正和预防措施都找准了逻辑完整的“根本原因”。

（3）质量问题的关闭。在纠正和预防措施执行一段时间后，通常按照后续供应的批次数（如后续 5 批供货）或时间（如后续 3 个月）进行考核，如果该质量问题不再发生，我们可以认为前一次的分析和措施制定有效，进而关闭并归档。如果仍然发生，我们可以认为之前的分析或措施制定不当，要求重新进行，直到完成改善。

（4）建立质量问题管理流程。建立管理流程，定期对各供应商的质量问题和关闭情况进行整理，对涉及的纠正预防措施进行归纳，将此作为一项重要的内容，在定期的供应商审核工作中进行验证。同时，这些统计归纳出的一定周期内的供应商质量表现，也可以作为供应商质量评价的重要维度，评价其是否达成了持续改善的目标。

2. 检测体系的建立和完善

检测的目的是尽可能在缺陷发生的初期及时识别，尽快调整生产控制，避免不良品流出或流入。这个体系应当是跨越多个层级的检测体系，关注到目标缺陷、缺陷产生的主要原因、缺陷的分布特性、检测难度和检测周期等因素：

（1）包材使用企业。食品企业应当在各环节分别建立检测计划，如来料检验、生产在线抽检、半成品和成品的外包装检查等。不同环节各有侧重，如来料时除了CoA的检查外，会侧重版面的核对（如标签和过敏原信息）和重要属性的确认（如气味、外观），在必要时应用一些复杂检测设备或复杂检测方法，而后道工艺中的包装抽样检测，更多侧重于包装和成型效果的确认。

（2）包材供应商。对于重要的包材供应商，我们可以按缺陷来源和分布特点，识别出需要特别控制的缺陷或指标，建立检测要求以快速识别。对于由原材料带入的缺陷，应当要求在来料检测时关注；对于在包材生产中发生的缺陷，应当要求在相应工艺和成品放行时抽样。

（3）包材的上游供应商（供应商的供应商）。在适用的情况下，要求包材供应商按照指定的方式管理其上游供应商的检测体系，通过过程监控或终产品检测特定指标。

（4）充分识别检测对象。检测体系梳理时应当格外关注检测对象得到了充分识别（包括不同的包材结构、配方和生产商得到识别，不同的指标得到识别），取样的要求和数量应具有代表性，检测的设备和方法应得到认可，检测的频率应满足需要。

3. 上游供应商的管理（供应商的供应商管理）

食品包材生产企业的加工工艺是有限的，许多与质量安全法规强相关的要素，如油墨和黏合剂的成分、纸张和塑料膜卷中的添加剂、镀铝膜的阻隔性等，都和所采购原料的状况密切相关，包材生产企业并不能显著地提升特定指标的表现，或降低某类污染物的含量。在这种情况下，上游管理不充分将导致下游存在显著风险。

对于具备资源的企业，应了解目标缺陷在上游供应商处发生的原因、相关的重要工艺、涉及的主要设备、控制措施、检测要求等，通过自身或要求包材供应商对其供应商进行现场审核、产品检测、重要工艺和设备锁定等方式，控制此类的风险；也可以直接将上游供应商纳入自身的批准体系中。

对于不具备充分影响力的中小型包材供应商，我们可以转而基于对特定缺陷的控制需要，要求包材供应商在来料检测、来料预处理等方面进行额外的控制，从结果上寻求上游供应商管理的替代效果。

（四）留/流：供应商的留存和淘汰

对于供应商的留（流），在前文章节中已经进行了详细的介绍。这些原则、制度和良好操作，同样适用于包装材料供应商质量的管理。

综上，食品包材供应商质量管理对食品生产企业有着相当的重要性，也呈现出显著的复杂性。随着科技的进步和生产自动化的进一步普及，食品包材供应商质量管理将会愈发重要。

第四节　贸易商管理

一、贸易类供应商的特点

贸易类供应商包括中间商、销售代理商、经销商和进口商等不同形式，这类供应商自身不生产产品，通过提供服务帮助企业获得所需产品。企业在采购过程中由于自身资源限制、交期紧张、货款账期、管理便利性、服务及时性等因素，很难完全不与贸易类供应商合作。

贸易商有其自身的优势和不足，贸易商的使用可以提供更好的服务、保证及时交付等，部分贸易商长期躬耕于其贸易品类，对产品整个供应链有着更加深度的理解，对供应链可以提供一定的支持，但是贸易商对于食品安全等相关要求的掌握往往很难满足工厂要求，特别是在合规管理和食品安全管理方面也存在一定不足。因此详细了解供应商的特点，以便采取更有针对性的管控措施。

（一）距离客户近，发货及时

很多贸易商为了满足客户供货需求，会在客户附近设置仓库，根据客户需求及时发货，可以节省客户贮存场地和货款的占用。有些工厂部分品类需求复杂，如某些包材种类可能多达几百种，且每次需求量也不稳定，通过贸易商进行管控可以提前适当备货，整合不同工厂满足订单需求。

（二）沟通顺畅，服务好

贸易商伙伴大多具有良好的沟通能力和服务意识，能够快速理解客户需求，会尽可能地寻求解决方案满足供应，满足企业定制化的要求，节省采购过程中的沟通成本，良好的服务可为企业采购时提供更多选择，特别是当采购某种工厂以前未使用过的物料时，贸易商在此领域经验的积累对此尤为重要。

（三）质量人员配备不足，存在一定的风险

贸易商往往没有配备质量岗位，或者仅配备有限的质量管理资源，因此在合规、食品安全和质量（虫鼠害、温度、效期）等方面存在一定的风险，具体内容将在下文进行详细说明。

（四）成本偏高

贸易商会赚取一定的差价，采购成本上会有所增加，但也需要整体看待其成本问题，相较于直接采购过程花费的人员、沟通等隐性成本，使用贸易商能缩短采购周期，减少采购过程的沟通成本等，从整体的角度看，使用贸易商的综合成本可能反而存在一定的优势。

二、主要的风险与挑战

(一) 合规风险

贸易商可能会代理或者销售许多产品，有些品类可能不在贸易商许可的资质范围内，贸易商可能没有意识要更新相应的资质，在交期紧张时就可能出现不合规的情况，如超出经营范围。

节假日期间，贸易商可能会组合不同的产品作为礼盒销售，这可能存在标签的合规问题，进口产品的标签也存在类似的情况。当涉及采购不同的产品组合礼包时，对于标签等合规信息要求较高，容易出现如缺少强制信息标示的情况，更严重者甚至出现贸易商篡改生产日期的情况，如以下案例：

根据相关举报线索，台州市路桥区市场监管局对位于路桥区路桥街道石浜村某食品仓库进行检查。现场发现当事人仓库内存放有一款标注“农夫时代香蕉蛋糕”的食品。该食品包装印有两种生产日期，一种标注为“2021.04.29”，一种标注为“2021年3月16日”，两种生产日期的印制方式明显不同。当事人通过涂抹松香水篡改食品生产日期，行为涉嫌违反了《中华人民共和国食品安全法》第三十四条第（十）项之规定，系违法行为。

自行打印标签并涂改生产日期的行为在散装食品等领域尤其需要引起特别关注。

很大一部分贸易商提供的产品为进口产品，贸易商对合规风险认知不足时，会存在进口的贸易品诸如缺少中文标签、中文标签和外文标签不一致、外包装标签与内包装标签不一致、标签信息缺失、货证不符等合规问题。以上问题产生的原因可能是贸易商对于所采购产品的国内法规要求不熟悉，为产品合规埋下了隐患。

(二) 食品安全风险

相对于合规风险，食品安全潜在风险同样不容忽视，如贸易商提供产品来自国外时，在国外标准中某项配料或成分（如瘦肉精）允许添加，但在国内标准中却是禁止使用。贸易商在采购前就需要做好和上游供应商的沟通和管理，以避免国内外标准不一致等带来的食品安全风险。

当贸易商有租赁仓库存储时，其虫害风险的管理需要特别关注：虫害监控设施是否完善，对应管理人员是否具备了相关的知识储备。如水果类贸易商产品储存不当容易滋生虫害，该产品类型也容易吸引虫害的入侵。

贸易商往往因为没有异物管理的意识，如仓库灯具没有防爆处理、仓库中使用美工刀等，此时为异物带入埋下了隐患。

食品防护的风险同样需要贸易商进行管控，特别是贸易商与他人合租库房时，食品防护难度明显增加。

贸易商库房内交叉污染是否得到了管控，卫生清洁是否及时，库房内是否有化学品等问题同样不容忽视。

(三) 质量风险

当贸易商规避了合规和食品安全风险后，产品质量风险也需要关注，如产品规格符合率、产品运输破损，运输过程卫生和温度管理。如果产品对产地或者品种有特定要求，如限定品类为“安格斯牛肉”的对肉品种源有限定要求的产品，贸易商是否能提供证据支持其符合性等，这类问题如果在采购前期不能识别，将为后续追溯带来问题。

很多时候贸易商会出现温度和效期管理不足，产品出货温度合格但是储存期间温度有波动。产品出货不能做到先进先出，产品保质期（如散装食品）记录不准确等情况。

（四）服务风险

贸易商虽然服务态度好，但往往能力不够，比如当你处理投诉时，贸易商的回复往往很难让人满意，这就体现出人员专业性不够，不仅仅是投诉报告写不好的问题，还反映为贸易商背后是否找了对应工厂做沟通，将投诉信息完整地传递到上游工厂等，并且扎实地对问题展开了调查，制定有效的改善措施等。

三、贸易商管理的内容与方案

对于贸易商的管理有着完善的标准，因此对于使用贸易商较多的工厂需要系统的进行管控。从前期的贸易商管理标准的制定和贸易商的选择，到日常管理对贸易商的索证索票、监督管理和绩效评估，再到贸易商保留，都需要系统地进行设计。

（一）标准要求

GFSI 认可的 IFS 和 BRCGS 都有针对贸易的标准，《国际贸易商标准（IFS Broker）》3.1 版和《代理商与经纪商全球标准（BRCGS A&B）》第 2 版中对贸易商关于产品质量与安全的要求见表 4－21 所列。

表 4－21　IFS 和 BRCGS 标准对贸易商管理的要求

模块	IFS Broker	BRCGS A&B	备注
高级管理者	高级管理层职责	高级管理层的承诺	IFS 特别强调了管理评审的要求，标准均对组织职责进行了规定
质量体系	质量和产品安全管理体系	产品安全和质量管理体系	均对文件、记录和风险管理进行了要求，BRCGS A&B 将内审、追溯等内容也放到这一部分中
过程管理	策划和产品实现过程	供应商和外包服务的管理	—
培训	资源管理	人员	内容要求一致
持续改善	测量、分析和改进	—	—
其他	食品/产品防护评估	危害和风险评估	BRCGS A&B 特别要求了 HACCP 风险评估工具的使用

《国际贸易商标准（IFS Broker）》3.1 版，标准共分为 6 章，详细地规定了贸易商需要遵守的要求；《代理商与经纪商全球标准（BRCGS A&B）》第 2 版，标准共分为 5 章，延续了 BRCGS 系列标准的架构，内容上与《国际贸易商标准（IFS Broker）》3.1 版主要内容相类似，均对管理层承诺、追溯、食品欺诈缓解、内审、应急管理、产品撤回和产品召回、不合格品和合格品管理、纠正措施、产品防护、培训等内容做出了规定，只不过在章节内容组合上有所不同。《代理商与经纪商全球标准（BRCGS A&B）》第 2 版对危害和风险评估时理解和应用 HACCP 有着更加明确的要求。《国际贸易商标准（IFS Broker）》3.1 版则明确规定了管理评审、合同评审的要求。

企业可以结合以上两个标准，在制定相关贸易商考核点时进行参考。

（二）贸易商选择

贸易商的选择过程中通常会从资源优势、专业性、质量安全管理能力等方面进行综合考虑，优先选择具有资源优势的贸易商，如有些贸易商会参与上游工厂的投资，对某些品类有多年的经销经验，熟悉产品的特性上游加工过程，可以进行上游的管控，在质量安全管理上有专门配备的质量管理人员。这些信息的获得可以通过选择过程中供应商调查问卷、事先沟通等途径，同时在采购产品风险较高时，也可以对贸易商进行现场审核。

（三）索证索票

通常向贸易商索要“两证一票”，两证即贸易商资质证件和产品合格证明，一票即购物单，索证查验用于新贸易商和物料准入，索票查验用于物料批次信息的记录和追溯。查验时遵循真实准确、完整合格的原则。

1. 资质证件类

贸易商准入前要索要相应的资质证件，具体可参考表 4－22 中案例，需要验证单位名称是否正确，许可明细是否包含该品类，许可证是否在有效期限内等信息。查验资质合格后建立合格供应商档案，定期维护供应商的资质证件，如每月一次。发现临近有效期时，及时向供应商重新索要存档。特别需要注意的是索证过程中需要获取产品生产者的相关资质，而不仅是贸易商的资质，同样的检测报告也需要索取到对应产品的报告。

表 4－22 资质证件类索取案例

类别	供应商资质证件
预包装食品	营业执照 食品生产许可证（生产商） 食品经营许可证（经销商）
进口食品	营业执照 食品经营许可证

（续表）

类别	供应商资质证件
食用农产品-畜禽产品	营业执照 动物防疫条件合格证 生猪定点屠宰证（适用于猪产品） 畜禽/大牲畜定点屠宰证 出口食品生产企业备案证明（适用于生产出口食品的农产品）
食用农产品-果蔬产品	企业营业执照 个人身份证 出口食品生产企业备案证明（适用于生产出口食品的农产品）
食品接触材料（含包材和其他食品接触材料）	营业执照 工业产品生产许可证（适用于食品用塑料包装容器工具等制品、食品用纸包装容器等制品）
洗涤剂、消毒剂	营业执照 工业产品生产许可证（适用于食品用洗涤剂） 消毒产品生产企业卫生许可证（适用于消毒剂） 危险化学品经营许可证（需要时）

需要注意的是，在 2021 年 4 月 29 日，《中华人民共和国食品安全法》修改后第三十五条规定：销售食用农产品和仅销售预包装食品的，不需要取得许可。仅销售预包装食品的，应当报所在地县级以上地方人民政府食品安全监督管理部门备案。因此对于仅销售预包装食品的贸易商，索证时若没有食品经营许可证，索取营业执照即可。查验营业执照的经营范围，有“食品经营（仅销售预包装食品）”一项，同时登录国家企业信用信息公示系统，有“多证合一”的信息公示，显示“食品经营（仅销售预包装食品）备案”；也可以通过索取查验供应商的备案回执（见图 4-8），确认有登记机关签发的备案编号即可。

2. 产品合格证明

常见的合格证明如第三方检验报告、符合性声明等，贸易商事先与产品供应商沟通提供产品的第三方检测报告，在新物料准入前工厂向贸易商索要。查验时注意看检测报告的产品名称、规格、生产单位等信息是否准确，检测依据是否按照产品执行标准，检测项目是否齐全和结果是否合格。

出厂检验报告及其他报告，在每一批采购的物料中都需要随附货物到货提供。查验时要校对产品和单位名称、产品批次等信息是否准确、有无签发章/签字等。具体可参考表 4-23 中案例进行索取。

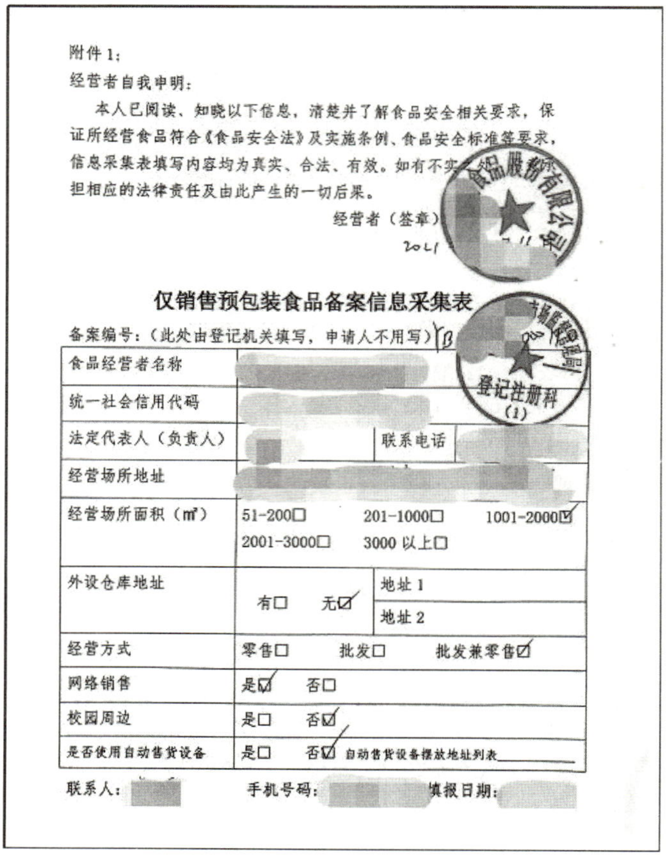

附件1：

经营者自我申明：

本人已阅读、知晓以下信息，清楚并了解食品安全相关要求，保证所经营食品符合《食品安全法》及实施条例、食品安全标准等要求，信息采集表填写内容均为真实、合法、有效。如有不实[redacted]担相应的法律责任及由此产生的一切后果。

经营者（签章）[redacted]

仅销售预包装食品备案信息采集表

备案编号：（此处由登记机关填写，申请人不用写）[redacted]

食品经营者名称	[redacted]		
统一社会信用代码	[redacted]		
法定代表人（负责人）	[redacted]	联系电话	[redacted]
经营场所地址	[redacted]		
经营场所面积（㎡）	51-200☐ 201-1000☐ 1001-2000☑ 2001-3000☐ 3000以上☐		
外设仓库地址	有☐ 无☑	地址1 地址2	
经营方式	零售☐ 批发☐ 批发兼零售☑		
网络销售	是☑ 否☐		
校园周边	是☐ 否☑		
是否使用自动售货设备	是☐ 否☑ 自动售货设备摆放地址列表______		

联系人：[redacted] 手机号码：[redacted] 填报日期：[redacted]

图4-8 贸易商备案回执（示例）

表4-23 产品合格证明索取案例

类别	供应商资质证件
预包装食品	产品第三方检验报告 产品出厂/批次检验报告
进口食品	进口食品
食用农产品-畜禽产品	动物检疫合格证明（猪产品有非洲猪瘟病毒检测阴性备注） 肉品品质检验合格证（猪产品）
食用农产品-果蔬产品	产品第三方检验报告 产品出厂/批次检验报告
食品接触材料（含包材和其他食品接触材料）	产品第三方检验报告 产品出厂/批次检验报告

（续表）

类别	供应商资质证件
洗涤剂、消毒剂	产品第三方检验报告 产品出厂/批次检验报告 涉水卫生安全产品卫生许可批件 消毒产品卫生评价报告

3. 票据类

在每一批采购的物料中，都需要随附货物到货提供票据。查验时，要校对票据信息是否齐全和准确，包括产品名称、规格、数量、生产日期或生产批号、保质期、供货者名称、地址及联系方式、进货日期等。

（四）监督管理和绩效评估

1. 监督管理

没有物料贮存及仓库的贸易商通常不需要安排被现场审核；供应常温物料的贸易商需安排文件审核，供货后根据绩效表现评估是否安排现场审核；供应冷藏/冷冻产品、果蔬等高风险产品，或食品接触包材、对产品品质有重大影响的被评估为高风险原料的贸易商，除了应安排文件审核外建议同步进行现场审核。贸易商若通过了如《国际贸易商标准（IFS Broker)》或《代理商与经纪商全球标准（BRCGS A&B)》等GFSI认可的相关审核，可以索取相关证书替代现场审核。

若工厂需要对贸易商进行现场审核，审核内容可参考国际贸易商标准IFS Broker标准（见表4-24），以此为基础制作成检查表用于评估。

表4-24 贸易商检查表

模块	内容概述	占比
高级管理层职责	企业方针/企业原则	15%
	组织结构	
	管理评审	
质量和产品安全管理体系	文件要求	10%
	记录保存	
	风险管理体系	
资源管理	人员培训	5%
策划和产品实现过程	合同评审	35%
	产品规格书	
	产品开发/产品变更/生产过程变更	
	采购	
	产品包装	
	可追溯性（包括转基因和过敏原）	
	食品欺诈缓解	
	物流活动	

（续表）

模块	内容概述	占比
测量、分析和改进	内审	30%
	产品分析	
	产品隔离和产品放行	
	官方和客户投诉的管理	
	应急管理，产品撤回和产品召回	
	不合格品和合格品管理	
	纠正措施	
食品/产品防护评估	产品防护	5%

2. 绩效评估

贸易商仅代表某一类产品，绩效评估比较简单；若同一贸易商下面有几个工厂，建议以贸易商作为主体，其代理的所有工厂绩效表现均算作其绩效水平，以便推动贸易商持续提升管理水平，就重点问题鼓励贸易商自行进行拆分，将其代理的工厂绩效汇总后识别该贸易商下属工厂管理薄弱点。

交付指标考核到货及时性，如统计到货及时率是否达标，到货数量是否满足要求，供应能力是否存在风险等。

成本上持续关注贸易商成本控制能力，推动贸易商对标竞品识别，降低成本的机会点。

服务方面关注客诉改善的有效性，如通过搭建沟通平台帮助贸易商做好和工厂的沟通，当有客诉发生时或者到了每季度、半年或年度回顾时参加贸易商组织的会议，将问题清晰准确地传达到生产端，并评估改善措施的有效性。

（五）贸易商保留

从成本管理的角度看，虽然我们都期望减少中间的流通环节，但是对于某些产品的采购通过贸易商可以更加迅速和敏捷，从整体成本上来看可能是当前的最佳选择。那么就要通过绩效评估保留优质贸易商，同时要保留替代方案。

第五节　仓储物流商管理

一、仓储物流供应商的基本类型和特点

仓储物流按照运输工具方式分为公路运输、水路运输、铁路运输及航空运输，也可能是多种运输方式组合的综合运输方式。目前国内食品主要依赖的运输方式是公路运输。

按照物流活动实施主体和企业对物流活动的参与程度，将物流模式分为以下三类：自营物流、第三方物流、企业与第三方物流联盟。

（1）自营物流主要以生产企业为主导，是指企业通过对物流设施的购置和物流系统的开发，对物流作业进行一系列的规划和布局。自营物流模式下企业掌握自主权和自由度，物流规划完全服务于企业的经营战略，满足企业产品对物流作业的各种定制化要求。

（2）第三方物流是指生产经营企业为集中精力搞好核心业务，把本属于自己的物流活动以合同方式委托给专业物流服务商，同时通过信息系统与物流服务商保持密切联系，以达到对物流全程进行跟踪和控制的一种物流运作模式。使用第三方物流具有专业性更强、效率更高、成本相对较低等特点。

（3）企业与第三方物流联盟是指生产制造企业与第三方物流企业以合作协议或签订合同为基础结成联盟，并共同完成相应的物流服务项目，实现双方的互利共赢。生产制造企业的物流流程规划和基本的物流活动是由第三方物流服务商完成的。生产制造企业利用信息系统可以对物流全程进行管理与控制，并与第三方物流服务商保持紧密联系。

食品的仓储物流根据产品储存温度要求不同，主要分为冷冻库（≤－18℃）及冷藏库（0～5℃）及中温库，中温库根据产品不同进行相应的温度调整。不同食品和农产品有其适宜的温度区间，其运输温度区间也各不同，具体产品的运输温度要求，可以参考《易腐食品控温运输技术要求》（GB/T 22918—2008）中对于不同产品的温度要求。

二、仓储物流供应商的主要职能和架构

食品仓储物流服务商承担的服务类型根据客户要求可有多种形式，通常其承担职能有如下方面：

（1）运输和仓储功能。运输及仓储是第三方仓储物流供应商的最基本活动，所有的仓储物流供应商都包括这两项服务。

(2) 装卸搬运功能。为了在运输和仓储作业过程中形成流动性，第三方仓储物流供应商会将产品从发货地装上运输工具，或在运输途中将产品从运输工具上卸下，甚至在此过程中进行短距离的搬运工作。

(3) 货物验收和检验功能。对于到达的货物履行索证索票、产品检验及产品放行等职责。

(4) 产品包装功能。客户可能需要仓储物流商帮助其做一些外包装等服务（如促销组合装等），通过精细和商业化包装，对产品进行宣传和推广。

(5) 流通加工服务。对于部分产品，可能在流通中进行一部分的产品加工，如仓储物流服务商负责对产品的解冻服务。

仓储物流服务商根据组织的大小及服务范围的不同，除了企业通用的市场部、销售部、人事部、财务部，运营部门通常有仓储管理、调运管理和信息管理、质量管理等子模块。

三、仓储物流供应商的主要风险与挑战

近些年，随着电商、直播和各种新业态的发展，食品链企业越来越多地选择第三方仓储物流服务仓的模式，传统的仓储物流供应商更多的是综合产品物流服务仓，普通商品对于仓储物流供应商的要求不像食品这样严格，目前仓储物流供应商主要面临如下方面的风险和挑战：

(1) 合规风险。对于传统仓储物流服务商，其主要的法规是要满足道路运输、仓储消防等要求，而对于专业的食品物流商，还需要满足食品安全法及相关的国家标准要求，需要具备食品流通经营许可资质，食品效期管理需要有系统的管理。对于帮助客户开展索证索票等服务的仓储物流商，需要承担更多的合规责任。

(2) 食品安全监督力度较差。对于食品的仓储物流服务，质量和食品安全显得尤为重要，而目前很多仓储物流企业还没有质量和食品安全方面的相关职责部门和岗位，这样在仓储物流环节的食品安全风险缺少系统的识别和管控。同时仓储物流的场所众多，如何监督管理远程异地仓储及运输环节中的风险，需要有专门的食品安全监督机制。

(3) 标准化体系程度不足。仓储物流企业的管理体系还较为粗放，没有引入相关的行业标准规范或者国际管理体系标准，对于自己的作业管理标准和设施设备标准重视度不足，运营过程中更多关注的是效率和成本，对于标准化体系的重视度不足。

(4) 专业人才缺乏。尤其是在风险较高的冷链产品领域的专业人才缺乏，与普通的物流相比，食品物流在技术、时效性、追溯、安全上有更加规范和严格的要求，尤其是冷链物流，目前食品冷链物流的人员基本都是从传统物流行业转型而来的，人员的食品行业知识不足。

(5) 上下游环节协作问题。仓储物流供应商涉及的上下游相关方比较多，可能需要与生产商、异地仓、城市配送站、货运站点等协作，多方协作保证质量和食品安全得到满足。

总之，食品的仓储物流服务商相比于其他的非食品仓储物流，需要面临更多的法

规和规范的要求，仓储物流服务商需要加强自身的人员能力和管理体系的建设。

四、仓储物流供应商的管理方案

（一）仓储物流供应商的分级分类

根据产品维度和供应商维度，对仓储物流供应商进行风险等级的划分。如下是仓储物流供应商根据产品维度和供应维度进行分类的示例。

首先是仓储物流供应商服务的产品，产品不同，其风险也不同，产品维度的风险判定示例见表 4－25 所列：

表 4－25　物流供应商风险判定

序号	维度	风险得分描述
1	产品储存温度	常温：1 分 包含冷冻/冷藏：3 分
2	产品价值高低	产品价值低：1 分 产品价值高：2 分
3	是否有解冻工序	无解冻：0 分 有解冻：2 分
4	是否有包装等加工工序	无包装工序：0 分 有包装等工序：1 分

不同供应商的风险等级不一样，供应商有不同的风险判定维度，供应商维度的示例见表 4－26 所列：

表 4－26　供应商风险等级判定

序号	维度	风险得分描述
1	管理体系认证	有 GFSI/ISO 等认证：0 分 无任何体系认证：2 分
2	经营活动	仅有物流环节：1 分 有物流和仓储活动：2 分
3	是否有质量管理团队	有独立质量管理部门和团队：0 分 有 1～2 名专职质量管理人员：1 分 无专职的质量人员：2 分
4	投诉水平	无投诉：0 分 投诉少：1 分 投诉多：2 分
5	供应商规模和品牌	全国或全球知名品牌：0 分 区域性和地方品牌：1 分 独立的经营个体：2 分

对于仓储物流服务方根据产品维度和供应商维度分别进行评价打分，然后将产品维度的得分和供应商维度的得分进行相加，得到物流服务商的综合得分，进行风险等级划分。当然也可以根据风险的不同，进行加权处理等不同的方式来定义风险。

表 4-27 是仓储物流服务的风险等级的分类的示例，具体的产品维度和供应商维度中包括哪些指标及不同指标的分值判定，将根据每个企业的仓储服务商情况进行定制和判定。

表 4-27 物流供应商综合评分表

综合得分	风险等级	管控措施示例
15～18	高风险	每年两次审核和加强管控，控制业务量
7～14	中风险	每年一次审核，每季度现场查看
0～7	低风险	当前控制措施已经足够

（二）仓储物流供应商的选择

仓储物流供应商的选择，需要考虑价格、物流效率、响应时间、规模能力及质量管理等多个维度。仓储物流供应商的选择需要综合各个部门进行评价，目前很多企业在评价过程中，容易忽略的是对于质量和食品安全的评价。

如何评价仓储物流供应商的质量和食品安全管理水平？目前国际上已经有成熟的评价仓储物流供应商的标准，比如源自德国的国际卓越标准物流（IFS Logistic）、来自英国的 BRCGS S&D 等标准，例如在 IFS Logistic 2.2 版本的标准中共有 6 个章节、154 个条款要求（见表 4-28）。

表 4-28 IFS 物流标准（2.2 版）要求框架

第一章	高级管理层职责	14 个条款要求
第二章	安全 & 质量管理体系	21 个条款要求
第三章	资源管理	10 个条款要求
第四章	服务过程	73 个条款要求
第五章	测量、分析和改进	28 个条款要求
第六章	产品防御	8 个条款要求

企业在建立自己的仓储物流服务商的质量和食品安全评价标准时，可以参考国际物流标准 IFS Logistic，再结合自己重点关注的风险点，从而制定出适合于企业的评价标准。既要考虑到硬件设施设备（如仓库、车辆等），同时也需要关注管理体系和流程（如可追溯、先进先出、卫生、虫害、不合格品管理、记录等）。只有通过良好的评价标准体系，才能选择出适合于企业经营和质量需求的仓储物流供应商。

（三）仓储物流供应商的使用

仓储物流供应商在使用的过程中，需要根据双方的合作情况，对于其表现和绩效进行定期的回顾，主要是从质量、交付效率、成本和服务等多个角度进行绩效的监控。

使用过程中，对于发现的不符合情况要及时反馈给物流供应商，督促其进行整改。对于绩效不佳的服务商，定期进行双向沟通和交流，安排定期现场拜访，以提升物流服务商的水平。

（四）仓储物流供应商的培育

传统仓储物流供应商在从非食品仓储物流供应商转型到食品仓储物流供应商后，在质量和食品安全方面的重视度通常是不够的，能力方面也较欠缺，需要接受培训和辅导，以更好地保证质量和食品安全。供应商培训的方法有如下类型：

1. 国际管理体系认证。推荐仓储物流供应商引入国际管理体系认证来提升其管理水平。

2. 专题培训和分享。通过邀请行业专家或优秀行业来进行培训和分享，将更多好的管理和经营实践引入。

3. 供应商认可。通过组织供应商大会或者给供应商颁奖等形式，让供应商不断进步。

（五）仓储物流供应商的留存及淘汰

建立仓储物流供应商的留存和淘汰机制，将绩效表现不好的供应商淘汰，引入更好的供应商。对于绩效好的供应商，给予更多的经营份额和比例，实现双赢。

第六节　设备供应商管理

“人、机、料、法、环”是全面质量管理理论中的五个影响产品质量的主要因素的简称，“机”是指制造产品所用的设备。由此可见设备管理在我们供应商管理中的重要性。然而，在食品行业中，设备管理是我们常常忽略的环节，也是我们开展食品供应商审核时最容易失分的项目。随着人力成本的提升和客户要求的提高，食品工厂使用的设备越来越多，设备供应商管理在食品生产当中将发挥更加重要的作用。一方面，我们需要降低设备引入的食品安全风险；另一方面，需要通过管理的完善降低成本和提升效率。

一、设备供应商管理的特点

（一）不同设备的食品安全风险不同

在食品行业中，按照食品安全的风险来分，设备可以分为与食品安全相关的和不相关的设备。按照设备的使用功能来分可以分成：加工设备、包装设备、输送设备、清洗消毒设备、监视与测量设备等。我们这里更关心的是与食品安全风险相关的设备，如果这些设备管理不好，容易引入金属异物污染、润滑剂污染、微生物污染等问题。所以，对于不同的设备供应商，我们需要投入的资源不同，我们需要重点关注食品安全风险高的设备供应商，如监视与测量设备、加工设备等。

（二）食品安全管理体系的重要组成部分

以国际标准 IFS 食品标准为例，设备管理是审核要求中重要的组成部分，在 4.16 保养与维修和 4.17 设备等条款中有相应的要求，主要的内容见表 4－29 所列：

表 4－29　IFS 条款与设备供应商的关系

IFS 第 7 版食品标准原文条款	设备供应商的关系
4.16 保养与维修 4.16.1＊应制订和维持适当的保养计划，并形成文件，以确保所有关键设备（包括运输）符合产品要求。这适用于内部保养活动和服务提供商。该计划应包括职责、优先事项和截止日期	设备的保养计划应从设备供应商处获得，或者由使用单位与设备供应商共同制定。部分企业的设备保养也可由设备提供商进行服务
4.16.6 当企业雇佣第三方维修保养服务提供商时，企业规定的所有上述关于材料和设备的要求都应得到清晰的、文件化的确定，并保持在服务合同中，以防止任何产品污染	当设备供应商负责维修保养服务时，应该对相关的要求形成文件，与设备供应商在合同中明确规定
4.17 设备 4.17.1＊设备的设计应与预期用途相适应，并详细说明。正式投入使用之前，应验证其能保证满足产品的要求	设备供应商应明确知晓设备的预期用途，并确认设备的设计符合产品的要求

（续表）

IFS 第 7 版食品标准原文条款	设备供应商的关系
4.17.2 对所有与食品直接接触的设备和用具，应出具合格证书，确认其符合法律要求。在没有具体法律要求的情况下，应提供证据，例如： ● 合格证书 ● 技术规范 ● 制造商的自我声明以证明它们适用于预期的用途	当设备与食品接触时，设备供应商应该提供相应的设备档案，证明设备符合相应的要求

注：* 表示关键项。

（三）全生命周期的管理

设备是作为食品工厂的硬件，一般具有投入大、使用寿命长的特点，很多设备都是按照固定资产的方式进行管理。由于设备的使用周期较长，为了保障设备的正常运行，我们需要进行全生命周期的管理。从前期规划、设计、制造到设备的选型、购买、运输、安装，再到正常使用、维护、报废等，设备管理需要涵盖设备的各个流程和环节。这样一来，要求食品工厂需要与设备供应商保持长期的关系，与供应商保持沟通和联系，获得必要的支持和服务。

（四）供应商比较分散

食品工厂使用的设备种类繁多，涉及的供应商比较分散，甚至有的供应商只提供单台设备。分散的设备供应商不利于集中管理，需要我们建立设备供应商管理的流程和标准，通过基于风险的"选、用、育、留/流"，合理安排资源进行管理。

二、设备供应商管理的常见问题

在我们食品工厂的审核中，设备管理是我们的薄弱环节，在审核过程中常常发现与设备管理相关的不符合项。这些不符合项往往与设备供应商的管理相关，如缺乏必要的早期管理、缺人才、缺文件体系等。

（一）缺乏必要的早期管理

1. 质量人员没有参与设备供应商的选择与评价

设备管理与食品安全息息相关，是食品安全管理体系的重要内容。在对设备供应商的管理中，我们需要有食品安全专业背景的人员参加，特别是在早期管理中识别设备潜在的风险，与供应商进行尽早沟通设备相关的法规、质量和安全的相关要求。然而，有的食品企业在设备供应商的管理过程中主要参与部门是采购、工程和生产部门，质量人员未参与设备供应商的选择与评价。这样的后果是采购的设备只考虑了成本、效率因素，忽略了食品安全和质量影响。例如，采购的设备存在重大的卫生设计缺陷，不能满足食品安全的要求。

2. 忽视卫生设计

新设备采购的卫生设计非常重要，卫生设计不合理，会使设备设施存有卫生死角或盲区，形成污染源。尤其是现在食品工厂都有大量的新产品，新产品会引入新设备或者企业自制设备/改进设备，忽视卫生设计的设备可能导致食品安全风险，包括异物风险、致病菌风险、润滑油风险、过敏原风险等。良好的卫生设计是有效清洁的开始，不良的卫生设计所产生的问题只能是通过后续的GMP和OPRP来控制，既增加了成本又使得风险不可控。常见的问题主要有以下几个方面：

（1）设备材料：食品设备中使用的材料必须满足某些特定要求，产品接触材料必须对产品以及清洁剂和消毒剂呈惰性。它们还必须耐腐蚀、无毒、机械稳定，并且其表面光洁度在预期使用条件下不得受到不利影响。非产品接触材料应机械稳定，表面光洁且易于清洁。但是，有些工厂不能提供设备材料的相关材料，包括材质、检测报告、符合性声明等，从而无法证明设备使用的材料不符合要求。

（2）润滑剂的污染：设备的设计不能避免润滑剂与产品接触。可能偶然接触润滑剂的部位，未能设计防护装置，运动部件不能防止运动时甩出、飞溅润滑剂，高风险润滑点未使用食品级润滑油，或者无法提供相应的资质材料。有些工厂在设计阶段往往忽略了润滑剂的污染问题，把裸露的生产区域暴露在润滑剂的污染风险中，未进行任何的防护。如图4-9所示为润滑剂的卫生设计中正确和错误的示意图。

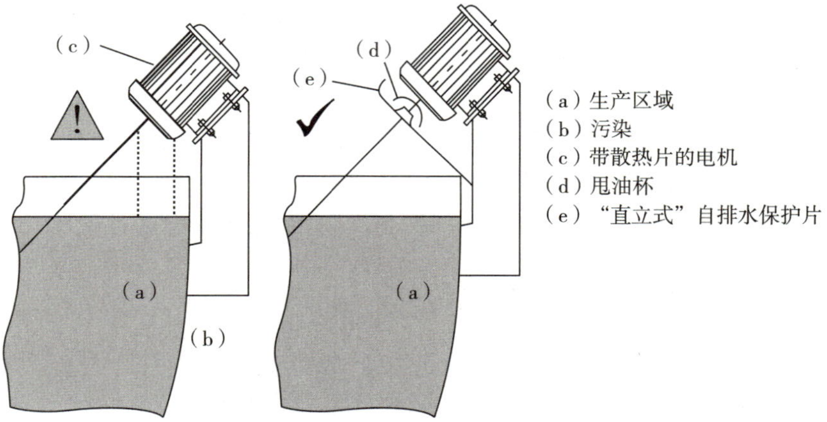

图4-9 润滑剂的卫生设计

（3）施工：在设计、制造和安装设备时，必须考虑下列主要的要求：①表面无缺陷；②表面光洁度/表面粗糙度；③排水性和布局；④焊接要求等。例如，表面无缺陷指的是永久性的金属对金属产品的接触接头必须是连续焊接，不得有缺陷。在焊接过程中，可能需要用惰性气体保护焊缝。焊接后实施研磨、抛光处理。对于管道工程，首选的方法是自动轨道焊接，这种方法能够持续生产高质量的焊缝，以保证足够光滑以便进行适当的清洗。但实际的施工过程中，可能存在焊接的质量问题，如图4-10所示焊接的不良案例中，管路内壁容易积垢，而且焊渣脱落会造成金属异物的风险。

图4-10 管道焊接不良

（二）缺人才

有些食品企业认为只要设备能够使用就好，不需要系统的管理。更多地把设备管理上的投入当作是一种负担和成本来看待，所以从观念上就觉得对于设备的投入越少越好。对于设备管理人员从入职前的学历要求，到入职后培训的投入，都不太重视。这样的局面导致企业缺乏设备的管理人才，在设备的采购和验收方面往往也是走走形式，无法使用科学和系统的方法进行管理。所以很多的问题没有在早期被发现和解决，只有等到设备在使用过程中出现问题后才不断地"救火"。

（三）缺文件体系

设备的文件管理与设备供应商息息相关，很多的文件资料是由设备供应商提供的。但由于食品企业不重视，或者没有向设备供应商提出相应的要求，导致一些必要的文件（如设备档案和维护计划等）缺失。由于缺乏资料的交接手续，食品企业和设备供应商经常在文件资料是否已经提供方面产生纠纷。

三、设备供应商管理的方案

（一）如何选择设备供应商

1. 参与人员

由设备采购、工程、使用部门、质量部组成设备供应商评价小组，对设备供应商进行考察、评价及现场评价，评价的内容包括：成本、质量、交期和服务。在质量方面重点关注设备的卫生设计和稳定性。具体的评价表可以由食品企业自行设计，综合评价的结果用于供应选择的重要参考。

2. 设备的卫生设计

根据食品行业的应用特点，设备的卫生设计是极为重要的。设计设备时，应当适当考虑其运行所在的环境，可能采用的清洁方法。卫生设计要求应当应用于系统的各个方面，从而减少积灰，便于清洁，因此设计功能应包括：

（1）减少孔和容易滋生细菌的套管；

（2）密封所有中空部位；

（3）避免出现凸起，减少水平表面积；

（4）采用易于进入与清洁的开放结构的连续焊接机架；

（5）对电缆、缆槽与气动装置进行卫生型方式的归纳。

具体的卫生设计标准可以参考美国3－A卫生标准和欧洲EHEDG（欧洲卫生设备设计组织）标准，其中详细规定了食品卫生设计的具体要求：

（1）简捷，遵守HACCP对设备的清洁要求；

（2）简单有效的清洁程序；

（3）减少细菌危害的风险。

以上可作为我们进行设备供应商选择时的参考评价标准。

3. 设备的稳定性

稳定性是判断设备优劣的最重要因素，它突出了功能和性能之间的区别。从这点来看，“性能”是衡量在实际工厂条件下设备功能的一个标准。一台稳定的设备不仅要能可持续运转，不会影响生产，而且不需要定期调节。不同于实验室条件下对比测试时，而是在生产线内运行一段时间之后，其明显的差异就可能成为很好的证据。电子飘移是造成不稳定性的常见原因，会因温度变化与电子元件老化而在一段时间之后出现。这些因素可能导致灵敏度发生变化（“飘移”），从而引发设备错误警报或导致其无法稳定工作。

以金属探测为例，金属检测增强噪声过滤电路设计，降低了金检内部放大电路自身引起的噪声信号，提升了整机的稳定性；金属检测机的抗震性，一定强度的震动（现场其他生产设备、产品的传输、意外撞击等引起的震动）会引起金检的误报警，增强振动过滤电路设计和零度相位角的标定，可以克服水平震动引起的误报警。实时自动平衡电路设计，连续不断的检测接收信号的变化，防止由于使用环境干扰信号而引起误报警，稳定性远远超过所谓的“开机自动平衡”，大大降低了由于平衡问题造成的金检误报警和漏报警，避免生产效率的降低，降低误剔除产品的处理成本。简单、方便、友好的操作界面及自动设置功能，则可以对设备进行快速准确的设置，以提高生产效率和成品率。

4. 服务能力

供应商具有专业的服务技能，在双方的配合下，能够顺利地安装调试和验收设备，结合设备在线使用特点的重要性，能够快速解决各类设备问题，提供各类形式的支持（如电话、邮件、视频指导现场操作等）。判断一个设备供应商的服务能力可以从以下方面来看：

（1）快速响应客户的问题（400 支持热线），有充足的零备件支持，做到对损坏设备的快速修复，把对客户生产造成的影响降至最低。

（2）对一线操作人员要有相应的培训，培训内容包括设备的基本原理、重要参数的设置、常见问题的处理和判断、日常对设备的清洁和简单的维护。

（3）设备厂商不仅可以处理一些紧急问题，也能够给设备提供预防性的维护保养，可以根据设备使用的频率以及设备的种类，提供多种服务套餐以供选择，推荐不同的设备种类的备件包，预防性维护可以做到防患于未然，避免由于紧急故障的出现给客户生产造成损失。

（二）设备的使用管理

1. 设备验收

对于新设备，食品企业要有明确的责任人进行验收，设备到货运送到达安装现场后，由食品企业和设备供应商双方相互配合进行安装调试。安装调试结束后，应由与食品企业相关部门进行验收。如技术部或工程部确认各项技术指标、功能等是否达到与设备合同相符的要求，对于随机文档、出厂合格证、安调报告、备件或调试工具等进行核实和接收，操作人员在接受培训后能够对设备进行设置和操作，以及日常的清洁和安全注意事项，质量部可以对设备是否满足质量控制和食品安全管理体系要求标准进行确认，如是否满足卫生性设计，设备工作处理后的产品各项理化和微生物指标是否在品控要求合格范围内等。对于一些特殊设备需要进行索证索票，证明设备供应商具备相应的资质能力（如企业的资质证书），产品的质量符合预期（如设备的测试报告），类似的文件资料需要作为设备验收的必备环节。总之，食品企业的相关部门应该与设备供应商紧密沟通与合作，共同确认设备符合预期用途，方可验收设备。

2. 建立设备的档案

在安装调适和使用设备前后，应向设备供应商索要相应的设备档案材料，档案材料可以是电子或书面材料，并和设备一一对应。有些食品企业将设备的档案材料作为设备的一部分，在设备的验收中进行书面交接。完整的档案材料将有利于设备的后序管理，通常设备的档案材料包括：设备报价单、设备使用说明书（安装调试指导文档等）、设备装箱清单（随机的工具、备件等）、设备出厂合格证、设备安调试验收报告。

3. 人员培训

设备在安装调适后，应当要求设备供应商对与设备有关的人员进行相应的培训。针对操作人员和维护人员进行相关内容的培训，如设备基本原理、操作设置、日常清洁维护、操作安全注意事项等。也可以与设备供应商协商进行定期或不定期的交流，交流中可以反馈在已使用的过程中出现的问题或现象，通过交流可以确认问题或现象的真实原因，避免设备没有完全发挥效能，也避免因设备小的问题没有及时处理而造成的更大损坏。食品企业要对参加培训的人员有记录，可以要求设备厂商对经过培训和考试后合格的人员颁发培训证明，考试可以包括理论和实操，这样有助于提升设备的使用完好率和生产效率，降低生产成本。

4. 设备的验证：以金属检测机为例（见图 4 - 11）

食品企业的关键设备都需要验证，不同设备的验证方式和频次也不尽相同。以金属检测机为例，食品企业可以委托设备供应商对设备进行验证管理。这种验证服务包括建立验证程序、现场实施验证审核、年度验证等内容。

验证程序：任何金属检测系统均应定期验证（通常间隔为 6 到 12 个月）以证明尽责检查。另外，验证会确保：

（1）依照指定的灵敏度标准持续运行；

（2）在检测到异物时不断剔除污染产品；

（3）所有附加报警/信号装置运行有效（如警报器状况、剔除确认）；

（4）安装的故障保护系统运行正常；

（5）遵循所有最新的安全标准。

验证程序应确保遵守公司/生产线/产品灵敏度标准与金属检测政策。所有金属检测设备必须进行独立验证，间隔时间最长为一年。

验证审核：由经过培训的服务工程师对金属检测系统进行审核时，这些审核可以提供一项附加的宝贵服务。此类审核通过确保设备符合制造商的建议与良好规范，支持总体金属检测机制。具有经验的金属检测专家经常可以识别潜在问题，并在用户发现此类问题之前提供解决方案。性能验证应由设备制造商或其可以证明其能力的指定代理进行，其证明方式是提供与设备（品牌和型号）相关的最新有效培训证书。

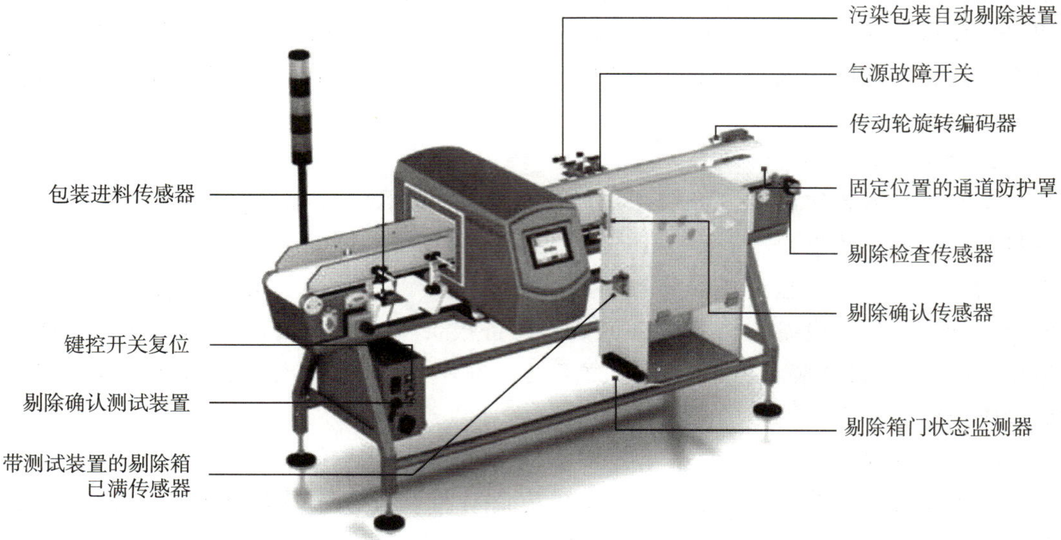

图 4-11　金属检测机示意图①

年度验证：年度验证内容必须更深入一些，而不只是简单地重复由各个现场执行的计划日常验证。这些验证检查必须符合一般的 HACCP 要求、完全进行记录，且应至少包含以下内容：

(1) 金属检测机制造商初始内置参数——用户不可修改；

(2) 电气与机械安装检查；

(3) 系统功能检查，包括符合指定的临界限值；

(4) 产品相关信息检查；

(5) 故障保护功能检查；

(6) 客户测试件验证检查；

(7) 生产线工作人员培训和执行本地验证和监测测试，SOP 能力的验证必须完成验证测试。

5. 维护与保养

设备在使用后的维护和保养是必要的，维护和保养有利于延长设备的使用寿命，降低突发故障给生产带来的损失。设备供应商应该根据设备的预期用途，向食品企业提供设备的维护与保养的计划和建议。设备供应商应在操作说明中介绍常见故障及处理方法，推荐常用易损件的使用周期、易损件清单、备件包、设备的保养周期建议。客户也可以根据设备的使用频率和经验，确定需要保养和维修的部分，以保证设备的使用完好率。部分设备厂商提供相应的服务，可以根据设备的类型和数量，提供不同时间段和具体项目的服务套餐，有服务合同的客户，可享受到相应时间和到现场时间优先的待遇，备件享受折扣优惠。专业的服务可以提高客户的满意度和设备的完好率，

① 图片由梅特勒特利多中国公司 Mettler Toledo Company 提供。

达到双赢的结果。

（三）关系管理

供应商关系管理很重要，但要想做好它并不容易。与供应商建立良好的关系，也就意味着企业将拥有更强的风险抵抗能力和竞争优势。以下是食品企业与设备供应商关系管理中的良好实践。

1. 创建长期战略伙伴策略

食品企业需要制定设备供应商关系管理策略，而不是被动运营，缺乏管理策略可能导致供应延迟或更糟的情况发生。管理者应该首先确定哪些业务为最关键的要点，然后决定哪些设备供应商在这方面具有战略意义，哪些属于其他类别，而不是只关注价格的交易型合作。对于绩效良好且供应风险可控的供应商，企业可以考虑签订长期战略合作协议，这也是一种典型的基于采购需求和对方所能提供服务的潜在利益交换。

2. 与企业战略吻合

传统的设备供应商合作目标专注于低成本，许多执行层的决策者只关注获得最优惠的价格，而不是加强与设备供应商的关系或提高质量。但实际上，一家公司的既定目标与其默认目标可能不同，如果不能保证品质、数量和可靠的设备供应商，价格高低也就毫无意义。因此，在与供应商接触之前，执行决策者需要花点时间了解业务利益相关者的目标，将内部需求与外部合作伙伴保持一致，避免出现需求误解和不必要的漏洞。

3. 反馈和沟通

但在实际工作中，设备供应商不了解企业的商品需求状况和设备的使用寿命周期。因此，他们只能依靠自己的主观判断，为了从多个设备供应商中选择最佳供应商，买方通常会保留一些信息，若是信息无法共享，渠道透明度不高，便增加了供应渠道的不确定性，对双方都极为不利。

建立牢固的长期供应商关系需要双方的信任和忠诚，管理层需要开展更好的沟通、协调、信息共享以及履行买方和供应商之间的承诺。企业可以通过更加透明和协作的方式来改善这一点，公司管理层可以与设备供应商保持开放的态度，反而不会影响他们谈判价格和绩效目标的能力。同时，买方和卖方还可以通过检查特定指标，以查看这种关系是否有助于改善业务成果。

良好的沟通机制包括：

（1）日常的沟通：设备厂商与生产商的沟通顺畅是非常重要的，良好的沟通可以保证设备在运行过程中出现的问题能够得到及时的解决，双方可以长久保持业务关系。设备厂商需要提供热线服务电话（400 服务热线）、公司网站、微信小程序、微信公众号等多种方式，保持双方的联系沟通顺畅。

（2）紧急情况的处理：当设备操作人员发现设备出现故障时，应立即报告上级负责人，负责人立即安排协调故障处理工作。要做好突发事件的详细情况和联系方式等方面的记录。当无法自行处理设备故障时，可以联系设备厂商快速解决部分问题，客户需要反馈现场发生问题的真实状况，以便设备供应商快速准确的判断，做出下一步处理方案，以便快速处理解决问题。与设备厂商签有定制化服务合同的客户，可获得相应时间和到现场时间的优先权，客户也可以采购部分常用备件，可以在设备厂商的指导下自行处理。

（四）小结

结合食品行业的特点，大多数食品行业的生产企业都认识到了设备基本功能实现的重要性，但常常忽略对设备的卫生性设计要求、维护保养人员的能力和文件体系。我们应加强对设备供应商的管理，遵循各项法律法规和客户提出的要求，从设备供应商的选择和评价出发，拥有总成本的评估理念，多维度、多角色对设备的供应商进行评价。在设备的使用过程中建立从验收、档案建立、人员培训和设备的验证、维护与保养的标准化流程，并定期监督。最后，需要与供应商建立长期的稳定关系，包括长期战略伙伴策略、与企业战略吻合、采供双方的反馈与沟通。只有这样才能保障设备的正常运转，在成本、效率和质量方面获得更高的收益。

第七节　有害生物防制服务商管理

有害生物异物污染投诉是食品业最常见的投诉事件之一，对食品的安全性甚至品牌都影响巨大，所以食品企业特别关注有害生物的防制。由于有害生物防制需要专业的人才，往往食品企业都是委托第三方服务商来开展此项工作的。部分食品企业人员认为既然已经购买了第三方服务，就不需要再投入精力进行管理。然而，现实中一旦产品和环境出现此类问题，没有哪家企业可以回避责任，甚至会影响企业的信誉。因此，有害生物防制服务管理是非常值得关注的问题。

一、有害生物防制的概念与特点

（一）有害生物防制相关概念

1. 有害生物

依据《食品生产企业有害生物风险管理指南》（T/SFSF 000012—2021）的定义，有害生物是指在一定条件下，对食品生产企业/餐饮企业等在食品生产经营过程中可能产生食品安全、环境安全污染的生物，如鼠类、蟑螂、飞虫、仓储昆虫等。其中：飞虫指滋生在企业车间、室内加工场所、室外环境腐败有机质中的双翅目昆虫，如建筑内的蛾蠓、蚤蝇、果蝇，建筑外的家蝇、绿蝇等。仓储昆虫危害存储区域的各粮油原材料中的鞘翅目和鳞翅目昆虫，如鞘翅目的米象、赤拟谷盗、锯谷盗、皮蠹和鳞翅目的印度螟蛾、粉斑螟等。

偶然入侵昆虫是指原本危害外部绿化或者滋生在土壤腐殖质环境中的昆虫，受内部灯光、相较于外部更适宜的温度或者食物气味的吸引而进入室内的昆虫，如危害植物叶面的蚜虫、叶蝉，危害植物根茎部的金龟子、蟋蟀，滋生在腐殖质土壤环境中的马陆、鼠妇及对产品和环境产生危害的其他生物，不限于鸟类及野猫等。

2. 有害生物防制服务商

经注册并取得有关资质、为食品生产企业/餐饮企业等食品相关企业提供有害生物防制服务的专业机构，以下简称“服务商”或“PCO 公司”。

（二）有害生物防制原则与职责

1. 有害生物防制原则

以食品和人员安全为前提，遵循预防为主、风险管理、物理防制优先，有条件使用化学防制的原则。

2. 食品行业相关企业的职责

食品企业应按照国家有关食品安全法律法规的规定，承担有害生物防制的主体责任，并将有害生物防制与良好食品生产和餐饮加工操作规范有机结合，落实各项有害生物防制措施，保证食品安全。企业委托服务商进行有害生物防制，应当与服务商签订委托合同，明确双方权利与义务。在委托服务的过程中，原则上食品企业的主体责任并未发生转移，食品企业仍对委托服务的质量和结果负责。

3. 服务商职责

接受委托有害生物防制服务的服务商，应依据委托合同为企业提供有害生物密度监测、有害生物种类及风险识别和预防服务；并及时实施有害生物防制，降低有害生物密度，进行防制效果评价等，组织有害生物风险管理培训与沟通，推动企业上下游及各部门间协作的安全管理活动，提交有害生物防制工作报告等。

4. 企业与服务商协作关系（见表 4－30）

表 4－30 企业与服务商的协作关系

企业	服务商
企业保持和服务商沟通渠道的通畅	服务商保持和企业关键联络人的沟通
企业对服务商需要检查的区域或设施能提供便利性	服务商按照合约约定提供正常服务，及时记录发现的问题，并提出改善建议
确定引起有害生物（害虫）活动的因素，有能力用合理方式并在合适时间段内改善	保持对常规有害生物防制工作的回顾

二、有害生物防制的常见问题

有害生物防制需要食品企业和服务商共同协作，方能发挥最大的作用，降低此类风险。然而，由于食品企业的风险认知问题、双方人员的专业能力问题、协作沟通问题和服务规范问题的存在，有害生物防制的效果大打折扣，甚至引入新的食品安全风险。

（一）风险认知问题

有害生物防制，这其中包括了“防”和“制”。“防”是预防，当出现有害生物时，这是显性问题，通常认知范畴为需要消除眼前的“有害生物”或者“虫”，属于“杀虫”公司的职责范畴，在这个过程中，企业会认为“灭”和“杀”是关键。这样企业就会对有害生物防制产生偏差。于是不会建立主动预防和改善的措施。“制”包含“控制、治理、管理”的概念，企业也就很难建立起管理理念了。

另一个对风险认知的理解是企业对于有害生物防制的成本投入问题。有害生物防制，通常也称为虫害控制、虫害管理、虫鼠害控制，这是个持续的过程，取决于企业与服务商的时间投入，服务商协助企业发现隐形问题，如卫生死角、结构修缮、日常管理、仓储物料和人员操作规范等风险点。而企业的成本投入还停留在害虫问题没有爆发、没有大的影响、企业成本需要管控的问题上。低成本的服务投入给企业带来了挑战。

采购人员没有充分尊重使用部门和运营部门的服务技术需求，采购人员无法拆解和识别有害生物防制的服务商核心能力，供应商的价值就只能以设施和服务频次为核心，商务化的竞价采购模式，而忽略了基于现场风险评估的解决方案才是前提。在没有达成统一风险共识的情况下，服务商服务被企业“固化”。

风险认知问题就是领导层的理念、管理层的成本投入、采购人员的风险识别的综合问题。

（二）专业能力问题

专业能力包括企业和服务商两个方面的问题。一方面是服务商专业能力问题，首先企业需要理解服务商的专业能力包括：害虫防制的治理能力，应急偶发害虫的响应能力，理解食品安全的体系能力，客诉、审核的沟通能力。如上所述，服务商的有害生物防制涉及鉴别、分析和操作的问题，常见的蝇类至少要掌握六种，蚊类掌握四种、鼠类掌握三种、蜚蠊类掌握四种及其他常见的绿化类、叮咬类、孳扰类、噬菌类等若干种。对绿化知识、建筑的结构原理进行学习，以便准确地发现有害生物的滋生环境和入侵途径，熟练掌握化学品和操作器械知识。服务商持续的发展，网点的快速建设，有经验的有害生物防制员需求量趋大，服务商的专业能力将是非常大的挑战。

另外一方面是食品企业人员的专业能力问题，质量或运营等人员的虫害控制工作只是其常规工作中的一小部分，他们没有系统和完整地接受过第三方或有害生物防制专业的培训，这个专业能力建设也包括了有害生物防制原理，常见有害生物习性与特点，企业有害生物防制的管理实践、合规审核的关键风险点的识别等内容。

（三）协作沟通问题

有害生物防制（虫害控制、虫害管理）是一门实践性的学科，在防制员具备操作能力外，核心目标为干预有害生物的滋生环境，需要在食品企业理解和配合的前提下完成。协作沟通，无论是书面报告形式或现场沟通都是非常重要的。

防制员的沟通问题：缺乏有效沟通技巧，导致有害生物问题反复或是解决不彻底。另外在沟通的语言逻辑上，防制员缺乏质量体系的语言逻辑。

企业没有建立沟通机制，在没有组织定期回顾和培训时，服务商相关技术人员及经验丰富的服务管理员反馈的风险和改善项，企业内部就不会有效地推动和执行。

企业与服务商的协作沟通问题，需要双方建立沟通机制，特别是集团化或者重视供应链管理的企业，协作沟通是富有成效的重要工作，也是企业目前面临的重要挑战。

（四）服务规范问题

服务规范问题，包含了安全问题、多维度的体系服务和协同服务架构问题。首先，安全是有害生物防制工作的核心诉求，包括减少化学品使用、修缮环境结构、检查滋生地、执行清洁消毒程序等的综合管理措施。其次，多维度的体系服务和协同服务架构需要基于“监测、识别、文件、沟通、消除、协作”的规范流程，遵循综合虫害管理“IPM”的理念开展工作。大部分服务商没有建立起服务规范体系和服务架构，当服务商服务架构没有搭建，将无法满足企业的有害生物防制“管理”的需求，无法解决服务规范问题。多层次的服务框架示例如图 4－12 所示。

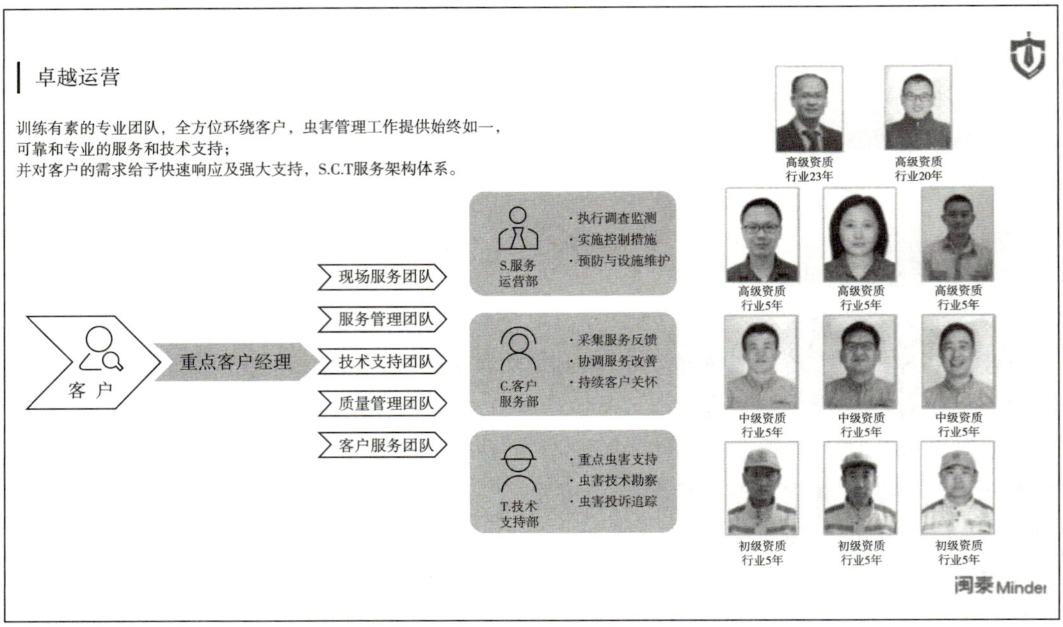

图 4-12　闽泰公司服务架构

三、服务的管理

（一）服务的选择

有害生物防制服务的选择，理论上只需要机构的经营范围上有类似“有害生物防制”的内容（见图 4-13、图 4-14），就可以从事相关服务。而对企业而言，服务具有有害生物防制相关行业的高级别资质、实际相关案例实践、团队覆盖响应能力和基于风险评估的解决方案能力，这四个方面还是比较重要的。表 4-31 所列的评估内容可供参考。

图 4-13　有害生物防制服务机构的资质证书

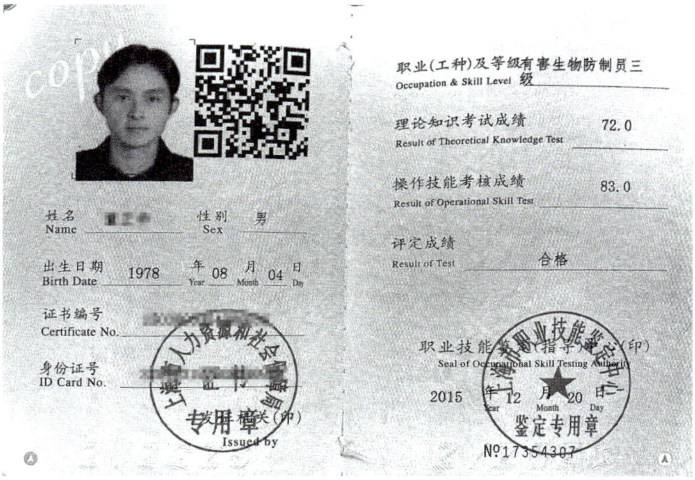

图 4-14　有害生物防制员证书

表 4-31　有害生物防制供应商评价内容

公司实力评估	现场服务能力	服务响应能力	解决方案能力
资质等级、营业额、公众责任险、雇主责任险、成立时间等	防制人员数量、专业背景、等级级别、特殊虫害的防制经验、服务案例等	企业区域是否团队覆盖，包括技术、客服、服务、管理的覆盖响应	是否解决方案基于现场风险评估，有关灭蝇灯、鼠饵站、黏板防护罩等。涵盖滞留、空间、烟雾、胶饵操作等服务内容清晰，是否合理布置

（二）服务管理流程

食品企业和服务商应该建立规范的服务管理流程。通常流程为防制人员按约定时间开展服务，结束后提交记录单/电子服务报告，供双方签字确认。服务过程中，防制员专业与否非常关键，发现潜在有害生物（虫鼠害）隐患问题，采取合适措施对有害生物进行控制，用药操作记录合规等，以上关键点容易造成企业环境遭受化学品的污染及有害生物的侵入，问题得不到有效管理。企业需要流程化与体系化的有害生物防制服务流程，以确保服务质量（见图 4-15）。

（三）有害生物防制管理的重点

1. 安全管理

化学杀虫是企业绕不开的话题，而综合虫害管理的核心就是减少化学品的使用，用安全、环保、科学的措施进行有害生物防制，所以企业内部区域的化学杀虫法不作为优先选择。当其他措施无效时，且有迹象表明有害生物已对作业环境或食品安全造成影响，才能在确保食品和人员安全下使用化学杀虫剂，且在使用后及时清除化学杀虫剂残留。使用的化学杀虫剂应经有关部门批准和备案（以企业与服务商共同商定的药剂清单为备案形式）。

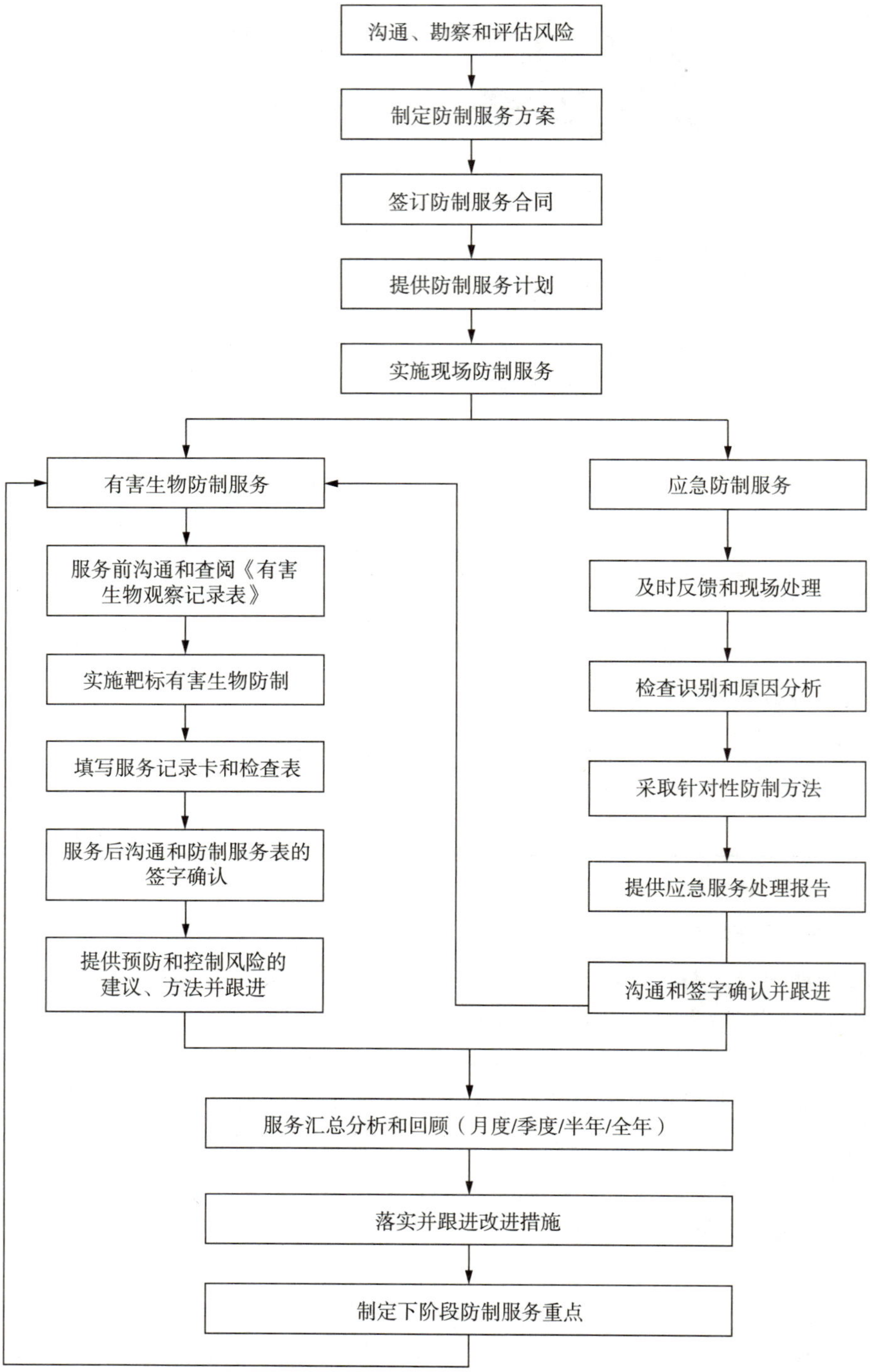

图 4－15　食品生产加工企业的有害生物防制服务管理程序流程图

服务商使用化学杀虫剂的特殊要求：服务商在使用前应向客户方充分沟通，在确保其知晓安全措施及需要配合的相关事项后方可实施。服务商应使用低毒、安全的杀虫剂和鼠诱饵，确保所选用化学品符合法律规定。服务商应提供化学杀虫剂的标签、农药登记证、安全数据表、公众责任险和雇主责任险等安全资料。

2. 沟通与培训管理

沟通与培训是连接企业与服务商的桥梁，双方也都清楚其价值，但需要企业管理部门推动与服务商的配合。一般有害生物风险管理的沟通与培训工作，包括书面沟通、回顾沟通、培训沟通。书面沟通通常依据企业有害生物管理需求，开展有害生物趋势分析和阈值管理（依据清洁程度等级区域开展有害生物趋势分析，分析活动根源）的内容等。回顾沟通是比较好的沟通机制，企业与服务商一起组织各部门开展阶段（季度、年度）回顾交流以推进有害生物管理工作。培训沟通是指企业和服务商共同组织企业上下游及各部门的培训活动，培训内容一般包括综合虫害管理理念和有害生物管理实践等。

3. 防制效果评价

防制效果评价，一般对于企业与服务商很难量化为以标靶害虫的出现和数量为考评维度，而作为动态管理的工作内容，企业也可依据企业自有的有害生物防制的程序与流程或检查表等要求，开展有害生物风险管理评估。也可委托第三方机构进行有害生物防制效果评价。一般鼠类、蝇类、蟑螂防制效果评价可参考 GB/T 27770、GB/T 27772 和 GB/T 27773 的要求进行。对于合同中特别约定的内容，可以参考合同条款，以便企业综合全面地评价服务商，企业也不能以偏概全地用“服务不好”来评价。

4. 文档管理

文档管理是企业进行有害生物管理的基本工作，一般有害生物防制文档包括防制人员（服务商）信息、综合虫害管理程序及方案和良好卫生操作规程管理等。服务商信息包括服务商营业执照（三证合一）及行业等级资质、联系人、服务频率、服务条款、服务内容、服务人员资质证和健康证、服务单据、设施维护记录、服务报告、培训文件等。综合虫害管理程序及方案包括使用的药剂清单、虫害防制设施平面图、公众责任险和雇主责任险等。

5. 文档保存

在与服务商的合作中，企业的文档保存很重要，文件记录鼓励采用信息化系统，在电子系统（如在线报告系统）中管理。文件包括但不限于书面材料和电子数据。通常文件保存期为 2 年。

（四）如何评价服务商质量

服务商需要涵盖设施维护、清点统计、药物操作、风险勘察、书面的报告及培训沟通等内容。企业评价供应商的质量是比较有难度的，包括服务商是否快速响应企业的害虫应急问题，是否积极沟通反馈，是否积极配合审核协助工作等。但客观上，有害生物防制是基于双方的协作和持续改善的一项工作，不建议用单一维度和表格来约束衡量，当然企业可以建立服务商的 KPI 考评机制，从日常工作、效果、响应、专业能力、三方审核等方面综合评估服务商的质量。

(五) 供应商沟通

1. 合作过程中的沟通

如果企业自身对有害生物的防治要求没有做明确规定，仅凭供应商的服务经验往往也达不到理想的效果，这与供应商的规模或者品牌关系不大，没有约束的供应商在进行防治执行工作时会出现偏差。企业有害生物防治联络人需要将企业的需求明确地传达给服务商，如企业需要通过某食品安全标准的审计，如需要跟踪解决某洁净车间或区域的蚤蝇等标靶害虫，如需要定期地对企业内部区域进行虫害风险勘察和沟通等，日常服务中要避免没有闭环管理。

可以尝试与服务商沟通常见问题，服务开始前问："今天的服务哪些区域?""上次发生鼠害或其他问题的区域做下跟踪"，服务结束后问："今天发现的异常情况是什么原因导致的?"通过询问也是传达需求给供应商，同时也可督促供应商按照 PDCA 的管理流程执行服务。

2. 建议双向沟通方式

企业在推进服务方面工作时，需要确立方针，比如建立一个涵盖生产、工程、质量和服务商的质量改善小组，大家定期回顾，及时改善发现项，从数据上反映有害生物的监测数据持续下降。企业可预先设置控制的计划，包括设施维护、药物处理、风险勘察和培训沟通等各个环节，要求供应商按照时间节点完成工作。服务商也应积极让企业责任相关方都参与沟通，企业的这项工作将会有效改善。

(六) 创新技术应用

有害生物防治是一个持续体系化的管理工作，可提升企业的绩效、部门的"卓越绩效"，当企业提出需（痛点和问题）、求（持续改善的解决方案），使得企业与服务商真正成为合作伙伴。信息化、标准化、智能化的有害生物防治是未来发展路径，创新技术也应运而生。这些创新技术可帮助企业提升防治效果，也可提升品牌保护与管理能力。所以，在服务商的管理中，我们需要关注创新技术的应用。

例如：M+智能鼠夹（见图 4 - 16)，集监测、捕杀功能于一体，由监测鼠夹、智能芯片及鼠饵盒等组成。配合手机端提醒和位置显示功能，使得操作人员或者属地人员能第一时间复位或者清除老鼠。采用闽泰 Minder 云端应用管理，云计算一方面能够保证装置应用的快速部署和高扩展性。

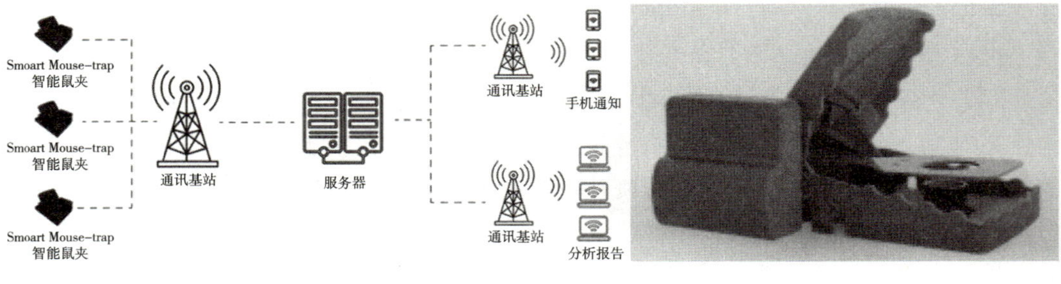

图 4 - 16　M+智能鼠夹

四、小结

有害生物防治工作是一项食品安全管理工作，也是一项以协作与预防为先的风险管理工作。企业在了解有害生物防治基本概念与特点、有害生物防治的常见问题的基础上，选择合规、有经验的第三方服务团队，并遵循 PDCA 的管理闭环，积极推动第三方服务商的沟通协作，并积极尝试服务创新技术，企业的卓越绩效及供应商管理的问题也将迎刃而解了。

第八节　清洗消毒服务商管理

清洗消毒是食品生产企业进行卫生管控的重要措施之一。清洗就是去除物体表面或加工设备内部的污物；消毒步骤在清洗之后，用消毒因子破坏微生物的繁殖体，进而减少微生物的数量。清洗是为了更好地消毒，消毒对保障食品安全至关重要。清洗剂、消毒剂是影响食品质量的重要因素之一，清洗消毒的效果会直接或间接影响食品的质量。优质的清洗消毒服务供应商可助力食品生产企业保障食品安全，提高食品企业竞争力。

一、清洗消毒服务商的主要特点

服务商是食品企业服务链中的重要元素之一，对食品企业的生产经营、可持续性等均可产生一定影响，选择合适的服务商对食品企业而言尤为重要。下面简要介绍清洗消毒服务商的分类和特点。

清洗消毒服务商一般可分为贸易商、生产商两种。其中按照是否拥有产品的所有权可将服务商分为三类：

（一）无产品所有权的服务商，俗称代理商（经销商），此类服务商售卖其他公司的产品，不具备生产能力，通常情况下较难全面掌握售卖产品的质量及相关性能，不具备技术服务及研发能力；经营活动过程受其上游供货商的控制，供货及时性、价格、售后服务等受限制。

（二）拥有产品所有权但无生产能力的服务商，此类服务商拥有自己的商标品牌，但无生产工厂，通过代工厂（贴牌）完成产品的生产，通常情况下对产品相关性能比较熟悉，但对产品质量的把控有一定的局限性，具备技术服务及研发能力；经营活动过程易受代工厂的影响，供货及时性、价格、售后服务等几乎不受限制。

（三）拥有产品所有权且有生产能力的服务商，此类服务商拥有自己的商标品牌和生产工厂（或其关联公司具有生产资质），通常情况下对产品相关性能比较熟悉、可完全把控产品质量、具备技术服务及研发能力；经营活动过程、供货及时性、价格、售后服务等几乎不受限制。此类服务商一般具有完善的生产管理体系、技术服务能力，是比较理想的合作伙伴。

目前，我国食品用洗涤剂、消毒剂生产企业（生产商）有上千家，但大部分的生产企业存在生产规模较小、技术能力有限、生产条件不完善等问题。

二、清洗、消毒产品的主要风险和挑战

清洗、消毒产品的种类繁多，服务商的生产能力、质量管理水平、技术服务能力千差万别。对食品生产企业来说，选择合规、合格、合适的清洗、消毒产品面临很大

的挑战。食品生产企业常用的清洗剂和消毒剂的主要区别见表 4 - 32 所列：

表 4 - 32　清洗剂和消毒剂的主要区别

产品		分类	监管部门	备注
清洗剂	A 类产品	直接用于清洗食品的洗涤剂	市场监督管理局	—
	B 类产品	用于清洗餐具、饮具以及直接接触食品的工具、设备或者食品包装材料和容器的洗涤剂		
消毒剂		食品企业常用的消毒剂有过氧化物类、含氯类、季铵盐和醇类等	卫生健康委员会	首次上市前需完成卫生安全评价，评价合格后方可上市销售

《中华人民共和国食品安全法》中提道：食品生产经营者采购或者使用不符合食品安全标准的食品原料、食品添加剂、食品相关产品，将面临被处罚的风险。食品生产企业用到的清洗消毒产品均属于食品相关产品，因此，食品生产企业在选择清洗、消毒产品时要注意防范以下风险：

（一）合规性

明确所需清洗、消毒产品的用途，用于清洗的一般是清洗剂，需要有全国工业产品生产许可证，如图 4 - 17 所示，清洗剂不可当作消毒剂使用；用于消毒的一般是消毒产品，需要有消毒产品生产企业卫生许可证，如图 4 - 18 所示，还有一类产品兼具清洗和消毒的功能，这类产品也是消毒产品，消毒产品可在全国消毒产品网上备案信息服务平台（以下简称“平台”，https：//credit. jdzx. net. cn/xdcp/loginPage. do）核验相关信息；若此平台上未查询到相关信息，需慎重选择，可能该产品不是消毒产品，或者是该产品已经提交备案但未公示。

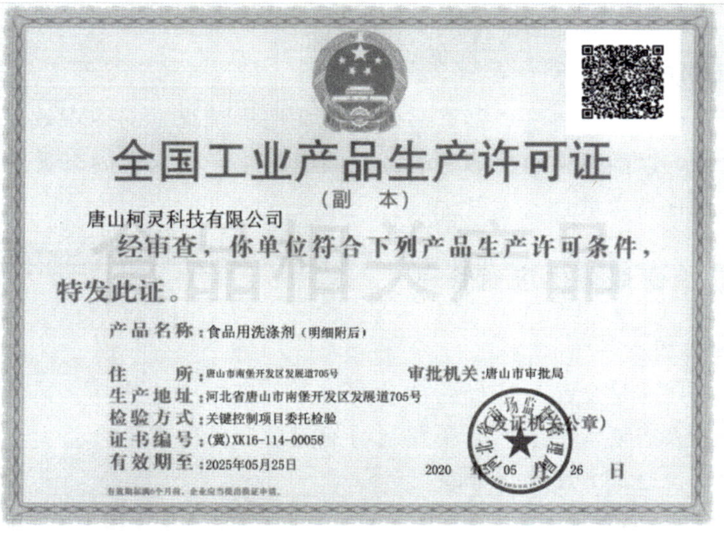
全国工业产品生产许可证
（副　本）
唐山柯灵科技有限公司
经审查，你单位符合下列产品生产许可条件，特发此证。
产品名称：食品用洗涤剂（明细附后）
住　　所：唐山市南堡开发区发展道705号
审批机关：唐山市审批局
生产地址：河北省唐山市南堡开发区发展道705号
检验方式：关键控制项目委托检验
证书编号：(冀)XK16-114-00058
有效期至：2025年05月25日
（发证机关公章）
2020 年 05 月 26 日

图 4 - 17　食品用洗涤剂生产许可证

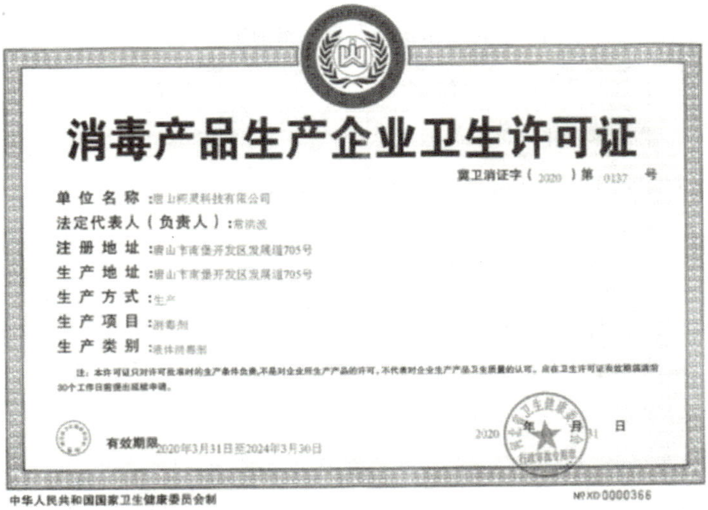
消毒产品生产企业卫生许可证
冀卫消证字（2020）第 0137 号
单位名称：
法定代表人（负责人）：
注册地址：唐山市南堡开发区发展道705号
生产地址：唐山市南堡开发区发展道705号
生产方式：生产
生产项目：消毒剂
生产类别：液体消毒剂
有效期限 2020年3月31日至2024年3月30日
2020 年 月 31 日
中华人民共和国国家卫生健康委员会制
№XD0000366

图 4－18　消毒产品生产许可证

《中华人民共和国工业产品生产许可证管理条例》第四十八条规定：销售或者在经营活动中使用未取得生产许可证的列入目录产品的，责令改正，处 5 万元以上 20 万元以下的罚款；有违法所得的，没收违法所得；构成犯罪的，依法追究刑事责任。

（二）食品安全风险

《食品安全国家标准洗涤剂》（GB 14930.1）、《食品安全国家标准消毒剂》（GB 14930.2）分别对洗涤剂、消毒剂的原料、理化指标、微生物限量（或杀灭）等做了相应要求；市售的一些产品中，有些含有国家禁止使用的原料，有些理化指标（重金属、甲醇等）超过国家标准的要求，这些将增大食品安全风险。食品生产企业需要定期要求供应商提供相关报告或证明文件。

（三）质量风险

食品生产企业在使用清洗消毒产品前，需关注清洗消毒的使用效果，必要时做清洗消毒效果验证，以确保采购的清洗消毒产品满足生产要求；同时关注清洗消毒产品的残留，以确保食品质量。

三、清洗消毒服务供应商管理

（一）选择与准入

清洗、消毒产品是食品生产经营活动中重要的安全卫士之一，清洗、消毒产品服务商的选择与准入需要考虑多因素相互制约的问题，总体来说食品生产企业需从服务商资质、能力、价格等方面综合考虑。

1. 资质要求及审核注意事项

服务商的相关资质要求见表 4－33 所列。

表 4－33　服务商的相关资质要求

	序号	材料名称	备　注
直接供应商（贸易商）	1	营业执照	必须项
	2	危险化学品经营许可证	产品是危险化学品时需要提供
	3	委托加工证明	责任与生产单位是不同公司时需要提供
	4	代理授权书	代理商或经销商需要产品责任单位出具授权书
	5	产品技术资料	产品 SDS、说明书、标签、第三方检测报告、消毒产品卫生安全评价报告、报关单（进口产品需要提供）等
生产商（生产企业）	1	营业执照	必须项
	2	全国工业产品生产许可证	食品用洗涤剂，必须项
	3	消毒产品生产企业卫生许可证	消毒产品，必须项
	4	相关管理体系证书	ISO9001（或 ISO22000）、ISO14001、ISO45001 等
	6	其他	排污许可证（或登记证回执）、安全生产许可证、产品批次检验报告、安全评价（危险评价）报告、土地使用性质等

资质证件常见的审核内容及注意事项见表 4－34 所列。

表 4－34　资质证件常见的审核内容及注意事项

序号	材料名称	审核内容及注意事项
1	营业执照	（1）营业期限是否在有效期内 （2）经营范围和实际经营活动是否一致、合规 （3）是否有登记机关的红印资质章
2	全国工业产品生产许可证	（1）生产地址是否同营业执照一致 （2）生产许可证编号是否和产品标签上体现的一致 （3）许可证是否在有效期限内 （4）实际生产的产品是否符合发证生产产品明细清单 （5）是否有批准机关的红印资质章
3	消毒产品生产企业卫生许可证	（1）生产地址是否同营业执照一致 （2）消证字号（即生产企业卫生许可证号）是否和消毒产品标签上体现的一致 （3）生产类别是否和实际生产产品一致 （4）许可证是否在有效期限内 （5）是否有批准机关的红印资质章

（续表）

序号	材料名称	审核内容及注意事项
4	产品资料	（1）产品SDS：是否能够和《化学品安全技术说明书内容和项目顺序》（GB/T 16483—2008）的16个部分相对应 （2）产品标签、说明书：洗涤剂产品是否按照GB 14930.1要求在产品最小销售包装上标明所属类别（A类、B类）；消毒剂产品应按照《消毒产品标签说明书通用要求》（GB 38598—2020）规范书写，不可漏项、虚假陈述，夸大产品作用效果 （3）第三方检测报告：关键检测项目是否有CMA、CNAS资质认证；检测方法及依据是否为现行有效版本；样品信息中生产日期和批号是否体现，生产单位是否一致 （4）消毒产品卫生安全评价报告：是否在全国消毒产品网上备案信息服务平台可查；产品适用范围是否和备案一致

2. 能力

食品生产企业在选择清洗、消毒产品供应商时需要关注服务商的综合能力，包括质量保证能力、供应链能力、技术服务能力及创新能力等。

（1）质量保证能力

清洗、消毒产品的质量将直接影响食品生产企业的正常生产，因此，清洗、消毒产品的生产企业应设置质量管理部门和化验室，以确保在生产前、中、后的各个环节都能保证清洗、消毒产品的质量；此外，清洗、消毒产品的生产企业还应建立完善的质量管理体系并有效实施；同时要建立产品的质量标准，对于无国家标准、行业标准、团体标准等的产品，必须建立企业标准，对于有国家标准、行业标准、团体标准等的产品，可制定严于国标、行标的企业标准。

（2）供应链能力

食品生产企业的厂房车间、设施与设备、加工人员等均离不开清洗、消毒产品这一步骤，需要时刻保证清洗、消毒产品的安全库存，以确保食品生产企业的正常生产；但清洗、消毒产品一般是化学品，其贮存需要专用化学品的仓库，食品生产企业无法大量储存化学品，这要求食品生产企业在选择供应商时应关注供应链能力，包括企业的生产能力和物流能力，优先选择具有全国布局工厂的服务商，这样可以有效降低供应风险，同时降低物流成本。

清洗、消毒产品的生产企业应具有相应的生产场地、环境条件、生产设施设备；具有足够的生产能力和运输能力，确保全国各地货物充足、及时供应，生产能力应大于生产企业所有客户的需求能力，可以保证30天的发货量，并根据甲方用量的加大不断提升库存；宜采用信息化手段采集、留存，建立安全追溯体系，保证清洗、消毒产品可追溯。

（3）技术服务能力

食品生产企业在生产过程中可能会遇到一些问题需要及时解决，比如清洗消毒异常（突然洗不干净）、微生物监测异常、污水处理系统异常、产品质量问题（坏包、串味）、内部或外部审核时的不符合项等，诸如此类问题专业性比较强，若能及时得到相关服务商的技术服务，将有助于快速解决问题。因此，食品生产企业选择可提供技术服务的服务商尤为重要。服务商的技术服务一般包含以下几个方面：

① 24 小时紧急技术咨询服务：食品生产企业在遇到相关问题时可随时与服务商进行电话（或微信等通信工具）沟通，或进入服务商的相关网站进行信息的查询下载，尽量降低技术咨询的时间成本。

② 现场技术服务：某些问题比较复杂时，食品生产企业可邀请服务商的技术人员到现场，协助其及时解决问题；此外，食品生产企业还可定期邀请服务商的技术人员到现场进行清洗消毒调研服务（如卫生排查、节能降耗、质量提升等）和技术培训（如微生物、卫生控制、化学品安全等），食品生产企业可借助服务商的调研服务和技术培训，来完善自身的管理体系。

③ 样品分析鉴定服务：当某些问题在现场无法解决时，食品生产企业可借助服务商的技术服务中心（实验室）协助解决，此类服务内容包含但不限于微生物溯源、异物或污垢鉴定分析、材料兼容性测试等。

其他：疫情或特殊期间，帮助客户解决问题，促进双方良好合作。

（4）创新能力

食品企业不断开发新产品，给清洗消毒工作带来很大的挑战，现有有限的产品无法满足食品行业清洗消毒的要求，因此服务商具有新品开发的能力非常重要。选择服务商时应关注服务商是否配备产品研发部门和具备相应的研发能力，比如产品系列是否齐全，行业内是否有标准引领作用、是否拥有专利等。

3. 价格

食品生产企业在采购清洗、消毒产品时宜和供应商签订采购合同，并在合同有效期内规定单价；在对不同产品浓度、包装规格或不同主要有效成分的产品进行比价时，建议换算成氢离子或氢氧根的离子浓度进行对比；此外，还应关注清洗、消毒产品的使用成本。影响使用成本的因素较多，常见的影响因素有清洗/消毒产品的浓度、参数（温度、时间、流量等）、工艺的设置等，一般情况下可默认清洗消毒参数、工艺一致，按照使用主要有效成分的使用浓度进行对比；也可换算为生产每吨食品的综合能耗进行对比，综合能耗包含化学品、水、电、气的费用等。

（二）服务商审核

大型的食品生产企业会在准入时对负责清洗、消毒的服务商进行审核，经审核合格后才能成为合格服务商，审核内容可见表 4－35 所列。

表 4－35 清洗消毒供应商审核表

1	基础管理（15 分）	分数/分	得分	备注
1.1	是否是生产商或一级代理商、证照是否齐全？	5		
1.2	是否建立收货标准，如索要并核对出厂检验报告（COA）、产品包装及标签是否完好无损？	3		
1.3	是否建立不合格品的处理流程、措施？	3		
1.4	是否建立风险监测与评估体系，有效识别管理过程中的质量安全风险？	4		

（续表）

2	仓库管理（20分）	分数/分	得分	备注
2.1	是否建立仓库管理制度并按照制度实施？仓库的设计、使用面积是否满足贮存需求？	4		
2.2	防护条件是否完备有效（如虫害防治、消防设施、排水系统等）、充分（避光、温度控制等），物品摆放是否离地、离墙，物料是否包装严密、无破损？	4		
2.3	仓库界限和标识是否清晰？是否制定温度控制要求，储藏温度是否符合要求，是否定期监控温湿度变化状况？	4		
2.4	是否对仓库采取有效视频监视？出入库记录是否齐全（如数量、批号、生产日期、供应商、开封原因及日期等），记录是否完整真实，是否按照先进先出原则出库？	4		
2.5	是否有专门的不合格品存放（暂存）区？超过产品保质期、质量不合格的物料是否标识清晰并隔离？不同的物料是否分开存放（暂存）？	4		
3	发货管理（15分）	分数/分	得分	备注
3.1	是否有固定的物流商，并且签订协议（协议包括质量安全内容及质量安全责任界定条款）？	3		
3.2	物流运输车辆和运输商是否被监控？	3		
3.3	如何保证大型的槽罐、挂车等运输车辆不与有毒有害物品一起运输？若原料本身是危险品，是否具有危险品运输资质？	3		
3.4	在产品发货前，是否对运输车辆的卫生、有毒有害物品进行检查，是否有清洗或清洁证明？	3		
3.5	收发货区域是否有安全防护设施，以保证人员安全（如洗眼器等）及防止物料交叉感染？	3		
4	质量管理（20分）	分数/分	得分	备注
4.1	检验检测人员是否定期进行培训，对人员检验能力有相应验证措施？	4		
4.2	是否配备足够的检验用仪器设备，其是否被定期检查、校正？	4		
4.3	是否有岗位的作业指导书？作业指导是如何实施的？	4		
4.4	是否制定纠正预防措施，并按规定采取措施并验证？（如进料、过程、出货、客服等过程）	4		
4.5	追溯系统能否追溯到原料批次、数量、供应商信息？	4		

（续表）

5	技术服务能力（30分）	分数/分	得分	备注
5.1	是否定期组织专业的工程师或专家进行技术交流？（在法律法规标准等变更时及时进行交流？）	6		
5.2	是否提供了三新（新原料、新技术、新配方等）服务？	6		
5.3	能否提供实验室测试服务（坏包产品、污垢分析、材料兼容性测试等）？	6		
5.4	针对客户投诉或其他诉求，是否及时接收信息、处理问题、反馈结果并保留记录？	6		
5.5	供货及时性（供货周期）、订单执行准确性如何？非常态供货应急、应变能力如何？	6		
总得分	合计	0		
评估结论				
经办人签字				

（三）清洗、消毒产品服务商的管理要求

清洗、消毒产品服务商的管理包括常规管理和特殊情况下的管理。

1. 常规管理

食品生产企业需对清洗、消毒产品的采购、仓储、出入库、使用等做相应管理，清洗、消毒产品在正式采购前应做效果验证，验证合格后方可被采购使用。

食品生产企业在化学品验收时宜关注如下三个方面：

（1）收集文件：送货单（核对货品种类及数量）、出厂检验报告单（COA）、化学品安全技术说明书（SDS）、产品标签（槽罐车运输时需提供）、型式检验报告（首次采购时需提供，正常供货时宜每年提供一次）。

（2）检测项目：日常检测项目宜包含运输车辆、产品包装的完整性、产品外观及其有效成分含量，定期检测项目（可委外检测）宜包含如甲醇、二恶烷等；经评估后可对化学品实行抽检或不定期抽检，以降低检测频率，提高工作效率。

（3）运输车辆：运输车辆应清洁、卫生，不得与有毒、有害或有异味的物品混装混运。若化学品属于危险货物且不能满足例外数量和有限数量的豁免要求，应采用专用车辆运输危险货物；目前，食品生产企业使用化学品的量较小，且分布比较分散，很难实现化学品的集中运输，大部分的清洗、消毒产品采用普通车辆运输，期望相关部门、行业协会等制定清洗、消毒产品行业运输标准，以解决目前现状。

2. 特殊情况下的管理

食品生产企业在生产过程中可能会出现一些特殊情况，比如产品出现质量问题、审核时出现不符合项、新产品开发进度不畅等。下面分类介绍：

（1）产品出现质量事故

食品生产企业在产品出现批量或零星的坏包时，需要尽快查明原因，以便恢复生产，此时若有服务商协助，将有利于食品企业信息的保护并可缩短质量事故的处理周期。需要服务商协助的内容包含车间卫生调研、异物的分离鉴定、微生物的分离鉴定等，例如，供应商能快速对微生物进行分离、鉴定，并结合测定结果进行分析、形成报告（见图 4－19）、推测可能的污染源。

KLENZAN
上海市奉贤区奉浦大道 90 号
邮政编码：201401

上海柯灵展新化工有限公司
电话：（86-21）52102123
传真：（86-21）52102139

检测报告

委托方：　××公司　　　　日期：×年×月×日

样品描述：

样品来源：××公司。

样品接收日期：

×年×月×日收到样品并存放在上海柯灵展新实验室（4℃冷库）保存

测试进行日期：×年×月×日—×年×月×日

检测项目：

污染菌的分离、污染菌的浓度、菌株的鉴定

检测方法：

污染菌的分离和计数：

GB 4789.2 食品安全国家标准 食品微生物学检验 菌落总数测定

GB 4789.15 食品安全国家标准 食品微生物学检验 霉菌和酵母计数

菌株的鉴定：柯灵展新实验室 SOP 2016-ID-1305

检测结果及原因推测：

一、PH 值、污染菌的分离和浓度测定：

从送样中随机抽取 2 袋，放置室温 4 小时后，摇匀样品。清洁间内开袋检测 PH 值。发现样品的 PH 值偏低，培养 48h 后的结果如下：

样品号	样品 PH 值	培养基类型	污染菌浓度（CFU/ml）
样品 01	6.31	NB	1.4×10^3
样品 02	6.30	NB	1.8×10^3

两包样品的染菌浓度不低于 1.4×10^3（CFU/ml），2 袋均检出有微生物生长。而且菌落形态和显微镜检查科推断为同一种类，从中挑取单菌落进行鉴定，镜检结果如下。

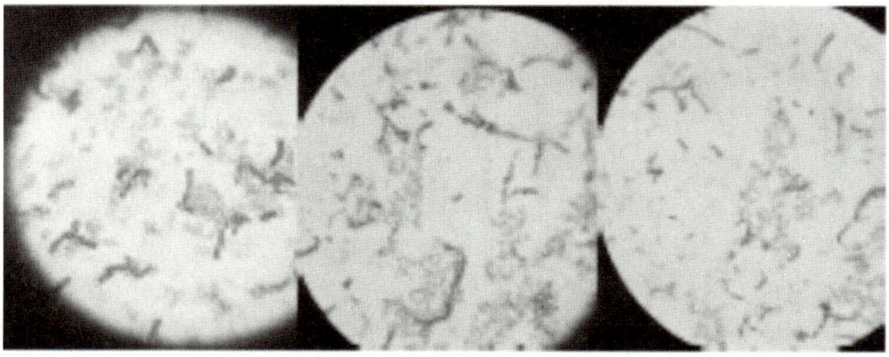

图 4－19　坏包产品微生物分类鉴定报告

（2）审核时出现不符合项

食品生产企业在内部或外部审核时遇到一些无法立即解答的问题时，可电话求助服务商的技术部或食品安全部门，当审核后出现不符合项需要整改时，可邀请服务商协助整改，比如出具整改方案、提供技术培训、整改相关资料等。

（3）新产品开发

食品生产企业在新产品开发过程中会遇到共线生产串味、设备难清洗、货架期短、易倒瓶、外包装（如纸箱）潮湿等问题。遇到此类问题，可邀请有能力的服务商一起开发新产品，共同制订生产工艺和清洁消毒方案。比如在不同种类（口味）的产品共线生产，会有产品串味现象，此时可请服务商开发或设计具有去味功能的清洁消毒方案；新产品试车后较难清洗，可邀请服务商出具针对此类产品的清洁消毒方案。

（四）绩效评估

食品生产企业至少每年都要对合格服务商进行调查考核，并对服务商进行分级管理，以保障供应链的安全、降低服务商的管理成本。服务商的调查考核可从产品质量（清洗消毒效果、年度投诉率等）、交货周期（到货及时率）、综合使用成本和投诉响应速度等方面综合评估分类，评分结果可用于公司工作质量的改善（见表 4 - 36）。

表 4 - 36 绩效评估结果和管理方法

分值/分	＜60	60～74	75～90	91～100
级别	Ⅳ级供应商	Ⅲ级供应商	Ⅱ级供应商	Ⅰ级供应商
管理方法	取消供应资格	定期整改并追踪辅导	限期整改	产品免检或抽检

第九节　食品级易耗品供应商管理

一、供应商的特点

(一) 食品级易耗品的定义

在《食品安全国家标准食品接触材料及制品通用安全要求》(GB 4806.1) 中对于食品接触材料及制品的定义为：在正常使用条件下，各种已经或预期可能与食品或食品添加剂接触、或其成分可能转移到食品中的材料和制品，包括食品生产、加工、包装、运输、贮存、销售和使用过程中用于食品的包装材料、容器、工具和设备，及可能直接或间接接触食品的油墨、黏合剂、润滑油等，不包括洗涤剂、消毒剂和公共输水设施。洗涤剂、消毒剂对于食品安全非常重要，按照 GB 14930.1 和 GB 14930.2 的要求，也是需要被人们关注的。

结合实际在食品生产中的应用，我们可以将“食品级”定义为：针对食品行业开发并在使用过程中不会产生危害的原辅料及工器具，特点是合规和安全。食品级易耗品指用于食品工厂使用的易耗品，应满足在使用过程中不会产生危害的要求，特点是合规和安全。

(二) 食品级易耗品的分类

针对食品车间常见的易耗品，可以将其分为以下几类（见图 4 - 20）：

1. 防护用品：一次性手套、TPU 围裙、袖套等；
2. 清洁工具：手刷、地刷、地刮、扫帚、桶类等；
3. 化学品：75%乙醇消毒液、84 消毒液、洗手液、洗洁精等。

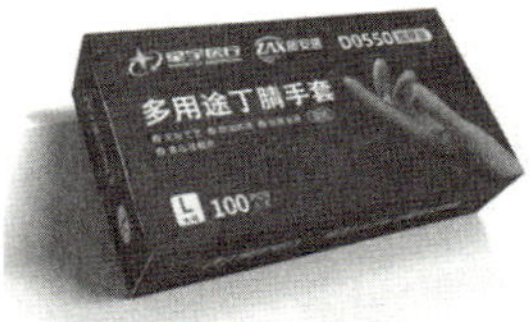

一次性丁腈手套

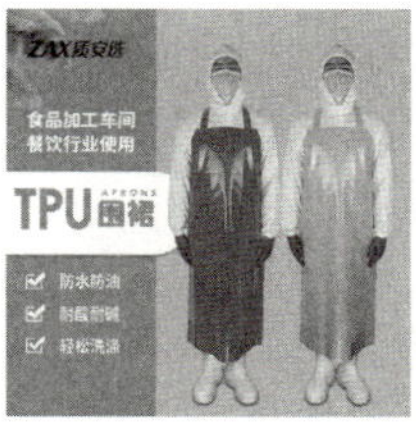

TPU 围裙

清洁刷子

75%乙醇消毒液

洗手液

洗洁精

图 4 - 20　食品车间常见的易耗品

（三）食品级易耗品供应商痛点问题

此类供应商通常有以下痛点问题：

1. 规模小：生产易耗品的工厂大部分规模较小，如清洁工具的生产未列入工业品生产许可证的发证范围，这就更加导致这类型产品供应商的质量参差不齐。

2. 专业知识不足：一般的易耗品工厂更注重生产，对于产品的专业知识以及创新性欠缺，对于企业在使用过程中提出的整改要求也难以满足。

3. 食品安全意识薄弱：普通易耗品工厂面对的终端客户位于各行各业，对于食品安全要求不清楚，工厂食安意识薄弱，其生产的产品在食品行业的应用中食安风险高。

二、食品级易耗品的风险和挑战

（一）风险

在食品工厂的生产过程中，原辅料直接影响食品安全。出于对食品安全的考虑，质量人员对于原辅料的合规性尤为重视，几乎每个工厂都有严格的对于原辅料供应商的管控制度，从原辅料的选择、供应商的准入、合格供应商的监督有一套完整的流程。但是往往忽视了食品车间中必不可少的易耗品，小小的易耗品，如果使用管理不当，同样也会造成食品安全风险，主要包括合规风险和异物风险：

（1）合规风险：普通的易耗品难以满足食品级的要求，并且没有相应的证明文件，安全系数低，在平时的二方/三方审核中也常会被列为不符合项。

（2）异物风险：易耗品在使用过程中因为会直接或间接接触产品，如清洁刷子的刷毛脱落、一次性手套的破损，因此不当的管理可能会造成严重的异物风险。

（二）挑战

食品级易耗品主要面临两方面的挑战，分别是采购和使用。

（1）采购：采购主要包括两方面，一方面是采购人员，一般工厂的易耗品采购都由采购部或者行政部负责，其对于食品车间用易耗品的要求不清楚，常常买到不适合生产使用的产品；另一方面是采购渠道，易耗品供应商不像普通的食品原辅料供应商那样相对稳定，工厂常常不知道去哪里能买到符合食品级要求的易耗品，往往在批发市场或者中小型超市采购，导致易耗品达不到食品级的要求。

（2）使用：例如，清洁工具的使用，普通的家用清洁工具，因为其预期用途并不是针对食品车间的设备，所以在使用上往往出现费时、费力但是清洁效果不佳的情况，最关键的是使用后产生了潜在的食品安全风险。

三、食品级易耗品供应商管理

针对食品级易耗品供应商的特点，以及食品级易耗品管理存在的风险和挑战，下面从供应商的选择、使用和更换等方面来介绍。

（一）供应商的选择

食品级易耗品的购买通常由生产部提需求，采购部门负责采购到位。普通的食品原料采购相对容易，会寻找到稳定的供应商，并且采购人员也有基础的食品安全和质量意识，了解产品基本的合规资质，如生产许可证、检测报告等。但是面对易耗品，他们往往不知所措，采购渠道也是五花八门，常见的采购渠道有批发市场、中小型超市和贸易商等。随着行业的发展，专业的食品级易耗品解决方案提供商也随之出现了，各种不同渠道的优劣势各不相同。接下来，笔者将从质量、交付、成本和服务四个方面进行对比，见表 4 - 37 所列：

表 4 - 37　不同供应商优劣势对比

项目		批发市场	中小型超市	普通贸易商	专业解决方案提供商
质量	合规性（资质和检测报告）	通常没有资质	资质索要困难	资质不全	资质齐全
	食品安全风险	风险高	风险较高	风险较高	风险低
交付	便利性	便利	便利	相对便利	相对便利
	稳定性	不稳定	不稳定	相对稳定	稳定
成本	价格	低	有低有高	有低有高	单品看相对较高，但因为质量好，综合成本往往较低
服务	技术支持	无	无	无	可提供相关的专业知识培训
	售后服务	无	无	仅能处理退货等简单的售后	售后服务体系完善，可提供针对性的解决方案

从表 4 - 37 可以看到，批发市场、中小型超市和常规贸易商在交付上比较有优势，主要因为靠近生产工厂；另外，三者在价格上有一定的优势，主要因为合规和质量上要求比较低或者没有要求；贸易商在产品退换上面有一定的优势。

专业解决方案提供商在质量和技术支持上有明显的优势，在交付和成本上略显不足，随着电商的发展以及生产企业计划性增加，交付便利性已经不是问题；单从产品价格上看，部分食品级产品似乎高于批发市场的产品，实际通过质量、合规和技术支持等层面综合来看，综合的使用成本反而更低，专业方案提供方大批量采购和自有品牌的建立，在成本上会更有优势。

为了满足各类不同客户的要求和食品安全和质量管理的要求，尽量从多个角度进行考虑，选择适合工厂发展阶段的食品级易耗品供应商。

(二) 供应商的使用

1. 索证索票

索证索票是法规的要求，在《中华人民共和国食品安全法》第五十条中表述：食品生产者采购食品原料、食品添加剂、食品相关产品，应当查验供货者的许可证和产品合格证明；对无法提供合格证明的食品原料，应当按照食品安全标准进行检验；不得采购或者使用不符合食品安全标准的食品原料、食品添加剂、食品相关产品。从食品安全角度来看，索证索票可以帮助企业建立上游追溯体系。下面以食品车间用防护用品、食品级清洁工具、化学品为例，介绍具体索证索票的明细有哪些。

(1) 防护用品：食品车间防护用品食品级报告主要根据产品材质索要相应的报告，如橡胶材质需要符合《食品安全国家标准 食品接触用橡胶材料及制品》(GB 4806.11) 的检测报告，塑料材质需要符合《食品安全国家标准 食品接触用塑料材料及制品》(GB 4806.7) 的检测报告，具体信息见表 4-38 所列：

表 4-38 防护用品合规资质

索证索票		手套			TPU 围裙袖套
		丁腈/乳胶手套	PVC 手套	PE 手套	
证	营业执照	√	√	√	√
	全国工业产品生产许可证	×	×	√	×
	体系证书	非必须	非必须	非必须	非必须
票	符合 GB 4806.11 的第三方检测报告	√	×	×	√
	符合 GB 4806.7 的第三方检测报告	×	√	√	×
	出厂检测报告	√	√	√	√
	塑化剂检测报告	非必须	非必须	非必须	非必须
	进供货票据	√	√	√	√

(2) 食品级清洁工具：常见的清洁工具有刷类、桶类、地刮类等，合规资质包括营业执照、食品级检测报告、符合性声明 (DoC：Declaration of Conformity)、出厂检测报告，但是不同材质的清洁工具，其食品级检测报告不同，见表 4-39 所列：

表 4-39 食品级清洁工具合规资质

索证索票		清洁工具	
		塑料清洁工具	橡胶清洁工具
证	营业执照	√	√
票	符合 GB 4806.7 的第三方检测报告	√	×
	符合 GB 4806.11 的第三方检测报告	×	√
	符合性声明 (DoC)	√	√
	出厂检测报告	√	√
	进供货票据	√	√

(3) 化学品：化学品合规资质主要包括经销商资质、生产工厂资质、产品资质 (见表 4-40)，常见的食品车间用化学品有酒精、84 消毒液、洗手液、洗洁精等。

表 4-40　化学品索证索票举例

索证索票		食用酒精	75%乙醇消毒液	84 消毒液	洗手液	洗洁精
证	营业执照	√	√	√	√	√
	食品生产许可证	√	×	×	×	×
	化妆品生产许可证	×	×	×	√	×
	全国工业品生产许可证	×	×	×	×	√
	消毒产品企业生产卫生许可证	×	√	√	×	×
	安全生产许可证	√	√	×	×	×
	危险化学品经营许可证	√	√	×	×	×
	体系证书	非必须	非必须	非必须	非必须	非必须
票	消毒产品安全评价报告	×	√	√	×	×
	化妆品安全评估报告	×	×	×	√	×
	第三方检测报告	√	√	√	√	√
	出厂检测报告	√	√	√	√	√
	MSDS	√	√	√	√	√
	进供货票据	√	√	√	√	√

2. 供应商现场审核

在对供应商的资质、主要产品与生产能力、技术水平与产品研发能力有了基础的考量之后，应进行供应商现场审核。食品接触材料及制品的生产从原辅料采购、加工、包装、贮存和运输等各个环节的场所、设施、人员的基本卫生应符合国家相关法律法规及标准的要求。审核条款可以依照《食品安全国家标准　食品接触材料及制品生产通用卫生规范》(GB 31603) 或以其为基础。更多审核相关的内容，请参考本书其他章节。

3. 产品验收

产品来料验收是企业在生产前第一个控制品质的关卡，其目的是将质量控制前移，减少不必要的质量损失，从而达到有效的控制。如果把不合格品流入生产过程中，则会导致过程不合格或最终产品的不合格，造成巨大的损失。

食品级易耗品从采购到入库，可参考以下流程（见图 4-21）：

(1) 防护用品的验收

目前并无食品接触用一次性手套的相关质量指标的国家标准，各个品牌都会建立产品企业标准，综合各标准中质量指标常见参考《一次性使用医用橡胶检查手套》(GB 10213)（见图 4-22），以一次性丁腈手套为例，在验收时可进行外观检查、尺寸、不透水性、拉伸性能检查。

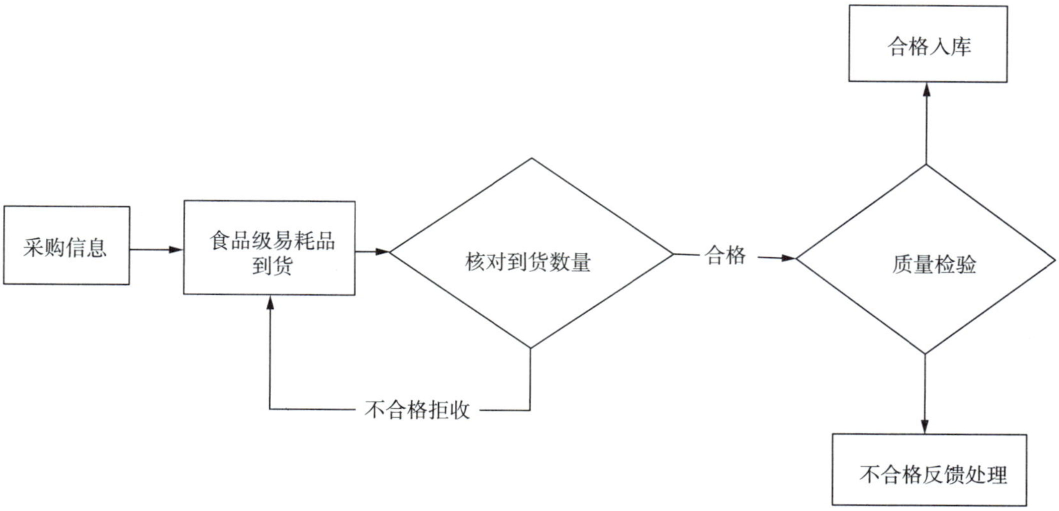

图 4－21　食品级易耗品采购流程

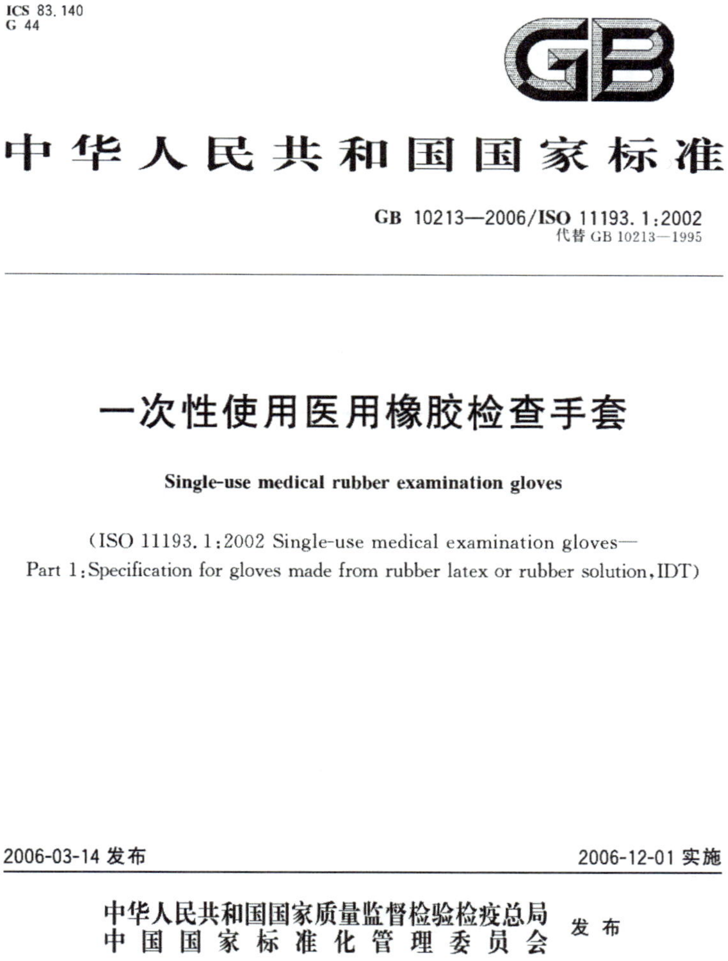

ICS 83.140
G 44

GB

中 华 人 民 共 和 国 国 家 标 准

GB 10213—2006/ISO 11193.1:2002
代替 GB 10213—1995

一次性使用医用橡胶检查手套

Single-use medical rubber examination gloves

(ISO 11193.1:2002 Single-use medical examination gloves—
Part 1:Specification for gloves made from rubber latex or rubber solution,IDT)

2006-03-14 发布　　2006-12-01 实施

中华人民共和国国家质量监督检验检疫总局
中 国 国 家 标 准 化 管 理 委 员 会　发 布

图 4－22　GB 10213《一次性使用医用橡胶检查手套》

① 外观检查：应洁净、无杂质、无异物、无破损、无其他影响使用功能的缺陷。

② 尺寸：长度的测量应是从中指的顶端到袖口边缘的最短距离，宽度的测量是从食指的根部到拇指的根部的中点位置测量，测量结果应满足标准规定（见表 4-41）。

表 4-41 尺寸和公差 （单位：mm）

尺寸代码	标称尺寸	宽度	最小长度	最小厚度	最大厚度（大约在手掌的中心）
6 和 6 以下	特小号（XS）	≤80	220	对所有尺寸： 光面：0.08 麻面：0.11	对所有尺寸： 光面：2.00 麻面：2.03
6.5	小号（S）	80±5	220		
7	中号（M）	85±5	230		
7.5	中号（M）	95±5	230		
8	大号（L）	100±5	230		
8.5	大号（L）	110±5	230		
9 和 9 以上	特大号（XL）	≥110	230		

③ 不透水性：向手套中倒入 1000mL、温度不超过 36℃的水，2～4min 后观察是否有渗漏。

④ 拉伸性能：参考 GB 10213 标准中要求测试手套老化前和老化后的扯断力和扯断伸长率。

关于手套的验收单可以参考表 4-42：

表 4-42 手套验收单

编号：

产品名称		供应商	
规格/数量		生产日期/批号	
取样		到货日期	
验证项目			
检测报告	是否有当批次出厂检测报告		是□ 否□
包装	包装是否清洁、有无破损		是□ 否□
标签	标签是否清楚、准确		是□ 否□
检验项目			
指标	检验标准		结果
外观	应洁净、无杂质、无异物、无破损无其他影响使用功能的缺陷		
尺寸	符合《一次性使用医用橡胶检查手套》（GB 10213）标准要求		

（续表）

不透水性	向手套中倒入 1000mL、温度不超过 36℃的水，2～4min 后观察有无渗漏	
拉伸性能	测试老化前后的扯断力和扯断伸长率，应符合 GB 10213 标准要求	
检验结论：		
检验人：		复核人：

（2）清洁工具的验收

目前并无食品级清洁工具的国家标准，制度完善的企业会制定自己的企业标准，所以在索证索票时如果企业有相关的企业标准，也可以一并索要。清洁工作的验收主要关注以下指标：

① 外观质量：观察清洁工具的金属件、塑料件、其他零部件是否完好，有无磨损、毛刺等现象。

② 跌落强度：产品经跌落试验后，应无变形、破损等现象。

③ 耐热性要求：将试样在 100℃水中浸泡 30 分钟，在室温放置 30 分钟，按此方法重复 3 次后与未经试验样品比较、观察来判定（无变色，无变形）。

④ 刷毛丝束拉力：固定刷坯，沿毛束方向施加适宜的拉力，保持一定的时间不断裂。

⑤ 金属杆牢度：将金属杆放平，然后支撑并固定两端，使金属杆水平放置在支点上，在距两支点的中间位置悬挂一定重量的砝码，在规定时间内金属杆无明显弯曲或变形。

（3）化学品的验收

化学品目前均有成熟的产品执行标准，企业在验收时可参考产品标准执行。化学品产品标准举例见表 4－43 所列。

表 4－43 化学品产品标准举例

品类	标准
食用酒精	《食品安全国家标准食用酒精》（GB 31640） 《食用酒精》（GB 10343）
75％乙醇消毒液	《醇类消毒剂卫生要求》（GB/T 26373）或者企业标准
洗手液	《洗手液》（GB/T 34855）
洗洁精	《食品安全国家标准洗涤剂》（GB 14930.1） 《手洗餐具用洗涤剂》（GB/T 9985）

4. 投诉处理

易耗品，顾名思义是容易损耗的产品，因此在车间使用过程中难免出现破损等可能的产品异物的情况，优质的供应商可以帮助我们有效降低此类风险，但也无法杜绝，所以作为食品安全管理者不能忽视这部分的潜在风险。现阶段我们可能会存在误区，认为车间在使用易耗品过程中发生相关投诉，简单换一副手套或换一把刷子就解决了，殊不知这样可能会造成更大的风险，因为供应商得不到反馈，问题得不到改进，于是供货品质将每况愈下。

以手套举例，当我们发现员工佩戴的一次性手套破损缺失，除了检查破损碎片是否可能混入后续加工工序从而造成产品出现异物之外，我们对于易耗品的供应商也应有追责流程，要求针对问题发生的原因提供针对性的改进措施方案，如有必要，也可要求上门沟通解决。但是如果是从批发市场或者超市等不稳定渠道处采购的，往往会出现投诉无法处理情况，或只是简单的退换货。完善的投诉流程也可以帮助供应商提高供货品质，降低产品使用风险。

5. 技术服务

优质的食品级易耗品供应商对于行业知识的专业度是值得我们学习的，在平时的工作中我们可能更多关注的是食品安全板块的相关法律法规，但是对于食品级易耗品的了解甚微，不了解产品知识，可能会出现选择或使用等方面的错误。专业解决方案提供商可对企业进行相关专业知识的培训，企业与供应商之间互相成就，达成良好合作。

6. 绩效评估

为了科学、客观地反映供应商供应活动的运作情况，有必要建立与之相适应的供应商绩效考核指标体系。在制定考核指标体系时，应该突出重点，对关键指标进行重点分析，尽可能地采用实时分析与考核的方法，要把绩效考核范围扩大到能反映供应活动时间运营的信息上去，因为这要比做事后再分析有价值得多。评估供应商绩效的因素主要有质量指标、供应指标、经济指标和服务水平指标等。具体包含的内容如下：

（1）质量指标：质量指标是供应商考核的基本指标，包括来货批次合格率、产品在线报废率等，此外也可以将供应商体系、质量信息等纳入考核。例如，供应商是否通过了 ISO9001、ISO14001 等认证，以及是否有质量合格证明文件。

（2）供应指标：是供应商交货表现和供应商企业管理水平相关的考核因素，其中最主要的是准时交货率、交货周期和订单变化接受率等。

（3）经济指标：经济指标总是与采购价格和成本相联系，具体考核点有：价格水平、报价是否及时、报价单是否客观具体、是否有降本的态度和行动。

（4）服务水平指标：主要体现在对于订单、交货和质量投诉等反应是否及时、迅速、有合理的解决方案，是否会积极参与配合公司针对性的易耗品改善方案，是否会提供相关的产品专业知识培训等。

（三）供应商更换

供应商评估小组每年组织相关部门对供应商进行年度评审，评审分为两部分，一是对其供货情况做统计，统计内容包括绩效考核中的指标；二是对供应商进行现场审核，最终形成评审报告，评审合格则继续保持合作，不符合要求的予以淘汰，重新寻找新供应商。

第十节　农场投入品类供应商管理

一、养殖类企业投入品类供应商特点

养殖类企业投入品类供应商作为食品链企业重要组成部分，很大程度上影响了农产品的安全与成本。投入品质量的优劣、价格的高低、交货是否及时、供应是否稳定等都会影响养殖类企业和养殖专业户产品的安全、质量、成本、价格、利润，从而影响养殖类企业的信誉和销售。养殖农场投入品供应商主要分为饲料及其原料供应商和动保产品供应商。

（一）饲料类供应商

1. 集中度不高、门槛低、毛利低

饲料在中国的集中度大概是20%，比较大的公司有“双胞胎”“新希望”“正大”“海大”等。饲料的生产门槛相对较低，饲料最主要的原料是粮食，把粮食和其他营养成分按照一定的配方经过简单加工，产出便是饲料。不少大型养殖场均采用自建饲料厂，小型养猪场也往往选择购买预混料（仅包含维生素、微量元素等营养成分），自行混合粮食来喂养。所以，低门槛的直接影响是低毛利，目前饲料企业的毛利大约是10%。

2. 生产不规范

现场生产条件与许可条件要求不完全一致，原料使用不规范，安全生产措施执行不到位，生产过程控制不规范，产品质量检验制度落实不到位，标签标识不规范等问题普遍存在。

3. 违法添加现象仍然存在

个别厂家为了赢得市场份额、追求优厚利润，在饲料中私自添加违禁药物。

（二）动保产品类供应商

1. 数量众多、中小规模占主要部分

随着国内兽药企业监管标准的趋严，国内兽药企业从2016年的1665家降低到2022年的1359家[①]，总体数量仍然很多，其中多数为中小规模企业。

2. 产品质量不均匀

国家兽药抽检结果显示，每年仍有一定比例不合格产品，如2022年化药监督抽检总计10804批，不合格批次192批；其中化学药品类、抗生素类、中药类和其他类产品分别占抽检总数的40.4%、37.7%、21.6%、0.3%，不合格率分别为1.1%、

---

① 数据来源：国家兽药基础数据库。

1.7%、2.8%、0。不合格产品均来自中小企业。总体来说，动保头部企业产品质量及生产规范性更有保证。（注：生药指兽用生物制品，是指根据免疫学原理，利用微生物、寄生虫及其代谢产物或免疫应答产物制备的一类物质，包括预防用、治疗用和诊断用生物制品；化药指兽用化药，参考中国兽药协会划分标准，包括化学制剂、中兽药和原料药，可用于疾病防治、促生长、防虫等）

二、风险与挑战

养殖投入品供应链传统风险主要集中在供应商的合规、产品安全与质量、供应稳定性上；近年来，对于养殖行业而言，由于受生物安全（新冠、非瘟）、地缘政治、大宗农产品涨价等因素的影响，整个投入品供应链面临新的挑战。不同类型的投入品供应商所要管控的因素也有区别。

（一）饲料及饲料原料类供应商风险与挑战

当前饲料行业面临的压力主要有以下几点：非洲猪瘟等疫情下的生物安全、饲料停抗、养殖减抗、原粮及饲料原料价格上涨等。主要饲料质量安全问题有：真菌毒素超标、多毒素并存；部分重金属超标；超范围超量使用兽药；违法违规添加禁限用药物；掺杂使假、以次充好；饲料生产过程交叉污染控制不到位。同时，饲料标签问题也比较突出。相关饲料及其原料类供应商主要风险集中在：由原材料价格波动带来的供应链稳定性风险，饲料及原材料质量、卫生与违法添加风险和饲料生物安全风险。

1. 原材料价格波动带来的供应链稳定性风险

养殖农场企业60%以上的成本来源于饲料成本，饲料及其原料价格是影响养殖企业成本的关键因素。饲料及其原材料价格由供需关系决定，供需关系由多因素造成（见图4-23）：

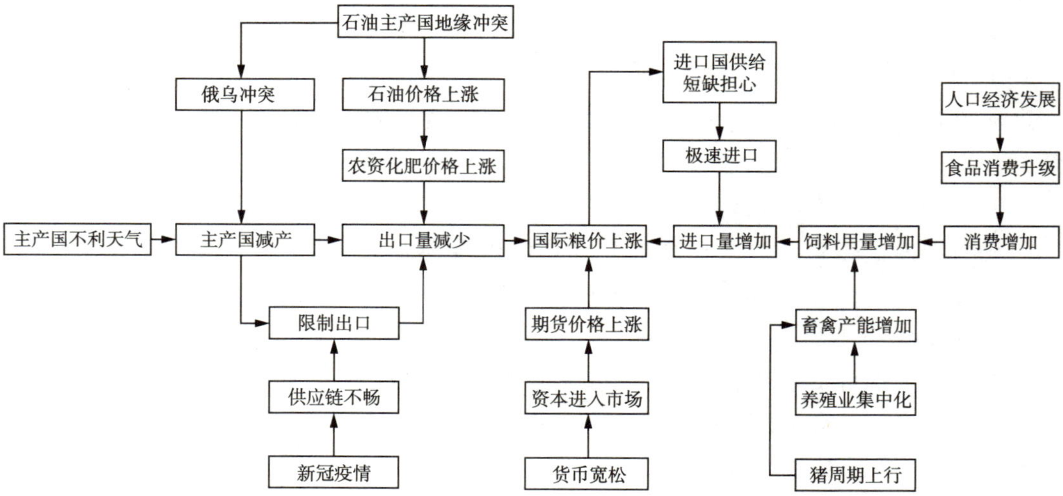

图4-23 饲料及其原材料价格影响因素

（1）供给

极端天气、地缘政治（战争）、贸易保护等因素扰动原粮供应。首先，极端天气一直为影响国际农产品价格的核心风向标，在全球主要农产品供给相对集中的背景下，核心主产国的天气变化成为国际农产品价格波动的重要影响因素；其次，地缘政治或国际争端亦为影响农产品价格的重要突发因素，且由于难以预测，一旦冲突发生于农产品生产和出口大国以及石油主产国，则对于国际农产品价格的影响更为巨大，如图4－24所示，俄乌冲突下的小麦、玉米、大豆价格变化；再次，贸易保护主义往往发生在粮价高价区，也是价格上行的最后一棒，也会导致国际农产品供给雪上加霜，继续推动原材料价格增加。反之，当全球原粮产地气候适宜、国际政治环境稳定，全球化贸易顺畅，则有利于饲料及其原材料价格下降。

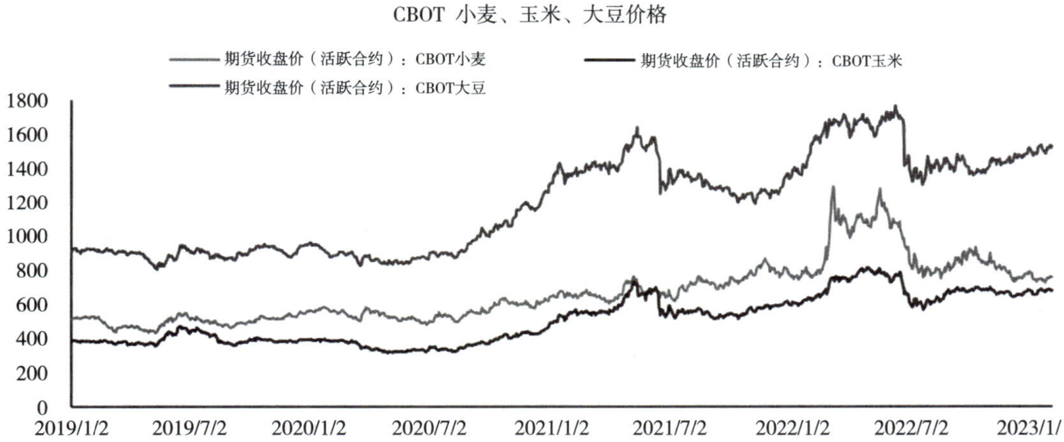

图 4－24　俄乌冲突下的小麦、玉米、大豆价格变化

（2）需求

一是养殖业快速集中过程中出现产能过剩，对应的饲料及其原材料供应出现短缺，推动价格上涨。同时，国际石油价格上涨，引发农资价格上涨、运输成本上升，推升了粮食生产成本，进而推动饲料及原材料价格上涨；二是进口量增加，粮食价格上涨，进口国因担心供给短缺，短期加速粮食进口。

（3）资本炒作

货币宽松时，资本借助粮食生产出现不利因素或粮食流通不畅之际，通过期货市场推高粮食价格。如前所述，上述诸多因素相互加强，共同推升国际粮食贸易价格。

针对饲料及其原料价格波动对供应商企业的影响，养殖企业应在原材料价格上涨时做好饲料及原材料储备、原材料期货对冲、替代物料寻源、自身现金流等工作；在原材料价格下降时，做好饲料供应商优化工作，优选资金链稳定、质量与服务稳定的供应商。

2. 饲料及原材料质量、卫生与违法添加风险

加强饲料质量安全，是保障动物产品质量安全的前提，饲料企业的合规经营是保

证饲料产品卫生、质量合格的基本。从《农业农村部畜牧兽医局关于2020年全国饲料质量安全监督抽查结果的通报》中显示（见表4-44），当前我国各类饲料生产企业在安全生产、许可条件、原料使用、生产过程控制、产品质量控制、管理规范执行、标签标识等方面仍存在问题；现场生产条件与许可条件要求不完全一致，原料使用不规范，安全生产措施执行不到位，生产过程控制不规范，产品质量检验制度落实不到位，标签标识不规范等问题普遍存在，这说明在饲料供应链中仍存在合规、产品质量卫生以及违法添加的风险。

表4-44 2020年全国饲料质量安全监督抽查结果

种类	抽检批次	合格率
总体	2349	98.1%
配合饲料	1016	98.6%
浓缩饲料	312	97.1%
精料补充料	62	96.8%
宠物饲料	53	100%
添加剂预混合饲料	332	97.9%
饲料添加剂	133	97.7%
混合型饲料添加剂	322	97.2%
动物源性饲料原料	52	98.1%
植物源性饲料原料	43	100%
微生物发酵类单一饲料	19	100%
矿物质饲料原料	5	100%

（1）饲料质量指标

粗蛋白、粗灰分、水分等产品质量指标及《饲料添加剂安全使用规范》（农业部公告第2625号）规定的铜、锌、维生素、氨基酸等指标①；饲料中因交叉污染、投料不规范、添加剂质量、高温灭菌等因素造成的铜、锌超标或维生素等营养元素缺失是影响产品质量的主要因素，长期使用质量不合格的饲料会对畜禽肉质品质、采食量等造成一定影响。

（2）饲料卫生指标

《饲料卫生标准》（GB 13078—2017）中规定的铅、砷、真菌毒素等是需要持续关注的安全性指标；饲料原辅料、添加剂长期面临重金属、农药残留、真菌毒素等相关

① 《饲料添加剂安全使用规范》（中华人民共和国农业部公告第2625号）。

危害。

（3）兽药及非法添加物指标

是否使用被允许的抗球虫药物，是否没有使用金霉素、土霉素、喹乙醇、喹烯酮等停用的药物饲料添加剂品种，以及《禁止在饲料和动物饮用水中使用的药物品种目录》（农业部公告第 176 号）、《禁止在饲料和动物饮水中使用的物质》（农业部公告第 1519 号）、《食品动物中禁止使用的药品及其他化合物清单》（农业农村部公告第 250 号）规定的禁用物质。

3. 饲料生物安全风险

随着近几年非洲猪瘟、蓝耳病、猪流行性腹泻、禽流感等多种疾病在世界范围内越来越频繁爆发，养殖场的生物安全受到了人们越来越高的重视，封闭式管理、进出场沐浴、物资消毒等是常用的方法，但我们往往会漏掉一个非常重要的问题——饲料的生物安全。在 2018 年国内非洲猪瘟爆发以前，养殖企业对饲料厂生物安全研究较少；很多人对于非洲猪瘟、流行性腹泻或其他致病菌的传播方式认知尚浅。随着我们对于饲料安全方面实验的开展，越来越多的证据证明，很多病原能够通过原料—饲料加工—运输等步骤进行跨界传播（见图 4 - 25），且在一定浓度下造成感染。例如：猪流行性腹泻病毒（PEDV），约 200 个病毒微粒就能引起动物染病，而每只患急性流行性腹泻的猪，其每克粪便中能排出 108 个病毒微粒，也就是说每克粪便就能污染约 500 吨饲料。对于一家饲料供应商来说，我们应该从以下几个层面考虑其对生物安全风险的控制：

（1）原料的生物安全

原料的采购和接收是安全生产饲料的第一步，因此我们要关注所采购原料产地的疫病流行情况，以及原料在加工处理、运输等过程中有无遵守相应的生物安全措施。

（2）厂区的生物安全

可以借鉴猪场中的一些简单的生物安全措施，比如划分生产区、办公生活区，进入生产区时换衣消毒等，特别是进出入车流道路的划分及消毒，减少厂区内病原含量。

（3）生产流程的生物安全

包括生产仪器的日常清理、原料区和成品区的隔离划分，以及在生产中利用料线冲洗（flushing）和排序生产（sequencing）降低批次间的交叉感染风险。

（4）饲料的生物安全

为了消除原料、生产过程中的潜在污染风险，我们可以通过对饲料进行热处理（制粒、调制、保持）和添加一些缓解剂（mitigants），如精油、有机酸、脂肪酸等，从而达到抑制或灭活病原体的效果。

针对饲料及其原料供应商，在识别供应商风险时应着重考虑其对生物安全的防控体系是否完善，一个有效的方法是：识别其是否在工厂建立前提方案以降低饲料生物危害发生的可能性，比如生物安全计划；识别其是否在工厂 HACCP 体系中进行过目标畜禽生物危害分析并采取控制措施。

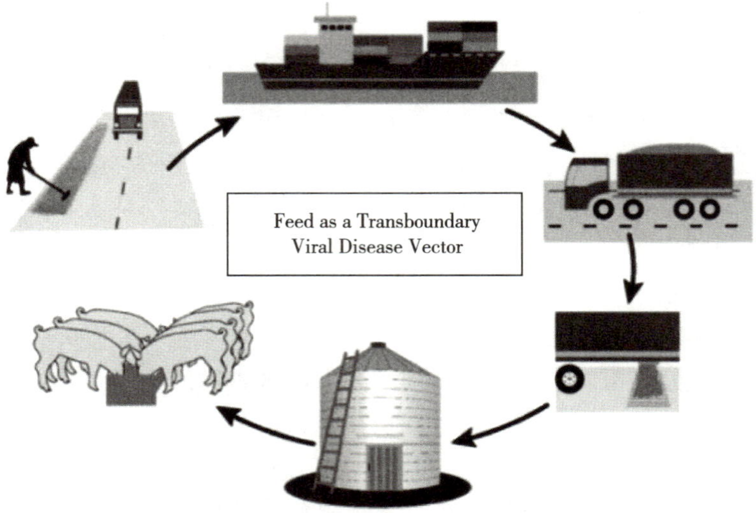

图 4-25 饲料作为跨界病毒疾病媒介

(二) 动保产品类供应商风险与挑战

动保类产品是农业生产中必不可少的生产资料，供应链中该类供应商数量多（国家核发兽药 GMP 证字企业有 1359 家①），规模、管理水平不一，产品质量良莠不齐。动保产品常见的风险有：产品中非法添加非主治成分或违禁物、有效成分含量不合格、检查项不合格、鉴别不合格、性状不合格。据国家兽药基础数据库统计显示：2022 年化药监督抽检总计 10804 批，不合格批次 192 批，合格率 98.3%；其中化学药品类、抗生素类、中药类和其他类产品分别占抽检总数的 40.4%、37.7%、21.6%、0.3%，不合格率分别为 1.1%、1.7%、2.8%、0，中药类产品不合格情况更明显。2022 年生药监督抽检总计 1685 批，全部合格。

动保类供应商主要风险与挑战集中在：

1. 产品中非法添加非主治成分或违禁物

养殖企业对于动保产品关注的核心在于是否含有未知的违禁成分，特别是规模化养殖企业；在动保产品生产过程中原药、佐剂等合成过程中是否有其他杂质、是否因交叉污染导致产品存在未知成分。

2. 产品质量不合格

兽药产品质量不合格会直接影响到治疗效果与使用剂量，生物类制剂还会影响免疫效果。并且由于兽药质量检测需要的技术要求和仪器成本均太高，中小型养殖企业很难从检验检测的角度来验证产品合格情况，因此更加需要从供应商管理角度来规避质量问题。

---

① 数据来源于：国家兽药基础数据库。

3. 本土企业产品缺乏技术创新

随着规模化养殖企业越来越集中，对于兽药的性能要求也越来越高。例如：需要靶标型好、特异性高的兽药以降低病原抗药性的产生；需要佐剂改善以降低脓包的产生等。本土企业在对于规模化养殖企业定制型产品的开发及量产上缺乏创新机制。

三、养殖企业投入品供应商管理方案

对于养殖企业投入品供应商的管理遵循选、用、育、留（流）的总体方针；有了方针还需要建立有章可循的实施方案，如图 4－26 所示。

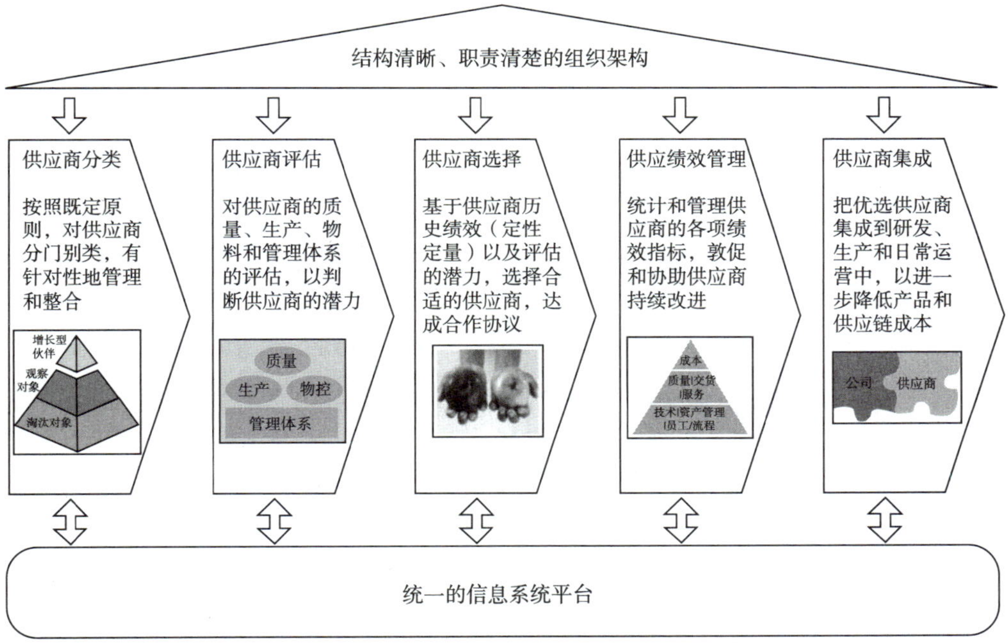

图 4－26　供应商管理框架图

（一）农场投入品供应商的“选”

有章可循的供应商管理从“选”开始，“选”包含了供应商分类、评估和选择。总体期望通过对供应商实施分类管理、资质审查及现场评估、供应商准入与转正，建立合格供应商清单。

1. 供应商分类

供应商分类在不同的行业存在不同的分类方法，而在同一行业或同一公司中往往也因为需求的不同，存在多种分类方法。以下是农场投入品类供应商常见的分类：

（1）基于物料或服务类别分类

基于物料或者服务类别对供应商进行分类是常见的分类方法之一，常见的分类方法见表 4－45 所列。

表 4-45 基于物料或者肥料类别的分类

物料类别	内容
综合物资	辅助生产、办公类物资
饲料 （后两类针对有饲料加工的企业）	成品类：配合饲料
	原粮类：小麦、玉米等
	辅料、添加剂类：豆粕、鱼粉、乳清粉、氨基酸等饲料添加剂
农/动保产品	化肥、农药、兽药、疫苗、消毒剂等
分包服务	咨询服务、废弃物处理、虫鼠害控制等

（2）基于绩效的供应商分类

基于绩效分类是有效管理供应商的方法之一，不同企业的分类方法和颗粒度会有不同之处，常见的分类方法如图 4-37 所示。

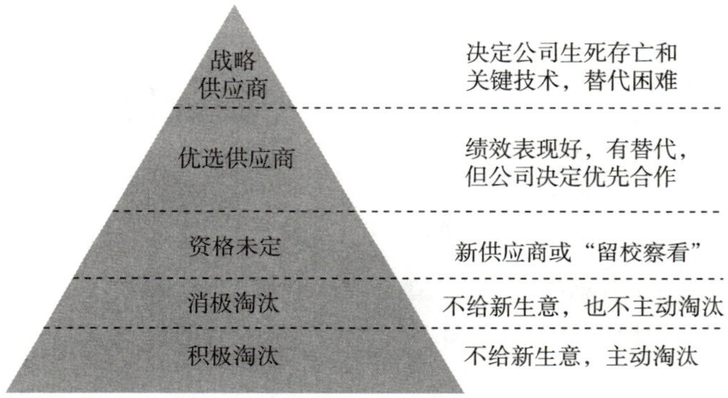

图 4-37 常见的基于绩效的供应商分类

① 战略供应商：对公司有战略意义的供应商。他们往往决定着公司的生死存亡，为公司提供技术复杂、生产周期长的产品，甚至有可能是唯一供应商。存在替代成本高、风险大等特点。

② 优选供应商：提供的产品或服务在别的供应商处也可得到，但由于这些供应商的绩效好，公司愿意优先跟他们做生意。绩效好体现的是总体绩效，包含：质量、价格、交货、技术、服务、流程管理、人员管理、合规、稳定性等。

③ 资格未定供应商：第一次提供产品或服务，对其表现还不够了解；处于未转正状态，基于后期表现要么升级要么降级。

④ 消极供应商：这类供应商不再给予其新的采购机会，随着市场新品或替代品的出现，自然而然将其淘汰出局。或对其需求量小，不足以引起公司重视的边缘供应商。

⑤ 淘汰供应商：不但不给新的采购量，而且要暂停现有的合作甚至移走。这种极端情况的出现往往意味着供应商或产品出现大的问题。

供应商分类体系有助于制定清晰的供应商战略，决定企业成本及供应安全情况；想要做好供应商分类，需要有客观的分类标准、统一的分类工具、简单易懂的类别名称；并要建立起与这些分类相配套的管理系统、供应商评估标准。在养殖农场投入品供应商管理中通常会采用“物料类别＋供应商绩效”相结合的分类方式。物料类别分类用于便捷团队采购能力的专精与战略寻源（可按照物料类别对采购部进行科室划分），绩效分类用于不同物料供应商的排序（可按照绩效类别对供应商进行排序）（见表 4－46）。

表 4－46　常见养殖农场供应商分类

类别分类	综合物资采购		饲料采购			动保采购	
	物料 1	物料 2	物料 3	物料 4	物料 5	物料 6	物料 7
绩效分类	供应商 A	供应商 A	供应商 A	供应商 A	供应商 A	供应商 A	供应商 A
	供应商 B	供应商 B	供应商 B	供应商 B	供应商 B	供应商 B	供应商 B
	供应商 C	供应商 C	供应商 C	供应商 C	供应商 C	供应商 C	供应商 C

2. 供应商评估：资质审查、现场评估及样品前置性检测

供应商评估是为了充分了解供应商经营情况、选拔出优质供应商或优质产品，为未来深度合作打好基础。所有供应商应充分对其质量、价格、服务、供应周期、资金实力、供应链金融（针对大型企业）、意愿度、资质等进行综合评估。

通常的流程是：内部需求核实—市场分析、供应商资源池—目标供应商合作邀约、资质审查—现场评估—样品前置性检测—推荐注册、准入及转正—履约阶段。

（1）需求核实

深入了解需求物资名称、数量、质量及相关技术指标要求，核实需求是否合理。

（2）市场分析

对该类物资市场上供应商排名、重点供应商分布、行业生产能力等，进行全面市场分析，重点了解行业前十名，选择优秀供应商，不断优化供应商结构，推进战略合作，实现供应链成本最优。

（3）供应商合规性审查

企业营业执照、开户许可证、特种行业（含国家规定的特种行业、食品药品等需经国家特殊许可的行业）生产/经营许可证、财务及信用评估等，初步筛选合格供应商名单。

（4）供应商现场评估

采购、技术人员对供应商生产、质量管理等方面进行现场考察认证。这一阶段技术部门需要确定物料标准、供应商生产现场管理标准，以方便现场评估开展。同时可建立对应的评分表，设置关键项，量化评估结果。具体评估内容包含但不限于以下内容：

① 经营管理：合规经营、廉洁诚信、生物安全等；

② 基本实力：财务报表、资金支付情况等；

③ 技术水平：研发创新能力、产品工艺、变更管理等；

④ 生产过程及质量管理：包含原料管控、现场质量管理、物资质量调研及隐患排

查等；

⑤ 生产成本：原材料单价、成本、预算等。

(5) 样品前置性检测

针对供应商提供的样品，可安排内部检测或交由第三方实施检测，确定物料各项指标是否满足技术部门需求；同时验证供应商产品质量稳定性。

3. 供应商选择

新供应商基于供应商评估（资质审查、现场评估及样品前置性检测）的结果进行试样合作；已准入供应商根据既往绩效（见下一小节供应商绩效管理）及供应商再评价结果进行选择与分配。

（二）养殖企业投入品供应商的“用”

养殖投入品供应商的“用”可以与供应商绩效评估、分级配额管理结合起来。通过对供应商业绩的评价，保证采购渠道满足公司战略发展需求，稳定供应商队伍，建立长期互惠合作关系，提升公司供应链整体管理水平。

1. 供应商绩效评估

针对不同物料或供应商制定绩效评估周期，对供应商进行月度/季度/年度绩效评估。供应商绩效评估内容可参考如下：成本、质量、交付、技术服务能力、生产管理、公司运营和供应链金融等。

(1) 成本：主要从供应商提供物料的价格管理、货款管理、公司成本模块控制（含采购模块成本控制、制造模块成本控制、技术模块成本控制）等方面进行评估。

(2) 质量：主要从物料到货合格率、供应商质量管理水平、过程控制、实物质量、检验人员管理等方面进行评估。

(3) 交付：主要从供应商物料的交期管理、生产配合等方面进行评估。

(4) 技术服务能力：主要从供应商物料的设计研发能力、产品配套能力、产品迭代升级等方面进行评估。

(5) 生产管理：主要从供应商的生产制程管理、生产品质管理、物料配套服务等方面进行评估。

(6) 公司运营：主要从供应商的生产运营状况、规模配套能力、人员管理体系等方面进行评估。

(7) 供应链金融：主要从供应商的授信额度、资金实力、账期、资金成本等方面进行评估。

2. 供应商分级配额管理

通过实施分级配额管理，塑造供应商梯队，保证供应商的充分竞争与技术革新。级别参考供应商绩效分类（见表 4－47）。

表 4－47 根据供应商绩效的分级配额管理（示例）

级别	综合绩效	奖惩情况
A 级	$X \geqslant 90$	(1) 优先采购，年采购份额可占 60%以上或给予长期订单 (2) 新产品优先参与权，一年内免招标、免竞价，货款账期内优先支付

（续表）

级别	综合绩效	奖惩情况
B级	$80 \leqslant X < 90$	（1）正常采购，年采购份额不高于30% （2）督导改善，由供应商管理、质量技术督查人员联合监控缺陷项的改进工作
C级	$65 \leqslant X < 80$	（1）仅作为次级采购对象，年采购份额不高于15% （2）督导改善，要求其在1周内制订改善计划，1个月内解决主要问题。无改进或改进不明显的，取消其合作资格（由备选供应商进行替代，无备选供应商开发替代）
D级	$X < 65$	从“合格供应商名单”中剔除、淘汰

（三）养殖企业投入品供应商的“育”

农场投入品供应商的“育”可分为三个层级：优化提升供应商管理及产品质量，培育/扶持/创造供应商和供应商/产业群集成。

1. 优化提升供应商管理及产品质量

通过不断反馈供应商产品质量及供应商绩效水平，提出更高的要求，协助创新等措施，实现供应商管理能力、创新能力、质量水平的提升。

（1）向供应商反馈：反馈产品实际使用效果，反馈统计数据与评估报告，让供应商获得大面积使用的客观数据而非临床实验数据；为供应商提供数据平台。例如：饲料报酬的反馈、动保产品药效的反馈和批次异常情况的反馈等。

（2）提更高要求：通过不断提出更高的要求来促进供应商达到行业领先水平。例如：供应商成本突破、质量提升和过程管理规范等。

（3）协助创新：产品在实际使用中面临的问题可以协助供应商进行创新，企业作为需求的提出者与产品的使用者，更加了解现场使用的需求，应参与到供应商产品的改进与迭代中。

2. 培育/扶持/创造供应商

培育/扶持/创造供应商一是为了保障高质量供应：对于企业来说，物料紧缺或物料低质都是非常紧急的事，自己培养一个可靠的“大后方”，可以减少后顾之忧；二是代表“我看好你”：对于一个没有任何优势和潜力的供应商，买方企业规模再大，资金再充足，也不会想着拉一把。所以企业扶持供应商一定是供应商在某方面有突出的优势，很大潜力，例如：有核心技术工艺新疫苗研发平台，战略产品如干扰素、噬菌体等。

3. 供应商/产业群集成

针对大型农牧企业，可以依托企业平台，将上下游供应商、服务商整合成产业集群；甚至联动政府部门，将整个城市围绕农牧主题打造成农牧装备及供应链产品制造中心或某特色产品加工中心，打造城市特点与名片。这将显著降低产业链总成本，甚至产业链企业之间会建立起互通的信息、技术、交易平台，可以实现农业相关产品的定制化生产，介入到供应商早期工艺设计等环节（见图 4-28）。

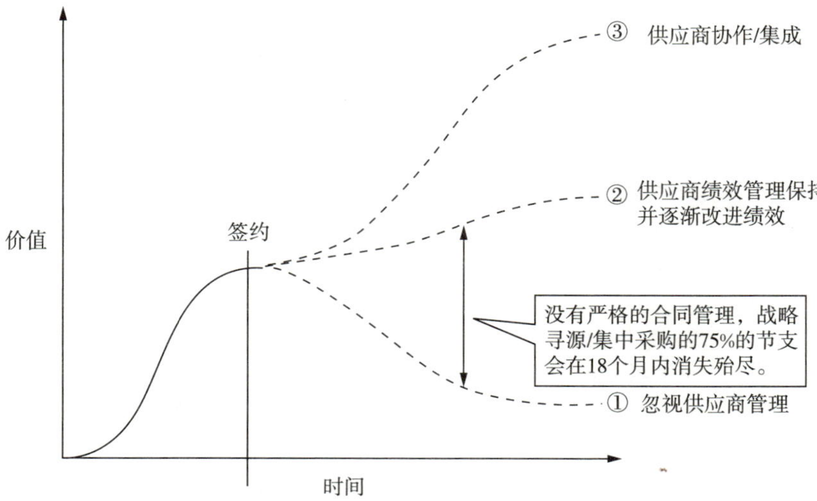

图 4-28 供应商集成让供应商绩效更上一层楼、价值更高

（四）养殖企业投入品供应商的“留/流”

供应商的“留”与“流”是整合供应商渠道、保证企业供应链系统持续优化、提升供应商产品质量稳定性必不可少的环节，留用、淘汰与恢复合作需要有明确的标准。企业可根据实际情况建立淘汰机制与黑名单机制，根据企业经营管理规范需要，制定淘汰标准或拉入黑名单的条款。

1. 建立淘汰标准

根据企业发展的要求和供应商水平现状，制定供应商淘汰标准，包括：

（1）供应商绩效评估低于××分的；

（2）年度合作金额低于××万的供应商；

（3）连续三个月以上因供应商经营不善或其他原因导致无法正常供货的。

淘汰的供应商，若恢复合作，需要再次进行现场考察，依据评估结果决定是否合作。

2. 明确黑名单标准

根据公司价值和供应商管理要求明确黑名单标准，包括：

（1）提供虚假材料、隐瞒真实情况、围标等，骗取供应商入围资格或谋取中标的；

（2）中标后无正当理由不签合同的；

（3）擅自变更或终止合同的；

（4）提供伪劣、不合格产品或服务质量恶劣的；

（5）违反廉洁诚信相关要求的。

被列入黑名单的供应商，公司永不启用。

3. 供应商淘汰操作流程

（1）淘汰计划执行

对于拟淘汰供应商，逐步减少其供货比例，同时项目责任人做好替代方案，确保淘汰供应商对公司不造成影响。

（2）淘汰供应商货款结算、账户禁用

淘汰名单确认后，责任人统筹待清账目并在规定日期内跟踪货款清算流程结束。过程中需要注意淘汰流程的正确性，确保企业的生产正常运行，避免造成风险；同时也保护供应商正常退出，避免产生负面影响。

第五章

不同类型品牌商供应商管理案例

第一节　连锁零售案例分享——沃尔玛

一、供应商管理理念

沃尔玛作为零售行业的领先品牌，在供应商的管理方面也一直走在行业的前端。经过多年的实践，沃尔玛认为，原有仅进行索证索票的管理有其局限性，因此率先推出了产品设计及危害分析 PDHA（Product Design Hazard Analysis）的理念（见图 5 - 1），将对供应商的管理向上游进行延展，以尽早识别并规避食品安全风险，最大化保护消费者的利益。同时，在与供应商的交互及辅导中，还能不断提升供应商的食品安全文化及食品安全能力。目前，该项目已经在美国、加拿大、中国、智利等多个国家实施，收到了一致好评。

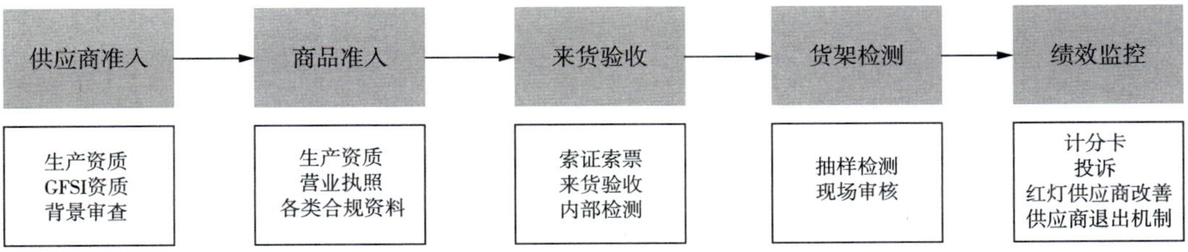

图 5 - 1　沃尔玛端到端供应商管理示意图

二、产品设计及危害分析（PDHA）模块

PDHA 及供应商准入全流程分为以下 6 个模块：文件索要及收集（Documentation Request）、文件评估（Documentation Review）、文件审核（Desk Assessment）、现场审核（Onsite Assessment）、纠正及预防措施（Corrective & Preventative Actions）、供应商审批（Supplier Approval）。

（一）在文件索要及收集（Documentation Request）阶段，会收集供应商的 GFSI 资质，并请供应商填写供应商调查表及 PDHA 表单，表单中涵盖产品的配方、工艺、包装、运输方式的描述及风险评估，并推动供应商根据 FDA guidance 进行科学依据的风险评估，辅导提升供应商的风险评估意识和评估的正确性。

（二）在文件评估（Documentation Review）阶段，会评估供应商提报文件的完整性，并请供应商补充缺失的文件。

（三）在产品的文件审核阶段（Desk Assessment period）会识别显著风险清单，包括原料/过程/成品的微生物风险、化学风险、物理风险、食品欺诈/掺假、过敏原风险及保质期验证等的显著缺陷，并生成现场审核（Onsite Assessment）的审核清单。

（四）在现场审核（Onsite Assessment）阶段，会对供应商管控风险的能力进行现场验证，并重新评估风险，以识别出关键（Critical）不符合项、主要（Major）不符合项及一般不符合项。

（五）在纠正及预防措施（Corrective & Preventative Actions）阶段，供应商需要在规定的时间范围内提交有效的纠正及预防措施，并进行关闭。

（六）在供应商审批（Supplier Approval）阶段，符合标准及要求的供应商会获批准入。至此，供应商的后续表现会进入正常绩效监控的阶段。对于有条件批准的供应商及供应商质量合规表现计分卡（Supplier compliance and quality score card）中表现欠佳的供应商，会设立进一步的风险降低方案，包括但不限于供应商取缔、基于故障/问题的供应商审核（Trouble Shooting Audit）、产品设计升级等。

PDHA 及供应商准入全流程示意图如图 5-2 所示。

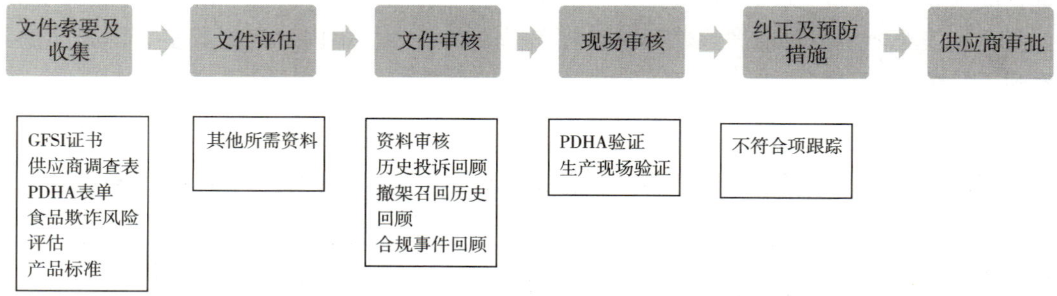

图 5-2 PDHA 及供应商准入全流程示意图

(1) 文件索要及收集（Documentation Request）阶段：沃尔玛基于 GFSI 认可的各类质量管理体系制定文件资料清单，供应商根据清单提供相关的文件资料，并填写沃尔玛 PDHA 表及供应商调查表，以便于进入文件审核阶段。PDHA 涉及文件资料清单部分见表 5-1 所列。

表 5-1 PDHA 文件资料清单

审核体系	审核文件/资料
HACCP	流程图、危害分析与预防措施、关键控制点、关键限值、监控、纠偏、确认与验证/记录
校准	校准清单、校准报告
布局图	工艺流程图、虫害布局图、平面布局图
记录与文控	管理制度、文件发放、回收记录
培训	培训计划、培训记录
清洁消毒	管理制度、监控记录、验证记录
食品欺诈	管理制度、风险评估

（续表）

审核体系	审核文件/资料
食品防护	管理制度、监控、验证记录
环境监控	环境监控管理制度、监控记录、异常处理记录
设施设备的维护与保养	管理制度、保养策略及计划、保养记录
成品放行	管理制度、异常处理记录
供应商管理	管理制度、原料验收标准及记录
追溯	模拟追溯记录
配方管理	管理制度

（2）文件评估（Documentation Review）阶段：在供应商初步提交 PDHA 表、供应商调查表和其他所需资料后，会先对资料进行评估，并对 PDHA 表、供应商调查表的正确性及完整性进行核对，若有缺漏的会安排重新填写或提供，以保证在文件审核阶段的高效性及正确性。

（3）文件审核阶段（Desk Assessment period）：沃尔玛根据供应商提供的资料，依据 FDA guidance、Horizon Scan、Bad Bug Book、国家法律法规、产品执行标准等官方及科学权威资料，对产品的微生物风险、化学风险、物理风险、食品欺诈风险、过敏原及保质期进行科学评估。

某商业无菌罐头食品产品特性见表 5－2 所列。

表 5－2　某商业无菌罐头食品产品特性

含水量（%）	A_w（水分活度）	pH 值	酸度/%	防腐剂	盐度/%	其他
N/A	≥0.85	3.4～4.0	N/A	无	无	可溶性固形物（20℃按折光计法）7～22

主要原料为某农产品、白砂糖，生产工艺主要包含热罐装、金检、隧道式杀菌，因此该产品属于高酸产品，本身能有效抑制微生物生长，且通过隧道式杀菌达到商业无菌状态。而对原料、成品的属性，根据 FDA guidance、Horizon Scan 等科学资料，可能存在的微生物种类有致病性大肠菌群、沙门氏菌、李斯特菌、志贺氏菌、肉毒梭菌、蜡状芽孢杆菌，但供应商提供的 PDHA 表中无对此的细化分析，因此在文件审核阶段，沃尔玛对供应商分享了以上各类微生物的生长及致死条件，以让供应商进一步了解生产过程中的控制参数以及商业无菌参数背后的科学原理。并请供应商根据其产品配方、工艺设计、产品过程实现等基础上，分析其微生物、化学、物理、过敏原及食品掺假方面的显著风险，并解释其风险的由来及管控措施。对于显著风险的管控手段，及对风险有疑问的地方，沃尔玛会转化成为现场审核清单，在执行现场审核时进行评估及确认。

(4) 现场审核 (Onsite Assessment) 阶段：现场审核主要关注文件审核阶段生成的清单，因此，PDHA 的现场审核与 GFSI 认可的质量体系不同，PDHA 的现场审核是基于每个食品的风险量身定做的审核条款，具有很强的针对性，能有效根据产品本身的风险来考察供应商从原料验收到生产制造、成品放行的风险控制能力，从科学的食品设计角度来评估风险、管理风险。

以该商业无菌罐头食品为例，沃尔玛在现场审核时，重点评估该商业无菌设备的参数条件、现场控制、记录以及生产现场的控制参数，均能有效管控。

展望未来，沃尔玛会不断优化该项目，聆听供应商的反馈，进一步优化、精简供应商问卷和 PDHA 表单；同时，会持续开发更加自动化的风险评估工具，以提升 PDHA 的效率和精准性。

三、附加信息——FDA 危害指南

FDA 危害指南 (FDA Guidance) 网址：https：//www. fda. gov/media/99581/download，其内容包含了“不同工艺的原料、过程及成品”的食品安全危害（见表 5－3）。

表 5－3　产品设计危害分析主要技术信息收集一览表

项　目	内　容
原料及供应商管理	列出原料的显著危害，描述危害来源及被评估为显著危害的科学性依据，描述现有控制措施（如基于产品特性的天然控制措施如 pH、水分活度、盐含量、酸度等，或者现场工艺控制措施如 CCP、热杀菌过程等）及描述目前控制措施在哪里执行（原料的生产商还是接收方）
食品掺假相关	是否进行过脆弱性评估，脆弱性评估的主要考量因素及输出，供应商方的控制手段
产品配方	成品内在控制因素如 pH、水分活度、水分含量、酸度、是否添加抗氧化剂、盐含量等
EMP 相关	根据 BRCGS 要求描述产品不同风险区及预防交叉污染的管理机制
保质期验证	保质期验证需要考虑的食品安全指标，并提供此类指标的科学性依据（推荐 FDA guidance 和 Horizon Scan）

第二节　连锁零售案例分享——永辉超市

永辉超市是中国大陆首批将生鲜农产品引进现代超市的流通企业之一，通过农超对接，以经营生鲜特色商品及物美价廉的商品为主。

一、供应商的主要类型和特点

永辉超市的供应链体系系统主要分为三大类型：生鲜供应链、鲜食加工供应链、食百供应链。

（一）生鲜供应链

生鲜供应链以生鲜初级农产品、农产品加工品类经营管理为方向，供应商包含：生鲜直采农户、农产品合作社、生鲜贸易供应商、农产品加工生产型供应商、进口农产品合作供应商、自有品牌生鲜农产品供应商。

（二）鲜食加工供应链

永辉鲜食加工，是一个多种生产销售模式、多种供应链合作模式的整合平台，也是为顾客提供多种安全、优质、新鲜、美味食品的部门。永辉的鲜食加工包括烘焙、面点、熟食和餐饮四个品类。

（三）食百供应链

食百供应链体系包含贸易代理供应商、国内品牌直供供应商、国际品牌直供供应商、进口贸易供应商、工厂直采合作供应商、自有品牌合作供应商等，主要经营品类：预包装食品、美妆个护、清洁用品、日用品、纺织服饰、文玩、小家电等。

二、供应商管理的主要内容

永辉超市耕耘生鲜供应链二十余年，已在商品资源、物流运输、食安保障等方面搭建起完善且合规的柔性供应链体系，满足顾客对生鲜品质、鲜度、安全、性价比的消费需求。同时，公司正通过自主搭建中台及智能系统，不断强化供应链数字化优势。永辉依托数字化供应链管理中台，将二十余年供应链管理理念及经营模式最佳实践沉淀到数字化供应链系统，通过数字化供应链系统输出决策建议对供应商进行全生命周期的管理，其核心的管理理念如下。

（一）选

永辉超市生鲜供应链的根本在于采用源头直采、产地加工、物流集配的模式。在“一盘货”“一个系统”的主线引领下，永辉超市积极运用科技的力量对源头直采、预测订货、计算商品生命周期等供应链模块进行数字化重组，从而实现采购、交付、营销等供应链各个环节的高效联动。永辉超市采用长短半径融合的采购模式，在全国一共建设了600个直采基地，产地源头仓涵盖福建黄瓜鱼仓、云南叶菜仓、山东仓、河北鸡蛋仓（馆陶/辛集）、香蕉加工/芒果加工仓、东北盘锦大米基地等。从生鲜产品销售情况来看，永辉超市在供应链源头建立直采基地也保证其能够最大程度减轻季节对蔬菜瓜果类生鲜产品供应的影响，强化“短半径短辐射”“长半径长辐射”的品类互补优势。

通过永辉超市“数字化供应链平台”的寻源系统开放供应商的寻源渠道，解决供应商找零售商时门槛高、零售商找生产商如大海捞针的问题；意向合作供应商可以在开放平台入口（永辉超市官网、永辉供零在线App）登记申请与永辉超市合作意向相关的供应商信息、商品信息等资料，系统会根据意向供应商填报的商品类目信息、意向合作区域等信息，将意向合作供应商申请信息自动精准流转到对应区域的品类负责采购员，在系统平台上采购员会根据供应商信息匹配情况发起业务洽谈，并根据与意向供应商的业务洽谈结果做出“引进/不引进”的处理及理由，全流程在线操作，过程信息系统留痕，确保采购业务流程的全场景“阳光”作业。

（二）用

在确认引进意向后，采购员会针对供应商的基础背景、市场能力、核心优势、合作信息、合作条件等信息，在数字化供应链平台进行“供应商能力全矩阵”（见表5-4）匹配比对，找出供应商的优势象限及能力提升空间，为后续更好的供应合作打好基础，并根据供应商的能力水平，合理规划供应商在永辉超市不同合作阶段的生意发展路径图及供应商所需要协同投入的资源。

表5-4 供应商能力全矩阵

能力	说明
基础能力	供应商资质、供应商信誉、企业规模、地理环境
产品能力	产品研发、生产管理、质量管理、产品成本、产能扩展
品牌营销	品牌宣传、市场营销
服务能力	供应链交货效率、销售过程服务、线上线下全渠道服务、可靠性
发展潜力	企业发展规划、企业发展潜力、渠道拓展

（三）育

在与永辉超市合作期间，供应商会自动加入数字化供应链平台的分级管理网络中，根据供应商不同合作阶段的生意表现、新品研发潜力、品牌口碑打造、市场营销能力、供应链效率、销售服务水平、品控质量等指标纬度，数字化供应链平台会定期自动给出对供应商的动态评级结果（SABCD）；针对不同等级的供应商，采购员会定期根据等级匹配相应的业务管理策略，并与供应商在月度、季度、半年、年度节点与供应商召开不同级别的生意复盘交流会，通过供应商动态评级结果及详细考核指标纬度的分析，助力不同等级的供应商得到适配发展的资源及支持政策。

（四）留

针对在数字化供应链平台定期动态评估中，评级结果为“待改进”等级的供应商，采购员会启动“供应商绩效改进计划”，会同供应商针对绩效表现不佳的点进行深入分析，给出供应商绩效限期改进建议，供应商根据绩效不佳的环节做出改善提升的行动计划，协同采购员推进绩效改善方案，并定期复盘绩效改善的阶段性成效，追踪数字化供应链平台的动态评估结果的改善情况；若限期内未能落实绩效改进行动计划及绩效改善方案，经采购正式约谈未见成效的，采购员将在数字化供应链平台启动退场程序。

三、供应商管理的亮点与经验分享

永辉超市的供应链能力会随着自有品牌的更新迭代不断升级。

(一)“永辉优选”的数字化供应链

以永辉自有品牌“永辉优选”为例，为了保证自有品牌的品质质量，永辉优选建立起从前端产品研发、测试、生产、包装、运输到终端用户交付使用的全链路数字化质量管理体系“PB品控2.0”系统，该体系一共包含了九大环节的管控（见图5-3）：

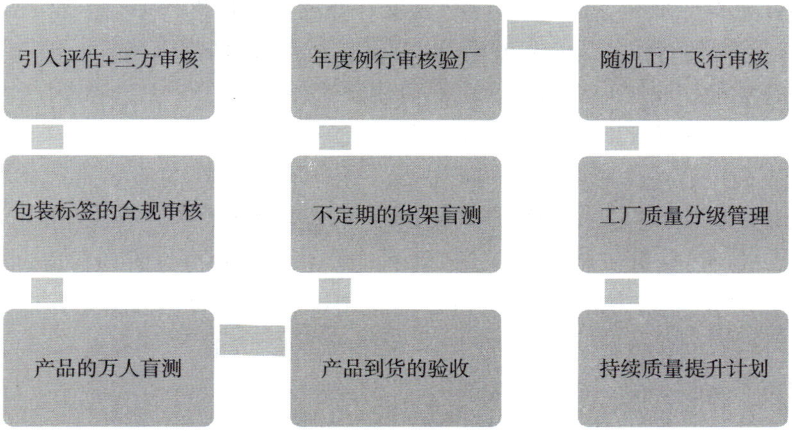

图5-3 “PB品控2.0”系统的九大管控环节

环节1：在产品的研发阶段启动“开发引入评估+三方验厂审核”两级入口把关，从采购员提出意向到产品研发方案的输出，品控就参与产品的质量标准设计，目标合作工厂所需要具备的生产能力、质量管理能力的评估方案设计，并按计划独立对目标工厂执行引入的评估，对目标工厂评估的核心是围绕新产品开发的专属产品质量标准、质量管控要求、工厂质量管理能力、质量风险控制能力等进行综合评估；引入评估方案后，品控会将评估方案移交给独立的第三方验厂审核机构，由第三方机构根据国家法规要求、食品安全标准、生产许可要求、质量体系ISO22000/HACCP体系要求，对工厂执行独立的审核，并将审核报告传送给PB品控进行综合开发审核评估；评估等级分为：A. 优秀、B. 良好、C. 一般、D. 待改善、E. 不合格五个等级，A、B等级无条件通过，C有条件通过，D不通过（需要整改并二次审核），E不合格（停止评估）。

环节2：包装标签的合规审核，产品包装从设计阶段就启动合规审核，审核标准内容主要以《预包装食品标签通则》（GB 7718）、《预包装食品营养标签通则》（GB 28050）、广告法、企业风险案例等组成；审核流程：文本稿件的初审、数码设计稿的二审、样品稿的三审、大货样品的终审。

环节 3：产品的盲测，在研发阶段同步的产品试样，由品控部门根据产品特性及盲测方案模板设计产品的盲测计划，以产品目标客群细分：年龄、地域、消费习惯等因子，在全国 20 个省区投放盲测计划，并根据盲测反馈信息，整合评估工具，输出最终产品，将消费者盲测结果及偏差值给到采购、工厂，根据产品设计目标及消费者反馈方向调整产品配方。

环节 4：产品到货的验收，品控在产品标准制定阶段就植入与工厂约定的产品质量验收要求，物流中心、门店根据质量验收要求执行收货验收作业，对不符合质量验收要求的产品执行拒收，并将拒收信息反馈给采购、品控部门跟进。

环节 5：不定期的货架盲测，产品到店/仓上架销售后，品控部门会根据产品的不同质量风险水平、消费者端的质量反馈信息、常态的质量抽检等，对在售的产品执行货架第三方抽检计划，抽检方案依据产品执行标准、质量风险项目、客诉风险项目等组成，从委托机构、取样、测试、复检/复议、处理全流程执行标准作业。

环节 6：年度例行审核验厂，在合作工厂执行年度的例行审核验厂机制、跟踪工厂的质量管理持续稳定水平，正常每个工厂每年度审核一次。

环节 7：随机飞行审核，针对质量风险级别高的工厂、质量事件工厂，执行不通知式的飞行检查验厂，由永辉内部审核员执行，全国审核工厂的质量管理体系的运行情况及质量风险的原因，经综合评审后，现场做出是否暂停生产的审核意见。

环节 8：工厂质量分级管理，在合作中的工厂执行质量分级管理，通过合作过程中的质量稳定性、审核验厂情况、产品质量抽检情况、终端的客诉信息，对工厂评定质量等级（A. 优秀，B. 良好，C. 一般，D. 待改善，E. 汰换五个等级），每次评级原则上不能跨越两个级别，进入 D、E 级的工厂要根据质量风险评估情况，执行 30～90 天的限期整改，并被限制订单、限制开发新品等，期末未通过评审的工厂将被终止合作。

环节 9：“持续质量提升计划”，针对合作期间出现低风险级别的质量事故的工厂，我们与第三方质量管理咨询服务公司协同，为工厂联手打造质量提升计划，帮扶工厂通过质量提升计划，提高自身质量管理水平，稳定产品品质。

通过“数字化品控 2.0”全链路质量管理体系，处于供应链中的各种资源得到有效整合，实现了资源的合理分配利用，提高了供应链品控管理能力，从而可以更好地为客户服务，增强企业的竞争力。

（二）持续质量提升计划

对千个 SKU、百个工厂、千家门店、线上/线下多渠道、快速成长期的永辉超市自有品牌而言，每天所需要面对的工厂质量管理风险的追踪、采购端质量管理的协同、客户投诉质量问题的回应、监管部门抽检/举报转办的处理涉及的质量领域专业面、知识面大而广；品控团队的人员、专业能力、知识面积累、供零合作边界等难以对单一工厂的质量问题改善进行全方位的跟进解决。永辉超市与质量改善解决方案的整合服务商“上海悦孜企业信息咨询有限公司”（IQC）合作，双方携手提出了自有品牌工厂的第三方支持服务“持续质量提升计划”的成功案例，以永辉超市为桥梁，链接需要改善质量而苦于自身质量管理能力不足的中型工厂，为每个工厂进行专业的勘察评估后，针对不同质量风险点及工厂质量管理水平，为质量问题工厂量身定制三期持续质量改善方案与“工厂质量顾问服务方案”，并在每个阶段与工厂共同完成质量改善方案的复盘总结，针对风险改善成效与永辉超市进行协同交流；通过专业第三方支持的“持续质量提升计划”，工厂的质量管理水平得到显著提升，客户端的质量风险投诉得到了有效的解决，自有品牌的质量管理体系得到了不断的完善。

第三节　电商 & 新零售案例分享——美团

一、资质合规篇

社区电商模式下，平台售卖商品种类丰富且商家数量巨大，按照传统的资质管理手段进行管理，不但要耗费大量的人力、物力，而且也很难实现精准的适时管理。为了全面落实平台主体责任，保障线上商家的资质合规性及准确性，美团优选开发了特有的“天网系统”（见图 5－4），通过此系统可以实现资质规则的线上化，并采用人机共审方式对入驻商家进行严格的资质审查，同时在入驻后还能对资质的有效性进行持续监控预警，从而达到对资质的适时可视化管理，在保障持续合规性的同时也提升了审核效率。

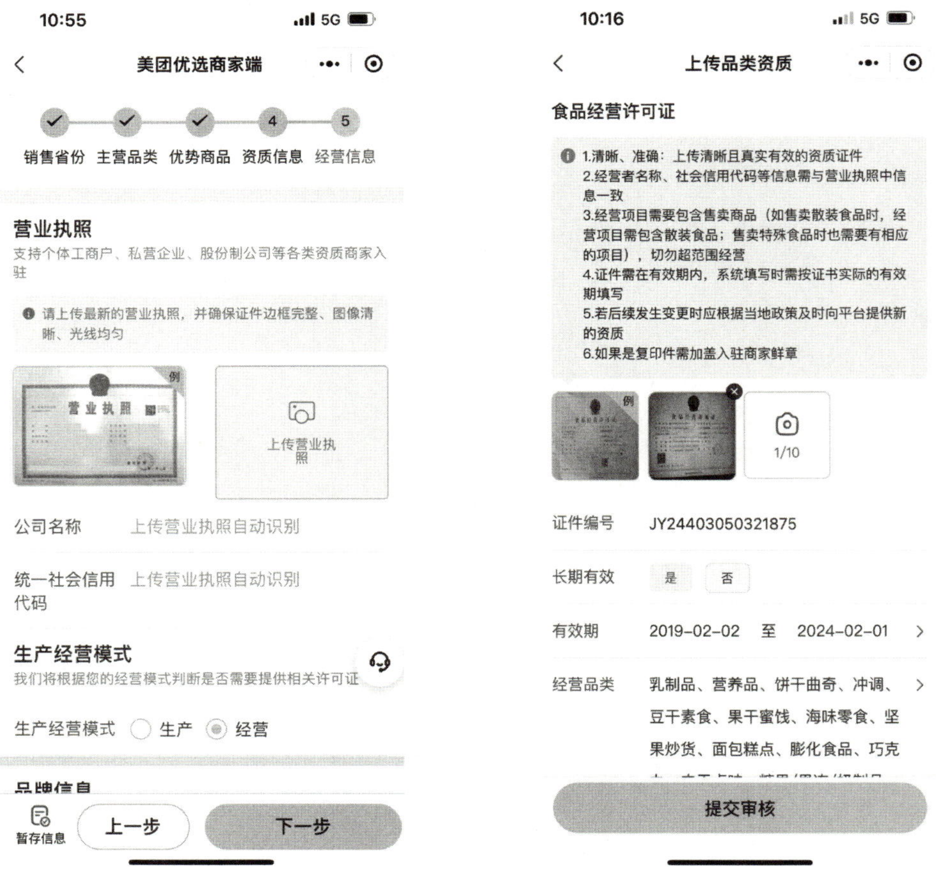

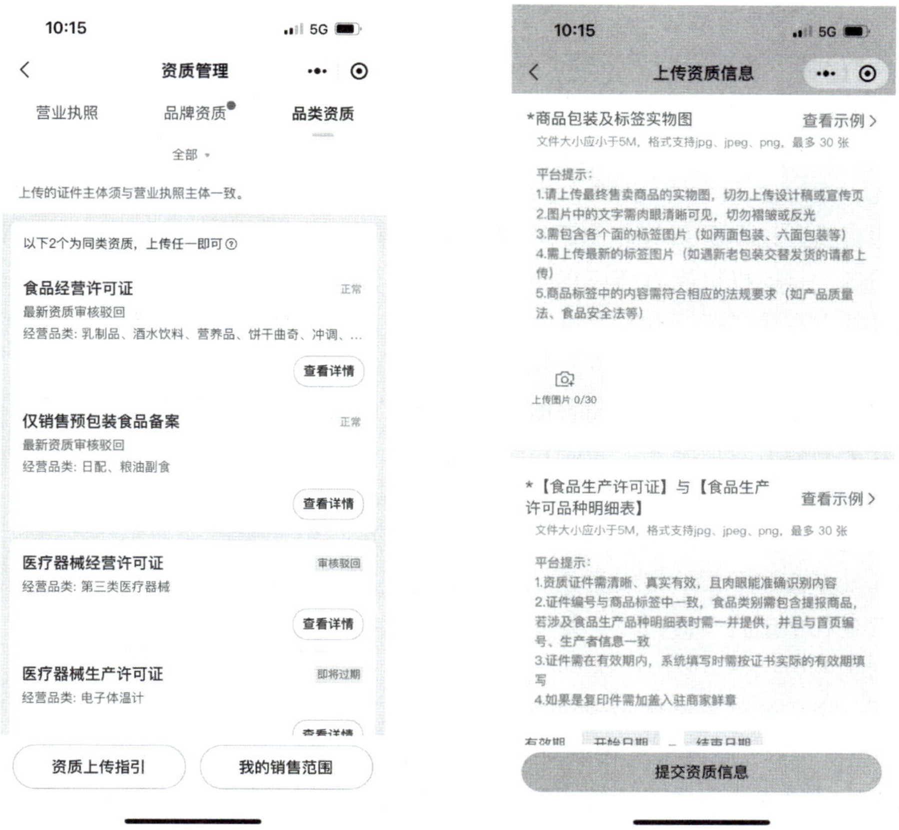

图 5－4　“天网系统”示例

（一）入驻规则线上化——精准管控

要保障商家资质合规，首先要有精细化的资质要求，其次要能做到系统的精准管控。

资质类型通常分为商家资质、行业资质、品牌资质、商品资质和批次资质。在“天网系统”中植入准确的资质要求和系统管控逻辑，商家在入驻时就可根据选择的销售商品类及商家类型等维度，系统精准提示上传不同的商家资质、行业资质、品牌资质、商品资质等，如有资质未审核通过则将影响所涉及商品的上架销售，实现对不同资质类型的多维度精细化管理。资质类型举例如图 5－5 所示。

商家资质	行业资质	品牌资质	商品资质	批次资质
· 营业执照	· 食品经营许可证或备案凭证 · 食品生产许可证	· 商标注册证/商标注册申请受理通知书 · 销售授权书 · ……	· 生产商营业执照 · 食品生产许可证（国产预包装食品需要） · 三方检测报告、（国产食品需要） · 报关单（进口食品需要） · 入境货物检验检疫证明（进口食品需要） · ……	· 农产品合格证明 · 动物检疫合格证明 · ……

图 5－5　供应商资质列表

（二）资质审核智能化——审核提效

业务的发展必然会带来审核量的增加，一味靠“堆”人力的方式来完成审核显然是不可取的。在这种情况下，审核效率的提升就显得尤为重要，资质管理系统可在资质审核智能化和任务分发智能化两方面来提升审核效率。

首先，通过建设 OCR 识别、模型分析以及官网信息核验等能力，实现对无效资质、造假资质、过期资质等多个风险场景的机审识别，不限于营业执照、品牌授权、行业资质等。目前机审能力已应用于建商、建品等多环节，针对高准策略命中的风险资质实施线上直接拦截，对疑似风险资质推送至人工审核，做到机审和人审的有效结合，可减少无效审核，节约审核人力。

其次，通过建立灵活的、完善的审核运营工作台，为审批流提供线上化工具，实现审核任务的线上智能分发，同时还会通过对审核时长、审核时效的监控预警来对审核人员进行管理分配，在提升审核效率的同时，还能提升商家体验。

（三）资质实时监控预警——持续合规

为了确保商家资质的持续合规，不仅要在商家入驻时进行严格审查，还需要在后续的经营过程中进行实时监控，及时识别风险商家及无效资质、预警商家改善、逾期限制经营。

首先，资质管理系统可实现对各种资质的效期管理，通过系统实时监控效期，在资质临期前对商家进行预警，商家则须在到期前进行资质更新，否则就会影响经营。

其次，针对部分资质，系统可通过与官网信息（如营业执照）的定期核验，及时发现商家经营状态的异常，再进行处置。

再次，随着机审能力的持续提升，系统还能对历史资质进行针对性的机审回扫，以更大程度地提升整体的资质合规性。

二、标准管理篇

2021 年年底，美团社区团购业务推广至全国，市场覆盖高线城市，其用户占总用户的比例达到 20%以上，且有持续增长趋势。高线城市用户具备消费能力强、品质要求高等特征，因此，基于夯实基准业务，同时实现高线市场快速增长的供应链竞争力目标，美团优选增加“品牌 IP”作为供应链高线市场重点发展策略，聚焦加工能力商家资源的整合，通过全国扶持铺设加工型商家，适度介入上游产业链，持续加强规模效应上的品质价格竞争力，致力于为客户提供更好、更优的商品。

提升生鲜品质的关键是标准化资源整合，农产品上下游流通环节存在产业壁垒，生产端往往存在养殖或种植分散的情况，综合因素无法支持平台商品多元化和头部商品的专销专供，而经销型商家履约能力参差不齐，且流通批发市场分散，基本需要通过一批甚至部分二批实现供应，难以基于规模订单获得规模采购成本优势，所以往往对源头品质管控不足，且专业品质管控资源投入成本高，初期无法基于高线市场获得品质投入对应的市场反应。为了快速且稳定满足高线市场的用户需求，需要整合优质商家资源能力。

为了更好地保障商品的品质分层及安全管理，美团成立“品质品”运营项目，通过商家分层、销售区域分层、标准分层等运营策略，结合现场监督落地执行来实现“品质品”的统一规范管理，固定符合品质要求的商家资源画像，通过营销策略、资源倾斜等方式的结合，降低平衡商家运营成本，同时为了评估平台资源的投入合理性，对“品质品”制定了相应的经营及售后目标，如何保障和评估平台模式下经销型商家品质稳定能力，尤为关键。

（一）商品品质标准化

商品标准化体系建设就是面向商品品质目标、品质影响因素和经营影响因素的综合性标准化治理解决方案，背靠零售商品标准化业务的完整产业链，着力提升商品品质和标准化程度，统一商品品质评估系统、算法、数据等业务领域度量衡，打通并促进商品品质标准化数据在各业务领域的流通，实现品质计划—生产—履约—反馈的良性闭环。

（二）品质标准合理化

商品标准设定目的在于在市场商品与消费者预期商品之间取得品质与成本的平衡点后，通过质检过程/合同条款规范履约商品，标准合理性运营为将标准及其运营结果（品质/经营指标）数据化转化后，形成标准异常识别规则模型，监控标准对与如外部环境（如产季货源变化）、内部策略（如品类等级重构）、用户反馈间的匹配性/适用性，对标准需求按规则分析，及时根据变化动态调整，并在调整后持续按规则监控对应指标，形成闭环，达成品质与成本效率的平衡。

（三）标准可视线上化

平台设定商品标准后，快速同步支持商家了解品质标准、保障自身供货水平是商家的核心需求，通过商家供货商品的特性定位，在标准库中精准匹配符合商家商品的品质要求，通过商家小程序触达商家，商家备货过程匹配对应的品质需求，做到需求高效精准推送。

（四）标准管控前置化

生鲜品类特性，多数品质问题在于供应链前端的把控能力不足，通过与品质商家约定前端原料、加工工艺标准要求以及在商家备货过程中的原料要求、加工要求、储存温度、包装方式、发运温度等维度约定，并通过加工过程的飞行监控和重点商品的驻场监控，保障平台货源稳定安全的前提下，提高商家的品质管控能力，与品质商家共同成长。

（五）链路标准管控

通过以“商品标准”为核心，制定保障商品品质稳定的链路操作规范，并不断完善、细化核心 CCP 点，通过仓库及网格站点视频监控能力，结合机器视觉系统（集光学、机械、电子、计算、软件等技术为一体的应用系统，通过对电磁辐射的时空模式进行探测及感知，自动获取一幅或多幅目标物体图像，对所获取图像的各种特征量进行处理、分析和测量，根据测量结果做出定性分析和定量解释），为业务提供一种快速稽核违规动作的工具，提升违规动作的稽核效率，帮助业务侧进行精确地数据采集和原因分析。

三、监控治理篇

下面介绍美团零售在科技赋能食品产业高质量发展方面的一些实践和探索。

(一) 平台商品的品质监控治理难点

2021年，美团公司战略调整为"零售+科技"，全面开展网上零售业务。目前美团平台已为消费者提供数万个不同品类的线上商品，包括水果蔬菜、肉禽蛋奶、米面粮油及日用百货等。商品品质是消费者在进行网上购物时最关注的要点之一，但是线上售卖商品种类丰富且数量巨大，给平台品质管理带来了困难。不同商品品类的品质监测指标差异很大，尤其是生鲜食品，其更是随着季节变化、产地产季轮换，在不同品类中呈现出不同的波动性；每个品类下都有无数个商品，每个商品销量差异巨大且品质表现不尽相同，平台进行品质管理的复杂程度呈现出指数型递增趋势；如何快速精准地识别品质表现异常商品并及时做出响应，向消费者提供更多品质安全的商品，是平台面临的巨大挑战。按传统商品的管理方式对网络零售商品进行品质管理，会耗费大量的人力物力，且无法精准进行商品管理，导致管理出现"按下葫芦浮起瓢"和"旱涝不均"等情况，也不能实质保证商品的品质安全。

(二) 天琴系统识别商品品质表现的优劣和食安风险

为了更好地保障网络零售商品的品质安全，做好每天百万次的平台经营管理决策，对数千万商品做到精细化、合理化、自动化的管理，美团基于大数据统计学算法自主研发了"天琴系统"，建立商品各环节品质安全的全自动管理体系。以六西格玛统计学质量管理理论为算法基础，搭建科学合理的品质安全数据分析模型，让品质安全"看得见"。"天琴系统"以消费者对商品的品质反馈数据为评判商品品质表现好坏的基础数据，建立符合不同商品品类特性、季节特性、销量特性的自适应统计算法参数，形成用于衡量不同商品品类的商品品质表现"优劣"的标尺和刻度，可以对平台上任意商品品类及商品进行分析处理，自动给出每一个商品的品质表现评价。"天琴系统"通过对每一条消费者的品质反馈数据的收集处理，将这些主观、偶发、随机、独立又稀疏的市场反馈信息数据，处理成有聚集性和统计意义的数据识别和响应，将不同的商品品质表现，评价为优、佳、良、中、次、差、劣七个等级。

优：商品的品质表现位于美团优选平台同类在售商品的头部。

佳：商品的品质表现明显高于美团优选平台同类在售商品的平均水平。

良：商品的品质表现高于美团优选平台同类在售商品的平均水平。

中：商品的品质表现处于美团优选平台同类在售商品的平均水平。

次：商品的品质表现低于美团优选平台同类在售商品的平均水平。

差：商品的品质表现明显低于美团优选平台同类在售商品的平均水平。

劣：商品的品质表现位于美团优选平台同类在售商品的尾部。

通俗来讲，一个商品销量相对大、负面品质反馈少、没有严重问题，则根据其优于同期同类商品的σ（标准差）水平，会被评为优、佳、良等级；反之，若一个商品销量相对小，负面品质反馈相对多或者有严重品质问题，根据其劣于同期同类商品的σ

水平，会被评为次、差、劣等级。通过商品维度的品质表现优劣，以经营体量作为权重，向上聚合至供应商维度，形成供应商的品质表现评价（见图 5-6）。

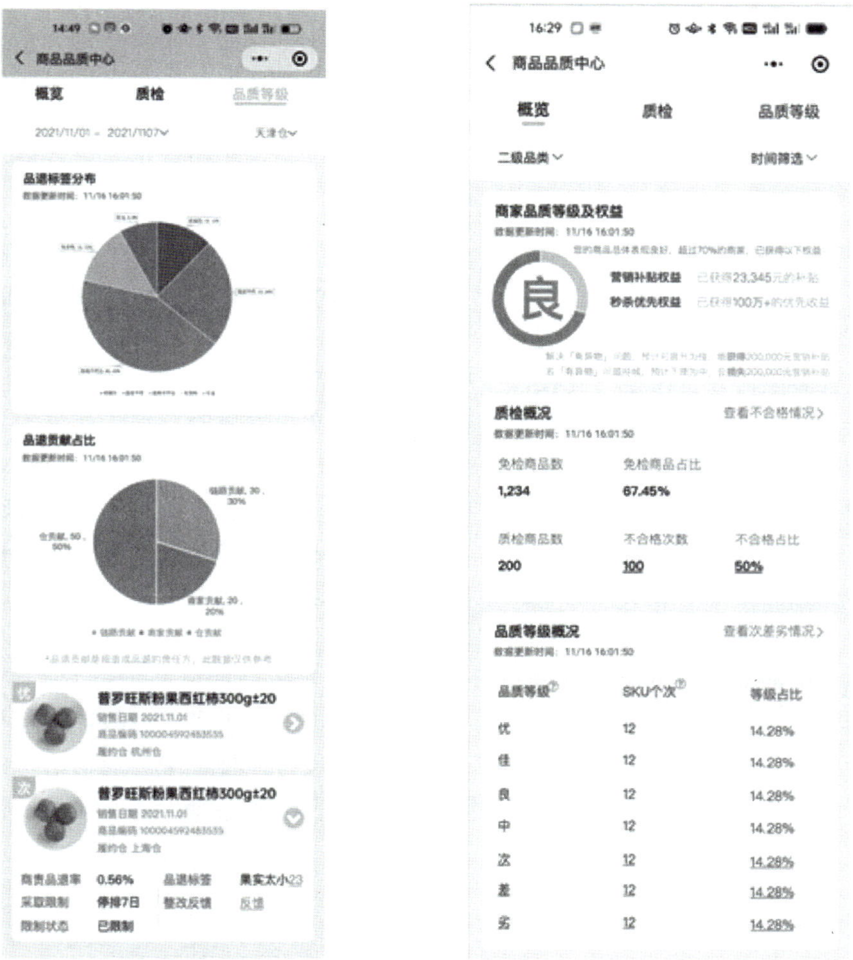

图 5-6　“天琴系统”识别商品品质示例

为了更好地管控食品安全风险，美团依托自身技术对消费者反馈的食安风险事件进行实时监控、识别和及时管理。通过自然语言处理（NLP）技术和机器学习技术，训练开发食品安全风险事件识别模型，每天实时处理消费者品退备注文本、商品评价文本、客诉摘要文本，识别其中消费者反馈的因食用商品后产生身体不适现象或就医等的信息；通过最小存货单位（SKU）维度的食安风险事件的数据聚集，结合 SKU 销量和品质问题数量等信息，依托统计学算法消除因消费者恶意投诉或个人体质差异导致偶发的食安风险事件反馈，识别出品质问题严重或食安事件数量有显著统计意义的异常 SKU 和异常供应商，并通过“天琴系统”自动对商品/供应商的品质表现和食品安全风险进行评价。

通过将“天琴系统”嵌入商品品质管理系统，实现全流程的品质全自动管理。美团“天琴系统”将品质评价数据作为底层规则接入平台售前资源决策、售中入库质检、售后规则治理等多个应用环节，成为支持各业务环节在食品品质安全维度做经营决策的全自动管理系统。

在售前环节，将品质评价数据作为底层规则接入平台售前商品评价系统，支持商品售卖前的决策，制定品质治理的奖优罚劣规则，使得商品“品质好机会多，品质差限制大”，针对品质表现为优、佳、良的商品，通过推荐曝光进行平台资源倾斜，促进品质更优商品的销售，使品质表现优秀的供给端获得更多的价值实现，促进平台的良性营销生态；根据商品品质表现为次、差、劣的严重程度，逐级进行选品限制、营销限制来减少销售机会。

在售中入库质检环节，除了查验合规资质和食品安全指标外，平台根据商品过往的品质等级来判断其品质风险，针对品质表现不稳定的商品做定向质检指标的检查，经查验不合格的商品将被拒收。

通过天琴实时评价模型（见图 5-7），对消费者品质反馈做出实时响应。举例来说，某天送达消费者餐桌的商品如有负面品质反馈和食安风险反馈，商家下一时刻送达入库的商品就要被质检查验，保障在入库环节进行及时的品质止损。同时对品质表现稳定为优、佳、良等级的商品进行免检入库，提高商家入库商品效率，鼓励商家不断保持良好的品质水平。在售后品质治理环节，对于差、劣等级的商品暂停销售，自动向上游合作商推送任务要求其整改反馈，通过数据赋能商家了解其商品的品质表现水平和市场反馈的主要问题，辅助其整改并后续自动监控其品质改善情况；对于评价为次、差、劣的商品，对识别出消费者反馈品质安全风险的商品进行专人专项跟进，在商品第三方抽检中额外提升抽检比例，对供应商进行现场飞行审核，保障平台所售商品安全合规。对品质问题达到差、劣等级的商品进行停排下架等规则治理，对品质表现不好的供应商，施行通知提醒、督促整改、治理汰换等管理手段。

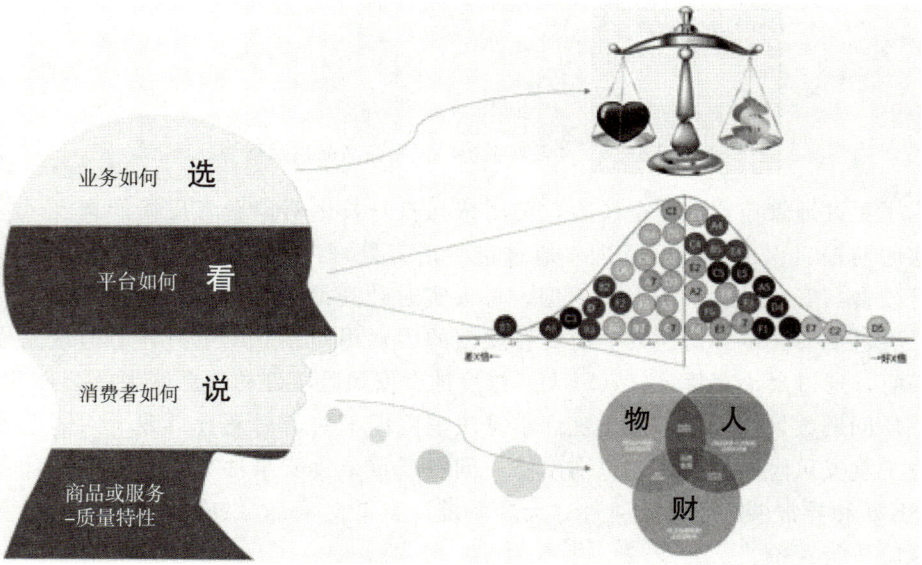

图 5-7 “天琴系统”评价模型

第四节　新零售案例分享——明康汇

明康汇生态农业集团有限公司（以下简称“明康汇”）是一家以生鲜供应链为核心，融合农产品销售业务、智慧生鲜生态运营的集团公司。作为曾经的世界500强企业海亮集团旗下的生鲜科技品牌，明康汇助力乡村振兴、共同富裕，打通从上游田间到城市餐桌的链路，提供从“田间地头到冷链物流再到百姓餐桌”的全产业链服务。

一、供应商的主要类型和特点

（一）供应商主要类型

与其他农产品供应商的类型类似，明康汇的上游供应商包括农贸市场、农产品贸易商和生产基地等类型，为了更好地优化供应商，明康汇整合了农贸市场、产地、产区资源。按照主体的性质，供应商分为明康汇自有基地、农产品生产商（明康汇合作基地）、农产品贸易商。

（1）农产品贸易商：包括农贸市场贸易商和产地贸易商。农贸市场贸易商经营主体有个人或公司，以个人经营为主；产地贸易商大都为产地农贸公司/合作社，进行区域产地资源整合。该类供应商不参与农产品的种植和管理，只负责农产品货源的提供或农产品的加工/分级/包装；其货源可能来自基地自采，也可能由一级/二级代办代采，存在货源及质量不稳定的风险。

（2）农产品生产商：一般由农产品种植专业合作社、农业种植公司组成。农产品种植专业合作社种植规模有限，产地固化，全程参与农产品的种植、加工；但很少涉及农产品的销售。农业种植公司集合了多个产地、产区资源，参与农产品的种植、加工、销售。该类供应商的农产品产能及产品质量较稳定。

（3）明康汇自有基地：明康汇及其下属各公司投资建设的基地，包括但不限于种植基地、养殖基地、水产基地等。从农产品的种植/养殖、日常管理、加工、分装、销售，明康汇全程参与，质量稳定且产能有保障。

（二）供应商的主要特点

为提供从“田间地头到冷链物流再到百姓餐桌”的全产业链服务，明康汇除了拥有自有基地外，还整合农产品生产商资源进行基地合作；目前明康汇已有14个自有基地，布局17个产区、9个产地仓、近100个合作基地；货源来自自有基地及农产品生产商（合作基地）的占比已将近80%，约20%来源于农贸市场贸易商，具体见表5－5所列。

表 5-5 明康汇基地和产地仓分布

区域	产　区	产地仓
华北地区	内蒙古产区、河北产区	赤峰仓（番茄等 10 个 SKU）
东北地区	东北产区	—
华东地区	山东产区、江苏产区、安徽产区（南陵、明光、女山湖、城东湖）、浙江产区（太湖、安吉、舟山、金华）、福建产区（尤溪、平和）	南通仓（芹菜、香菜、生菜等 17 个 SKU） 寿光仓（杭椒、番茄、黄瓜、苦瓜等 35 个 SKU） 温州仓（番茄、松花菜等 5 个 SKU）
华中地区	湖北产区	湖北仓（甘蓝、白菜、莴笋、娃娃菜等 8 个 SKU）
华南地区	海南产区、两广产区（高州、海丰、武鸣）	海丰仓（土豆、豇豆、冬瓜等 20 个 SKU） 高州仓（糯玉米、绿等 16 个 SKU）
西南区	四川产区、云南（泸西、保山、陆良、玉溪）	云南仓（甜豆、玉米、豌豆等 39 个 SKU）
西北区	西北产区（宁夏、甘肃）、陕西产区	—

二、供应商质量管理的主要内容

（一）选：供应商选择

生鲜产品的供应商选择尤其是农产品的食品安全和品质更多会依赖上游基地的情况，选择优秀的供应商能有效降低产品的食品安全和质量风险。

1. 选择原则

鉴于生鲜农产品的风险，明康汇坚持“高风险产品必须选择自有基地或者合作基地、中低风险产品尽量选择自有或合作基地”的原则，努力建设生鲜产品的上游供应链，从源头降低生鲜产品的食品安全和质量风险。

由于土地的问题，寻找和建设上游基地一直是农产品企业发展的瓶颈所在，明康汇与“乡村振兴”项目找到的契合点，在“乡村振兴”政策的大框架，由政府协助寻找合适的基地，再基于明康汇供应商选择原则，同时关注基地的地理环境要求（空气、水、土，“三净”）和生产管理要求，尤其是关注地理环境，因地理环境具有不可复制性；生产管理的不足可以通过明康汇的帮扶项目来协助提升，以确保达到要求。

2. 案例分享——景宁茭白

（1）项目背景

2022 年 3 月 1 日，明康汇与景宁畲族自治县签署乡村振兴项目合作协议，由当地政府组织土地流转，用于基地建设，明康汇则在大漈乡及周边高山乡镇设立直供合作基地采购特色生鲜农产品（见图 5-8），并同步启动订单种植计划，针对景宁高山冷水茭白、丝瓜、线茄等系列高山蔬菜开展助产助销模式，推进乡村振兴。选择此地作为合作基地供应商主要是因为：

① 地理环境优良：景宁畲族自治县大漈乡位于高海拔山区，气温适宜、空气干净、水源充足、排灌便利，水层常年保持 3～20 厘米。

② 产品种植规模广：大漈乡全乡种植面积达 5000 亩，种植规模广，产量稳定，可持续性供应。

③ 产品品质优良：大漈乡是“浙江省高山冷水茭白之乡”，该乡高山冷水茭白生长在海拔 1000 米以上的高山，低温、高海拔的生长环境大大降低了病虫害风险，养育的茭白外观白嫩、口感鲜美、营养价值高，得名“美人茭”。

图 5－8　明康汇景宁茭白基地项目

（2）主要困难

在与景宁景际供应商合作前期，也因很多原因出现产品质量不稳定的情况：

① 标准要求不清晰，供应商在最初提供产品服务时，不清楚明康汇对茭白产品质量要求，以致产品到仓不符合质量标准而被拒收。

② 工人产品标准要求认知弱：当地工人大多数为留守老人，年龄多半在 50～60 岁及 60 岁以上，沟通难度大，对合格品和次品的概念理解较难，挑选执行力较差。

③ 产品贮藏管理不当：库存产品落地存放，且茭白与其他蔬菜（茄子、丝瓜等）共同放置同一冷库贮藏库内，未配备温度监测器，库温设置温度与实际温度不符，冷藏库库温设施－3～－2℃，库内实际温度 2～3℃；库存产品未进行标识，未达到先进先出标准，导致混货发出现象出现。

（3）项目成果

针对以上问题，明康汇安排驻场品控现场跟采、跟加工、跟包装、跟储运，并制定产品质量标准，表 5－6 所列为《景宁茭白产品规格书》；现场对加工人员进行培训指导，并对工人挑选后的产品随机抽检，如抽检过程中产品存在问题，及时纠偏。最终到货质量扣重占比由 3.36％降低到 0.67％。

经过半年的磨合，景宁已经对明康汇的供货模式、供货标准了解透彻；依托明康汇“渠道、资金、技术”优势，共计销售 300 余吨茭白，周边 50 余户农户创收，平均每户增收近 2 万元，村集体增收 30 万元。

明康汇与景宁已达成战略合作，签署高山果蔬示范基地合作协议，落地全市首个高品质生态农业联建项目——高山果蔬示范基地，共建智慧绿色生态农业产销模式。

表 5-6 《景宁茭白产品规格书》

<table>
<tr><td colspan="4">基本信息</td></tr>
<tr><td>标准适用对象</td><td colspan="2">茭白</td><td rowspan="5">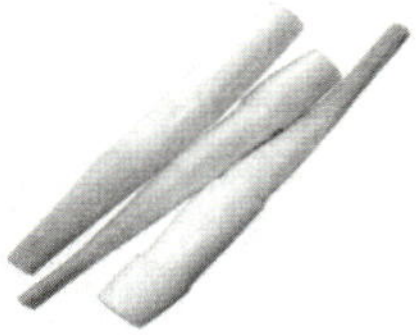</td></tr>
<tr><td>商品储存条件</td><td colspan="2">0～4℃</td></tr>
<tr><td>包装要求</td><td colspan="2">到货塑封包装袋或泡沫箱加水</td></tr>
<tr><td>产品属性</td><td colspan="2">外观新鲜；色泽光亮，叶鞘青绿色；叶片与叶鞘相接处有三角形的叶枕；肉质肥大；肉体洁白或呈淡黄色</td></tr>
<tr><td>验收注意事项</td><td colspan="2">机械伤、病虫害、可食率</td></tr>
<tr><td colspan="4">基本要求</td></tr>
<tr><td>安全指标</td><td colspan="3">农残、重金属等其他安全性指标均应符合国家现行法律法规要求</td></tr>
<tr><td>异味</td><td colspan="3">无异味（如有酒精味、发酸）</td></tr>
<tr><td>规格</td><td colspan="3">可食用长度≥11 厘米；2.5 厘米≤直径最大处≤4.5 厘米</td></tr>
<tr><td colspan="3">缺陷判定</td><td>可接受水平</td></tr>
<tr><td colspan="3">严重缺陷</td><td>3%</td></tr>
<tr><td>发霉/腐烂</td><td colspan="3">发霉/腐烂</td></tr>
<tr><td colspan="3">一般缺陷</td><td>8%</td></tr>
<tr><td>新鲜度</td><td colspan="3">失水皱缩，萎蔫，果体发软；叶鞘干枯发红、茭体发黄发褐、茭肉绵化；横截面有黑点，≥2 处且有≥1 厘米的锈斑</td></tr>
<tr><td>机械伤</td><td colspan="3">伤及果肉</td></tr>
<tr><td>冻害/冷害</td><td colspan="3">冻伤</td></tr>
<tr><td>病虫害</td><td colspan="3">肉眼可见虫体≥2 处，且面积≥黄豆大小的虫疤</td></tr>
<tr><td>可食用率</td><td colspan="3">可食用长度：茭白可食用长度<11 厘米；可食用率：（茭白肉/茭白肉＋茭白叶）<40%
根部老化长度≥1 厘米（指甲可掐破）</td></tr>
<tr><td>异物</td><td colspan="3">玻璃/塑料/金属等</td></tr>
<tr><td colspan="4">不合格示例</td></tr>
<tr><td>病虫害</td><td>锈斑</td><td>压伤</td><td>出水</td></tr>
<tr><td>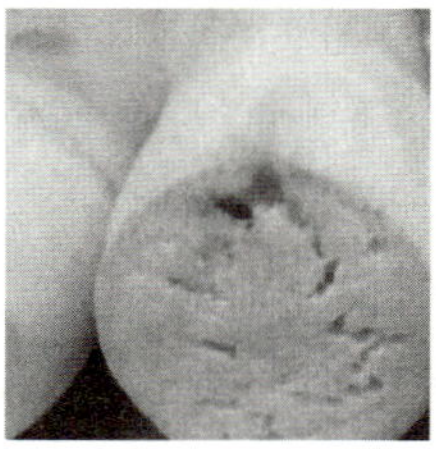</td><td>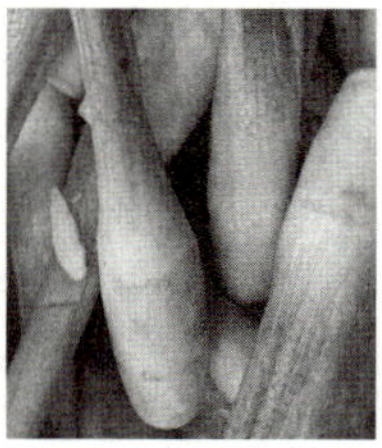</td><td></td><td>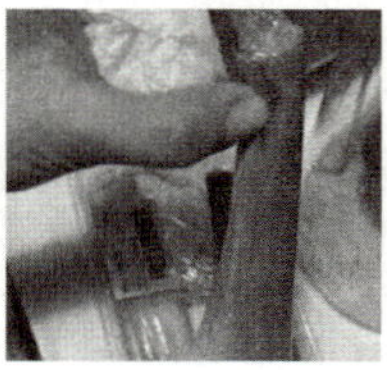</td></tr>
</table>

（续表）

茭肉绵化		褐变	
	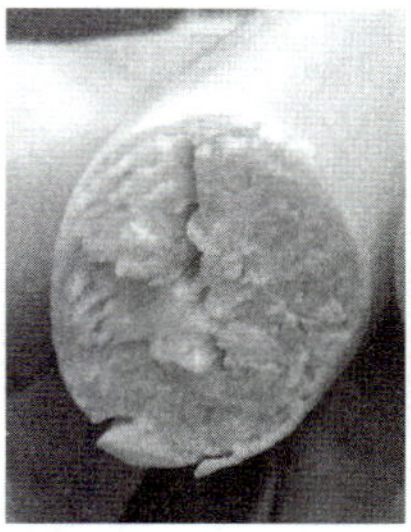	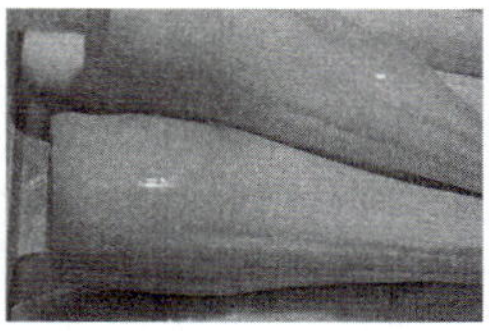	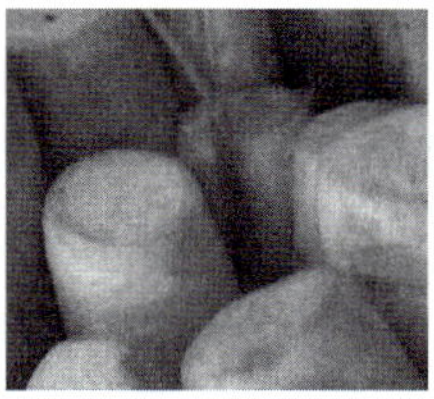

（二）用：自有品牌供应商开发与管理

自有品牌（Own Brand）产品在新零售发展中承担着重要的角色，自有品牌能够消除中间环节，给消费者提供更优质的产品和消费体验，也能更好提升消费者的品牌忠诚度。明康汇一直致力发展自有品牌，由于自有品牌贴着“明康汇”的商标，所以对自有品牌供应商的管理会更加严格，针对自有品牌供应商采用“预审＋现场审核”方式全面了解风险，并进行针对性的管理。

1. 供应商预审

供应商预审以前也叫“书面审核（desk audit）”，以文件审核为主，包括资质审核、管理体系文件回顾等。随着数字化的发展，生产现场的视频审核和视频会议也会用于供应商预审。具体要求见表 5－7 所列：

表 5－7　自有品牌供应商预审项目和要求

项目	具体要求
预审模式	文件审核＋线上审核（视频现场加工＋线上问答）
预审要求	企业负责人、生产部及质量部负责人必须全部在线，否接不予预审
预审时长	≥1 小时
预审关注重点	合规性要求、食品安全管理体系、HACCP 计划、GMP、人员能力等几个方面
预审结果	预审得分≥70 分通过；<70 分预审不通过，当即终止合作

2. 供应商现场审核

（1）原则及流程

预审通过后方可安排现场审核，审核人员由专业的第三方机构和明康汇内部具备审核能力的人员组成，每个项目 1 人/天。具体流程如图 5－9 所示：

（2）制定供应商评估表

明康汇的供应商评估表主要依据 CCFA 团体标准《加工食品供应商生产评价要求》（T/CCFAGS 002），从合规性、食品安全管理体系、良好操作规范、危害控制和社会责任等方面评估，标准框架见表 5－8 所列。评估表根据不符合项的性质实行打分制，其中，若合规性条款出现严重不符合项，则会导致审核不通过。

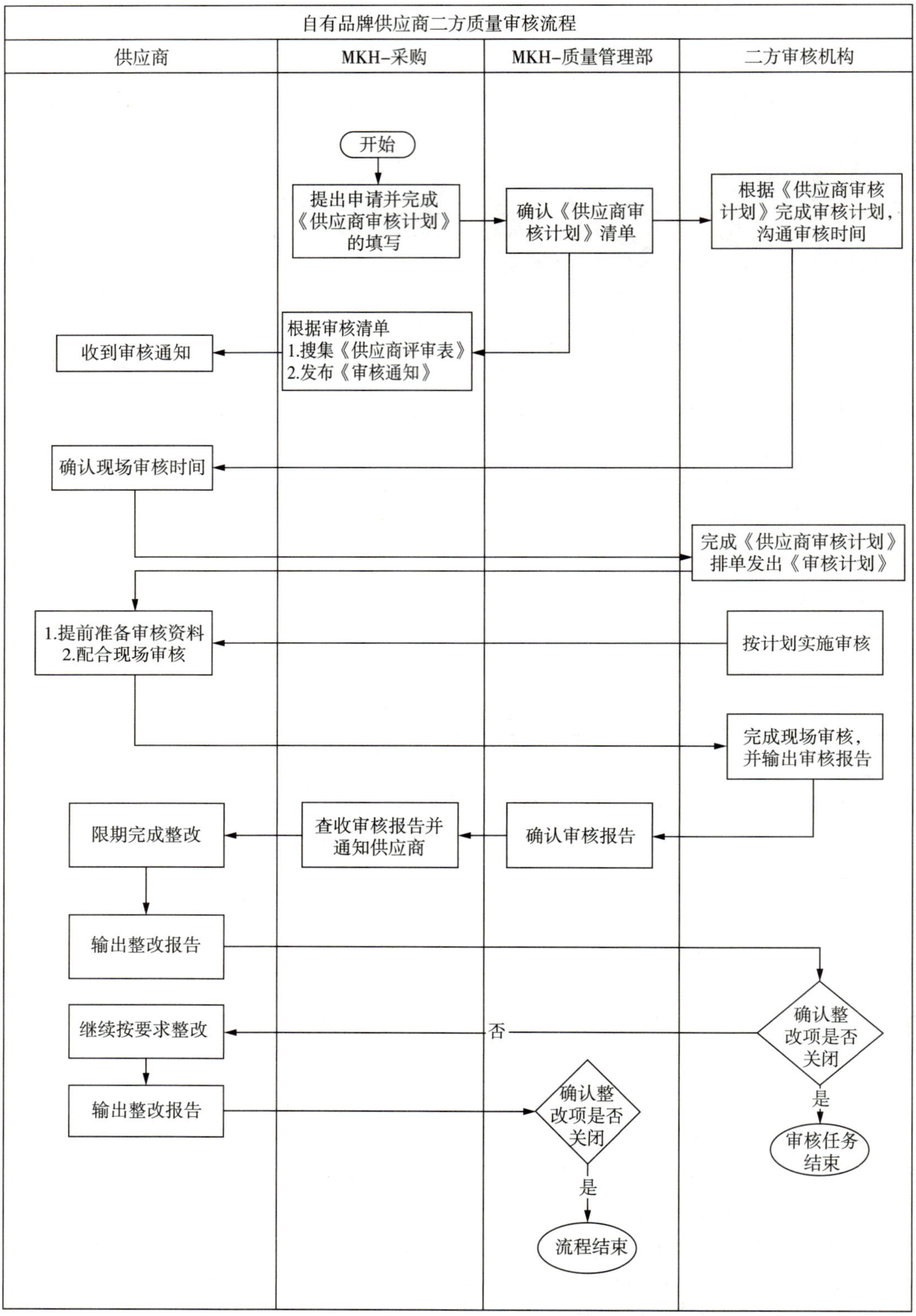

图 5-9　自有品牌供应商二方质量审核流程

表 5－8　《加工食品供应商生产评价要求》框架

评估方面	主要模块	条款数
合规管理	资质合法、生产经营活动合法、分包合法	6 条
食品安全管理	产品规范（包括产品放行）、可追溯性、食品安全事件管理、不合格品控制、整改措施、总体文件要求、测量与检测设备的控制、培训、程序、投诉处理、产品分析、采购、供应商批准及绩效监控	45 条
良好操作规范	个人卫生、设施环境、清洁和消毒、产品污染控制、有害生物控制、用水质量、员工设施、废弃物管理、存储和运输、设施和设备维护	39 条
危害控制	预备工作、过敏原控制、危害分析与关键控制点、食品防护	27 条
社会责任	基本要求、职业健康和安全、腐败与贿赂管理、公平竞争、环境保护	43 条
合计		154 条

（3）供应商审核等级

现场审核根据得分进行等级划分，审核通过方可准入成为明康汇的合格供应商，见表 5－9 所列。

表 5－9　《加工食品供应商生产评价要求》框架

评级	审核分数/分	说明
A	≥90	自有品牌审核得分≥75 分可准入，非自有品牌审核≥70 分可准入；对于审核不通过但得分≥50 分的供应商，可申请进行一次复审，原则上复审时审核员与初审时不能为同一人
B	80～90	
C	70～79	
D	＜70	

（三）供应商培育和发展

为助力供应商与明康汇共同成长，明康汇定期组织专项质量会议、供应商专项走访、年度专业培训和供应商质量大会等活动。

1. 专项质量会议

专项质量会议一般由拒收及客诉复盘、供应商质量管理、质量验收标准等环节组成；将拒收及客诉数据划分至各渠道各品类，对比各个时段，列出原因分析以及供应商需要重点关注的事项，明确供应商的考评机制。通过专项质量会议帮助供应商解决专项问题，建立纠正措施和预防措施，降低问题再次发生的概率。

2. 供应商专项走访

依据蔬果、日配、水产、肉品四大品类，根据产品服务异常数据，每周挑选一家供应商现场走访，进行一对一的现场质量沟通、专项培训指导。此方式虽然效率不高，但是对特定供应商的改善效果较为明显，能起到立竿见影的作用。

3. 年度专业培训

每年邀请行业专家以及市场监督管理局的老师进行专题培训，如国家食品安全监管政策、食品安全法律法规、异物管理控制等，赋能供应商提升食品安全与质量管理水平。

夏季对生鲜供应商保持质量稳定是一个重大挑战，明康汇开展“夏季食安动员大会”，旨在提供一个复盘问题、制订解决方案、共享专业信息、交流经验的平台，传递企业的产品服务的要求，促进供应商的专业赋能指导、企业间的相互学习，引导供应商提供长期稳定的质量服务。

4. 供应商质量大会

供应商大会面向全渠道各品类的供应商，旨在明确明康汇对供应商的产品要求，加强双方的沟通交流。供应商大会上明康汇高层会介绍企业发展的方向和规划，采购部会介绍采购战略和政策，质量部会介绍质量战略、供应商管理的政策、食品安全的要求和供应商发展计划等，帮助供应商提供更好建立明康汇的信心，更好地了解各项政策，在未来能更好地配合工作和协同发展。

（四）留/流

1. 保留

（1）年度表彰

每年年初，明康汇都会基于前一年供应商产品服务数据（到货合格率、产品稳定性、配合积极性等），评选出优质供应商进行表彰。设供应商质量卓越奖、供应商质量优秀奖、供应商质量进步奖，获奖者都将获得荣誉奖杯以及现金激励；同时鼓励卓越奖供应商在表彰大会进行经验分享。

（2）食安联盟

食品安全联盟主要联合了食品生产、流通、餐饮等领域的企业共同成立，目的是持续推进食品安全能力建设，不断创新治理模式，引导各界共同参与，营造食品安全共建共治共享新格局。

食品安全联盟组织成员需要制定严格的准入和退出机制，需要配合政府相关部门落实好“四个最严”要求：最严谨的标准、最严格的监管、最严厉的处罚、最严肃的问责。依法自律，诚信经营。

食品安全联盟需要整合各方资源、优化产业链条，积极参与食品安全治理，继续成为沟通政府、企业和市场的桥梁及纽带，充分发挥市场主体作用。同时，积极推广联盟活动，如打造学习交流的平台、组织行业会议等，让食品安全文化融入群众意识中，以良心与初心推动食品安全社会共治，促进食品行业的健康发展。

2. 淘汰

（1）质量问题等级

供应商的日常管理中淘汰机制必不可少，根据供应商日常产品服务过程中的质量问题进行等级划分，具体质量等级见表 5-10 所列。

表 5－10　明康汇质量问题等级

等级	类别	举例
特级	行政处罚、媒体曝光、资质合规等问题	（1）因供应商商品不符合国家、地方的有关法律、法规、规章和相关政府部门的规范性文件的规定，导致明康汇被行政处罚的情形；产品因质量问题造成在网络社交平台、新闻媒体传播对明康汇及其品牌形象产生负面影响； （2）如因供方源头出现重大食安事件（如造假、制假、使用违规原料）等食安影响负面新闻等被媒体曝光，对明康汇形成影响或导致商品下架
A 类	合规及质量安全问题等	（1）违规调整，包括但不限于以下： ① 私自更换品种、包装方式、产品配方和标签信息； ② 不按标准加工，如原料冰鲜变冷冻、气调包装变更等，导致产品出现批量性质量问题； ③ 停止生产、搬迁、整改，更换生产工厂/地址、经销商、代理商、第三方代工等仍正常供货未提前报备。 （2）恶性异物（产品中混有玻璃、金属物、蛆、老鼠屎、烟头、石头、飞虫尸体等外源异物，确认为供应商原因的）。 （3）产品检出不合格项目
B 类	产品质量问题等	（1）缺少斤两（产品净含量不足）； （2）一般异物（如产品中混有明显内源异物、毛发等，确认为供应商原因的）
C 类	配合度问题等	未积极配合质量问题调查、信息反馈等：如质量处罚单未在规定期限盖公章回传；或质量问题未在规定期限内反馈说明或出具调查报告等；或供应商审核结果为合格但出现不合格项不配合整改等（提前报备除外）

（2）主要方式和流程

根据供应商的绩效表现逐步进行淘汰，针对不同等级质量问题，给予供应商相应的处罚机制，处罚包括罚款、产品部分/全部关单、暂停合作、终止合作、拉入黑名单等。淘汰的主要方式和流程如图 5－10 所示：

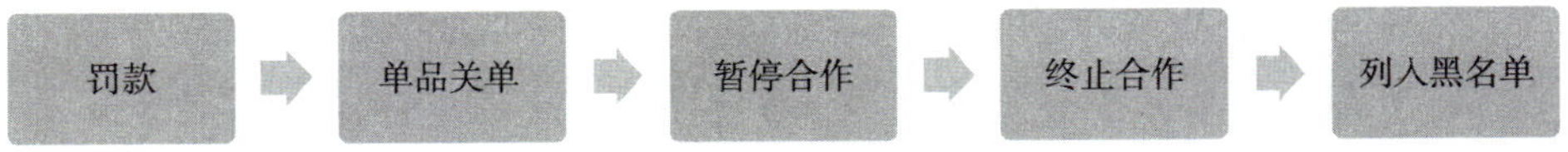

图 5－10　供应商淘汰方式和流程

① 罚款：供应商因为合规、食品安全或者质量等问题对明康汇造成损失，需要由供应商承担。

② 单品关单：供应商某一单品多次出现产品质量问题，如到货产品农残检测不合格、多次到货质量不符合质量标准导致拒收等，会对该单品执行周期性关单，降低该供应商供应该单品的份额。

③ 暂停合作：供应商提供产品服务时，因产品质量问题如私自更换品种、包装方式、产品配方和标签信息；不按标准加工，如原料冰鲜变冷冻、气调包装变更等，将暂停与该供应商的合作关系。

④ 终止合作：供应商以次充好（包括不限于以低等级、低档次产品冒充高等级、高档次产品）等，将终止合作。

⑤ 列入黑名单：供应商商品因不符合国家、地方的有关法律、法规、规章和相关政府部门的规范性文件的规定，导致明康汇被行政处罚的，对公司形象及信誉带来重大影响的，将供应商列入黑名单。

三、供应商管理的亮点与经验分享——明康汇建始生态养殖基地

明康汇积极配合国家“乡村振兴项目”，充分发挥基地的自然优势，加上明康汇的渠道和质量管理赋能，打造出有竞争性优势的产品，为广大消费者提供优质产品的同时，助力乡村振兴项目的落地，建立农户脱贫的长效机制。

（一）项目背景

2013 年开始，明康汇已陆续在陕西、云南等地投资高生态标准的种植、养殖基地，引入全产业链模式，助力当地特色农业发展。2018 年杭州市滨江区与恩施州建始县建立为期 3 年的东西部扶贫协作。在两地政府牵线下，海亮集团旗下农业品牌明康汇来到建始。

但建始当地农产品有特色的产能不足，有产能的规格又难统一，建造农业基地成本也较高。当地的生态环境优势被明康汇挖掘，年均气候舒适月份达 10 个月，年均负氧离子浓度达 2506 个/立方厘米，全年空气优良率 96.2%，森林覆盖率 65.96%，适合旅游的同时，也适合蛋鸡产业的发展。明康汇便建立以蛋鸡养殖为核心的“金凤一体化全产业链”，借助 400 多家门店布局的消费市场助销产品。

（二）发展历程

2018 年，建始 92 个贫困村联合组建了湖北建始滨建农业发展有限公司（以下简称“滨建公司”），将东西部协作资金化零为整，为引进项目投建基础设施等。

滨建公司位于北省恩施土家族苗族自治州，2019 年，建成投产的项目一期建有 3 幢鸡舍及配套设施，总面积 8000 多平方米，养殖规模突破 100 万羽。

2021 年 7 月，明康汇在建始启动“基地＋农户”模式，带动周边一批农户再批量养殖 100 万羽蛋鸡，从源头夯实建始蛋鸡产业，帮助将技术和人才留在当地。

2022 年，国家发展改革委印发《革命老区重点城市对口合作工作方案》，其中明确建立 20 对城市之间对口合作关系，推动革命老区重点城市发展，其中浙江杭州与湖北恩施州建立对口合作关系。明康汇沿着杭州东西部协作的脚印继续深化农业帮扶合作。

（三）产品优势

明康汇借助渠道影响力，基于以上产品生产过程中“4 优 1 严 1 细”优势，打造出明康汇的自有品牌产品“明康汇无抗含硒土鸡蛋”，深受消费者认可。

1. 鸡种优：使用北京市华都峪口禽业有限责任公司（简称“峪口禽业”）、大午种禽公司、美国海兰国际公司等蛋鸡制种公司鸡种，主要包括以下品种：京粉 8 号、京粉 6 号、“大午金凤”、海兰灰和罗曼灰等。

2. 饲料优：精选产地原粮，严格控制原粮质量，做到每批一检（三项毒素、容重、水分等）；并进行定时定量饲喂，进行数据统计，分析品种性能、养殖情况等。

3. 水质优：采用德国巴斯夫净水超滤系统，超滤膜可过滤分子级微生物、杂质。同时水质天然含硒，鸡蛋硒含量＞15 毫克/千克。

4. 防疫优：与中兽药企业等知名药企合作，使用中兽药进行保健治疗，提高机体的免疫力，刺激机体的免疫系统，提高机体的非特异性免疫力；提高疫苗免疫的抗体水平，拒绝使用抗生素，降低对抗生素的依赖性。从 1 日龄起到批次结束，具有完善的疫苗防疫程序，且产品获得无抗认证。

5. 挑选严：使用荷兰 MobaOmniaXF330 鸡蛋分级机及美国伟迪捷喷码机对鸡蛋进行严格的分级加工，包括清洗、挑选、消毒、风干涂油、喷码等环节，严格把控，挑出破损蛋、裂纹蛋、脏蛋、畸形蛋、沙壳蛋，确保每一颗蛋的质量。

6. 监控细：实时环境监测控制（温度、湿度、二氧化碳浓度、氨气浓度）；让鸡舍保持恒温状态，给鸡群最舒适的生活环境；同时配置机器人定时巡检，发现异常情况及时发送信息，进行实时纠偏。

（四）振兴成果

明康汇落户建立基地后，充分发挥优势企业的带动作用，通过整合属地特色农产品资源、发展蛋鸡养殖业务，以点带面，带动和延伸出多家上下游产业发展，形成特色优势产业集群式崛起，探索“一地一品”链式发展新模式。截至 2023 年建始蛋鸡养殖基地占地面积 150 亩，突破 100 万羽养殖规模，年产鸡蛋 3 亿枚，总投资超 1.3 亿元，年产值 2.3 亿元，每天超过 12 万枚富硒鸡蛋被运抵杭州，基地成为东西部扶贫协作的亮丽名片。

同年，农业农村部办公厅公布畜禽养殖标准化示范场名单（见图 5－11），明康汇建始蛋鸡养殖基地经过层层审核最终被评选为部级畜禽养殖标准化示范场。

农业农村部办公厅文件

农办牧〔2022〕32 号

农业农村部办公厅关于公布 2022 年
畜禽养殖标准化示范场名单的通知

107	湖北	生猪	湖北金林原种畜牧有限公司（株山猪场）
108		生猪	湖北金澔农牧有限公司
109		肉牛	随州市都市放牛娃牛业有限公司
110		蛋鸡	明康汇（建始）生态农业有限公司
111		生猪	湖北新今农农牧有限公司（咸宁市高桥镇养殖场）
112		肉鸽	湖北贝迪鸽业有限公司
113		蛋鸡	湖北全盛生态农业发展有限公司
114		肉羊	湖北都宏生态农业发展有限公司（麻城市顺河镇垸店村黑山羊养殖场）
115		生猪	安陆绿色巨农农牧食品有限公司（木梓乡群力养殖场）

湖北省农业农村厅

湖北省农业农村厅关于
第 19 届亚运会和第 4 届亚残运会食用农产品
供应单位农产品质量安全核查情况的复函

浙江省农业农村厅：

按照你厅商请核查函的要求，我厅委托恩施州农业农村局会同恩施州畜牧兽医服务中心组成核查组，对我省供亚运会（亚残运会）企业 明康汇（建始）生态农业有限公司”进行了现场核查，并抽检鸡蛋样品 2 批次，检测结果为合格。核查组通过查阅资料、查看现场、走访座谈等方式，对照《第 19 届亚运会和第 4 届亚残运会食用农产品供应单位核查结果表》逐项认真核查，认为明康汇（建始）生态农业有限公司符合第 19 届亚运会和第 4 届亚残运会食用农产品供应条件。

专此函。

图 5－11 建始基地被评为“标准化养殖场”

明康汇创建建始蛋鸡养殖基地以响应国家东西部扶贫协作号召，通过创新“集体经营公司＋市场化运营”的“链式”帮扶模式，惠及当地92个贫困村、8489余户贫困户，明康汇持续打造全产业链帮扶模式服务乡村振兴大局；结合“乡村振兴是明康汇永久的头等大事”发展战略和“构建智慧生态，成为有影响力的生鲜产业运营商”发展愿景，实现了发展生态农业产业带动地方生态农业发展的目标。

第五节　连锁餐饮品牌案例分享——云海肴

"云海肴"品牌寓意"自彩云之南，汇聚四海佳肴"，主要经营云南特色菜肴。云南因独特的地理风貌、多样的气候分布、多元的民族风俗习惯，产生了许多与众不同的饮食。而云海肴以这些云南特色风味和工艺为依托，推出了汽锅鸡、过桥米线、蒸汽石锅鱼、鲜花饼、菠萝饭、黑糖豆花、包烧牛肝菌等系列云南特色美食。

在经营和财务指标不断突破和发展的同时，云南食材的供应商链尤其是食材的食品安全和质量水平逐渐成为制约企业快速发展的重要因素之一。为解决痛点，提升云南特色食材供应商食品安全和质量管理水平，2019 年云海肴签约上海悦孜企业信息咨询有限公司（IQC），对云海肴鲜花饼的供生产商实施了"食品安全和质量提升项目"，并达到预期目标，取得了"双赢"。

以下将"食品安全和质量提升项目"的主要做法和得失进行分析。因篇幅有限，本文重点展现云海肴在整个过程中的思考和做法，以期帮助大家，尤其是连锁餐饮企业在供应商管理"育"的环节如何选择方案上带来一定感悟和启发。

一、方案的策划

如何提升供应商的食品安全和质量管理水平，不同企业甚至是同一企业的不同发展阶段均可能采取不同的策略和方法。有更换供应商的简单粗暴型，有紧盯 KPI 的压迫型，当然也有亲力亲为的"保姆型"和"胡萝卜加大棒"的组合型。虽然策略不同，但企业都有提升效率、把资源重点放在重要的原料和供应商上的需求。

从积累"知道-如何"（know - how）、避免完全凭借主观经验或领导重视程度的感性方式选择产品和供应商角度，根据之前在新产品和新供应商开发时使用的风险和脆弱性评估的成功经验，云海肴根据企业现状，总结了一套以数据和事实为依据的、体现客观和系统性的方法和配套的工具，这个工具兼顾了新供应商开发和老供应商的管理。

（一）方案的策划：重点突出、问题导向

1. 筛选品牌相关度风险高的食材

云海肴作为云南特色餐饮，云南特色菜肴及其所需要的云南特色食材在 2022 年度采购额达 1 亿元以上。因此，云南食材成为云海肴的"核心食材"。但全年经常性采购的云南食材 SKU 有近 100 个，如何在不明显增加人力的情况下，把企业有限的资源放在最重要、最急需的原料和供应商上？方法之一就是站在风险维度，采用品牌相关度评估方式：即一旦出现食品、质量和供应问题，对品牌造成损失（包括直接经济损失和间接品牌信任度）的严重程度（见表 5 - 11）。

表 5-11　品牌相关度风险评估表

<table>
<tr><th colspan="7">品牌相关度风险评估</th></tr>
<tr><td>编号</td><td>评估项目</td><td>满分/分</td><td>得分</td><td>说明</td><td>风险等级</td><td>风险等级标准</td></tr>
<tr><td>1</td><td>对应菜品品牌定位（市场部或 CEO）</td><td>50</td><td></td><td></td><td rowspan="4"></td><td rowspan="4">高风险：≥70 分
中风险：61～69 分
低风险：≤60 分</td></tr>
<tr><td>2</td><td>该原料供应的城市数量及餐厅比例</td><td>30</td><td></td><td></td></tr>
<tr><td>3</td><td>对应菜品点击率及年采购量</td><td>10</td><td></td><td></td></tr>
<tr><td>4</td><td>对应菜品使用该原料占比</td><td>10</td><td></td><td></td></tr>
<tr><td colspan="2">合计</td><td>100</td><td></td><td></td><td colspan="2"></td></tr>
</table>

备注：每个企业可以根据自己的情况，选取合适的评估项目、分值和风险等级标准。

2. 筛选食品安全和质量风险高食材

食品安全和质量在品牌相关度高风险的食材中，通过整理、分析原料验收、餐厅使用中和顾客投诉占比高的食材，以评估发生食品安全和质量问题的风险（见表 5-12）。

表 5-12　产品风险评估表

<table>
<tr><th colspan="7">产品风险评估</th></tr>
<tr><td>编号</td><td>评估项目</td><td>满分/分</td><td>得分</td><td>说明</td><td>风险等级</td><td>风险评估标准</td></tr>
<tr><td>1</td><td>HACCP 评估（物理、化学、微生物）</td><td>6</td><td></td><td></td><td rowspan="4"></td><td rowspan="4">高风险：11～18 分
中风险：4～10 分
低风险：0～3 分</td></tr>
<tr><td>2</td><td>替换或欺诈风险</td><td>4</td><td></td><td></td></tr>
<tr><td>3</td><td>原物料特性风险（含过敏原和新资源食品）</td><td>4</td><td></td><td></td></tr>
<tr><td>4</td><td>原料质量和安全指标满足程度</td><td>4</td><td></td><td></td></tr>
<tr><td colspan="2">小计</td><td>18</td><td></td><td></td><td colspan="2"></td></tr>
</table>

3. 筛选低绩效供应商

采用综合绩效评估的方法，在品牌相关度高、食品安全和质量也为高风险的食材中，选择供应商食品安全和质量综合管理能力差的供应商，综合绩效计算公式如下：

供应商年度综合绩效分数＝年度审核分数（60%）＋月绩效考核平均分数（40%）－政府/第三方抽检不合格扣分数值

有飞行检查时，其结果也应融入供应商绩效考核中。另外，对不同类型的原料，因为原料特点和行业现状，采用统一评价标准时，对于优秀、良好、及格等等级的分数数值区间应有适当的差异化。

4. 筛选有改进意愿并有长期合作价值的供应商

食品安全控制中心通过上述 3 步甄选出拟质量提升并有改进意愿的供应商名单并制订初步方案，通过食品安全委员会或采购委员的集体讨论，结合是否有长期合作价值，最终确定具体供应商名单。

（二）方案制订

1. 选择辅导型提升方法

对于提升供应商食品安全和质量管理水平的方式，公司之前主要是以淘汰低水平供应商和云海肴发现问题供应商解决问题的压迫型督导式为主，但随着时间的推移，这两种方式逐渐进入瓶颈期，故决定尝试管理上移的主动辅导型提升方法，主要考量点是：

云南地区缺乏优秀的食品安全和质量管理的人才。云南因为经济发展和地理位置等因素，除供应商高层的质量观念落后于发达地区这个原因外，优秀、专业的食品安全和质量管理的人才不足也制约了云南供应商的整体食品安全和质量管理水平。

云海肴是云南省最大的全国性滇菜连锁餐饮企业，同时，董事长作为云南省工商业联合会（总商会）副会长、政协云南省第十二届委员会委员，云海肴有责任为云南省在培养高质食材供应商和优秀的食品安全和质量管理的人才上作出应有的贡献。

2. 选择专业的第三方

云海肴主管供应商食品安全和质量的部门——食品安全控制中心成立较短，在对供应商的食品安全和质量辅导上人才储备不足，尤其缺乏国际高标准食品安全和质量标准、体系的审核和建立经验。而第三方专业机构上海悦孜企业信息咨询有限公司能完美弥补云海肴的不足，并且在辅导供应商的过程中，云海肴食品安全控制中心人员尤其是直接参与的人员，得到了充分的学习和锻炼。

3. 设立明确的目标

（1）针对食品工厂标准、烘焙产品的特点以及云海肴自身的期望，通过差距分析，识别质量管理体系现有和潜在机会点。

（2）由第三方协助工厂落实云海肴现场审核中发现的不符合项的整改。

（3）通过对整改措施的实施和验证，建立点线面体的整改系统，完善和提升食品安全和质量管理体系（ISO22000 食品安全管理体系）。

（4）通过项目的实施，提升食品安全和质量管理团队的能力，初步提升一线员工的质量意识和产品的质量水平。

（5）通过项目的实施，带训出企业自己的食品安全和质量管理人才，实现供应商的可持续发展。

4. 费用共担

本次供应商食安和质量能力提升方案，是云海肴第一次采用第三方现场辅导方式，为了尽可能到达好的效果和积累经验，方案只选择 1 家鲜花饼生产商。

如何让供应商能珍惜机会，认真学习、积极配合第三方和云海肴以达到预期目标，在第三方公司的配合下，综合考量后确定：

若达成目标，咨询费用由云海肴和供应商各承担 50%；

若未达成目标，供应商 100%承担咨询费用。

为让供应商充分体会到云海肴的诚意和决心，云海肴先支付 50%，如果验收时目标未达成，供应商再退还相应费用。

二、项目的实施

项目实施主要从现场管理、食品安全体系与人员能力建设、食品安全文化三个维度实施，项目分成6个阶段，全面提升现场管理、食品安全管理体系、人员能力并保证项目的可持续性（项目详细内容见表5-13）。

（一）项目实施原则

为保证效果，采取如下原则：

1. 第三方：委派有丰富食品安全和质量管理实战经验的资深老师，并做到专人专项。

2. 云海肴：食品安全部门负责人在关键节点参与，主管经理与第三方老师共同全程参与。

3. 供应商：董事长和总经理做出承诺并深度参与；生产、设备、品管、人事等所有涉及部门全程深入参与。

4. 考虑供应商人员和能力较薄弱，采用为期1年的供应商工厂现场培训+辅导老师陪跑方式。

5. 为便于供应商落地和消化吸收，除第一阶段外，每个阶段根据难易程度间隔2个月，且下一阶段评估总结上几个阶段供应商的落地效果并查漏补缺。

6. 项目6个阶段完成后2个月，除辅导老师进行总结外，云海肴全面评估供应商综合绩效，对比两次分数以全面评估“培育”效果和整体方案的得失。

（二）项目实施内容

项目实施内容包括现场管理、体系管理+团队能力、食品安全文化三个部分，如图5-12所示。

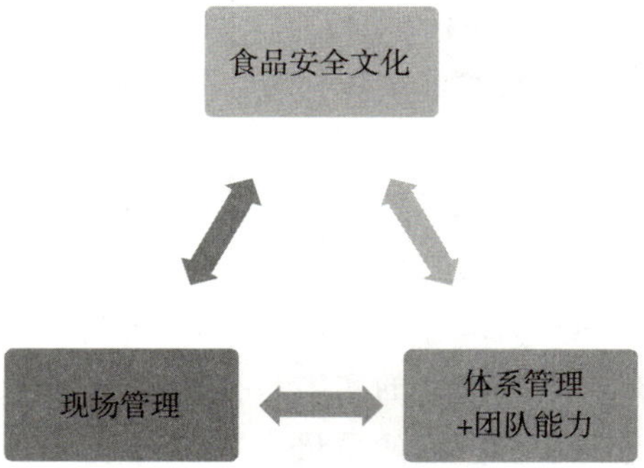

图5-12　供应商能力提升项目主要实施内容

（三）项目实施过程

根据项目策划，项目分为6个阶段的实施，从初步诊断、现场改善、系统提升逐步改善，项目阶段实施内容、预期输出和资源投入见表5-13所列。

表5-13　陪跑项目实施内容和资源投入

阶段	内容	预期输出	第三方人力投入
1	项目启动 基本信息调查 现状评估 详细方案制订	项目调查报告 详细方案	3人/天

（续表）

阶段	内容	预期输出	第三方人力投入
2	合规管理 GMP 解决方案 异物管理 现场管理	合规风险预警 现场不符合项清单 危害分析培训 异物管理培训 虫害解决方案	4 人/天
3	HACCP 投诉管理 虫害管理 人员能力建设	现场不符合跟进 异物解决方案 虫害管理跟进 月饼潜在合规风险	3 人/天
4	供应商管理 设备管理 清洗消毒专题废弃物管理	清洗消毒管理程序设备维保计划 供应商管理程序	4 人/天
5	可追溯管理质量工具 质量成本管理初步精益生产	可追溯系统建立 质量管理工具培训质量成本统计	3 人/天
6	内部审核 管理评审 持续改善 食品安全文化专题	内部审核 管理评审 食品安全文化活动策划	3 人/天

三、项目实施效果及总结

本次供应商食品安全和质量管理能力提升项目，在第三方老师的努力和云海肴及供应商高层的支持下，虽然有改进的空间，也存在不足，但达到了预期目标，实现了“双赢”。

（一）取得的成果

项目的实施不仅解决了云海肴在供应商审核中发现的问题，而且供应商在食品安全管理意识、产品投诉、现场管理、体系建设和食品安全文化等方面得到了全面的提升，解决了之前 ISO22000 食品安全管理体系和现场执行脱节的现象，在 ISO22000 监督审核中获得了审核组的一致好评，当年云海肴供应商综合评价成绩也达到优秀水平。

项目实施 2 个月后，不仅供应云海肴的鲜花饼的质量得到明显提升，投诉率下降 47%，取得了连续半年零质量投诉的佳绩，而且供应商的通路产品的质量也同步得到改善（见图 5－13）。

供应商包括董事长、总经理和厂长在内的所有管理层的食品安全和质量管理意识得到提升。在项目实施期间及其后，供应商在食品安全和质量管理上的投入明显增加，食品安全和质量管理团队人员的配备和能力同时都有了全面的提升。

通过问卷调查，管理层以及参加项目的主要人员总体满意度达 100%，非常满意占

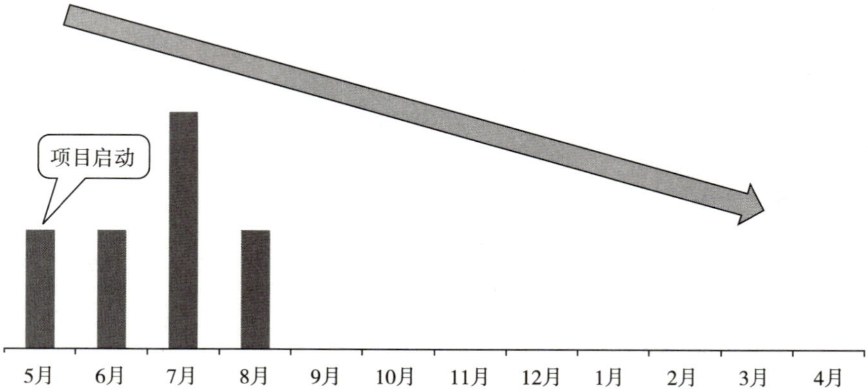

图 5-13 毛发类异物事件下降趋势图

78%。其董事长说："在疫情期间，我们看到其他做鲜花饼的工厂在直播带货时被网友爆料异物投诉，而我们直播非常顺利，项目的异物管理提升，对我们帮助很大。"

（二）不足和思考

在项目实施过程中，作为现场管理核心的生产厂长发生了人员变动，叠加疫情影响，延长了总时间并影响了项目的连续性。故后续再进行类似项目，选择供应商时需要考虑核心人员的稳定性。

另外，本文花大量篇幅分享前期筹划，主要考虑项目成功除了一些纯技术性的要素外，笔者认为，融合采购策略，把供应份额、合同期限、付款期限或方式、费用承担方式等，以能让供应商高层看得到的"经济利益"作为筹码，从而充分调动供应商尤其是高层的积极主动性是不可或缺的关键点。

国内餐饮的特点决定了食材和供应商的类型多而杂，尤其中小餐饮企业为了菜品的独特性，供应链中存在较多难淘汰且质量管理水平低的"瓶颈"类原料及供应商。另外随着企业规模发展、新菜品开发和食材成本控制，很多企业瓶颈类原料及供应商的数量和类型均在增长，常用的"压迫"或"指导"的"授人与鱼"的方式在消除瓶颈供应商的效果和效率上逐渐跟不上企业发展的需求。面对困境，企业拿出部分增加人员编制的费用，利用专业第三方对瓶颈供应商做一个中长期带训或陪跑的"授人与渔"式的质量提升也不失为一种选择。

第六节　连锁餐饮品牌案例分享——乐凯撒

一、公司及食安管理部门简介

深圳市乐凯撒比萨餐饮管理有限公司是红杉资本在中国投资的第一家餐饮企业。首创榴梿乐，开创了榴梿比萨这一细分品类，现已风靡全国。乐凯撒食品安全与质量管理部作为公司的一级部门，向总裁直线汇报，下设供应链质量管理部和门店端食品安全部两个二级部门，负责公司从供应链质量管理到门店食品安全两大模块的工作。其中质量管理部又分为质量控制、质量保障和文控中心三个业务小组（见图 5-14）。

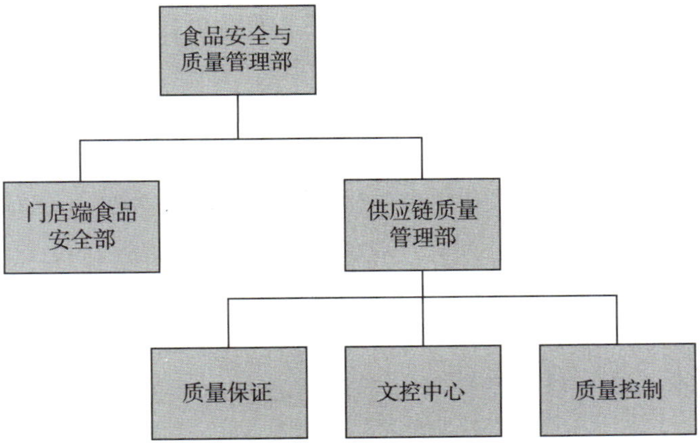

图 5-14　食品安全与质量管理部架构

二、供应商的主要类型和特点

（一）供应商的主要类型

乐凯撒按照供应物料类别把供应商分为核心物料供应商、重要物料供应商以及一般物料供应商。

（1）核心物料供应商：如榴梿及相关制品、面团、烤鸡等；

（2）重要物料供应商：如定制风味物料，包材，进口冷链、果蔬类等；

（3）一般物料供应商：也称通路物料，如鸡肉、酱料等。

（二）初具规模（100+门店）连锁餐饮品牌供应商管理特点

连锁餐饮品牌从单店、10+家店、30+家店、100+家店、1000+家店，至行业内“航空母舰”级别的大连锁，每个发展阶段的供应商管理都会面临不同的挑战和难题。

把初具规模界定为100＋门店规模数，是因为这个体量的品牌已经基本解决了从单店到几十家，直至100＋家店的快速复制阶段，基本解决了营运系统、训练系统这些前线系统标准化进程，也就是常说的“跑通模型”。再下一步如何继续壮大，向500～1000家门店迈进，最终覆盖全国，实现规模化效应，各大后台管理系统的标准化及数据中台的搭建就成为企业迫在眉睫要解决的问题，是一项为未来奠定基础的重要工作。

1. 由初创到规模化的转型

企业发展从初创到野蛮生长，再到规模化道路，不可避免会经历从部门职能设置边界不清、人员配置不齐，到逐步实现管理流程标准化、人员配置齐全且专业化的进化路径。在这个阶段的企业面临的现状是：每一段业务虽然都有流程，但是缺少了各个相关方的确认，没有经过推敲、验证，最终形成标准化的流程；业务与业务之间、流程与流程之间也没有实现打通，各个部门执行各自一套的标准，中间会有重叠甚至冲突，执行的时候也是各种不落地、脱节，甚至相互冲突。

2. 质量部内忧外患，质量工作难以推动，找不到价值贡献

在企业实现规模化的道路上会持续面临采购成本、质量要求这一两难的问题，也就是常说的供应商管理“话语权”的问题，这里的话语权不仅包括了质量部对外部供应商的话语权，也包括了组织内的话语权。

质量部对内是一个跨部门协作要求很高的部门，日常工作与采购寻源、交付、物流等各个环节紧密相关，但是在很多企业中各个部门工作只是简单串联，前端工作全部完成后才到质量部审批，一旦评估发现有合规或者质量问题，这时叫停必然招来各种反对和不满，导致质量部变成“吃力不讨好”的部门；部门内部也会产生各种负面情绪，想要推动质量管理系统建设更是难上加难。对外，很多企业的质量部加强对供应商的审核，尽管用一套标准表单严格检查，但供应商却没有能力整改，企业发展规模导致采购量太小，没有议价空间就切换不了更好的供应商，查到后面就进入了死循环。

三、供应商管理的主要内容

基于以上两个痛点问题，乐凯撒的质量管理工作一直在探索一条适合企业自身发展阶段，同时匹配品牌战略和采购策略的供应商管理逻辑。

所谓匹配企业发展阶段，就是有多少能力办多少事。对初创企业而言，从标准化程度和采购规模角度来说都无法实现供应商管理体系化。当公司发展到一定规模，在管理上也会比初创及野蛮生长期提出更高、更细的要求，营运系统、训练系统、人事系统、财务系统、开发选址、营建系统等各项系统都面临标准化、系统化、数字化转型的压力，每项工作都是庞大的工程，需要耗费组织巨大的人力、物力。

常规的索证索票、供应商审核等，大部分品牌都在做，不再赘述，此处重点分享跟品牌发展阶段相匹配的几个管理方案。为了充分利用可获得的资源，顺势而为地搭建供应链质量管理系统，进一步优化迭代乐凯撒特色的供应商管理系统，质量部牵头提出了物料分级管理的策略，并将质量部管理优化的重心前置，主要放在了产品上市

的前端环节，而在精力分配上我们采取了物料分级管理的策略。

（一）物料分级管理

物料按重要程度分为一般物料、重要物料和核心物料三级（见图 5－15），公司会对三个级别进行差异化管理。

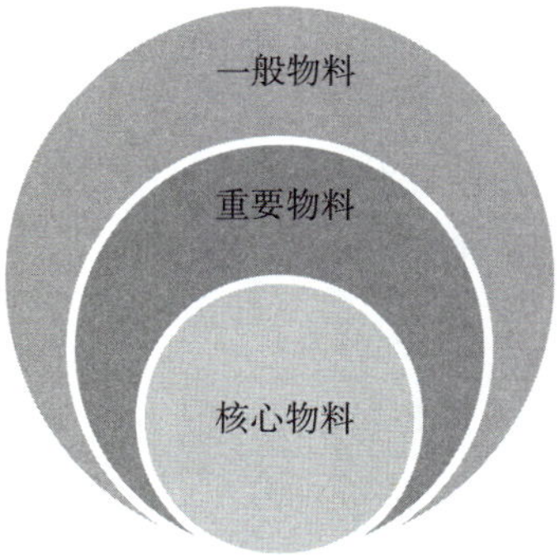

图 5－15　物料分级

1. 物料分级原则

物料分级评价的维度包括：物料与公司产品战略匹配度、物料对产品风味的影响程度、物料管控难易程度（工艺复杂、配料多、原料波动、监管要求等）和采购量等多个维度，详见表 5－14 所列。

表 5－14　物料分级评审表

评价维度	示例说明	评价规则
物料与公司产品战略匹配度	作为主打经营比萨的餐饮品牌，饼底是比萨的灵魂，面团质量控制必然与品牌战略高度相关	高：爆款产品直接相关物料 中：主打产品直接相关物料 低：其他
物料对产品风味的影响程度	如烤鸡这个产品，鸡的肉质和风味对产品至关重要，而其余配料对整个产品风味只有配衬作用	高：核心主料 中：辅料、酱料 低：装饰作用等
物料管控难易程度	综合参考工艺复杂程度、原料随产地季节波动程度、监管要求等，如进口水果、定制蔬菜类	高：监管要求高，受季节产品影响，产品质量波动性大，工艺复杂且过程控制难度大 中：以此类推 低：以此类推
采购量	采购量指标直接关联顾客复购率，即顾客满意度	内部评价参数

在翔实记录各方评审意见后，质量部整理了经过所有相关方签字确认的《物料分级评审表》，每半年评审一次，同时评审人员在评审商定《物料分级评审表》后，根据具体情况还会讨论输出《分级物料管理要求对照表》（见表 5－15），详细指导物料分级管理在物料生命周期各个环节的具体管理要求。将最终输出要求邮件抄送至相关部门负责人，统一各部门后续执行动作。

表 5－15　分级物料（部分）管理要求对照表（示例）

类别	示例
核心物料	面团
核心物料	榴梿及相关制品
核心物料	烤鸡

（续表）

类别	示例
重要物料	果蔬
重要物料	包材订制物料（含餐具/杯类）
重要物料	订制风味物料
重要物料	进口冷链食材
通路物料	除核心物料和重要物料外的其他物料

举个简单的例子：对于门店日常使用的调味料类的预包装产品，我们会选择行业内的头部品牌，这类供应商的通货产品无论是供应商资质、产品标签合规性、检测报告的齐全程度都有非常严格的内控要求，我们只需要按照一般物料分级，在物料准入环节和仓库验收、出库、门店验收等环节按照要求进行流程式管理和存档即可。

2. 一般物料供应商管理

一般物料的供应商遵照国家法规的尽职免责的基本要求，侧重于供应商资质审核、批次原料索证索票管理；其余按照流程式管控即可。乐凯撒一直坚持把“选用好的食材”作为产品策略的第一原则，在上油炸产品线时，无论是鸡翅、裹粉还是炸油，甚至是滤油粉都选用的业内前三的供应商品牌。以炸油为例，乐凯撒选用的是国际知名品牌的低芥酸菜籽油，虽然从酸价和过氧化值管控来说，因为多不饱和键的原因，多不饱和脂肪酸在食安管控上要求更高、更难控制，但是从顾客角度出发，这种油更健康，所以乐凯撒从产品上市至今始终坚持使用这款炸油。而这类规模供应商，无论是在合规还是质量管理上都处于行业的领先水平，这样企业就不需要花太多精力去做更深入的管理了。

3. 重要物料供应商管理

重要物料供应商会在一般物料管理的基础上增加个性化管控要求，向供应商的原料、生产、工艺和细项符合性检验等更多环节延伸。具体执行上质量部会牵头在每年6月份和12月份组织相关方开展物料分级评审工作，评审人员包括研发、采购寻源、采购交付、物流、质量、品牌营销等部门的相关负责人。例如，大多数定制化产品都会作为重要物料来管控，定制化产品管控的关键是做好研发到量产的参数固化。这些参数不仅包括成品的质量参数，还包括了生产过程的工艺参数，甚至是工厂使用的设备型号及编码参数。所有细节固化才能保证批量生产出的产品风味与研发环节保持一致并且持续稳定。

4. 核心物料供应商管理

核心物料供应商在满足一般物料和重点物料管控措施之外，会追踪到每个批次的全程管控记录。例如，乐凯撒的核心爆款——榴梿比萨，其所使用的榴梿为核心物料。作为榴梿比萨首创品牌，乐凯撒向消费者提供多种品类榴梿比萨的选择，关于榴梿果肉品种、等级、纯度的食品欺诈也是行业的痛点，做好进口榴梿果肉的食品欺诈预防直接关系到品牌声誉。对于榴梿的管控，首先从采购策略上坚决不用果泥，我们只选择指定产地、指定果园、指定产季的整颗冷冻榴梿进口，每批次入关后和国内加工厂一起开箱、验收，全程监控开果和果肉分装，确保兑现我们对顾客承诺的“纯真果肉”。

5. 小结

物料分级管理可以确保我们把主要精力花在核心和重要物料的供应商的深入管控上。二八原则适用于管理的各个领域，在守住食品安全底线的前提下，质量要求上的精益求精，溯源管理的深度和颗粒度都需要匹配每个连锁餐饮品牌的发展阶段和品牌战略。

（二）质量管理重心前置，提高新品上市速度，支持品牌发展

基于管理实践和不断的复盘，我们将质量管理延伸到产品上市的前端环节（见图 5－16），而不是等在上市流程审批的最后流程才开展工作，这样可以大大提高新品上市速度，大力支持品牌发展。

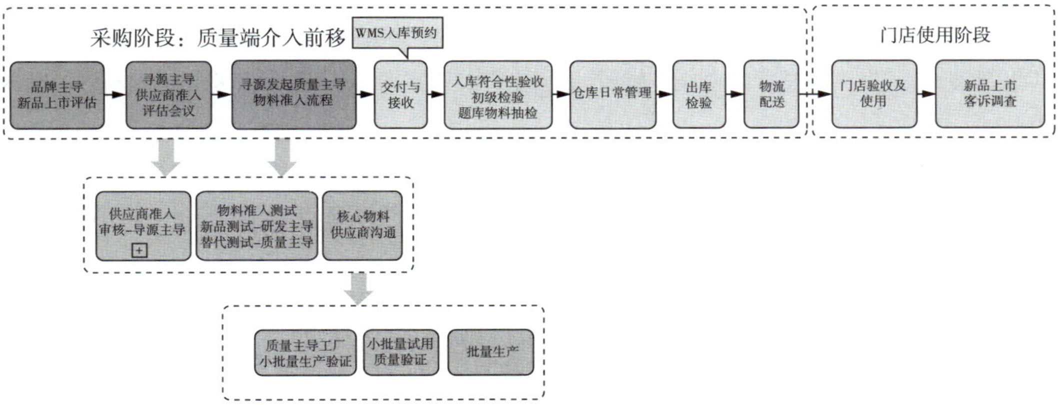

图 5－16　质量管理延伸和细化示意图

物料分级管理道理很简单，但是实际操作是需要很多系统支持和跨部门支持的，在很多公司实际工作中会发生类似的情景：公司引入一个原料，采购部、研发部都没问题了，流程走到质量部，质量部发现供应商资质不齐全，再退回给寻源去索取，或者是寻源索取回来的检测报告缺少检测项目，这样的操作严重影响了跨部门沟通效率；还有研发确认的定制产品风味，小样没问题，但在批量生产小市场测试的时候发现味道有差异。实施供应商管理绝对不是机械死板地向供应商索证索票，也不是拿着一个通用的供应商审核表定期飞行审核打分，而是向前延伸到公司整个产品策划的最前端环节，向下深入到工厂一线各个研发阶段的生产环节，包括产品上市评估期、上市准备期和产品上市后期。

1. 产品上市评估期

乐凯撒的每个新品上市都会由品牌牵头发起新品上市评估会议，质量管理部和食品安全部两个二级部门都会在这个环节就会参与到会议讨论中，确保在项目启动之初就能够充分了解每个产品的上市意义和预期用途，提出风险评估意见并做好所有相关部门的风险信息交流。

例如，三新产品原料清单确认，市场部品牌宣称所需要提供的证据链收集等。一旦经食品安全与质量部确认有合规风险，这个产品就会在这个环节被一票否决。正因为公司内部有这样的食品安全文化，后续各个环节涉及的采购部、品牌部、比萨学院、甚至“乐家云”（乐凯撒全资子公司——致力于提供餐饮连锁 SaaS 平台及互联网智能餐饮解决方案及餐饮大数据解决方案）的数字化团队伙伴都在对应后续工作中就相关点与食品安全与质量部的伙伴反复确认，达成共识。

2. 产品上市准备期

质量部与采购寻源伙伴并联开启后续供应商管理动作，首先是供应商准入评估流程，质量部会参与到重要及核心物料供应商的现场审核工作，重点关注供应商对我们计划采购的特定物料的生产能力、硬件设置、管理水平等。我们也会在这个阶段就对产品的检测项提出明确的要求，不仅仅是对应国标、企标内的检测项，质量部还会基于舆情监控对供应商提出反向清单的检测要求，以便给供应商预留充分的检测时间。其次，我们虽然判断该工厂可准入，但在生产设备、工艺等方面还需要调整优化，质量部伙伴会和研发、寻源、交付伙伴一起与对方工厂的研发、品控、生产负责人在工厂里反复地实验、调试、测试，直至批量生产出来的产品在风味、稳定性等各个方面与我司研发之初设计的版本完全相同。最后，我们会并在《物料规格书》和《核心物料批次生产信息跟踪表》内将产品参数、设备参数、工艺参数等全部信息量化固化下来。这些都是日后仓库符合性验收标准、供应商飞行审核关键控制项，以及客诉处理追责的标准出处及参考依据。

3. 产品上市后期

仓库会按照质量部输出的标准对每批次原料进行验收抽检、出库检查，物流配送环节也实现全程数据线上存档。质量部会从后台数据和仓库现场两个渠道对入库物料验收、出库物料抽检的执行情况进行追踪。原料进店验收及整个使用过程中发现的任何异常都会经由异常物料反馈流程反馈到质量部，质量部会第一时间下店检查、测试，确认是否为质量问题，如果确认是质量问题还需要进一步调查识别是零星质量问题还是批次质量问题，以便进行后一步跟进处理。

4. 小结

总体而言，在整个产品上市原料引入、使用全流程中，除了常规管控外，我们将更多精力投入产品上市前的准备工作中。质量工作前移到产品上市评估环节、供应商/物料准入环节，将供应商的审核工作也同步前移，加强对供应商准入的资质审核以及批量生产的工艺磨合现场工作环节，做到供应商准入的“严进”和物料准入的“详细约定”。这些是确保后续每个流程控制方案制订和执行追踪的重要依据。

四、供应商管理的亮点：供应商数智化管理

供应链管理的各个环节涉及多个管理系统，包括 WMS 系统（Warehouse Management System，仓储管理系统）、EHR 系统（Electronic Human Resource，信息化人力资源管理系统）、SOS 系统（乐家云餐饮管理系统）等。数字化不仅仅是信息数字化，更重要的是实现管理的数智化，打通管理系统，实现管理流程的上行下推。而梳理供应商管理的第一步首先是梳理业务流，企业能跑到 100 多家一定是有固定流程的，但是在实现标

准化前，流程更多依赖于老员工的经验和责任心。就物料准入流程来说，这是质量控制的关键环节，在原先的审批流程里，有一个标准版本的物料规格书，流程里还有很多附件要添加，有些附件是非强制要求的，有些不适用，填写的时候全靠人为判断。这么多类别的供应商需要做哪些沟通、索要哪些资料全靠寻源伙伴的经验，一旦有人员调整，很可能这部分工作就会“一朝回到解放前”，需要重新培养、带教一个生手重头来过，而要培养一个具备质量常识的寻源伙伴是一件耗时耗力的事。

（一）优化物料准入流程，分品类预设路径要求抽屉化

我们在设计供应链数字化系统的时候特别对物料准入流程做出了改进，通过对物料分级分类，把不同物料的要求预先设置出不同路径，寻源伙伴根据预设的分类下拉框选择好品类后，流程会有区别地指引寻源伙伴下一步需要提供什么资料，每个要求后会有详细的描述和示例帮助理解。

例如，果蔬标签上如果有地理标识或等级描述，则需要提供产地或等级证明；纸质包材类不仅需要提供纸质接触材料的检测报告，还需要提供油墨的检测报告；又如当需要选择分类为替代物料时，强制要求提供由质量部出示的替代物料测试报告。有了需要强制完成的预设路径及描述说明，既提高了寻源伙伴的工作效率，也避免了负责审核的质量部伙伴审批时人为遗漏的情况。同时这个系统也一并实现了所有供应商资质的自动分类存档、更新提醒管理（见图 5－17）。

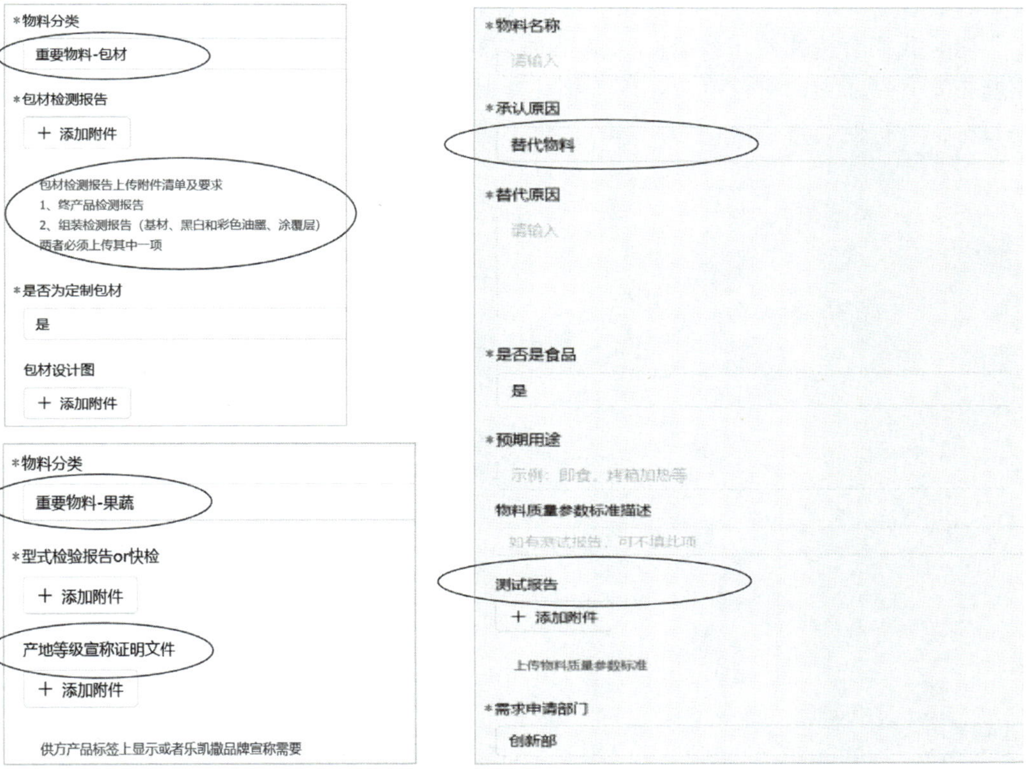

图 5－17　数据化物料准入系统

（二）跨系统的任务关联，用流程控制代替人为控制

在质量管理模块，我们延续了公司在管理上一贯优先“技控代替人控”的绩效改进理念，通过“乐家云”伙伴的自主研发实现跨系统的打通、关键任务的上行下推。在流程中我们实现了不同系统的任务关联，如对物料准入审批未通过的物料，在物料代码上会有区分，当物料入库时会比对物料代码从而无法入库，通过这个动作关联规避了未承认物料流入。类似功能还有很多，这些关键管理动作涉及多个管理系统，传统管理模式在系统转换的过程中全部依赖人为操作，实际管理中面临的问题更为复杂，全靠人脑记忆和手动处理都会带来错误操作的风险。打通系统后，可以有效地避免人员操作错误的风险。

五、总结

总之，基于乐凯撒的产品战略、采购战略和企业发展规模与阶段，我们采用了物料分级管理的策略，针对不同原料供应商采用不同的管理手段，实现人力、物力的最大投入产出比，在确保合规的前提下，尽可能提升供应商质量控制的深入程度和颗粒度。

在企业规模化发展道路上，供应链质量体系的搭建更侧重于跨部门端到端的流程打通及梳理，用数智化工具实现打通各个管理系统壁垒，用流程自动下推，实现系统控制代替人为控制，最终实现管理数智化，同步实现过程管理记录的数字化。

未来我们会持续使用数智化工具辅助物料分级管理策略，基于物料分级的原则，不断拓宽管理品类的覆盖范围，逐个细化单品类供应商管理的颗粒度，为公司实现战略目标保驾护航。

第七节　食品加工企业案例分享——天味食品

四川天味食品集团股份有限公司（以下简称“天味”）专注于复合调味料的研发、生产和销售，现已发展成以火锅调料和中式菜品调料为主的大型复合调味料生产企业。

一、供应商的主要类型和特点

（一）复合调味料特点

调味品按产品成分可分为基础调味品和复合调味料。复合调味料是指用两种或两种以上的调味料为原料，添加或不添加辅料，经相应工艺加工制成的可呈液态、半固态或固态的产品。主要有四大类，分别是鸡精、火锅调味料、西式复合调味料和中式复合调味料。

复合调味料是为某种食品的调味而特别研制的，能最大限度地适应现代食品加工和大众饮食的需要，可以采用任意原料进行组合，根据客户的需求不断改进，最终满足市场对调味的需求。因此，复合调味料具有三大特点：一是为满足消费者日益多元的口味需求，复合调味料品类多元，个性化强，变化性大；二是复合调味料所使用的原料种类多，但单个原料的使用量不一定很大；三是相较于发展较为成熟的基础调味品，复合调味料行业仍处于发展初期阶段，加工工艺灵活多样，不少仍基于厨师工艺放大而来，标准化程度不足。

（二）供应商特点

目前，复合调味料行业的供应商主要有三种类型。一是原材料供应商，如制作火锅底料的菜籽油、牛油，辣椒、花椒等香辛料，食用盐、酱油等单一调味品，以及豆瓣酱、豆豉等传统发酵食品；二是包装材料供应商，如复合膜袋、玻璃瓶等；三是生产设备的供应商。

不同类型原料供应商都具有其自身的特点。

一是原材料供应商品种多，各类型企业发展不均衡，如花椒、辣椒等初级农产品供应商行业落后，成规模的企业较少，整个行业人才也较为缺乏，从业者意识也相对较弱，整体上风险较高。酱腌菜、豆瓣酱等传统发酵食品供应商标准化程度底，大部分企业依然沿用传统的生产工艺，机械化程度低、过多依赖人工操作、管理规范性不足，导致生产规模难以扩大，产品质量依靠工人的经验来控制，不但生产效率低下，而且产品质量也不稳定，大部分还处于检验控制的质量发展阶段。

二是包装材料供应商包装制品的制造环境和供应市场非常复杂，成规模的企业不多。

三是生产设备供应商定制化程度高，复合调味品行业所需各类生产设备设施需求量大，但设备标准化、自动化程度不高，大部分以个性化定制的非标设备为主，虽然国内从事非标机械设备制造的企业数量比较多，但规模一般较小，技术也较为薄弱。

二、供应商质量管理的主要内容

由食品原料到终端消费者过程中的各环节利益相关者组成食品供应链，该链条中包含环节众多，构成复杂，某一环节出问题将导致产品出现质量问题，进而造成社会性食品安全公共问题。因此供应商的质量安全管理对维护食品安全至关重要。

天味作为一家调味品企业，原料品种多、数量多，供应链条长，且有相当比例的工业化、标准化程度不高的原料，前端上百家供应商存在“质量安全能力参差不齐”以及大、中、小型企业并存的情况，给供应链管理带来了很大的难度。

基于供应链原料种类多、供应链链条长、发展不平衡、管理难度大的特点，如何才能有效管理供应链，天味经过长期实践，总结出通过“基于风险管理的原则和方法”进行高效管理。

(一) 供应商管理团队

天味设立了涵盖采购、研发、合规、食安、质量、品控等部门的跨职能团队协同，对供应商进行系统管理（见图 5－18）。

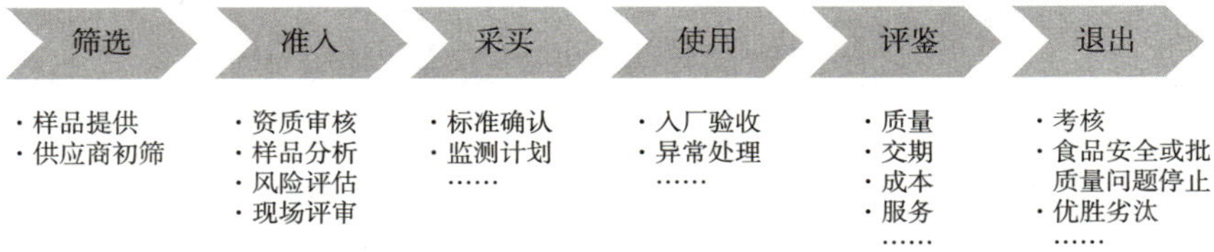

供应商管理职责						
采购	●	◎	◎	◎	●	●
研发	●	●	●	○	◎	○
合规	○	●	○	○	○	◎
食安	○	●	●	○	○	●
质量	○	●	○	◎	○	●
品控	○	○	○	●	●	●

注：●强相关 ◎弱相关 ○无关

图 5－18 供应商管理职责

另外，公司还成立了采购委员会，负责对供应商管理重大决策进行评审，提升决策的严谨性、科学性。

(二) 供应商管理策略

1. 标准化原料实施“品牌供应商”战略

针对公司使用量大、工业化程度高的标准化原料，公司推行“品牌供应商”战略，制定将供应商逐步过渡到国内具备较强自主食品安全风险控制能力的一线品牌供应商的总体思路，并分阶段实施。例如，菜籽油、大米、小麦粉选用国内知名企业中粮、益海嘉里作为供应商。通过“品牌供应商计划”的逐步推进实施，供应商“小散乱”的形势得到遏制，相关原料食品安全风险也得以降低。

2. 非标准初级农产品原料实施“产地化源头”战略

针对质量安全问题复杂、集约化程度低、标准化程度不高的初级农产品，公司实施“基地化管理模式”。针对香辛料、泡菜、豆瓣等关键原料，我们培育了“专属”产地源头供应商，这些供应商仅向天味供货，并在各方面管理要求上完全按照天味的要求进行。天味对供应商的原料采收、加工工艺及标准、生产过程控制、储运交付等全链条进行管理。这种模式可以降低产业链上下游企业的信息不对称风险，有利于从根本上防止食品安全问题的发生。

（三）供应商管理流程

1. 供应商的选择和批准

供应商选择主要包括四个方面：初步筛选、资质审查、风险评估和现场评审，只有上述四个环节均通过后才能作为合格供应商准入。

（1）初步筛选

采购根据研发提出的原料需求负责潜在供应商的开源及初步筛选，通过《供应商基本信息调查表》了解供应商的行业地位、企业性质、经营规模、客户构成、人员数量、生产能力等信息，筛选出合适的备选供应商。

（2）资格审查

原料资质审核阶段，通过建立《原料合法性评审》让原料是否能作为食品原料的确认工作变得简单、高效。通过“人工审核＋政府数据验真”的两轮校验确保引进的供应商资质合法、合规。同时建立了《供应商资质有效性》监控与追踪，将有效性作为采购下订单的前置条件，确保供应商资质持续合规、有效。

2. 物料样品风险评估

（1）物料样品分析

样品分析包括原料分析及原料应用分析，原料分析由原料技术部门负责，原料应用分析由产品开发部门负责，两者均通过后样品才能通过。

（2）物料风险分级管理

面对纷繁复杂的原料，天味根据《原料风险评估方法》对原料开展食品安全风险识别，主要从国内法规、食品特性、加工工艺、预期用途、既往抽检情况（包括国家食品安全监督抽检以及风险监测项目）、国外法规、食品安全风险预警、文献资料等方面对原料所涉及的风险进行逐一识别，识别风险后根据风险严重性、可能性的“风险矩阵”对风险进行分级，最终形成物料风险级别，见表 5－16 所列。

表 5－16 风险矩阵

可能性 / 严重性	高（发生可能性大）	中（有可能发生）	低（基本不可能发生）
严重	Ⅰ	Ⅰ	Ⅱ
中度	Ⅰ	Ⅱ	Ⅲ
轻微	Ⅱ	Ⅲ	Ⅲ

3. 现场评审

供应商准入评审时，按照供应商评审通则、食品安全专项、产品专项等三个模块对供应商开展评审。

供应商评审通则主要从法律法规、管理体系、人员管理、良好操作规范GMP、过程控制和测量分析等几个方面对供应商管理能力进行评估；食品安全专项主要评估供应商拟供应原料某项食品安全风险的系统控制能力，包括重金属、污染物、农药残留、兽药残留、微生物、生物毒素、食品添加剂、塑化剂等；产品专项主要根据原料行业现状、原料的特点、加工工艺识别出的风险点进行评审。

针对高风险食品安全项目，首创食品安全风险“开放式问答”的审核方式，将识别的食品安全风险作为开放性的问题审核供应商的控制措施，供应商需要系统回答其针对每个具体食品安全高风险项目的控制措施，必要时进行现场抽样验证，并将之作为供应商准入评估的核心要素。根据供应商控制措施实施情况输出其食品安全项目风险等级，对存在显著高风险食品安全项目的实施一票否决，降低原料引入的食品安全风险，同时支持原料内控标准制订及风险监测计划制订。

例如，在审核某白酒企业时，首先跟供应商沟通开放式提问审核的目的，打消供应商顾虑后，供应商指定质量负责人作为沟通人员。审核人员询问供应商质量负责人关于白酒主要的食品安全风险，并逐一询问了每一项食品安全风险的控制措施。从沟通过程来看，供应商质量负责人对白酒主要的食品安全风险认知清晰，并且非常清楚每一项食品安全风险来源以及如何控制，根据质量负责人描述的关键控制措施进行现场核实，实际执行与其描述基本一致。

新供应商现场审核必须由来自不同部门的两名及以上审核员参与，并遵循“寻源回避”原则，确保审核的公正性、客观性、全面性，将新供应商引入风险降到最低。

4. 供应商改进

评审结束后，评审人员现场召开末次会议，与供应商就现场评审发现的问题进行充分的确认与沟通，并对不符合项进行分级，提出改进的意见和建议。供应商确认整改期限，并按期提交整改资料，再由评审人员对整改资料符合性进行审核，并在下次现场评审时对整改情况进行验证，促进供应商持续改进。

（四）供应商的监控与评估

1. 供应商风险分级管理

天味根据供应商供应物料的风险、现场评审情况以及日常到货表现对供应商进行分级，着重加强高风险供应商的管理，提高安全监管和风险防范的科学性，严防发生系统性食品安全事件。通过建立供应商风险分级体系，对不同风险级别的供应商实施差异化的准入及管理要求。一方面保证了高风险供应商的管理强度，另一方面大幅提高了公司有限管理资源投入、分配的科学性。

2. 供应商动态评价

供应商的动态评价分为日常评估和定期评估。

供应商日常评估是每季度由供应商评鉴小组对供应商供货质量、交期、成本、服务、持续改进、技术支持等动态指标进行评价（见表5-17），并根据绩效表现对供应商进行等级划分，针对存在问题的供应商向供应商发出《限期整改单》或暂停供货，针对表现优秀的供应商给予供货比例、付款等政策性倾斜。

表 5－17　供应商动态指标

评价维度	质量	成本	交期	服务	持续改进	技术支持	综合评价
占比	40%	25%	15%	5%	10%	5%	
得分							

供应商定期评估是评估供应商一年期间的综合表现。主要根据物料类别、供应商类型对供应商的日常绩效表现、质量安全保障能力进行风险分级，根据风险等级制订年度现场评审计划，年度评审采取不预先通知的“飞行检查”方式，提高现场评审的有效性，确保掌握最真实的情况。

日常出现“触发事件”时，品控也可以对供应商开展“有因检查”，SQA 根据“触发事件”的严重程度开展不定期的“飞行检查”。

例如：某供应商供应的复配香辛料出现到货原料与签样不符的异常情况，SQA 随即针对该异常开展不事先通知的专项检查，发现供应商配料计量及搅拌环节存在问题。SQA 协助供应商一方面对硬件设备搅拌混合罐进行改造，有效保证了复合香料的均一性，另一方面优化领料、配料确认机制。改进后复合香辛料近红外检测持续保持稳定，没有再出现过异常情况。

（五）供应商的发展与淘汰

1. 供应商持续提升

天味根据采购物料的重要性、供应商的重要性对供应商进行分类管理，针对提供差异化核心原料且对公司具有战略意义的生态链供应商，将其作为战略供应商管理，与供应商签署长期框架合同，建立长期、紧密的战略合作关系，实现合作共赢，通过持续改进双方流程、共享能力，共同改善整体绩效，共同采取措施降低风险。

天味采用供应链 GMP 提升、质量认可等“前拉”与物料领管模式“后推”相结合的方式，促进供应商持续改进，通过建立战略联盟，提升对供应商的影响力，实现供应商与公司协同发展、持续改进、共同提升。

（1）供应链 GMP 提升

为持续提升供应链质量管理水平，天味在食品供应链端实施 GMP（良好操作规范）管理，推动全产业链的 GMP 整体提升，夯实产品质量基础。

在食品制造行业，高品质和让人放心满意的产品离不开好的 GMP 管理，天味作为一家调味品企业，产品生产所用原料以农副产品为主，种类多、生产工艺复杂、行业自动化水平低，相比于一般食品制造业 GMP 管理难度大的特点，天味一直坚持“精品战略”，公司管理层将 GMP 管理当作质量管理重要工作来抓。

公司开展了 GMP 提升专项工作，制订了 GMP 整体提升方案。方案一开始便站在供应链全局角度出发，不但考虑了天味自有的几家工厂，还将上游几家核心原料供应商一起纳入，整体提升。成立了以质量、研发、采购、生产部门负责人及供应商负责人为主的项目推进小组，通过和第三方咨询机构——上海悦孜合作，参考《食品生产通用卫生规范》（GB 14881）、美国 21CFR110 食品 CGMP、SQF（优质安全认证）食品加工的良好制造作业规范，结合公司实际制定出“天味 GMP 标准”。根据标准内容组织培训宣贯，专业辅导，工厂对标自查整改，每季度邀请第三方机构审核检查，以评分方式评估量化提升效果，通过“审核检查＋辅导改进＋审核再查”方式，持续复盘，不断改进。

（2）质量认可探索

针对公司战略供应商，为提高双方运作效率，降低运作成本，天味提出了对战略供应商实施“质量认可”的探索，使双方在互信的基础上逐步“由浅入深，由点到面”深度合作。

战略供应商按照天味制定的“质量认可准则”完善内部质量管理，提出质量认可申请，天味组织专业的评价团队对供应商进行审核，检查达标情况，如符合要求，可列入“质量认可名单”，在原料供货中享受优惠待遇，具体流程如图 5-19 所示。

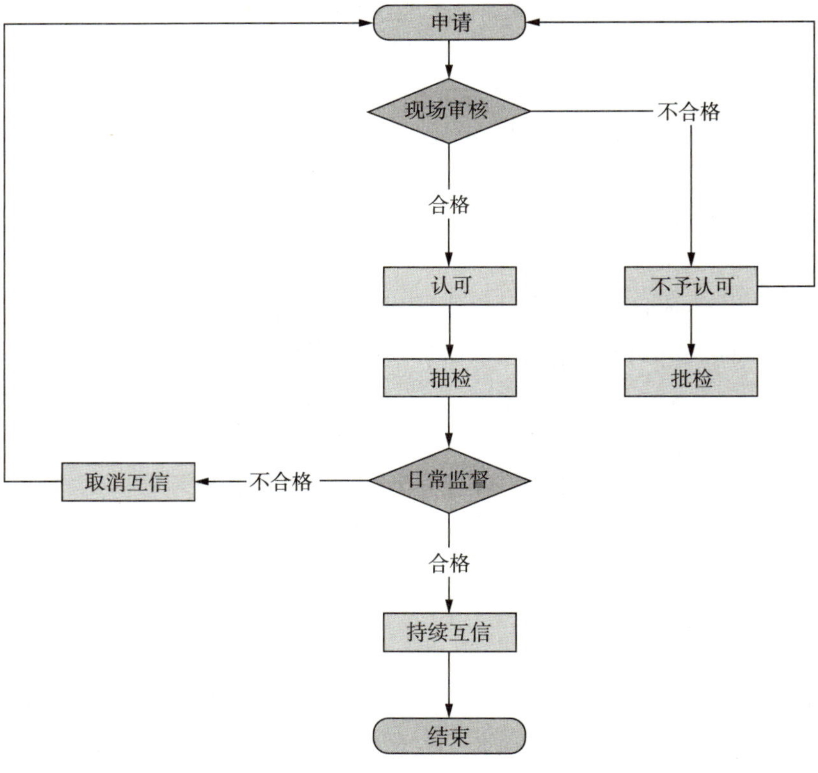

图 5-19　供应商质量认可审核流程

（3）物料领管模式

为提高核心原料质量，确保产品质量稳定，针对核心原料，天味提出了建立履行管理责任制，实施 SQA 人员“物料领管”模式管理。即由 SQA 人员领管一个品类的物料，并针对该物料的突出质量问题制定物料领管目标。以质量问题归零为抓手，物料领管人员与供应商开展联合攻关，促进质量问题彻底解决，防止重复发生，提升物料质量稳定性。“物料领管”模式管理既锻炼提升了 SQA 人员能力，又通过专业赋能供应商，化被动为主动，推动供应商自我完善。

2. 供应商的淘汰

为促使供应商不断提升自身的管理水平和质量水平，天味建立了“业绩牵引，优胜劣汰”的淘汰及竞争机制。当供应商发生现场评审不合格、触犯合规红线、重大食品安全风险、严重质量问题、交付隐患或者绩效状况一直持续恶化、配合意愿差等问题时，可以启动供应商“熔断机制”，即暂停或取消供应商，不断优化供应商结构。

通过以上举措，公司提高了供应商食品安全监管和风险防范的科学性。通过触发事件管理、日常的现场监管检查和定期的沟通、飞行检查、年度审核等方式，帮助供应商进行全面的质量安全风险评估，以确保其具备持续提供符合食品质量安全要求的产品的能力。通过以上风险评估程序和系统化的管理，可以从源头控制食品安全风险，这是做好食品安全的第一步。供应链至关重要，赢得供应链才能赢得未来。供应链管理的核心是风险管理、全面识别、科学分析，才能有效管理。

三、供应商管理的亮点与经验分享

（一）核心原料基地化管理模式

食品安全是一个全链条的安全，由于供应链成员之间目标不同，担心商业信息泄露以及各成员之间经营理念和文化差异等原因，供应链之间信息不透明，而信息不对称是造成食品安全问题的主要原因之一。因此，作为处于食品链中间的加工制造企业，需要整合上、下游企业形成战略联盟，这种战略联盟既能发挥自己的优势，又能降低成本并共享资源，从而实现双赢。

天味作为一家复合调味品企业，面临着原料种类众多而非标准化原料多的压力，结合行业实际及公司十多年的摸索，公司建立了“核心原料基地化管理模式”。

天味针对香辛料、泡菜、豆瓣等关键原料培育了“专属”供应商，与其建立了长期、稳定的伙伴关系，强调通过共同的努力实现共同的计划和解决共同的问题，强调相互之间的信任与合作。天味与核心原料供应商签署长期框架合同，积极开展与核心原料供应商的深入交流，建立“供应商例会”沟通机制，开展高层互访向供应商传递公司发展战略规划，引导供应商匹配资源实现战略协同；建立“合同＋订单”的供应商契约管理机制，促进供应商开展产能评估，进行产能储备，提前规划后续提升方案，并对核心原料实施“包销”，以解决供应商的后顾之忧。

天味与核心原料供应商不是短期的交易关系，而是长期、稳定的合作关系，是以共同的目标为牵引形成共同成长的利益共同体。

核心原料供应商仅向天味供货，并在各方面管理要求上完全按照天味的要求进行。天味对供应商的原料采收、产品配方、加工工艺、产品标准、生产过程控制、储运交付等全链条进行管理，形成了“技术一体化＋标准一体化”的管理方式。这种模式一方面可以降低产业链上下游企业的信息不对称风险，有利于从根本上防止食品安全问题的发生；另一方面供应商与公司合作关系稳定，制造过程工艺稳定，有能力和意愿关注产品和过程细节，提高产品质量。

1. 关键原料实施驻厂管理

驻厂管理是指供应商生产天味原料时，派驻 SQA 人员驻厂监督原料生产全过程的一种管理形式。

针对资源型关键原料——牛油，天味安排专职的驻厂监管人员现场监管其生产的全过程。牛油原料向上游管理延伸，实施前端屠宰厂准入、备案、白名单管理。天味要求牛油供应商全生脂自行炼制，牛生脂采用全冷链运输，每批次提供检验检疫合格证原件并加盖“天味”章，对运输车辆进行检查并保留照片。

供应商对关键生产过程覆盖视频监控，并将信息共享供天味实时察看，供应天味牛油专罐贮存。驻厂人员驻厂时，以产品实现过程为主要关注点，按照《驻厂监督检查表》对原材料管控（包括原料来源、验收、贮存、感官状态等）、生产过程关键控制点（投料、熔炼、水化、脱色、脱酸、脱臭、过滤等）、物料衡、GMP、不合格品管理、运输管理等过程进行监督，识别全过程的 RCP、QCP、CCP，按照检查频率、检查标准、检查方法进行检查并记录检查结果，驻厂人员还可根据现场情况进行取样验证。驻厂人员发现可能导致产品批量质量不合格或者潜在食品安全风险时，有权要求供应商停机或停产。每次驻厂结束时，驻厂人员组织供应商生产、品控等人员沟通驻厂情况，就发现的不符合项以及改进计划进行沟通，并在下次驻厂时进行验证。驻厂人员对每次驻厂监督生产的产品负责。

“结果导向，责任到人”、驻厂人员能力定期校准（见图 5-20）、驻厂监督流程化、检查内容标准化等措施，提升了驻厂人员能力，保障了产品实现过程可控，防止供应商出现食品安全及批量质量问题。

图 5-20　驻厂人员能力校准

天味通过多种措施帮助牛油供应商提升专业水平，带动整个牛油行业的管理提升。

2. 核心原料实施基地管理模式

基地管理模式是指天味针对核心原料选择可靠的供应商并与其建立长期合作关系，天味派驻质量、技术人员对其进行指导，协助其向供应链前端延伸。

天味针对核心原料——豆瓣酱、泡青菜等实施延伸到种植环节的基地化管控，从原料标准制定、工艺制定、过程管理等方面对供应链各环节进行技术支持、深入监管，保证核心原料的风险可控性及质量竞争力。

以川菜之魂“豆瓣酱”为例。豆瓣酱是川式复合调味料中必不可少的原料，因为豆瓣是典型的发酵食品，需要用传统工艺制作，其风味的特殊性对公司产品差异化、质量稳定性具有战略意义。

豆瓣酱的主要原料为农副产品，其质量控制的源头之一就是原辅料供应，但目前豆瓣酱所用辣椒原料品种杂乱，产品品质不一，从而导致不同辣椒发酵的豆瓣酱存在较大差异。

天味协助豆瓣酱供应商推进鲜椒原料基地建设，以“公司＋合作社＋农户”的方式，选择优质辣椒品种，引导规范辣椒种植，稳定上游供应链，探索战略合作定价机制，确保种植基地的辣椒品质及价格稳定。通过规范上游供应商的原料种植及采收标准、加工工艺标准、来料验收标准以及提升供应商环境与设备标准，强化检验手段，提升食品安全保障能力，提高产品质量稳定性。

3. 高风险农产品实施产地溯源管理

食品安全风险往往由源头引入，在国家农产品管理基础薄弱、溯源及前端管控难度大的背景下，天味不畏艰难，敢于走出去，深入供应链前端。通过风险信息收集、关键原料产区调研、种植环境考察、加工工艺评估、检测数据分析等途径锁定物料产区，指定加工工艺，形成了“从农田到餐桌管理和控制”的源头管理模式，原料可以溯源，避免了掺杂掺假，同时产地集中采购溯源管理，能够提升原料质量稳定性，为公司产品稳定性奠定基础。

以桂皮为例，桂皮是最早被人类使用的香料之一，桂皮因含有挥发油而香气馥郁，可使肉类菜肴祛腥解腻，也是公司必不可少的原料之一。但是在风险排查的过程中发现桂皮重金属铅含量比较高。在桂皮采收期，食安、采购团队协同供应商到桂皮主产区广西，对桂皮的种植环境、采收及加工过程进行深入了解，走访多个产地采集样品，经过分析发现桂皮的重金属主要富集在表皮中，经去皮处理的桂皮重金属含量大幅降低（见图 5-21）。公司技术人员协助供应商在桂皮产地寻找加工合作方对桂皮进行去皮处理，并实施集中采购，有效控制了桂皮的食品安全风险，从而为公司产品安全提供保障。

采用同样的模式及方法，公司先后协助供应商识别并解决了山柰、孜然、小茴香、草果、干姜片、八角、姬松茸等调味料关键原料的食品安全问题。重金属问题涉及面广，供应链是主要制约因素。天味通过“核心原料基地化管理模式”协助供应商不断推进高风险农产品的产地溯源管理。“躬身入局”，通过实践让供应商相信农产品食品安全问题可以解决，农产品产地溯源管理可以实现，形成了“从农田到餐桌”的全链

(a) 桂皮种植环境考察

(b) 桂皮样品处理

图 5-21　桂皮事例

条管理模式。从而确保了原料的农残、重金属等指标的持续合格；确保了涉红物料（包括辣椒、甜椒等）没有任何非法添加（苏丹红、罗丹明等）；确保了香辛料没有进行硫黄熏蒸；确保了原料质量的稳定性，比如辣椒的辣度、颜色、风味等。

（二）系统化的供应商食品安全风险管理体系

针对调味品及其供应链可能面临的食品安全风险问题，天味食品建立了系统化的供应商食品安全风险管理体系。

1. 建立了基于“大数据库＋专家研判”的食品安全风险动态监测体系

天味与第三方咨询机构——食品伙伴网开展合作，引入抽检信息数据库（包含国家监督抽检信息、出口对华预警信息、天味供应商预警信息等），应用该数据库实时掌握调味品供应链食品质量安全风险信息动态，开展产品和原料的风险分析，同时聘请行业内的食品安全风险专家作为顾问，提供风险研判意见。

2. 建立了基于规则的实施调整风险监测机制

基于风险分析以及我们制定的监测规则，对原料、产品的高风险食品安全指标进行日常监测，每周收集分析数据并动态调整。对新引进、更换的供应商所供应的物料按照《原料食品安全风险监测规则》进行监测，并定期对监测数据进行回顾分析，发现问题时即时调整监测计划并采取措施。

3. 建立了内外部案例的复盘纠偏机制

天味设置合规团队，同时与第三方机构合作，对最新发布的食品法律法规信息、食品安全事件、违法典型案例、行业潜规则、舆情信息、抽检信息进行检索，并与供应商共享信息，针对外部发生的案例进行自查自纠、内部发生的问题进行复盘，深入剖析原因，制定改进措施。

天味通过建立完善的食品安全预警体系，能够及时发现隐患，对食品安全问题发出预警，防止重大安全事故的发生，避免发生大规模的食品不安全事件产生不良影响。

四、小结

天味在供应商质量管理方面不断向产业链前端延伸，抓源头引入，建立以“风险分析、评估、管理”为核心的正向全过程食品安全风险管理体系。通过完善的供应商和外部加工商的评估、审核、批准和管理体系，确保不会因物料或供应商的使用而引入食品安全、质量、法规等不符合要求的风险。通过选择安全可靠有保障的供应商，保护消费者和品牌，给市场提供最放心的产品，确保广大消费者“舌尖上的安全”。

第八节　养殖企业案例分享——牧原集团

牧原食品股份有限公司（以下简称“牧原”）是以生猪养殖为核心，集饲料加工、种猪育种、生猪养殖、屠宰加工等于一体的国家现代化农业产业龙头企业。

一、企业主要供应商类型及特点

牧原发展模式为全自建、自繁、自育、自宰，因此涉及的供应商类型多，目前合作的供应商有 1400 多家。主要涉及的供应商类型有工程建设与设施设备类供应商（饲料、养殖、屠宰、无害化厂、检验检测）、饲料原料、辅料、添加剂类供应商；动保产品供应商；综合物资、分包服务等上千家供应商。因涉及供应商类别多且分属于不同行业，其特点、复杂性与管理难度均不相同。

（一）动保产品类供应商情况简介

供应链中该类供应商数量多，截止到 2023 年国家核发兽药 GMP 证字企业有效的共 1359 家[①]，总体呈现出规模不一、管理水平不一、产品质量良莠不齐等特点。产品常见的风险有：产品中非法添加非主治成分或违禁物、有效成分含量不合格、检查项不合格、鉴别不合格、性状不合格。截止到 2021 年，动保产品供应商行业总体情况为：全国 1579 家兽药生产企业完成生产总值 752.2 亿元，销售额 686.18 亿元。其中生药企业实现销售额 170.18 亿元，大型生药企业实现销售额 136.82 亿元，占生药企业总销售额 80.4%；化药企业实现销售额 516 亿元，化药企业中实现销售额最多的也是大型企业，实现销售额 258.73 亿元，占化药企业总销售额的 50.14%。可见，无论是生药企业还是化药企业，销售额主要由大型企业实现。

（二）动保产业中小、微企业较多，产能利用率低

截至 2019 年末，我国大陆地区兽药生产企业约 1700 家，其中年销售额 2 亿元以下的中小企业数量超过 1500 家，占比 88%。

（1）生物制品：2021 年，活疫苗生产能力为 5275.13 亿羽份/亿头份，灭活疫苗生产能力为 811.59 亿毫升。其中组织毒活疫苗产能利用率 30.86%，细胞毒活疫苗产能利用率 12.13%，细菌活疫苗产能利用率 3.39%。灭活疫苗中，组织毒灭活疫苗产能利用率 36.79%，细胞毒灭活疫苗产能利用率 17.65%，细菌灭活疫苗产能利用率 18.66%，基因工程苗产能利用率 75.87%。

（2）原料药：2021 年，抗微生物药生产能力 14.67 万吨，产能利用率 61.55%；抗寄生虫药生产能力 1.78 万吨，产能利用率 41.57%。

---

① 数据来源：国家兽药基础数据库。

(3) 化药制剂和中药：2021 年，片剂生产能力 309.47 亿片，产能利用率 26.98%；注射液（含大输液）生产能力 7.13 亿升，产能利用率 18.51%；消毒药（液体）生产能力 11.24 亿升，产能利用率 14.68%。整体来看，全国兽药行业呈现供给过剩的情况，主要表现为小微企业较多、产能利用率低。

(三) 动保产业集中度——疫苗、原料药更集中

2021 年，生物制品总销售额为 170.18 亿元。前 10 名企业占总销售额的 55.28%；原料药总销售额 182.85 亿元，而前 10 名企业占原料药总销售额的 45.11%；化药制剂总销售额 275.18 亿元，前 10 名企业占化药制剂总销售额的 23.83%；中药总销售额 57.97 亿元。前 10 名企业占 31.98%。说明生物制品类、原料药产业集中度高，主要以头部企业为主。

二、牧原动保供应商管理方案

(一) 组织保证

根据物料分类，成立动保产品采购团队，涉及对应的供应商管理则采取柔性架构模式，由技术部门（品控、兽医、生产等）结合采购部门共同实施供应商管理。

(二) 供应商准入

总体动保供应商管理流程包括：供应商基本信息调查及预审→样品检测→实地考察→签订相关协议→准入申请→电采系统新增→档案备案→试验评估→完善供应商目录，如图 5－22 所示。

1. 供应商基本信息调查及预审

采购部相关产品负责人负责对接供应商的各项资质，并协助供应商填写《牧原公司供应商信息调查表》，且需要根据上述内容初步审核供应商确保符合我公司要求。

2. 样品检测

技术部门对样品进行前置性检测；检测符合我公司需求，依据产品性质，安排相关人员进行实地考察或试验。

3. 实地考察

所有新引入的供应商均需要进行实地考察，采购部结合兽医、品控相关人员考察评估（详见本章末附加信息）。考察人员应根据考察结果客观反映考察现状，编制考察报告。

4. 签订相关协议

经相关部门评估供应商符合我公司的要求的，由采购部负责组织签订《牧原公司供货协议书》《供方环境承诺协议书》《业务人员/变更授权书》等，供应商需要将协议协同资格预审中提供的所有资质加盖公章邮寄至牧原公司采购部。

5. 准入申请

符合准入标准，采购人员整理资格预审与准入评估中涉及的所有资料，连同《供应商准入申请表》《动保供应商准入评估表》一同递交给采购主管、经理/总监审批。

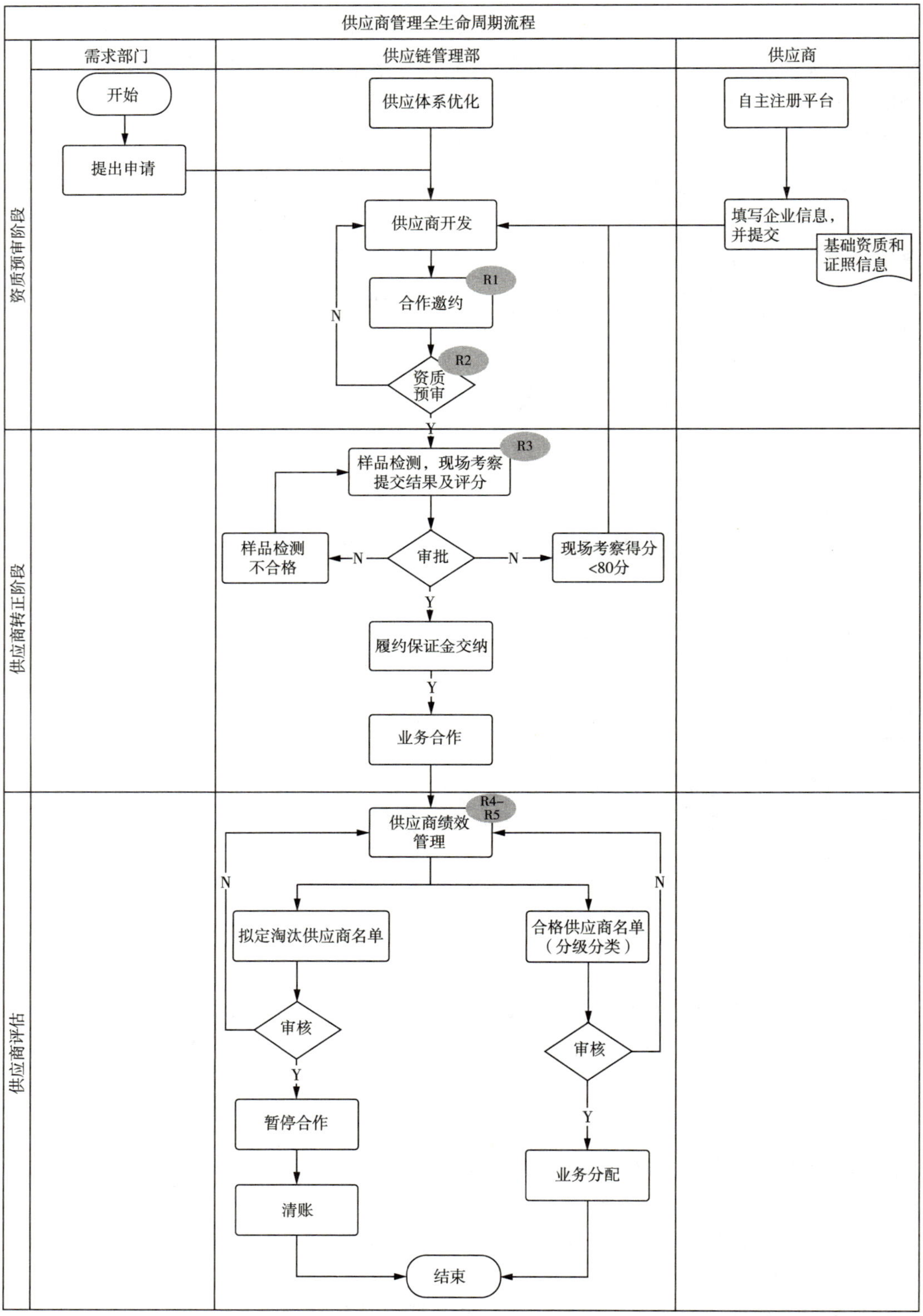

图 5－22 动保供应商管理流程

6. 电采系统新增

供应商准入申请审批通过后，由供应商在电采系统发起《供应商准入申请审批流程》，经由供应商管理小组、主管、经理等审批。

7. 档案备案

审核通过的，相关资料由供应商管理专员统一编号备档，进入《备选供应商目录》；审批未通过的供应商被列入《牧原公司不合格供应商目录》，以便后期查询。

8. 试验评估

需要试验评估的，由兽医部项目负责人在电子采购平台发起“试验用兽药申购流程”，药品到货后依次开展相关试验。

9. 完善供应商目录

试验评估合格的，完善供应商档案，并由相关采购人员发起“供应商转正申请审批流程”，经由科室主管、部门经理审批后转至《合格供应商目录》；试验评估不合格的完善供应商档案，并将供应商从《备选供应商目录》转至《不合格供应商目录》。

(三) 供应商绩效评价

对合作供应商采用日常考核和年度评价相结合的方式进行动态考核评价。应从质量、价格、供应、服务等对供应商进行综合评分、评级，依据评定结果优化供应商结构、分配合作比例，充分发挥优秀供应商的优势，淘汰不合格供应商。周期性评估见表 5－18 所列。同时依据问题与供应商沟通，制定改进措施，提升双方合作效果。重点供应商每年评定一次，评价结果作为供应商准入、退出、分级与使用的重要依据。供应商评价根据分值，分别评出 AAAAA、AAA、A、B 四个等级，见表 5－19 所列。

表 5－18 动保供应商周期性评定表

序号	项目		评估内容	评估标准	得分
1	质量（40分）	产品质量（40分）	食品安全	若出现违禁、非标示成分，一票否决	
			质量合格率（35分）	(1) 未达到国家标准，取消合作； (2) 达到国家标准，未达到合约标准，按照 100% 含量进行差价补偿； (3) 检测含量在 100%～110%，每增加 1%加 1 分； (4) 一个评估期内，累加出现两次不达合约标准的，降低 50%合作份额/停止合作； (5) 每年提供一份我公司使用批次的第三方检测报告，未提供扣 5 分	
			包装完整性及合规性（5分）	(1) 出现包装破损、受潮、发霉等情况扣 0.5 分/次； (2) 包装印有宣传标语，二维码信息不完整扣 5 分	
		质量问题解决	配合度	(1) 出现质量问题，配合度非常好，2～3 天内解决问题； (2) 出现质量问题，配合度一般，3～5 内解决问题扣 2 分/次； (3) 出现质量问题，配合度差，仍能给予处理，给予警告，扣 4 分/次； (4) 配合度极差，取消合作	

（续表）

序号	项目		评估内容	评估标准	得分
2	成本（40分）	成本优势（40分）		（1）同等质量下，产品价格在全国最具有优势40分； （2）同一产品价格排名，每低一个名次扣2分； （3）价格高于其他养殖集团扣6分，减少或停止合作	
2	成本（40分）	付款方式（加分项）		（1）全部使用承兑汇票或ABS支付加5分； （2）50%以上使用承兑汇票或ABS支付加3分； （3）低于50%使用承兑汇票或ABS支付加1分； （4）不接受承兑汇票或ABS支付	
3	供应（20分）	按期交付（17分）	供应及时性	（1）按照合同约定及时、无误交付，17分； （2）因延迟交付影响生产使用，给予警告，扣3分/次	
3	供应（20分）	紧急响应（3分）	紧急响应配合度	（1）对我公司紧急情况配合度高，3分； （2）对我公司紧急情况配合度一般，0分； （3）对我公司紧急情况不予配合，扣2分/次，出现一次减少30%～50%合作份额，累计出现2次，取消合作	
4	服务	增值服务	技术交流/培训（加分项）	组织有价值的技术交流会/争取外部培训机会或者有价值的培训，加2分/次	
4	服务	增值服务	样品检测（加分项）	能够保质保量推进样品检测，加1分/批次	
5	风险	廉洁诚信	基准线	按照《供应商黑名单管理制度》管理	
5	风险	资信评估	基准线	资质符合国家相关规定，无违法记录及经营异常记录等不良记录	
6	合作前景	合作前景	加分项	公司研发创新实力强，合作持续稳定，根据实际情况适当增加合作比例	
7	总分				
8	综合意见				
8	评估人			年　月　日	

（续表）

序号	项目	评估内容	评估标准	得分
9	领导审批	科室负责人审批：　年　月　日		
		部门经理审批：　年　月　日		

表 5－19　供应商分级和管理办法

级别	名称	得分	管理方法
AAAAA 级	重点供应商	≥90 分	1. 建立长期的战略合作关系； 2. 可优先取得订单，优先支付货款或缩短账期； 3. 连续 3 年以上被评为 AAAAA 级供应商，可达成战略合作，和公司共同进行相关技术研究交流； 4. 颁发奖杯/奖章，授予“牧原优秀供应商”称号
AAA 级	良好供应商	80 分≤得分＜90 分	1. 与 AAA 级供应商加强合作，及时给予建设性意见，帮助其成为牧原的 AAAAA 类供应商，合作共赢； 2. 针对建设性意见，在一季度内未做改进的，进一步减少订单，要求持续改善； 3. 一年内未彻底解决的，进行降级，作为备选供应商，逐步取消合作资格
A 级	普通供应商	65 分≤得分＜80 分	1. 给予警告，针对存在的问题要求立即整改，要求其一周内提出改善计划，一季度内解决主要问题； 2. 减少订单比例，能够保证基本生产需求的采购即可，作为次级采购对象； 3. 对有潜力的供应商进行辅导改进，其他的逐步淘汰
B 级	不合格供应商	得分＜65 分	停止合作，列入牧原动保黑名单

（四）供应商培育：定期对供应商赋能提升

每月度汇总供应商产品质量变化趋势，问题发生率、到货合格率等，与相关供应商约谈或举办质量提升专项会议，指导其建立完善质量管理体系，促进双方友好合作。

1. 提供数据平台

将产品临床使用效果反馈给供应商，参与到产品问题分析工艺改进上。

2. 建立供应商集群

依托企业平台，在基地建立上下游供应商、服务商整合成产业集群；联动市政府，将整个南阳市围绕农牧主题打造成农牧装备及供应链产品制造中心及猪肉食品产品加工中心，打造城市特点与名片。显著降低产业链总成本，在产业链企业之间建立起互通的信息、技术、交易平台，带动辐射相关企业的发展。

三、附加信息——兽药工厂评价标准（见图 5－23）

兽药工厂评价标准

	发布日期：2019 年 5 月 10 日	版本：01	veterinary drugs
工厂名称			兽药
工厂地址			V1.0 已隐藏
评价人			
评价时间			
工厂风险等级			
评估总分			

风险评估汇总

兽药工厂必备条件

资质及条件	是否符合	证照是否有效
公司三证（营业执照、组织结构代码、税务登记证）	是	是
生产/经营许可证	是	是
GMP 证书	是	是
产品批准文号批件	是	是

审核内容

一	人员与厂区设备	审核发现	备注	
001 *	生产和质量管理机构设置合理。具有兽医、药学等相关大专以上学历及管理经验、并不得互相兼职。			Y
002 *	制订年度培训计划。			M
003 *	质量检验人员应持有省级以上兽药监察机构核发的培训合格证，现场操作考核结果符合要求。			N
004 *	厂区周围不应有污染源及非洲猪瘟污染源（厂区周边 1km、3km、5km 范围内是否有养殖场、屠宰场、农贸市场或者冷库等肉制品。			NA
005 *	有工艺流程图（工艺设计合理）及科学性说明			
006	具备防止污染的设施，取样或称量应具有防止污染的措施。			
007	制定虫鼠害控制程序，现场实施与程序相符。			
008 *	洁净室（区）的空气应规定监测周期（活微生物数和尘粒数）、监测周期应合理、监测结果记录应存档。			
009	仓储区建筑应符合防潮、防火、清洁与干燥。温度、湿度、定期监测和记录。			

一	人员与厂区设备	审核发现	备注	
010	与兽药直接接触的设备应光洁、平整、易清洗或消毒、耐腐蚀。			
011	设备所用的润滑剂、冷却剂等对兽药或容器不应造成污染。			
012 *	纯化水储罐和输送管道所用材料应无毒、耐腐蚀；防止微生物的滋生和污染；			
013	企业须具备营业执照、兽药生产许可证、兽药 GMP 证书、兽药产品批准文号；进口兽药需要具备进口兽药注册证号；			
014	生产和检验设备档案；			
应得分数				
实际分数				
二	物料管理（含追溯管理）	审核发现	备注	
015	应制定物料的购入、贮存、发放、使用等管理制度、内容应齐全。			
016 *	物料应符合兽药标准、药品标准、包装材料标准或其它有关标准，无非洲猪瘟风险、不应对兽药质量产品不良影响。			
017	进口兽药应符合兽药进口手续、（化药制剂）具备出入境检测报告、残留限及检测方法。			
018 *	建立供应商质量评估制度：生物制品产品（疫苗、血清）毒株来源应合规：化药制剂产品原料来源渠道应稳定。			
019 *	物料应按批检验，并按规定使用。			
020 *	待检、合格、不合格物料应严格管理。准确记录物料数量变化及去向，具有可追溯性。			
021 *	对有温湿度或其他特殊要求的物料、中间产品和成品应按规定条件贮存。			
022	物料应按规定的使用期限贮存，期满后按规定复验；贮存期内如有特殊情况应及时复验。			
023 *	标签和说明书内容、式样、文字符合法规、专人管理			
应得分数				
实际分数				
三	生产管理	审核发现	备注	
024 *	生产工艺规程、岗位操作法或标准操作规程不得任意更改；如需更改时应按规定程序执行。			
025	兽药生产物料平衡检查和计算收率记录及超范围整改措施。			

三	生产管理	审核发现	备注	
026 *	原料药的生产记录应具有可追踪性，其批生产记录至少从产品的精制工序开始。			
027	不同品种、不同规格的产品不得在同一操作间同时生产。			
028	有数条包装线同时包装时，应有隔离或其它有效防止污染和混淆的设施。			
029 *	应制定兽药工艺查证制度，并组织实施。			
030	无菌兽药生产直接接触兽药的包装材料不得回收使用。			
031 *	无菌兽药生产直接接触兽药的包装材料、设备和其它物品的清洗、干燥、灭菌后到使用时间间隔应有规定，且规定符合要求。			
032 *	无菌兽药的药液从配制到灭菌或除菌过滤的时间间隔应有明确规定，且规定符合要求。			
033	每一生产操作间或生产用设备、容器应具有所生产的产品或物料的名称、批号、数量等状态标志。			
034	非无菌兽药的液体制剂的配制、过滤、灌封等过程应在规定时间内完成。			
035	非伍娟兽药生产中的中间产品应规定贮存期和贮存条件。			
036	原料药生产使用敞口设备或打开设备操作时，应具有避免污染的措施；			
037 *	如发酵，应建立发酵用菌种管理制度，以保证菌种不发生变异、并有记录。			
038 *	根据产品工艺规程选用工艺用水、工艺用水应符合质量标准，应根据验证结果，规定检验周期。			
039	交叉污染			
040	兽药零头包装只限两个批号为一个合箱，合箱外应标明全部批号，并建立合箱记录。合箱产品应单独存放。			
041 *	物料、中间产品可以重复使用的包装容器，应根据规定程序清洗干净，并去除原有的标签。			
应得分数				
实际分数				
四	质量管理	审核发现	备注	
042	质量管理部门应提供自检和验证报告；物料、中间产品和成品的内控标准和检验操作规程及检测报告			
043 *	质量管理部门提供批生产记录和批检验记录。			

四	质量管理	审核发现	备注	
044 *	不合格处理程序及记录。			
045	质量管理部门应评价原料、中间产品及成品的质量稳定性。提供最新兽药年度检测报告。			
046	提供产品安全谱（最小中毒剂量和最低有效剂量）。无违禁成分、非标示成分。			
047	最新的送检报告、国家每季度公布抽检报告情况			
048	留样室管理			
049	现场整洁度			
050	灭四害			
051	仓库管理			
052 *	先进先出			
应得分数				
实际分数				
五	产品销售与追溯	审核发现	备注	
053 *	每批兽药均应有销售记录，并保存至产品有效期后一年。根据销售记录能追查每批兽药的售出情况，必要时能及时全部收回。			
054	应建立兽药退货和收回的书面程序。详细记录兽药退货和收回记录。遵守我方《禁止二次销售兽药至我公司承诺书》。			
055	国家兽药追溯二维码信息完整、准确。			
056 *	从销售记录或仓库随机抽选批号，能在 3 小时内按成品追溯，追溯至出场检验报告、加工记录、原料信息等。			
应得分数				
实际分数				

图 5-23　兽药工厂评价标准

第六章

食品供应商管理的展望

食品供应商的管理在保障食品安全和消费者健康方面的作用越来越受到各利益相关方的重视。本书各位作者已从供应商的管理体系和具体实践方面做出了系统的介绍，在此基础上我们想结合近年来国内外供应商管理的发展动态做出一些分析和展望，以期给食品行业供应商管理提供一些提升和改进的建议。

供应商管理的基本内容包括食品生产企业的食品安全资质审核、产品的风险分析、供应商分级管理、定期的文件和现场审核、产品的追溯和召回计划、食品安全事件的原因分析与环节改进方案以及供应商培训、教育、发展和淘汰等，在每一个环节都有详细的指南可供参考。

全球化带来供应链的复杂性，加上新技术的不断发展和应用，供应商的管理也在不断更新。当我们开始准备这些内容的时候，ChatGPT 开始火起来了，这些展望的内容，既是基于作者团队多年从事食品供应商管理工作的洞察和展望，也包括对 AI 科技协助的整理和汇总，对供应商管理我们总结了 5 个新的趋势：

1. 供应商管理从传统的审核扩大到深入的产品风险分析与管理；
2. 与供应商的深度合作，共建食品安全责任共同体；
3. 数字化和精准化管理；
4. 建立更加广泛的食品安全文化，推动食品安全文化发展；
5. 对供应商的可持续发展和社会责任愈加重视。

一、供应商管理从传统的审核扩大到深入的产品风险分析和管理

用“传统的审核”来描述现阶段的供应商管理现状还是比较贴切的。近年来，随着电商和新零售的发展，越来越多的企业和品牌加入了供应商现场审核的行列，开始建立自己的 SQA 团队或者委托第三方开始进行二方审核，但是总体比例还是比较低的，甚至连最基本的索证索票都不能 100%做到。这样的情况会逐步改善，但还将持续存在一段时间。

谈到“产品风险分析和管理”，大家可能觉得，这个也算是趋势吗？大家不是都在做吗？只要供应商做了以 HACCP 为核心的相关认证（HACCP 认证也好，ISO 22000 也好，GFSI 认可的国际标准也好），不就有了产品风险分析和管理了吗？

事实情况并非如此，很多供应商确确实实做了相关的认证，但并不是想通过认证来提升食品安全和质量管理，大部分时候是因为客户在索证索票的时候需要“认证证书”，所以才有了证书。证书真的很多吗？我们先看一组数据，根据国家市场监督总局“食品生产许可获证企业信息查询平台”[①] 查询可知，目前全国共有约 21.4 万个企业获得 SC 证（截止到 2022 年 5 月，各地信息可能会有少量滞后的情况）。获得食品农产品管理体系获证企业 37456 家，认证证书共有 50471 张，获得体系认证的企业占比约

① 国家市场监督管理总局网站食品生产许可证获证企业信息查询平台，https://spaqjg.e-cqs.cn/spscxk/.

17%；获得食品农产品产品认证企业 42228 家，认证证书 85157 张（数据截止到 2023 年 2 月）[①]，总体获证比例较低。再来看一下 GFSI 相关标准的认证情况，截至 2023 年 2 月，认证的企业共有 8103 张证书，如图 6-1 所示，占获得生产许可（SC）企业的比例不足 4%，总体占比仍非常低。

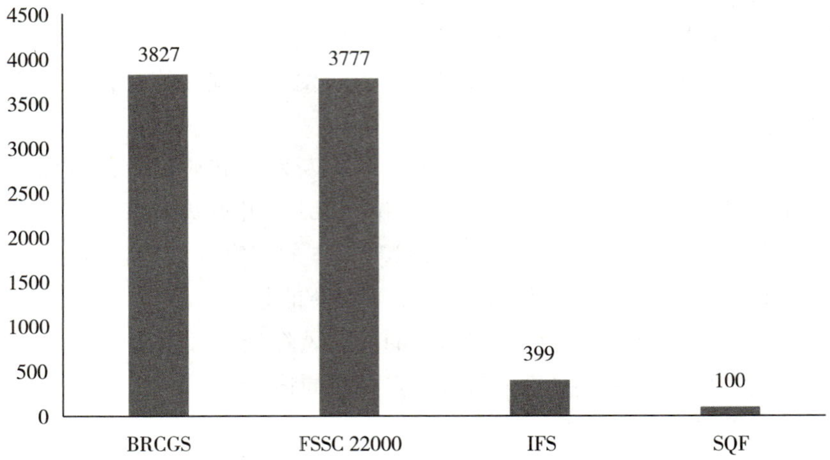

图 6-1 GFSI 认可相关国际标准认证情况（截止到 2023 年 3 月）[②]

在不足 20%的食品农产品管体系认证和不足 4%的 GFSI 标准认证的情况下，认证质量还存在一定的水分。做过供应商审核或者三方审核的都知道，很多企业虽然获得了认证，但是“两张皮”的现象非常普遍。传统的供应商审核模式在一定程度上促进了“两张皮”现象的出现，既然客户要证书和审核分数，但是供应商又暂时做不到，“两张皮”就变成了一个“有效、可操作性强”的办法，但对于产品风险管理和控制是十分有限的。

当然，我们也非常高兴地看到很多头部食品企业已经把产品风险分析和管理应用在供应商管理中，比如沃尔玛在全球市场推行的产品设计危害分析（Product Design Hazard Analysis，PDHA），PDHA 是指对产品设计过程中可能存在的危险和风险进行分析和评估的过程。在 PDHA 过程中，产品设计团队会对产品的功能、构造、材料、使用场景等方面进行评估，识别潜在的危险和风险，并采取相应的措施预防和降低风险。我们也看到另外一些头部企业把“质量是设计出来的”的理念深深地融入供应商管理中，在产品设计之初就把原、辅、包可能有的风险全部考虑进来，并推动供应商建立风险控制措施。然而这并不是目前供应商管理的全部，仅仅是头部食品企业的最佳实践。

① 国家市场监督管理总局网站全国认证认可信息公共服务平台，http：//cx. cnca. cn/CertECloud/index/index/page.

② BRCGS 标准官方网站，https：//directory. brcgs. com/；FSSC 标准官方网站，https：//www. fssc. com/public - register/；SQFI 标准官方网站，https：//go. sqfi. com/assessment - database/sqf - certified - site - directory/.

头部企业的最佳实践恰恰预示着未来的趋势，随着客户和消费者的需求越来越多、变化越来越快，仅仅做传统的供应商审核已经无法满足业务发展的要求。某家以创新驱动发展的食品企业曾经说过："能阻挡我们创新的只有SC了"，意思是指现在很多创新的产品在生产许可证管理制度范围里面都找不到发证范围，这些产品可能是不同类别原料的跨界、融合，而且这样的新品上市特别快，准备时间特别短，针对这样的新线、新品，传统的供应商审核无论在时间上还是风险管理上可能都不能满足业务的需求，故而需要真的把"质量是设计出来的"的理念融入供应商管理中，通过深入的产品风险分析，实现精准和高效的管理。

当然，这里并不是说传统的供应商审核没有作用，供应商审核依然会有作用，而且作用会越来越重要，但是在审核对象、方式上需要做相应的提升，需要更加以"产品风险"为对象，实施更为精准和高效的审核。

二、与供应商的深度合作，共建食品安全的责任共同体

各种新科学、新技术的发展，更好地支持了业务的发展，但随之而来的商业竞争也越来越激烈，也就是所谓的越来越"卷"。食品供应商之间开始进行跨界合作，将不同产地的优质原材料与技术、管理经验等进行整合，以提高供应链的效率和质量。网红流量明星的一个直播出货量可能是工厂1～2个月的产能，基本上直播结束3～5天内就要完成交货，否则消费者就会投诉。这虽然是个利好信息，但是给生产和供应链产生巨大压力。另外，新产品开发也是一个典型的例子，以前，肯德基上新品特别快，差不多每半年会将菜单全部更新一次，大家都觉得很厉害。现在几乎所有品牌都在上新品，不但数量越来越多，而且速度都很快。以前一个新的创意从产生到新品上市可能需要6～9月的准备时间，现在客户今天提出来新品创意，恨不得明天就要求厂家做出来，三天后就交货，这对供应链产生了更高的要求，招临时工（劳务工）加班加点还能勉强满足生产的要求，但是这样又给食品安全和质量带来非常大的冲击。

为了满足客户端"又好又快"的要求，靠现有的供应商管理模式是很难达成的，只有通过跟供应商的深度合作，通力合作，共同解决发展过程中的食品安全问题，共建食品安全共同体，才能高筑食品安全防火墙。本书前文已经谈到美团、京东投资千味央厨，百胜中国投资圣农发展等案例，这些也充分说明了供应链上下游的融合既能满足敏捷供应的要求，同时可以确保食品安全管理的有效落地。目前，这样的模式已经跑通，相信未来会有更多的品牌会采用这样的模式，当然，也会有更多的创新模式出现。

三、数字化和精准化管理

（一）数字化管理

数字化转型将成为供应商管理的必要趋势，数字技术将继续在食品供应商管理中扮演重要角色，这包括使用物联网设备、人工智能、大数据分析和区块链等技术来监测和管理供应链。这将帮助公司更好地掌握供应链表现，更快地发现并解决问题。

食品供应商管理数据的生成/采集/识别/储存是数字化管理的基础。大数据时代的到来，使得数据的重要性不断加强。2500年前，《管子七法》就曾说道“不明于计数，而欲举大事，犹无舟楫而欲经于水险也。”因此，通过各种渠道对各类供应商的数据生成采集和识别储存，是未来供应商管理的基础。

非标数据处理转化为结构化数据是基础。供应商管理的数据类型有多种多样，大部分属于标准化结构化的数据，如注册资金、人员数量、营业额、利润、周转时长、点击率、转化率、损耗率、退货率等。也有一些数据属于非标准化结构化的数据，以前需要靠人工处理，如客户声音（VoC）市场消费者反馈文本；现在可以依托自然语言处理（NLP）技术，实现识别消费者喜好厌恶程度的“情感极性”分析，识别消费者表扬或批评的具体问题点的“信息抽取”分析，可将这类非标数据自动化处理为标准化结构化的数据，为后续进一步的分析打好基础。

要重视统计学在供应商管理中的作用。著名的“六西格玛质量管理”理论，就是基于统计学中标准差的概念“σ”提出的，20世纪风靡于数据比较容易获取的行业，如制造业的“长度、重量”这些数据容易获得，且利于统计。然而对于食品行业来说，一些关键数据的获取难度高且频次低，导致无法有足够样本量建立统计学模型，如食品中某关键成分的含量测定。因此传统的六西格玛统计学质量管理比较难以在食品供应商管理中开展，而是依托“风险高低影响大小”形成了HACCP等一系列管理类型的实践。而随着各行业的数字化信息化的迭代推进，食品行业未来也会像“精益-六西格玛”管理理念一样，形成“HACCP-统计学”质量管理实践。通过对大量高频低价值的数据进行统计分析，熔炼获得更高价值的数据分析结论和意义；并通过数据逻辑结合业务规则，建立供应商数字化管理的指挥棒和评判标尺。

消费者对供应链透明度的要求越来越高，未来公司将更加注重公开供应链信息，让消费者更好地了解他们购买的食品的来源和质量。食品供应商开始采用数字化、网络化的管理手段，实现供应链信息的共享和透明，这些新进展都是为了提高食品供应链的透明度和可靠性，降低食品安全和质量问题的风险，从而确保食品供应链能够更加安全和可持续。

（二）精准管理

食品供应商管理存在面向多角色需求的管理特点和难点。第一角色是要满足政府行业监管部门对生产经营过程和商品质量安全的合规要求，第二角色是要满足市场消费者对商品品质、品牌平台的期望的质量需求，第三角色是要满足自身上下游供应商对生产经营过程的效益和效率要求，第四角色是针对舆情事件或职业索赔人的处理需求（在满足第一角色和第二角色要求的基础上，角色四不属于正常需求，可由公关或客服处理）。食品供应商需要融合不同角色需求，融合形成一套统一的经营管理模式。对一个点状问题做管理改进，能够形成点线面体联动，做到对各个角色需求都能够同时兼顾和满足。这就要依托强大的数据识别分析、生产经营流程分析、策略投入产出分析等能力，通过应对多角色需求的管理策略组合，才能实现精准、高效的管理。

四、更加广泛地建立和推动食品安全文化

综合多年的行业经验发现：很多时候，面对供应商食品安全事件和问题产品投诉，调查下来发现除了特定的原因之外，一些共性的原因就是供应商没有建立食品安全文化或者食品安全文化运行得不好。常用的供应商审核、产品检查、检测、监控等手段虽然在降低食品安全风险上有一定的作用，但除了增加产品的成本外，并不能增加产品的价值。如何让供应商在供应的过程中一次性把事情做好，避免和降低食品安全和质量风险，提升食品安全绩效，需要在整个供应链中建立良好的食品安全文化。

（一）主流食品安全文化的框架

为帮助食品企业深入了解其当前食品安全文化水平并加强其食品安全文化管理，2015 年 6 月 GFSI 决定组建专注于食品安全文化的技术工作组，2018 年 11 月份 GFSI 发布了食品安全文化意见书（A Position Paper）（见图 6－2），该意见书是全球 35 位来自不同食品行业专家的工作成果，他们为行业提供了全球食品安全倡议的食品安全文化立场和指导思想。这个文件可以为全球食品供应链的各个环节创造价值，从农场或工厂到餐饮零售，全面涉及全球以食品安全倡议为基准制定的认证程序[①]。

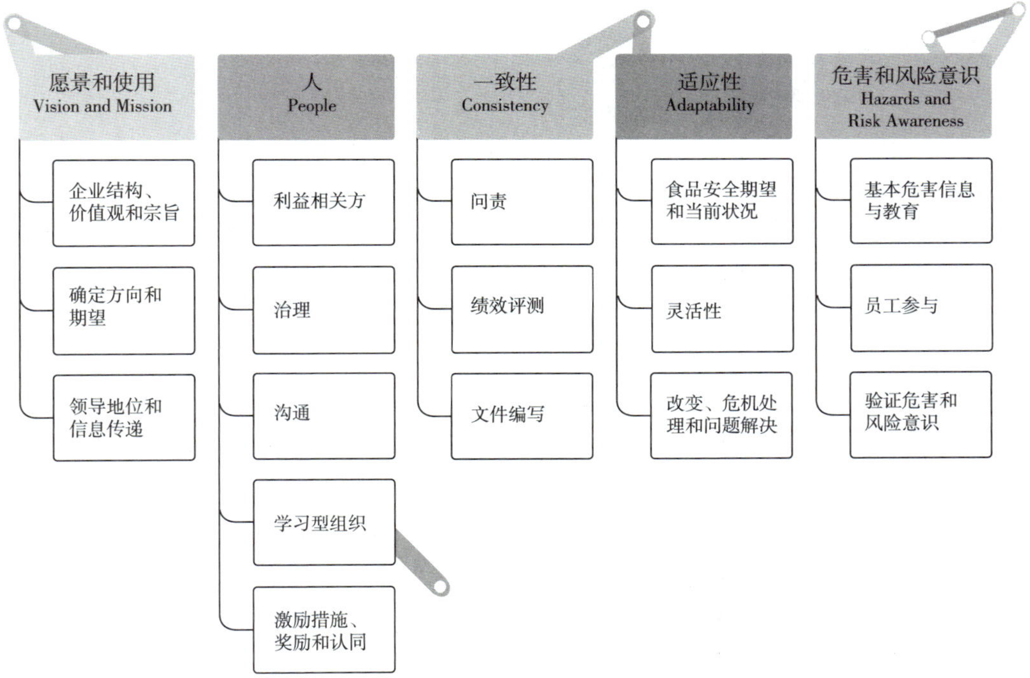

图 6－2 GFSI 食品安全文化意见书理论框架

（二）食品安全文化写入国际标准和客户标准

随着 GFSI 食品安全文化倡议书的发布，GFSI 认可的国际标准把食品安全文化写

① 主流食品安全文化分析，质安选公众号，https：//mp. weixin. qq. com/s/0lprF5g5VQ－RhUO1qlHhzQ.

入标准，如 IFS 食品第 7 版和 BRCGS 第 9 版等，主流的国际食品和餐饮客户（如麦当劳和百胜）也纷纷把食品安全文化写入供应商审核标准。最新发布的《危害分析与关键控制点（HACCP）体系认证要求（V1.0）》也增加了关于食品安全文化的要求，见表 6－1 所列。

表 6－1　第三方标准和供应商审核标准中的食品安全文化要求

标准	条　款	要　求
BRCGS 食品 V9	1.1　高级管理者承诺与持续改进	1.1.1　工厂应制定成文的政策，说明工厂履行其按规定的质量生产安全、合法和真实产品的义务，及其对客户负责的意图。这应包括： ☞ 由工厂的总负责人签署 ☞ 向全体员工传达 包括持续改进工厂食品安全和质量文化的承诺
		1.1.2　工厂的高级管理层应制定和维护一个清晰的计划来开发和不断改进食品安全和质量文化。该计划应包括实现积极文化变革所需的措施。这应包括： ☞ 界定对产品安全有影响的工厂所有部门的活动，这些活动至少应考虑： ● 就产品安全进行清晰、开放的沟通 ● 培训 ● 员工反馈 ● 维护和改进产品安全过程所需的行为 ● 产品安全、真实、合规和质量相关的绩效考核 ☞ 一个行动计划，说明这些活动将如何实施和测量，以及预期的时间表 ☞ 对已完成活动有效性的评估 计划应至少每年进行评审和更新一次
		1.1.4　管理评审应包括： ● HACCP、食品防护、真实性、食品安全和质量文化的有效性 ……
IFS 食品 V7	1.1　食品安全方针	企业高级管理者应制定、实施和保持企业的方针。应至少包括： ● 食品安全和产品质量 ● 以客户为中心 ● 食品安全文化 企业方针应传达给所有员工，并在相关部门分解成具体的目标
	1.4.1 管理评审	高级管理者应确保定期评审质量和食品安全管理体系，至少每年一次，当体系有明显变化时应增加评审的频率。 此评审须至少包括： ● 目标和方针的回顾，包括食品安全文化的要素 ……

（续表）

标准	条 款	要 求
HACCP体系认证要求1.0	2.1 管理者承诺	最高管理者应通过以下活动，提供建立和实施 HACCP 体系所作承诺的证据： a）对 HACCP 体系的有效性负责； b）将满足顾客和法律法规对食品安全要求的重要性传达到企业的各级人员； c）确保制定的食品安全方针和目标与企业的战略方向一致； d）确保将 HACCP 体系的要求整合到企业的运营管理之中； e）确保企业食品安全文化的推行； f）进行管理评审； g）确保各级员工关注食品安全问题，并鼓励有效的内部报告； h）确保资源的获得
	2.3 食品安全文化	最高管理者应确保履行食品安全责任，建立企业的食品安全文化，应至少包括以下几个方面内容： a）通过培训让员工知晓企业食品安全文化，形成良好的食品安全意识； b）传播和有效沟通企业的价值观，确保各级员工积极参与企业的食品安全文化建设，及时获得员工的反馈信息； c）对食品安全文化活动及绩效进行评价，必要时加以改进 企业应保留构建及改进食品安全文化的记录
YUM SATR	3 食品安全文化	食品安全方针 管理层和员工熟悉食品安全方针 确定食品安全文化相关的管理方法和职责 建立具有针对性的食品安全绩效衡量指标 内部审核 纠偏 投诉管理
SQMS 5.0	3.2 食品安全和质量文化	a）评估/更新评估、实施和改进 b）关联 KPI 和持续改进的确认 c）链接价值观 d）跟踪食品安全“未遂事件”，以此指引潜在食品安全事件的管理与评审，与管理评审、过程改善和沟通计划链接

（三）食品安全文化发展阶段和趋势

越来越多的企业信赖好的食品安全文化会大大有利于食品安全的管理。越来越多的企业在开展食品安全文化，为了更好了解食品安全文化推动的情况，企业会开展食品安全文化成熟度评估（见图 6－3），比如嘉吉、蒙牛、伊利、旺旺集团、洽洽集团、圣农集团等分别完成了 BRCGS 卓越食品安全文化评估。

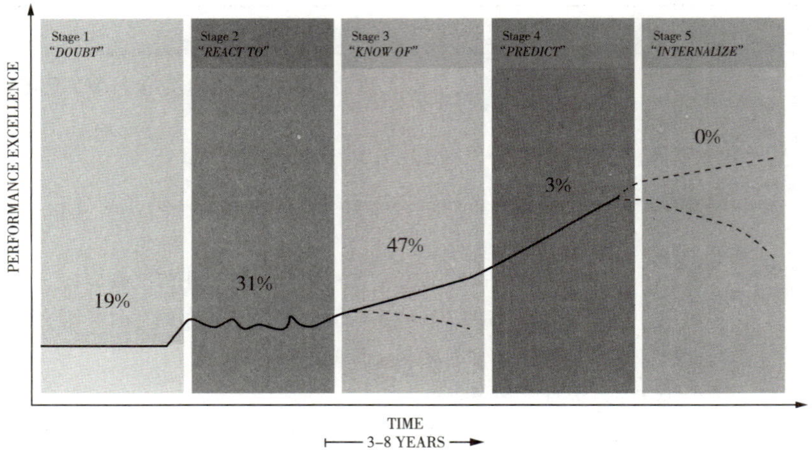

图 6－3　食品安全文化成熟度（Cultivate）

食品安全文化成熟度分为 5 个阶段：怀疑、反应、了解、预测和内化。不同的发展阶段对于食品安全文化的态度和理解的价值不同。

企业一开始处在怀疑和反应阶段，对于食品安全的管理是被动的，认为食品安全大都是质量部的事情。此时食品安全文化建设也大都是来自外部的压力，认为食品安全文化是体系的一部分。相信我们大部分的企业目前还是处于此阶段，特别是中小企业。

随着企业的进步，企业进入了解和预测阶段，企业对与食品安全管理越来越积极主动，通常通过一些数据进行持续改进，各部门开始重视食品安全。处于这个阶段的企业认为食品安全文化与体系是相互补充的，会主动策划一系列的文化活动。

企业竞争实际上是文化的竞争。企业的管理核心就是塑造良好的文化，食品安全的管理也不例外。食品安全管理体系有利于实现食品安全文化的建设，最终形成影响贯穿整个组织对食品安全的思想上和行为上的共同价值观、看法和规范。

五、对供应商可持续发展和社会责任愈加重视

越来越多的食品企业开始关注供应链，重视可持续发展和社会责任，他们采用可持续的生产方式减少资源的浪费和环境污染，同时也关注员工的福利和权益，积极履行社会责任。环境、社会和治理（ESG）标准将继续成为供应商管理的重要标准。越来越多的公司将会把可持续发展的概念贯穿到供应商选择、审核和管理中，以确保他们的供应链符合环保要求和社会责任标准。麦当劳、沃尔玛等头部企业很多年前就开展了社会责任审核，关注供应商的员工安全、工资工时和保险缴纳等各方面的内容。麦当劳的供应商的管理中还有一个让人印象很深的理念就是“共同成长（We Grow Together）”，旨在支持其供应商发展可持续和负责任的做法。该计划侧重于三个关键领域：环境责任、经济机会和社区。

随着国家双碳目标的制定，对食品供应链的可持续发展也上升到了前所未有的高度，

如早期的棕榈油有 RSPO 认证①；雀巢、星巴克和麦当劳坚持咖啡的可持续采购，所有咖啡豆均获得雨林认证②；可口可乐 Amatil 宣布使用 100%的可持续糖③，可口可乐中国公司和上海悦孜企业信息咨询有限公司合作，对糖浆供应商（包括嘉吉生化、中粮集团等）上游的玉米、甘蔗和甜菜基地进行可持续农业原则（Principles of Sustainable Agriculture，PSA）的评估和培训，促进上游原料种植的可持续发展④。

动物源食品在食品供应链中占有重要的地位，为了取得最佳经济效益，规模化养殖逐步发展，在规模化养殖的过程中，动物福利被逐步忽视。在联合国 17 个可持续发展目标中，至少有 6 个与动物息息相关。2010 年，为了有效防止动物疾病威胁人类健康并给社会带来巨大的经济损失，联合国粮食与农业组织（FAO）携手世界动物卫生组织（OIE）和世界卫生组织（WHO），共同制定了“同一健康（One Health）”战略，旨在大力促进全球应对疾病暴发的能力。在低福利的工业化养殖中，抗生素的滥用导致了“超级细菌”的崛起，“超级细菌”可以通过食物、动物、粪便和环境传播，严重影响人类健康、环境安全和经济发展。因此，One Health 致力于结合人类医学、兽医学和环境科学以改善人和动物生存、生活的质量，捍卫所有物种的健康与福祉。从 2016 年开始，每年 11 月 3 日被定为“同一健康日（One Health Day）”。⑤

非笼养鸡蛋是动物福利中非常靠前的一个项目，在全球范围内，目前已有超过 2000 家的企业承诺采购非笼养鸡蛋，其中在中国运营的这 150 家当中，从最早的联合利华、星巴克、雀巢等，乃至近两年陆续发布承诺的汉堡王、棒约翰、皮爷咖啡、肯德基、动物园咖啡等。而在 2020 年时，承诺的企业数量只有 50 家左右，这意味着，在 3 年之内，这个数字实现了 3 倍的增长。⑥

六、小结

食品供应链企业也需要更多地关注可持续发展和社会责任，才能更好地满足客户的需求。以上是我们所做的初步分析，期待与大家一起交流。

---

① 资料来源：RSPO 可持续棕榈油圆桌倡议公众号。

② 资料来源：农业可持续发展公众号。

③ 可口可乐 Amatil 宣布使用 100%可持续糖，农业可持续发展公众号，https://mp.weixin.qq.com/s/JGgMPIN94ZF8eERr6O2Tug.

④ 助力中国玉米种植更加安全、科学、可持续，农业可持续发展公众号，https://mp.weixin.qq.com/s/9MIz6_xmmhGaI23Uli7tiw.

⑤ “同一健康，同一福利”推动动物福利的可持续发展，动物福利公众号 Animal Welfare，https://mp.weixin.qq.com/s/ZApnL8njmZHF9naQTVZdzw.

⑥ 目前，承诺在中国 100%采购非笼养鸡蛋的企业近 150 家，动物福利公众号 Animal Welfare，https://mp.weixin.qq.com/s/XEh3bUG5E8dxJcUxl7zqow.

附件

供应商管理
指南手册范例

第一节　供应商管理指南

一、目的与意义

供应商管理工作中，对于供应商的风险评估，通过审核或者其他评估方法来识别风险，而识别风险后，发现风险不是目的，更重要的是帮助供应商了解我们的审核准则和要求，从而进行提升与改进。目前的审核准则中，供应商比较难了解相关要求具体如何执行和实施。例如，异物控制要求，审核准则要求中只有几个条款，从预防和控制措施运用等几个方面提出要求，而具体如何预防，控制措施的金探、X 光机或磁棒等如何管理，供应商仍一知半解。

如何更好地帮助供应商理解标准要求并进行提升和改进呢？供应商管理指南就是一个非常好的工具和方法，很多国际和国内品牌企业，皆建立供应商管理指南手册，这样能够将委托方对于质量和食品安全的要求更加细化和明确。

供应商管理指南手册能够实现如下目的：

（1）供应商了解具体操作要求。供应商通过委托方的供应商管理指南手册来指导实际运营操作。供应商可以根据委托方的供应商管理手册指南中的要求进行评估，必要时进行适当修改，变成企业自己的 SOP，这样可以减轻企业自己建立体系时的困扰。

（2）审核要求更加具体。委托方对于工厂如何满足条款要求的操作细化方法能够进行明确，从而更加利于审核员对于供应商审核条款提出要求。

二、建立方法和流程

供应商管理指南手册的建立是一项系统的工程，目前有企业通过自己的 SQA 团队来建立，也有企业借助于外部第三方来建立自己的供应商管理指南手册。

建立流程通常如附图 1 所示：

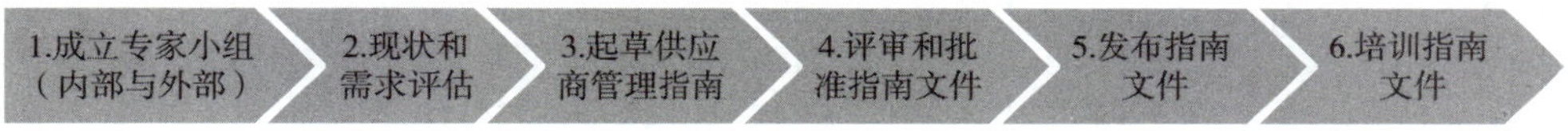

附图 1　供应商管理指南手册建立流程

三、供应商管理指南手册案例框架

供应商管理指南中涉及的都是每个质量和食品安全管理的操作细节，这里仅给出一个手册的案例框架供参考，见附表 1 所列。

附表 1 供应商管理指南手册框架

章节模块	序号	指南文件名称
管理者承诺	1	食品安全方针和沟通制度
	2	食品安全绩效和架构设置要求
	3	食品安全定期沟通与汇报制度
	4	“吹哨人”制度
管理体系制度	1	合规扫描管理制度
	2	HACCP 指南文件
	3	食品防护控制程序
	4	CCTV 安装要求指南
	5	食品欺诈预防控制程序
	6	变更管理程序
	7	食品安全追溯程序
	8	模拟召回和演练制度
	9	变更管理程序
	10	投诉处理程序
	11	供应商分级管理要求
GMP	1	厂房设施基础要求
	2	个人卫生管理要求
	3	清洁消毒管理要求
	4	CIP 关键要求指南
	5	化学品管理要求
	6	综合虫害管理要求
	7	设备卫生设计要求
	8	设备维护保养程序
	9	水、冰和蒸汽管理要求
	10	压缩空气管理要求
	11	异物管控要求
	12	过敏原管控要求
	13	仓储和物流管理要求

（续表）

章节模块	序号	指南文件名称
监控与测量	1	实验室管理程序
	2	环境微生物监控计划要求
	3	产品检测要求
	4	产品放行要求
	5	不合格产品控制程序
	6	模拟召回和演练制度
商业化生产	1	新产品开发指引
	2	食品保质期测试管理规定
	3	产品工艺技术标准要求
	4	产品感观质量评估要求

四、案例：异物管理程序

为了让大家更好地理解供应商管理手册的写法以及其对供应商带来的帮助，此处分享一个异物管理控制程序供大家参考。

第二节 异物管理控制程序

（一）目的

异物易造成消费者的强烈关注且会对品牌造成潜在的较大负面影响，异物风险最重要的来源之一是上游供应商带入。上游供应商（以下简称“供应商”）应实施文件化的程序来系统地预防、监测、控制所有为客户生产的产品中的异物风险。

（二）范围

适用于原料、辅料、添加剂及内包装材料的供应商。外包装及其他产品亦可参考此程序制定适用于自己产品风险特点的异物管控程序。

（三）定义

1. 异物：产品（包括原辅料、半成品、成品、产品接触包装材料）本身不应具备的成分或由外界污染而产生的外来物质，包括内源异物（源自产品本身的原生异物，如果核、鱼刺、骨头等）和外源异物（不属于产品本身的外来异物，如塑料、金属、毛发等）。

2. 食品安全危害异物：将大于 7mm 或者对人体造成直接健康危害/损伤的硬质、尖锐异物，定义为食品安全危害异物，如玻璃、金属、硬塑料、石子等。

3. 质量投诉异物：将小于 7mm 的异物或不会对人体造成健康危害/损伤的异物称为质量投诉异物，如毛发、纸屑、线绳、软塑料、塑料丝、包装袋碎片、昆虫等。

（四）职责

1. 客户负责制定和维护本程序，并负责对本程序内容进行解释，依据此程序制定供应商异物监控能力评估及供应商审核标准。

2. 供应商负责根据程序中适用的条款要求，执行相关规定。

（五）基本要求

各类产品异物控制的硬件和文件要求见附表 2 所列：

附表 2 各类产品异物控制的硬件和文件要求

产品类型	硬件要求	制度要求	记录要求
粉剂类	磁棒 筛网	《异物控制程序》 《磁棒检查和清洗规程》 《筛网检查和清洗规程》	《磁棒强度验证记录》 《筛网检查记录》
液体/酱料	磁棒 滤网/袋/布	《异物控制程序》 《磁棒检查和清洗规程》 《滤网检查和清洗规程》	《磁棒强度验证记录》 《滤网检查记录》

（续表）

产品类型	硬件要求	制度要求	记录要求
其他状态 固体原料	金探 X 光机（建议）	《异物控制程序》 《金探操作规程》 《X 光机操作规程》	《金探定期验证记录》 《X 光机定期验证记录》
内包装材料	目视 机器视觉检查（建议）	《感观检查指南》 《标准样品使用要求》	《目视检查记录》 《不合格样品统计记录》
外包装材料	金探（建议）	《金探操作规程》	《金探定期验证记录》

（六）实施内容

1. 异物风险评估

（1）总体要求

供应商须进行风险评估以确认潜在的各类异物来源，针对识别出来的不同异物风险制定相应的控制措施，异物的风险评估应形成文件。

风险评估应当由具有能力的人员进行，异物评估的范围包括但不限于：

① 原辅及包装材料供应商的风险管控水平；

② 各加工工艺步骤；

③ 设备的设计、使用及维护保养；

④ 员工及外来人员/承包商；

⑤ 工厂环境。

对于风险评估结果必须定期进行再评估，特别是当工厂环境发生变化以及发生不合格情况时（如顾客投诉、CCP 失效）。

依据风险评估的结果，供应商必须制定适宜的异物控制策略，包括：

① 确认关于供应商或者原料来源的控制策略；

② 设备设计的合理性（如避免设备金属件间的接触、把金属滤网替换为尼龙滤网）；

③ 防止将异物引入产品的预防性措施（如通过 GMP、设备设计、预防性维护、在传送带上加盖等）；

④ 异物的探测和消除措施（如安装滤网、纱网、过滤器、磁铁、筛网、金属探测器、X 光机或生产线上所必需的其他装置/控制）。

（2）设备和器具设计评估

设备、设施、工器具等的设计时尽可能不使用易碎或易脱落的材料，需要评估食品接触面、食品接触面的上方、靠近食品接触面的异物引入风险（见附图 2）。需特别关注的点有：

① 设备的摩擦尽可能减少，以减少异物碎屑产生的风险，关注金属摩擦的部位；

② 设备上的硬塑料或玻璃应当进行恰当的防护和防止破损；

③ 机械表面是否十分光滑，如焊点和焊渣的处理；

④ 评估设备零件（如螺丝、螺帽）紧固设计是否易于脱落；

⑤ 设备表面尽可能不使用烤漆；

⑥ 清洗剂的腐蚀：使用不当的清洁剂会造成设备表面的损坏，选择和更换清洁剂或护理剂时都需要咨询机器供应商或清洁剂供应商。

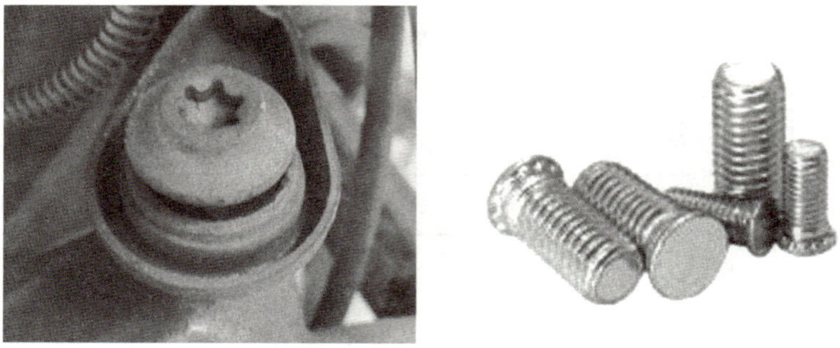

附图 2　最佳实践 1：螺丝画线处理使用碳钢螺丝代替不锈钢

2. 主要异物的预防性控制措施

(1) 金属异物控制

① 金属小物件：生产和仓库等区域现场禁止使用美工刀、订书机及订书钉、大头针、针、别针、金属丝等。

② 清洗工具：车间不允许使用易脱落的金属材质清洗工具，如钢丝球等。

③ 人员带入的异物：员工及来访者进入车间前，将手表、首饰、钥匙、手机单独收集储存，不得带入车间（见附图 3）。

(a) 个人钥匙管理　　(b) 使用百洁布代替钢丝球

附图 3　最佳实践 2

④ 易脱落部件检查：对于设备中易脱落零件是否制定定期的检查机制（如开机前的点检），所有缺失的部件应有相应的证据表明是何原因造成的。

⑤ 设备维修和保养的实施及确认：

a. 维护前，应对周边的设备设施进行适当的防护，以确保维护过程没有交叉污染；应清点维护工具和螺丝螺母等小物件，并应有清点记录。

b. 维修过程中，应检查异物的产生和掉落（如焊渣、金属屑、维修工具、零件等），会发生螺母、螺钉、工具和其他材料进入食品的风险。应当制定相应的解决方案使风险最小化，例如使用临时存储小型部件的容器时应保持整个维护区域符合 GMP 要求。

c. 维护结束后，应对设备设施和周边区域进行清理和清洁（必要时消毒）并记录。维护后应与使用部门进行交接，使用部门应确认设备设施的性能是否恢复，维护后的清洁和清场等是否完成，并在维护记录上签字确认。

（2）玻璃和易碎塑料控制

① 制定详细的玻璃和易碎塑料破损处理程序，包括对可能受影响产品的隔离和处置，以清晰指引设施一旦发生意外损坏的应对方法，处理过程及结果需要保留记录，执行人、检查人应签字确认。

② 设备和设施环境中，在设计上尽可能不要使用玻璃和易碎塑料。

③ 照明灯、紫外灯、灭蝇灯控制：灯泡须防护，防止破损，荧光灯管和白炽灯泡须有安全涂层，或用保护罩或保护装置封闭。涂层剥落、开裂或损坏，须立即更换。保护罩和保护装置须维持于良好的状态，无破裂处或裂缝。

④ 玻璃材质的门窗和镜子的控制：车间所有门窗玻璃、镜子需要贴膜防护，制定其他用于检查的标识方法。贴膜本身不能成为异物的来源。对于不需要进行贴膜防护的特殊材质玻璃，需要有相应的风险评估资料及产品相关技术说明书。建议镜子使用镜面不锈钢材质。

⑤ 设备上的操作面板、仪表盘的控制：在加工、包装和存放区域内或有材料或产品暴露的任何其他区域内，设施须尽量减少使用玻璃、易碎塑料，必要的玻璃/易碎塑料组件（如玻璃管温度计、面板视图、触控式屏幕），须妥善放置和保护，以防止意外破损，同时应建立清单并定期回顾，按照适当的频率进行数量盘点、检查并记录结果。

⑥ 工具器：不建议使用玻璃工器具，如果取样的仪器、温度计、培养皿是玻璃器皿，进车间需要清点数量、检查状态，专人管理。

⑦ 环境中的玻璃，如消防栓、钟表、易触碰到的摄像头需要进行防护。

⑧ 手机的控制：手机不得带入车间。必要时手机需要带进车间的，必须有专人进行控制，手机不允许贴钢化膜，手机外要套有塑料封口袋或布袋实施防护，要有明确的允许带入手机的人员清单（见附图 4）。

⑨ 眼镜的管理：需佩戴眼镜或护目镜，应采用树脂等不易破损的材质，保证状态完好并建立破损时现场、产品的处置流程。

⑩ 原料的玻璃包装：

原料包装如可能应避免选择玻璃/易碎塑料包装，如不能避免则须注意以下事项：

a. 收货：全面检查是否有破损迹象，任何不合格产品应拒收。

b. 储存：尽量将玻璃/易碎塑料包装物料与其他物料分隔储存，如不可完全分隔，应将其置于其他物料下层。

c. 加工操作：进入车间前，应将玻璃/易碎塑料包装原料转移至不锈钢等适宜容器中，不易转移的应在使用前后检查包装完好性，一旦破损必须记录；此类原料如需在操作现场储存，不可置于食品操作台上方，并遵循上面的储存原则。

⑪ 对于生产过程中使用的其他硬质易碎塑料，应当建立相应的检查机制，避免碎裂。若已经产生裂痕，应当立刻进行更换或使用其他的临时性保护/监控措施，临时性措施不能视为永久的措施。

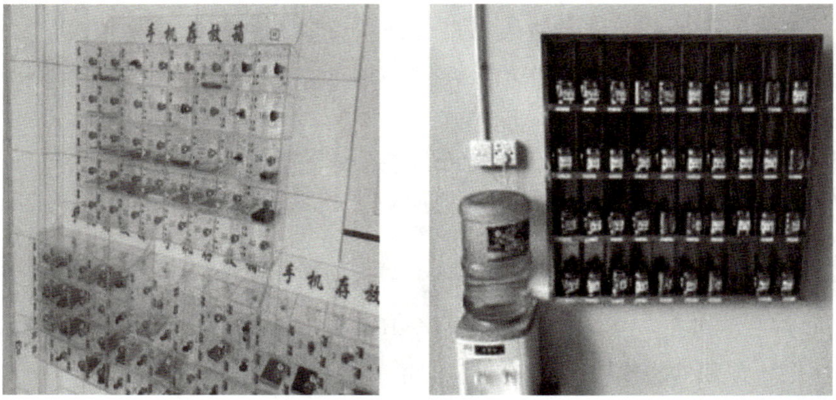

(a) 手机存放管理　　(b) 饮水杯管理

附图 4　最佳实践 3

(3) 竹木控制

① 木质垫板只允许使用在车间外围，如车间外的仓库。在有产品裸露的区域不允许使用木垫板。要进行定期的检查和维修，保证其完整性。木质栈板进行周期性更换。需要管控破损的木头渣和栈板上的钉子。木垫板上需要放置卡板纸。

② 车间环境内（员工更衣室内，操作台面）不允许使用竹木材料，如竹木制凳子。

③ 车间工器具、清洗工具不允许使用竹木器具，若因传统特殊工艺需要竹木不可避免，需要制定定期的检查和更换机制，保证竹木器具处于良好状态。

(4) 环境异物 GMP 控制

为避免引入任何可能的异物源，以下物品禁止在生产现场使用。如该物品证实为生产必需品，应制定管控作业指导：

① 个人卫生：不得有假发/睫毛/指甲，伤口处应使用与皮肤颜色有显著差异的创可贴，头发应进行良好防护。

② 清洁工具：应避免使用容易脱落的毛巾、刷子、拖把等。一旦发现脱落松散迹象应立即更换。清洁与食品接触的区域时，需要使用食品级的不易脱落的清洁用抹布、刷子（见附图 5）。

③ 文件记录及标签标识：现场使用的文件须进行塑封或防护，且定期检查其是否清洁完好；各类记录需要保持完好状态，各种物料/设备标识和标签也应及时检查和管理，避免落入产品。

④ 工厂的文具系统：尽量不使用普通的笔、木质/塑料夹板，使用可金探的金探笔、夹板等（见附图 5）。

⑤ 生产周围环境的异物管控：车间环境设施和入口有效密闭，避免外界异物进入车间。有效管理人员、物品进入车间时的管理检查流程。

（a）分色抹布　　（b）分色清洁工具　　（c）可金探笔

附图 5　最佳实践 4

（5）其他异物控制

① 物料的拆封：应对物料制定相应的拆封处理方式，以免误操作导致线头、包装材料边角、金属碎屑等污染产品；如需要使用保鲜膜、塑料膜、胶带等物品，应对其使用进行规范，防止成为异物来源。

② 密封部件：需要对密封部件建立监控清单和计划，定期检查和更换。

③ 线绳：尽量不使用线绳进行固定。

④ 扎带：确保使用前、使用后扎带的收集、隔离、存放符合要求，尤其是断裂扎带的处理和防护。

⑤ 皮筋：不使用易断的皮筋，绑扎时不易过紧或过松，防止其脱落或断裂。

3. 异物探测及剔除设施管理

（1）金探

① 设计：需要考虑企业生产的产品类型及异物风险，选择是否采用金探控制措施。若产品的生产过程中使用其他的金属异物控制措施，如液体饮料中筛网和过滤，可以不安装金探，但须通过前期的严格管理进行控制。

② 标准要求：

a. 设备厂家应依据产品的性质、规格、特点等，针对每一种产品制定对应的金探设备参数，进行设备学习和测试，并保留相应的测试报告。

b. 金探的标准块要求：直径 1.5mm 球形铁块，直径 2.0mm 非铁物（黄铜）和直径 2.5mm 不锈钢（316 型号）。如果有特殊情况（如大包装），不能满足此精度要求，要经过 HACCP 小组内部风险评估并与客户质量部进行书面沟通以获得批准。

③ 监控频率：

a. 监控频率：应当在开班、换班、换产、更改设备参数及生产结束及不超过 2 小时一次的固定间隔（或根据风险评估制定合理时间频率）使用模块进行验证。

b. 每年应由设备厂家或有资质的第三方进行外部校准一次（包括剔除装置），并提供校准报告，测试片也应获取校正报告。

④ 监控方法：

a. 应指定具备能力的人员对金探机进行校准。应制定具体的操作流程。校准测试的位置至少应包括磁力线最弱的金探开孔的中心位置。

b. 应定期检查剔除或报警装置，确保其运行正常。

⑤ 记录：每次使用的模块进行验证时，必须保留相应的记录，任何设备设施异常或发现含有金属、异物的产品应及时记录，并有操作人员的签字及其主管的复核。

⑥ 纠偏：若模块验证失败，需要对于受影响的产品进行隔离评估，并在设备调试正常后，重新检验受影响的产品。

（2）筛网/滤网/滤布

① 设计：必须进行良好的包边，不得外露丝径；例如，筛网尽量使用一体化设计，滤布的边缘采取包边或烫边处理（见附图 6）。

② 标准要求：

a. 需要过筛的干粉料，如面粉、糖、盐等，网目尺寸应至少为 30 目（0.595mm 孔径）。除非技术上不可行，才会使用可行的最小尺寸。

b. 需要过筛的液体原料，如蛋液等，应使用 50 目（0.297mm 孔径）或更小的极细筛网或过滤器。当液体原料的黏稠度较大，可根据原料的特性，选用适宜的前处理或去除异物方法。

③ 监控：

a. 监控频率：对筛网、滤网、滤布应依据危害分析制定清洗和检查频率。例如，整体筛粉设备至少每周检查一次，手持式小型筛网应在使用前后分别检查其完好性。

b. 监控方法：应制定明确的检查方法，并提供相应的检查工具。

④ 记录：每次检查时，对筛上物和吸附物进行收集、分析并记录。

⑤ 纠偏：发现生锈、撕裂、扩张的筛网需要及时更换，及时更换破损的滤网或滤袋。

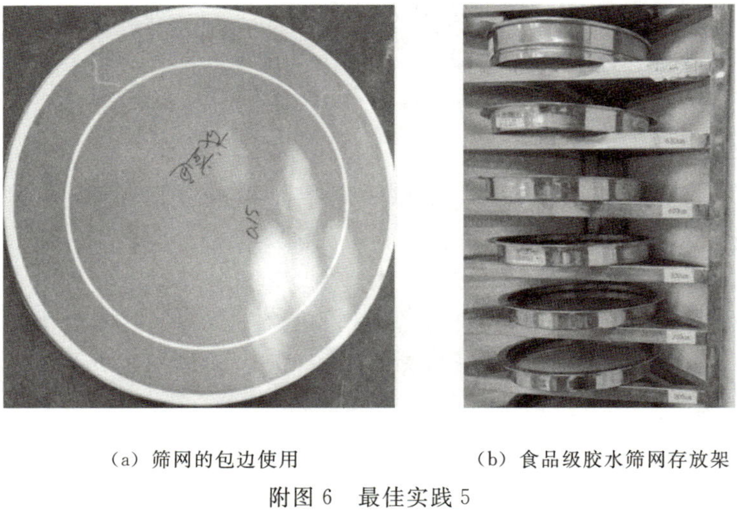

（a）筛网的包边使用　　（b）食品级胶水筛网存放架

附图 6　最佳实践 5

（3）磁铁设备（见附图 7）

① 设计：磁铁交错设计，尽量使用多层磁棒以达到较好效果；单层的磁铁间的间距要合理。尽量不要让原料直接冲击下方的磁栅，磁栅安装要避免堵塞物料流动。

② 标准要求：磁棒须覆盖物体流，磁棒间的间距不大于 3cm，磁力需要大于 8000 高斯，或者工厂提供评估和科学依据，采用更宽松的标准（需要和客户提前确认）。

③ 监控：

a. 监控频率：至少每天检查一次磁铁设施的金属吸附情况，或根据风险评估制定频率，应适时清理吸附物，避免磁铁设备上金属屑堆积。磁棒强度需要定期验证，至少每季度一次。

b. 监控方法：需要制定如何清除磁铁上吸附异物的操作规程。

④ 记录：应当对磁铁吸附物进行记录和分析，对于异常情况，需要对吸附物进行收集。

⑤ 纠偏：对于磁力强度不能满足要求的，需要及时进行更换。

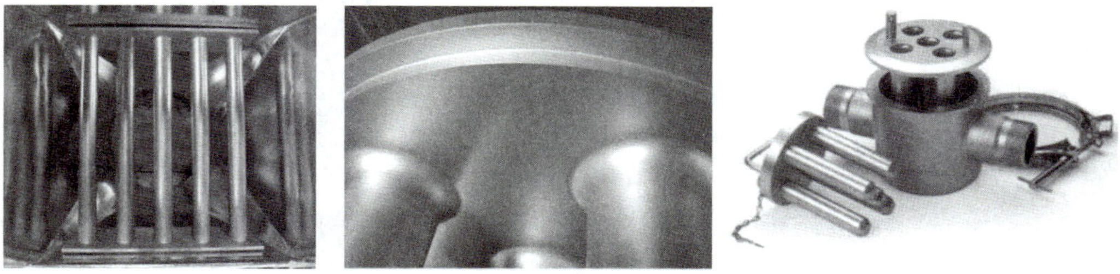

（a）磁棒间距＝磁棒直径　（b）磁棒的卫生焊接　（c）磁棒外部有套管，易清洁

附图 7　最佳实践 6

（4）X 光机

① 设计：用于监控成品的 X 光机应安装在生产线末端，且尽可能在产品包装工序之后使用。

② 标准要求：

a. 设备厂家应当根据企业生产的产品及包装形式进行设备测试，并保留相应的测试报告。

b. X 光机检测系统使用的检测片类型和精度须满足 X－ray 设备厂商的要求，要能溯源。需要根据异物的风险评估，制定相应类型的测试片（如金属、玻璃、陶瓷和硬塑料等）。每种测试片的大小参考依据见附表 8 所列：

附表 8　X 射线检查系统可检测出的典型污染物大小　（单位：mm）

污染物	各类包装中的典型污染物大小（球形直径）			
	塑料/纸	金属箔	锡	玻璃
金属	0.8	0.8	1.2	1.2
铝	2.0	2.0	2.5	2.5
玻璃	2.0	2.0	3.0	3.0
石头	2.0	2.0	3.0	3.0
骨头	3.5	3.5	5.0	5.0
硬塑料	3.5	3.5	5.0	5.0

③ 监控频率：

a. 应当在开班、换班、换产、更改设备参数及生产结束及不超过 2 小时一次的固定间隔（或根据风险评估制定合理时间频率）使用模块进行验证。

b. X 光机应由设备厂家或有资质的第三方每年外部校准一次（包括剔除装置），并提供校准报告，测试片也应获取校正报告。

④ 监控方法：如检测到任何金属或其他异物，X - ray 应进行自动剔除或报警，被移除的产品应存放在封闭且仅在授权后方能开启的容器内，工厂应规定其评估及处理流程，防止误用。

⑤ 记录：每次使用的模块进行验证，必须保留相应的记录，并有操作人员的签字及其主管的复核。

⑥ 纠偏：若模块验证失败，需要对于受影响的产品进行隔离评估，并在设备调试正常后重新检验受影响的产品。

（5）人工目视

① 标准要求：需要建立员工目视检查的书面指导文件要求，包括检测对象、方法、频率、异物种类、缺陷图片等，并在现场易获得此文件。

② 监控频率：视觉检查的人员需要定时轮岗，每次最长不超过 120 分钟。

③ 监控方法：需要调整恰当的传送带速度及最佳的照明条件（建议不低于 750lux）；

④ 记录：对于所有的不符合项要进行统计记录和分析。

（6）计算机视觉检测系统

计算机视觉检测系统在包装材料的行业应用较为普遍。

① 标准要求：视觉检测系统厂家需要根据企业对于产品缺陷的要求，进行设备的相应调试和参数设定，并提供相应的测试报告。企业根据风险评估，确定是否需要制定缺陷样品库用于日常的监测，对缺陷样品需要定期进行评估和必要的更新。

② 监控频率：设备运行前，需要确认设备的设置参数是否正确，若有缺陷样品，在设备运行前，需要根据标准的缺陷样品进行测试。

③ 监控方法：对于不符合的产品进行监控并设定相应的缺陷值要求，对于高出缺陷值的情况，需要分析原因和采取纠偏措施。

④ 记录：对于所有的不符合项要进行统计记录和分析。

4. 人员培训

企业应制定明确的培训课程体系。每年的培训计划需包括异物管理程序培训，培训对象为管理人员及一线员工，旨在提升他们对异物管控的意识。

对于相应的岗位，应当培训岗位的具体操作流程及人员异物风险意识。相应岗位人员需要培训合格后才能上岗。

最佳实践：推荐企业建立“异物博物馆”，将生产过程中的异物进行收集，将发现的异物类型及发现的位置、发现的人员、具体的异物、可能的来源进行统计，制定具体的实际异物博物馆，并使用异物博物馆作为实际培训材料。

5. 异物数据统计分析

企业应当对异物结果进行定期的分析和统计，主要包括：

（1）终产品的异物投诉，需要制定纠正和纠正措施；

（2）生产加工过程中对产品或环境中的异物进行统计和分析；

（3）对每一起客户异物投诉要制定纠正和预防措施。

统计和分析的结果需要在内部进行沟通和传达。每年对异物投诉事件的分析和统计，需要作为培训策划和管理评审的输入信息。

（七）参考文件

《IFS 异物管理指南》。